Hertha Richter-Appelt (Hg.)

Verführung – Trauma – Mißbrauch

BAND 83
REIHE »BEITRÄGE ZUR SEXUALFORSCHUNG«
ORGAN DER DEUTSCHEN GESELLSCHAFT FÜR SEXUALFORSCHUNG
HERAUSGEGEBEN VON MARTIN DANNECKER,
GUNTER SCHMIDT UND VOLKMAR SIGUSCH

Hertha Richter-Appelt (Hg.)

Verführung – Trauma – Mißbrauch

Psychosozial-Verlag

Bibliografische Information der Deutschen Bibliothek
Die Deutsche Bibliothek verzeichnet diese Publikation in der Deutschen
Nationalbibliografie; detaillierte bibliografische Daten sind im Internet
über <http://dnb.ddb.de> abrufbar.

© 2002 Psychosozial-Verlag
www.psychosozial-verlag.de
Neuauflage der Ausgabe von 1997 mit neuem Vorwort
© Psychosozial-Verlag
Alle Rechte, insbesondere das des auszugsweisen Abdrucks
und das der photomechanischen Wiedergabe vorbehalten.
Sigmund Freud, »Zur Ätiologie der Hysterie«.
Aufgenommen in: ders., Gesammelte Werke in 18 Bänden.
Band I. Studien über Hysterie/Frühe Schriften zur Neurosenlehre.
© 1952 by Imago Publishing Col, Ltd., London.
Alle Rechte vorbehalten S. Fischer Verlag GmbH, Frankfurt am Main.
Wiedergabe des Faksimiles: © A. W. Freud et al,
by arrangement with Mark Paterson & Associates.
Umschlagabbildung: Dorothea Tanning, »Jeux d'enfants« (1942).
© VG Bild-Kunst, Bonn 1997.
Satz: Psychosozial-Verlag
Umschlaggestaltung: Michaela Eibert nach Entwürfen des
Ateliers Warminski, Büdingen.
ISBN 3-89806-192-2

Inhaltsverzeichnis

Vorwort zur zweiten Auflage 1

Vorwort 9

Sophinette Becker
Trauma und Realität 11

Bernd Nitzschke
Die Debatte des sexuellen Mißbrauchs in
Sigmund Freuds Vortrag: »Zur Ätiologie der Hysterie« (1896)
– und der Mißbrauch dieser Debatte hundert Jahre später 25

Nikolaus Becker
Zur Übertragungs- und Gegenübertragungsliebe 39

Gisela Worm
Berührung als Abstinenzverletzung –
Berührung als Heilungsweg 51

Dagmar Hoffmann-Axthelm
Die Wiederkehr des Monsters: Zum Umgang mit projektiven
Übertragungsformen früh mißbrauchter Klienten
in der körperorientierten Psychotherapie 69

Hertha Richter-Appelt

Sexueller Mißbrauch ist keine Diagnose: eine kritische
Auseinandersetzung mit der aktuellen Diskussion   91

Romuald Brunner und Adolf Ernst Meyer (†)

Sexueller Mißbrauch in psychoanalytischen Therapieberichten:
Eine empirische Untersuchung von 276 Fallgeschichten 107

Martin Ehlert-Balzer

Sexueller Mißbrauch während
psychotherapeutischer Behandlungen:
Folgen und ihre therapeutische Aufarbeitung 125

Wolfgang Berner

Sexueller Mißbrauch, Pädophilie und die Möglichkeiten
therapeutischer Beeinflussung 147

Ruth Ladendorf

Der Beitrag der Bindungstheorie
zu Mißbrauch und Mißhandlung 161

Johann Kinzl und Wilfried Biebl

Bedeutung der Familienstruktur
für die Langzeitfolgen sexuellen Mißbrauchs 173

Hertha Richter-Appelt

Zur Sexualität junger Erwachsener
mit Mißbrauchs- und Mißhandlungserfahrungen 183

Jutta Tiefensee
Die Bedeutung spezifischer Aspekte der Eltern-Kind-Beziehung
für autoaggressive Verhaltensweisen in Familien
mit intra- und extrafamiliärem Mißbrauch 203

Hertha Richter-Appelt und Anja Lauschke
Prävention von sexuellem Mißbrauch in der Schule:
Ergebnisse einer Befragung Hamburger
Grundschullehrerinnen und -lehrer 221

Anhang

Faksimile der ersten Veröffentlichung von Freud, S. (1896):
Zur Ätiologie der Hysterie. GW I, 425-459.
In: Wiener Klinische Rundschau, Band 10 (22),379-81,
(23), 395-97, (24), 413-15, (25), 432-33 und (26), 450-52.
(31. Mai,7.,14.,21. und 28. Juni) 233

Autoren 247

Sachwortverzeichnis 251

Vorwort zur zweiten Auflage

Das Interesse an der Diskussion über den Sexuellen Mißbrauch hat seit Erscheinen der ersten Auflage dieses Buches nicht nachgelassen. In letzter Zeit tauchen Fragen auf, ob denn nicht die Bedeutung von sexuell traumatisiernden Erfahrungen in ihren Auswirkungen überschätzt wurde. Dies mag manchmal zutreffen. In der therapeutischen Praxis hat sich jedoch ein ganz anderer Wandel vollzogen: Bis vor einigen Jahren bemühten sich Patientinnen und Patienten um therapeutische Hilfe, die unter ihrer Sexualität, unter einer sexuellen Funktionsstörung, Perversion oder Störung der Geschlechtsidentität litten. In den letzten Jahren aber nimmt die Gruppe derjenigen Ratsuchenden deutlich zu, die sich nicht primär wegen ihrer gestörten Sexualität an Psychotherapeuten wenden, sondern wegen einer Irritation oder Traumatisierung durch die Sexualität anderer. Bei ihnen steht nur manchmal eine traumatisierte Sexualität im Vordergrund, sondern viel häufiger die Traumatisierung durch die Sexualität. Verführung, Trauma, Mißbrauch spielen dabei eine zentrale Rolle. Die hier vorliegenden Texte haben daher nichts an Aktualität verloren.

Hamburg im Mai 2002   Hertha Richter-Appelt

Vorwort

Noch vor einigen Jahren kannte kaum jemand die Arbeit von Freud aus dem Jahre 1896 zur Ätiologie der Hysterie und schon gar nicht den Brief von 1897, den er an seinen Freund Wilhelm Fließ geschrieben hatte. Freud formulierte eine Hypothese, die später als Verführungstheorie bekannt wurde, und stellte eben diese wieder in Frage, weshalb der Brief als Widerrufbrief in die Geschichte einging. Nicht durch Psychoanalytiker wurde diese Arbeit und dieser Brief fast 100 Jahre später so bekannt, sondern durch ihre Gegner, die Freud unterstellen, er hätte eine wissenschaftliche Wahrheit zunächst erkannt und dann aus unterschiedlichsten Gründen fallengelassen.

Diese Ereignisse sowie die Weiterentwicklung der Psychoanalyse wurden in den letzten Jahren heftiger Kritik unterzogen, wobei viele Anschuldigungen, aber auch Fehlinterpretationen und Mißverständnisse von einer Publikation zur nächsten weitergegeben wurden. Dieses Buch soll in diese Diskussion Klarheit und Sachlichkeit bringen. Dabei erscheint es unerläßlich die Ausgangsarbeit von Freud aus dem Jahre 1896 (noch einmal) im Original zu lesen.

Von Anfang an spielte die Traumatisierung in der Kindheit für die Entstehung von Symptomen eine grundlegende Rolle. Deshalb ist es naheliegend nicht nur die Verführungstheorie sondern auch das Trauma unter historischen Gesichtspunkten näher zu betrachten, um die moderne Diskussion zu verstehen.

Schließlich werden in diesem Buch Themen angeschnitten, die bisher in der öffentlichen Diskussion zu kurz gekommen sind. Dazu gehören einerseits Fragen der Grenzüberschreitung vor allem zum körperlichen Umgang in der Kindheit, aber auch in der Therapie und eine kritische Auseinandersetzung mit der Begriffsbestimmung von sexuellem Mißbrauch.

Welche Rolle sexueller Mißbrauch in der Kindheit in der psychoanalytischen Therapie spielt wurde bisher meist in theoretischen Arbeiten mit Falldarstellungen erörtert, empirische Studien an größeren Stichproben fehlten jedoch bisher, so daß die hier dargestellte Untersuchung von besonderem Erkenntniswert ist.

Dieses Buch unternimmt den Versuch psychoanalytische Auseinandersetzungen und empirische Forschungsergebnisse darzustellen.

Diese beiden Bereiche sind meist in unterschiedlichen Publikationsorganen abgehandelt. Eine gegenseitige Befruchtung wird somit weit unterschätzt. Die hier dargestellten Forschungsergebnisse sind der Grundlagenforschung zuzurechnen. Sie sind jedoch von großer praktischer Relevanz und sollen zu neuen Fragestellungen und Überlegungen anregen. Ein Teil der hier dargestellten Arbeiten wurde von der Deutschen Forschungsgemeinschaft im Rahmen eines Projektes gefördert.

Die Arbeiten wurden am Universitätskrankenhaus Hamburg-Eppendorf 1996 auf einer Tagung vorgetragen. Diese Tagung fand so großes Interesse, daß wir die Auseinandersetzung einem breiteren Publikum zugänglich machen wollen.

Hamburg, im Herbst 1997   Hertha Richter-Appelt

Trauma und Realität

Sophinette Becker

»Man kann ein Leben daran wenden,
das Eingebildete und das Wirkliche gegeneinander zu halten,
und wird dennoch niemals damit zu Rande kommen.«
(Jean Améry, 1977, S. 52)

Der Begriff Trauma stammt aus der Medizin und meint dort eine Läsion von Gewebe durch mechanische Gewalteinwirkung. Der Neurologe Hermann Oppenheim führte 1889 den Begriff »traumatische Neurose« ein, wobei er für die psychischen Symptome ein organisches Fundament im Sinne mikroskopisch nicht wahrnehmbarer »mikrostruktureller zerebraler Veränderungen« postuliert. Diesem naturwissenschaftlichen Denken blieb die Psychiatrie noch lange verpflichtet; sie tat sich noch viele Jahre, zum Teil bis in die 60er Jahre und später schwer damit, bei traumatischen Erfahrungen eine Psychogenese und damit psychische Langzeitfolgen, die rein psychisch verursacht worden sind, anzuerkennen. Insofern ist die Einführung der »Post traumatic stress disorder« (PTSD) im DSM-III-R (APA 1987), bei aller notwendigen Kritik daran, als Fortschritt anzusehen. Die von den Psychiatern, z. B. bei Unfallpatienten, durchaus beobachteten psychogenen Reaktionen wurden unter denunziatorischen, abfällig-entwertenden Begriffen wie »Wehleidigkeit«, »Simulation«, »Rentenquerulanten«, »Rentenneurose«, »Begehrungsvorstellungen« etc. abgehandelt. Das konnte bis zu der Behauptung gehen, die sogenannte traumatische Neurose sei ein Produkt der modernen Unfallgesetzgebung, sei dem »schädlichen Einfluß der modernen Versicherungsbestimmungen zu verdanken« (van der Hoeven 1938, zit. nach Keilson 1996). Das rein »psychische Trauma« ohne Somatogenese findet sich das erste Mal bei Charcot und wurde dann von Freud übernommen. Das war gegenüber den Vorstellungen der damals herrschenden Psychiatrie ein enormer Durchbruch; gleichwohl blieb auch bei Freud und in der Psychoanalyse das Traumakonzept in vielem noch dem physiologischen Reiz-Reaktions-Modell verhaftet, wobei mal dem Reiz, mal der Reaktion mehr Gewicht für die Ätiologie psychischer Störungen zugesprochen wurde.

Seit der Einführung des »psychischen Traumas« in die Psychoanalyse ist um die Bedeutung und Tragweite dieses Konzepts so gerungen und gestritten worden wie um kaum ein anderes. Das geschah gleichsam in »Wellen«: Längere Zeit wurde es so gut wie gar nicht thematisiert, dann gab es plötzlich wieder sehr viele Beiträge dazu. Schon bei Freud lassen sich solche Schwankungen beobachten: Anfangs spielte das Trauma eine zentrale Rolle in seinen Abhandlungen, dann vernachlässigte er es lange Zeit, schwächte seine Bedeutung sehr ab, um es später wieder stärker in den Vordergrund zu rücken, und das wiederholt. Solche Phasen unterschiedlicher Intensität in der Auseinandersetzung sind nicht nur in der Psychoanalyse zu beobachten. Zur Zeit hat »das Trauma« offensichtlich Hochkonjunktur in vielen Bereichen, von der Politik über die Philosophie bis zur Geschichtswissenschaft. Es wäre sicherlich lohnend, einmal diskurstheoretisch der wissenschaftlichen und gesellschaftlichen Debatte über Trauma und Traumatisierung in bestimmten historischen Abschnitten nachzugehen. Kali Tal (1996) macht in ihrem Buch »Worlds of Hurt. Reading the Literatures of Trauma« einen interessanten Versuch in dieser Richtung und bezieht sich dabei auf die Diskurse über den Holocaust, über den Vietnamkrieg und über sexuellen Mißbrauch.

Die Auseinandersetzung über das Trauma ist in der Psychoanalyse von der Neigung zu Extrempositionen im Sinne von Alles oder Nichts gekennzeichnet: Entweder gibt es nur Phantasien und Konflikte und die äußere Realität wird ausgeblendet. Diese Position vertreten vor allem die Kleinianer, obwohl gleichzeitig gerade von ihnen so viele wichtige Beiträge zu Abwehrformen wie Spaltung, Projektion etc. stammen, die bei der Verarbeitung von Traumata eine große Rolle spielen. Oder es gibt nur die pathogene äußere Realität in Gestalt von Umwelt, Mutter (auch wenn die Zeiten des »mother-hunting« vorbei zu sein scheinen), und dadurch verursachte Traumata und Defekte. Relativierungen haben dann keinen Platz: So wurde Freuds Aufgabe der Verführungstheorie, die eine Aufgabe der Überschätzung der Bedeutung äußerer Realität (sexueller Traumata in der Kindheit) für die Ätiologie der Neurosen implizierte, immer wieder mißinterpretiert als Aufgabe der Anerkennung äußerer Realität (realer sexueller Traumatisierungen), zum Teil mit heftigen Unterstellungen und Vorwürfen (vgl. z. B. die Veröffentlichungen von J. Masson oder A. Miller und die Mehrheit neuerer deutscher Publikationen zum Thema »Sexueller Mißbrauch«). Ausnahmen wie die Hamburger Untersuchung von Richter-Appelt et al (z. B. 1994) bestätigen die Regel leider nur. Selbst in einem ansonsten so fundierten und klinisch wichtigen Buch wie »Die Narben der Gewalt« von J. L. Herman (1994) wird dieser Vorwurf gegenüber Freud erhoben.

Auch in bezug auf das Thema »Sexuelle Traumatisierungen« finden sich die Extrempositionen Verleugnung/Ausblendung der äußeren Realität und Überbetonung/Reduktion darauf. Während auf der einen Seite für viele Psychoanalytiker reale sexuelle Traumatisierungen jahrzehntelang kein Thema waren, ist für andere Therapeuten und Autorinnen jede psychische Störung, jede unglückliche Biographie auf sexuelle Traumatisierung zurückzuführen. Entsprechend gibt es Patienten, deren Therapie daran scheitert, daß ein reales sexuelles Trauma gar nicht zur Sprache kommt oder nicht ernstgenommen wird bzw. daß vorschnell eine eigene Beteiligung (unbewußte Wünsche) gedeutet wird. Ich sehe aber auch Patienten, bei denen versucht wurde, ihnen in der Therapie ein sexuelles Trauma »einzureden« und die an ihrer »Unfähigkeit«, sich zu erinnern, verzweifeln. Und es gibt auch Patienten mit einem realen sexuellen Trauma, die sich in einer Therapie gezwungen sehen, die ursprünglich positive, starke emotionale Bindung an den »Täter« zu verheimlichen.

Die psychoanalytischen Beiträge zum Thema »Trauma« reichen von sehr spezifischen Konzepten bis hin zu einer derartigen Ausweitung des Traumabegriffs (benignes Trauma, positives Trauma, wachstumsförderndes Trauma, Traumatisierung durch Phantasien etc.), daß er gar nichts mehr bedeutet. Der Begriff »Trauma« meint dann alles oder nichts, wird beliebig, auch in der Alltagssprache. So las ich jüngst in der Zeitung, die Reise eines bekannten grünen Politikers in das Nachkriegsbosnien sei für ihn »traumatisch« gewesen. Oder Patientinnen stellen eine relativ harmlose sexuelle Berührung durch einen Erwachsenen in ihrer Kindheit als mögliche Ursache ihrer psychischen bzw. sexuellen Probleme dar, meist mit der Bemerkung, andere hätten sie auf die mögliche Bedeutung dieses »Traumas« hingewiesen.

Die bis heute bestehenden Schwierigkeiten einer klaren Konzeptualisierung des psychischen Traumas (an denen auch die Einführung der diagnostischen Kategorie »PTSD« nichts geändert hat), haben vor allem mit der Schwierigkeit zu tun, äußere Realität in einer psychologischen Terminologie zu fassen, ohne von der Ebene einer verstehenden Pychologie auf die einer mechanistischen Erklärung zu wechseln. Es geht meines Erachtens immer noch um die von Freud 1911 formulierte »Aufgabe, die Beziehung des Neurotikers und des Menschen überhaupt zur Realität auf ihre Entwicklung zu untersuchen und so die psychologische Bedeutung der realen Außenwelt in das Gefüge unserer Lehren aufzunehmen« (S. 231). Wichtige Neu- und Umformulierungen psychoanalytischer und psychiatrischer Traumakonzepte wurden häufig angestoßen durch bedeutsame gesellschaftliche Entwicklungen (z. B. Industrialisierung, Erfindung der Eisenbahn) bzw. durch einschneidende gewaltsame Ereignisse und Katastrophen der »realen Außenwelt« (z. B. 1. Weltkrieg, Holocaust, Vietnamkrieg, Gewaltverhältnisse innerhalb der eigenen Gesellschaft, Folter und Völkermord in anderen Ländern). Genauer gesagt, waren es weniger die realen Ereignisse selbst oder das Leiden der Betroffenen, sondern die sozialen Ansprüche der Opfer von Unglücken und von Gewalt, die zu einem neuen Verständnis von Traumatisierung führten, aber auch zu heftigen wissenschaftlichen Abwehrbewegungen gegen solche neuen Erkenntnisse: So etwa die Rentenansprüche der sogenannten Unfallneurotiker; die Verfahren zur sogenannten Wiedergutmachung bei Überlebenden des Holocaust (d. h. erst die finanziellen Ansprüche der Opfer, nicht ihre besonders in der BRD kaum stattfindende psychotherapeutische Behandlung; 14 Jahre hat es nach dem 2. Weltkrieg gedauert, bis ein internationaler psychoanalytischer Kongreß die psychischen Folgen des Holocaust zum Thema machte); nach dem Vietnamkrieg die Forderungen der sogenannten Veteranen, in engem Zusammenhang mit dem gesellschaftlichen Verlust der moralischen Glaubwürdigkeit dieses Krieges, noch während er andauerte; heute: das Asylbegehren bzw. die Weigerung von Flüchtlingen, die Folter oder Völkermord überlebt haben, sich »rückführen« zu lassen. Bezogen auf Gewalt (insbesondere sexuelle Gewalt) gegen Frauen und Kinder kann man sagen: Die feministischen Bewegungen haben – stellvertretend – einen neuen Diskurs erzwungen. Was daran ein Fortschritt ist und was an diesem Diskurs, insbesondere durch die isolierende Hervorhebung der sexuellen Handlung, letztlich neue Tabus geschaffen bzw. auch die Funktion der Nicht-Thematisierung anderer Gewalt hatte, werden wir erst in der Zukunft beurteilen können; historische Einschätzungen der Gegenwart sind bekanntlich problematisch.

Die Differenzierung zwischen der traumatisierenden Realität und den sozialen Ansprüchen der Traumatisierten erscheint mir sehr wichtig: Das soziale »Begehren«, das Haftbarmachen der sozialen Umwelt, das Richten von Wünschen und Ansprüchen an diese, das zunächst überwiegend als lästig empfunden, mißverstanden und als »tendenziös« diffamiert wurde (nicht nur bei Unfallopfern, auch bei Überlebenden des Holocaust, wie die skandalösen Begutachtungen durch viele deutsche Psychiater, darunter leider auch Psychoanalytiker, zeigen), verweist auf die zentrale Bedeutung der sozialen Realität. Es geht dabei nicht nur um die Verursachung von Traumata im Sinne der Untrennbarkeit von Psycho- und Soziogenese, sondern auch um die Bedingungen für die Möglichkeiten von Erholung, Heilung, Linderung, Re-Integration, Verarbeitung, soweit das je nach Ausmaß des Traumas überhaupt möglich ist. Es geht auch darum, welche Bedingungen zu einer Fortsetzung der Traumatisierung bzw. zu einer Re-Traumatisierung führen; im wesentlichen sind damit die Nicht-Anerkennung der Realität, ein kollektives Nicht-Wahrhaben-Wollen, Verschweigen der sozialpolitischen Gewaltverhältnisse gemeint, was einer Verweigerung von Hilfe und Sicherheit gleichkommt, wie es etwa in Deutschland nach 1945 der Fall war. Ein Beispiel aus der Gegenwart ist die Verleugnung der Nachkriegsverhältnisse in Bosnien, das Nicht-Bestrafen der Kriegsverbrecher etc. »Therapie hätte nur die geschichtliche Praxis sein können« (Améry 1977, S. 88).

Der holländische Psychoanalytiker Hans Keilson hat in seiner Langzeituntersuchung jüdischer Kriegswaisen in den Niederlanden »Sequentielle Traumatisierung bei Kindern« (1979) die enorme Bedeutung dieser von ihm so genannten »dritten traumatischen Sequenz« (im konkreten Fall: der Nachkriegsperiode als psychisch höchst folgenreichem Teil der Totalität des Verfolgungsgeschehens) sehr eindrücklich belegt. Diese »dritte Sequenz« bzw. die Bedeutung der sozialen Umwelt »danach« ist nicht nur bei Extrem-Traumatisierung von großer Relevanz, sondern auch bei Patienten mit einer traumatischen Neurose, z. B. nach einem Unfall. Die zitierte, entwertende psychiatrische Terminologie zeigt die soziokulturelle Bedingtheit wissenschaftlich-psychiatrischer Diagnosen – die Psychiater sind ja Teil der Gesellschaft. Bei den infantilen Traumata, von denen noch die Rede sein wird, scheint mir der Aspekt des sozialen Umfeldes in der Zeit nach der stattgefundenen Traumatisierung (»danach«) insgesamt zu wenig bedacht und untersucht, was dann oft zur isolierten Bewertung einzelner Taumata führt. Last not least: Auch der Psychotherapeut arbeitet nicht im sozialen Vakuum, sondern ist – für traumatisierte Patienten in besonderer Weise – Repräsentant der sozialen Umwelt.

Die Schwierigkeiten, die Beziehung zwischen innerer psychischer und äußerer Realität beim Trauma zu begreifen, zeigen sich schon darin, daß wir meist mit Trauma sowohl die traumatisierende Realität als auch die daraus resultierenden psychischen Verletzungen bezeichnen. Dieses Problem haben wir aus der Medizin übernommen: Durch ein Trauma entsteht ein Trauma. Aus diesem Dilemma wurden verschiedene Auswege gesucht: So unterscheiden etwa Sandler et al (1987, S. 103 f.) das Trauma, hier den Auslöser, von der Traumopathie, den psychischen Folgen. Das ist problematisch, weil – besonders deutlich bei der Extremtraumatisierung – die »verrückte« psychische Reaktion in der traumatischen Situation nicht psychopathologisch, sondern adäquat ist, wie beispielsweise Eissler (1963) in seinem bekannten Aufsatz »Die Ermordung von wievielen seiner Kinder muß ein Mensch symptomfrei ertragen können, um eine normale Konstitution zu haben?«, ausgeführt hat. Der schon mehrfach zitierte Jean Améry, Überlebender von Auschwitz, hat in seinem Buch »Jenseits von Schuld und Sühne. Bewältigungsversuche eines Überwältigten« (a. a. O.) sehr genau beschrieben, was Folter und KZ auf Dauer beim Menschen anrichten: »Wer gefoltert wurde, bleibt gefoltert (...) Verlust des Weltvertrauens (...) Nicht mehr heimisch werden in dieser Welt (...) Durch keinerlei spätere menschliche Kommunikation mehr auszugleichende Fremdheit in der Welt (...)« (S. 72). Dennoch verwahrt er sich gegen die Zuschreibung eines Krankheitsbildes »KZ-Syndrom«: »Ich weiß, was mich bedrängt, ist keine Neurose, sondern die genau reflektierte Realität. (...) Ich muß wohl zu dem Ergebnis kommen, daß nicht ich gestört bin oder gestört war, sondern daß die Neurose auf Seiten des geschichtlichen Geschehens liegt« (S. 149 f.). Die traumatischen Ereignisse bzw. die traumatisierende Realität und das empfindende, reagierende Subjekt lassen sich also letztlich nicht trennen, müssen zusammengedacht werden. Zu jedem traumatischen Erlebnis gehören die traumatischen Ereignisse selbst und die individuellen Bewältigungsversuche.

Jede psychoanalytische Trauma-Definition landet schließlich bei einer energetisch-ökonomischen, sozusagen quantitativen Auffassung: Traumatisch wirkt ein Ereignis, das aufgrund seiner Intensität und/oder

Plötzlichkeit die psychischen Verarbeitungsmöglichkeiten, zu denen auch die üblichen neurotischen gehören, übersteigt und überfordert. Freud stellte sich einen psychophysischen »Reizschutz« gegen ein Zuviel an äußeren Reizen vor, der im Fall des Traumas durch eine Überschwemmung mit äußeren Reizen, die nicht »abreagiert« werden können, durchbrochen wird, woraus dauerhafte Folgen für die ganze psychische Organisation (im »Energiebetrieb«) resultieren. Freud stellte sich eine »Ergänzungsreihe« eine Art Kontinuum vor, um innere psychische und äußere Realität in ihrer komplementären Wirkung zusammenzudenken. (Um es nicht weiter zu komplizieren, lasse ich weg, daß Freud zeitweise auch inneren Reizen, d. h. Triebregungen, eine potentiell traumatisierende Wirkung zumaß.) Mit Hilfe des folgenden Schemas versuche ich, relevante Faktoren einer solchen »Ergänzungsreihe« aufzuzeigen.

Ergänzungsreihe

Subjekt, Individuum	Äußere Realität / Traumatisierendes Ereignis
»Dipostion«	Qualität und Quantität (Modalität): Plötzlichkeit, Unvorstellbarkeit
Reizschutz (Reizschwelle)	
Reife des psychischen Apparats / Strukturniveau	Intensität, Ausmaß
	Dauer: (einmalig andauernd, sequentiell)
Ich-Entwicklung	Sozialer Kontext (z.B. Familie, Heim, Jugendclique, Gesamtgesellschaft)
Abwehrfunktionen	
Selbstentwicklung	Beziehungskontext (Qualität der Beziehung zu der traumatiesierenden Person, soweit vorher bekannt)
Entwicklung von Objektbeziehungen	
Affektintegration (z.B. Fähigkeit zur Angstentwicklung)	Gegen Individuen / gegen ganze Gruppe bzw. Volk gerichtet
	Unglück / Naturkatastrophe / Krieg
Infantile Fixierungen	Beabsichtigter systematischer Angriff auf die Menschenwürde mit dem Ziel der physischen und psychischen Vernichtung (Folter, KZ, Völkermord, etc.)

Mit dem Modell der Ergänzungsreihe kann man das Zusammenwirken der Faktoren »Disposition« und äußere Ereignisse bei der klassischen traumatischen Neurose (z. B. bei den Zitterern des I. Weltkrieges oder nach einem Unfall) recht gut darstellen (zur traumatischen Neurose vgl. insbesondere die Beiträge von Lorenzer 1965 und 1966). Bei der klassischen traumatischen Neurose hängt die Prognose mehr von der »Disposition« ab, zum Beispiel von der Fähigkeit zur Angstentwicklung im Sinne der Signalangst. Als quantitatives Modell mit entsprechenden Schwächen besagt die Ergänzungsreihe: Je stärker, stabiler (reifer) ein Individuum ist, desto intensiver, größer muß ein Ereignis sein, um als traumatisch erlebt zu werden. Umgekehrt heißt das: Je schwächer, verwundbarer, unreifer das Subjekt ist, desto mehr kann schon ein weniger intensives Ereignis als traumatisch erlebt werden. Von der Seite der Realität her gesehen, bedeutet das: Je massiver die traumatisierende Realität, je unwichtiger, obsoleter wird die Frage nach der individuellen Disposition, weil es in der Beschaffenheit dieser traumatisierenden Realität liegt, daß sie jede, auch die gesündeste Struktur zum Zusammenbruch bringt, zumindest temporär. Dieser Zustand (Überwältigung des Ichs, totale Hilflosigkeit in der traumatischen Situation) hat dauerhafte Folgen; er bedeutet aber nicht, daß alle Ich-Funktionen für immer ausgeschaltet bleiben, sonst folgte nur noch der Tod (vgl. »Muselmann – Zustand« bei KZ-Häftlingen). Das Ich versucht so schnell wie möglich, wenn es geht schon in der traumatischen Situation selbst, neue Wege der Bewältigung, Verarbeitung, Assimilation des Traumas zu finden bzw. nach und nach alte wieder zu restaurieren, an sie anzuknüpfen. Grenzen dieser Möglichkeiten liegen sowohl im Subjekt als auch in der Realität.

Was wir klinisch sehen, ist niemals das Trauma »pur«, sondern immer die Ergebnisse der Aktivität des Subjektes, seiner Selbstheilungs- und Bewältigungsversuche. Solche Versuche sind z. B. :
- Wiederholung des Traumas, z. B. im Traum. Diese Form der Wiederholung ist nicht mit dem neurotischen Wiederholungszwang gleichzusetzen, da sie durch Modifikation des Traumas, z. B. von passiv zu aktiv, der Restitution des Ichs dient;
- Abspaltung, Annullierung, Verwerfung, Isolierung, »Einkapselung« (Fremdkörper) etc.;
- Identifizierung mit dem Aggressor/Unterwerfung;
- Derealisation.

Nimmt man die »quantitative« Trauma-Definition beim Wort, wird es kompliziert bei der Einschätzung sogenannter früher Traumata. Durch die Abhängigkeit und Hilflosigkeit des Säuglings wird »der Einfluß der realen Außenwelt verstärkt (...), die Gefahren der Außenwelt in ihrer Bedeutung erhöht« (Freud 1926, S. 186). Die (überwiegend retrospektive) Erforschung infantiler, insbesondere präverbaler Traumatisierungen war therapeutisch sehr fruchtbar, weil sie den Zugang zu Erfahrungen und Bereichen ermöglicht hat, in die die Sprache nicht reicht. Ich denke dabei insbesondere an die Beiträge von Ferenczi, Balint, Winnicott, McDougall, Khan u. a. Im Zuge der Rezeption dieser Forschungsentwicklung wurde aber zum Teil auch unklar und unscharf, wo die Grenze zwischen einer nicht »hinreichend guten« Umwelt (im Sinne Winnicotts) und einer traumatischen, Strukturbildung partiell verhindernden bzw. in diese Struktur massiv eingreifenden Umwelt gesehen wird. Die Frage ist, ob zwischen Mangel/Versagung/Frustration, ohne die keine psychische Entwicklung möglich ist, und einer deformierend Anpassung erzwingenden Umwelt ein gradueller Übergang besteht oder ob das konzeptuell-kategorial zu trennen ist. Schon Freud setzt an manchen Stellen »Versagung« mit »Trauma« gleich – von daher kommen dann so unsinnige Begriffe wie »benignes«, »wachstumsförderndes« Trauma – bis hin zu »ubiquitären Traumata«, von der Geburt bis zum Geschlechtsunterschied.

Ich will Winnicotts Ansatz zur Interaktion von Individuum und Umwelt anhand einer Original-Abbildung kurz vorstellen.

Auf dieser Abbildung demonstriert Winnicott idealtypisch zwei Möglichkeiten des Einflusses der Umwelt auf die sehr frühe emotionale Entwicklung des Säuglings. Im günstigen Fall (links) stößt der Säugling durch spontane Aktivität auf die Umwelt und trifft auf Widerstand – so entdeckt er die Umwelt, ohne Verlust des Selbstgefühls, d. h. er erlebt sich zugleich selbst als wirklich. Im ungünstigen Fall (rechts) erfolgt ein Übergiff der Umwelt und erzwingt eine Reaktion des Säuglings – das Selbstgefühl kann dann nur durch Rückzug in die Isolierung wiedergefunden werden. Diese beiden Möglichkeiten stehen prototypisch für die Entwicklung eines »wahren« bzw. eines »falschen« Selbst. Der Säugling erschafft die Wirklichkeit, die dafür allerdings real vorhanden sein muß, jedoch nicht übergriffig sein darf.

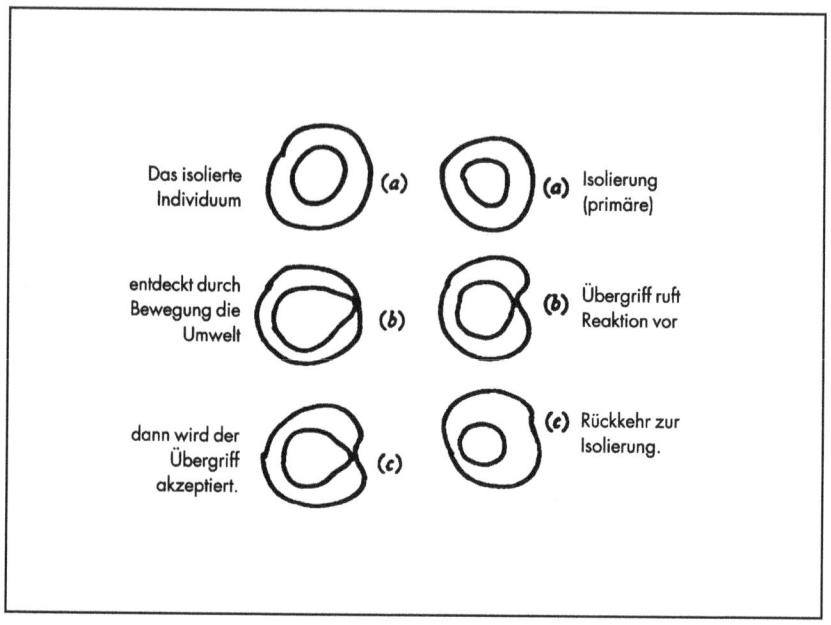

Abbildung aus: Winnicott, D.W. (1952): Psychosen und Kinderpflege.
In: Ders. (1976): Von der Kinderheilkunde zur Psychoanalyse.
München, Kindler, S. 110-123

Ist nun jeder Außenreiz, der nicht auf eine kreative Geste des Säuglings trifft (Fehlanpassung, Versagen der Umwelt) ein Mikrotrauma, das dann – summiert – zum »kumulativen« Trauma (Khan 1963) wird? Ist jeder pathogene, krankmachende Einfluß von außen, z. B. eine depressive Mutter, traumatisch, etwa im Sinne des »Belastungstrauma« von Sandler?

Würde man diese Frage mit Ja beantworten, würde der Trauma-Begriff obsolet. Die »Ergänzungsreihe« als rein quantitatives Trauma-Modell wird an ihren Endpunkten (der Säugling ohne entwickelte Struktur – das Extrem-Trauma) absurd. Meine skeptischen Fragen richten sich gegen eine beliebige Ausweitung des Begriffs »frühes Trauma« bis hin zu einem Punkt, wo wir dann letztlich alle traumatisiert wären – denn wer hat ausschließlich ein »wahres« Selbst? Meine Skepsis richtet sich nicht gegen die genannten objektbeziehungspsychologischen Autoren, im Gegenteil: Diese, insbesondere Winnicott, haben erheblich beigetragen zu einem besseren Verständnis der Funktion der Außenwelt für die frühe Identitätsbildung (Entwicklung des Selbst) bzw. ihrer Wirkung auf die Entwicklung der Möglichkeit/Fähigkeit des Säuglings innerhalb der abhängigen Beziehung zur Mutter, Affekte (insbesondere aggressive) als Ausdruck seiner eigenen Lebendigkeit zu erleben und zu integrieren – und der vielfältigen Gefährdungen dieses Prozesses.

Nur ist die »nicht hinreichend gute Mutter« nicht immer traumatisch – und sie ist nicht nur die »äußere Realität« für den Säugling, sondern sie ist selbst wiederum Teil einer sozialen Realität, die mehr beinhaltet als den Vater.

In einer psychologischen Untersuchung von Kindern in einem Schwarzen-Ghetto in den USA der 60er Jahre (G. H. Borowitz et al., zit. nach Parin 1976) wurden 25 % als gesund im Sinne einer gelungenen Sozialisation im Säuglings- und Kleinkindalter eingeschätzt, 50 % lagen im Mittelbereich und bei 25 % wurden schwere Entwicklungsstörungen diagnostiziert, die massive Störungen der Mutter-Kind-Beziehung im ersten Lebensjahr vermuten ließen. Die weitere Untersuchung ergab, daß der entscheidende Unterschied zwischen den Müttern der »gesunden« Kinder und den Müttern der »gestörten« Kinder in der Einstellung gegenüber der »nahezu unerträglichen sozialen Situation« bestand: Alle Mütter der »gesunden« Kinder hatten eine aktive Einstellung gegenüber dieser Situation, waren engagiert in militant-revoltierenden Schwarzenbewegungen. Das galt dagegen für keine der Mütter der gestörten Kinder. Die hier angerissene Frage der Kulturabhängigkeit von Traumata ist meines Erachtens bislang noch zu wenig untersucht worden. Mir stellt sie sich vermehrt, da ich in den letzten Jahren zunehmend Patienten behandele, die die ersten fünf bis zehn Jahre ihres Lebens in Ländern der sogenannten Dritten Welt verbracht haben mit Kindheiten, die aus unserer BRD-Perspektive als schwere Deprivation anzusehen wären, diese Bedeutung aber für die Patienten nicht haben; soweit sie traumatisiert sind, geschah dies nach ihrer Ankunft hier.

Trotz all dieser Problematisierungen gibt es tatsächlich frühe Traumata, die in die psychische Strukturbildung massiv eingreifen bzw. ein Teil von ihr werden im Sinne einer »traumatischen Identitätsbildung« (Küchenhoff 1990, S. 18). Solche frühen Traumatisierungen können in der Therapie nicht erinnert werden, sondern müssen gehandelt, reinszeniert werden, was nicht einfach mit Wiederholung gleichzusetzen ist; die Reinszenierung ist bereits eine Form der aktiven Auseinandersetzung mit dem Trauma, ein Resultat der sekundären Bearbeitung. Oft geschieht diese Reinszenierung auf der Basis projektiver Abwehr und Übertragung in Form permanenter Provokationen, Manipulationen, Drohungen, Mißverständnisse etc., die alle heftig am therapeutischen Setting rütteln, was zur Folge hat, daß der Therapeut in seiner Gegenübertragung quasi in die affektive Lage des traumatisierten Kindes gerät (hilflos, ohnmächtig, Wut und Angst ausgeliefert etc.), d. h. in seiner Funktion als Therapeut bedroht ist. Auf die genauen Mechanismen und Hintergründe dieser besonderen Übertragungs-/Gegenübertragungskonstellation (Inkorporation, Introjektion des traumatisierenden Objekts) kann ich hier nicht eingehen, sie sind vielfach andernorts sehr gut beschrieben (z. B. bei Holderegger 1993, aber auch bei McDougall 1978 und anderen). Ich erwähne diese »traumatisierende Übertragung« (Holderegger, a. a. O.) aus zwei Gründen hier: Zum einen kann der Patient nur so projektiv reinszenierend handelnd von seinen Traumata »berichten«, weil die zur traumatischen Situation gehörenden Affekte nicht in seine Ich-Organisation integriert werden konnten. Hier besteht eine Parallele zur begrenzten Kommunizierbarkeit extrem traumatisierender Erfahrungen: Wer, so Jean Améry (a. a. O., S. 63), über die Erfahrung der Folter »seinen Körperschmerz mit-teilen wollte, wäre darauf gestellt, ihn zuzufügen und damit selbst zum Folterknecht zu werden«. Zum anderen erwähne ich die »traumatische Übertragung«, weil in dieser Situation immer die Gefahr entsteht, daß der Therapeut – bewußt von »Mitleid«, unbewußt von reaktiven Größenphantasien verleitet – den »Defekt«, den »Mangel« der Kindheit durch eine bessere Realität, eine »korrigierende emotionale Erfahrung« ausgleichen, therapeutisch ersetzen will – und dann mitagiert, sich manipulieren läßt, das Setting verändert, selber Grenzen überschreitet etc. Damit schadet er aber dem traumatisierten Patienten bzw. verhindert eine Entwicklung, weil er ihm, ebenfalls handelnd, kommuniziert, daß Übergriffen nichts entgegenzusetzen ist als Anpassung bzw. Unterwerfung. Hilfreich, im Sinne von Veränderung bewirkend, sind dagegen nur Deutungen, Klärungen und Interventionen, die – unter besonderer Nutzung der Gegenübertragung – die Projektion aufheben und dadurch dem Patienten die zur traumatischen Situation gehörenden, bis dahin nicht erlebbaren Affekte zugänglich machen, die er jetzt in sein inzwischen sturkturiertes Ich integrieren kann.

Ich bin von der Legitimität der sozialen Bedürfnisse und Forderungen des traumatisierten Subjekts an die soziale Umwelt, von der großen

Bedeutung der Reaktion der sozialen Umwelt für die Möglichkeit der Verarbeitung des Traumas (insbesondere durch Anerkennung der Realität) ausgegangen und bin nun bei der Projektion (projektiven Identifizierung) gelandet. Diese Bewegung immer wieder zusammenzudenken und auszuhalten, ist meines Erachtens das Wesentliche, um Traumatisierung zu verstehen. Das bedeutet einerseits die Anerkennung und Benennung der Realität (je stärker der gesellschaftliche Zusammenhang, desto mehr), und andererseits Raum zu lassen für die ganz individuelle Verarbeitung des Traumas. Anders gesagt bedeutet das in der Psychotherapie: Abstinenz in der Beziehung, aber keine Neutralität gegenüber der traumatisierenden Realität. Es bedeutet zu wissen und Wissen zu erkennen zu geben und zu benennen, aber keine vorschnelle Festlegung, kein Erzwingen. In diesem Sinne ist der Therapeut dann Zeuge, aber weder Detektiv noch Retter noch Inquisitor. Sonst wird er selbst zum Mißbraucher. Diese therapeutische Haltung impliziert auch, Konfusion auszuhalten, gerade wenn man nicht weiß (und der Patient oft auch nicht), was »wirklich« war. Und es bedeutet, den Kontext der Traumatisierung – auch im Sinne des »Vorher« und des »Danach« – im Auge zu behalten. Das kann im Einzelfall auch bedeuten, zu erkennen, daß der sexuelle Mißbrauch nicht traumatisierend war, was niemanden entschuldigt.

Literaturverzeichnis

Améry, J. (1977): Jenseits von Schuld und Sühne. Bewältigungsversuche eines Überwältigten. Stuttgart, Klett-Cotta.
APA (American Psychiatric Association): Diagnostic and statistical manual of mental disorders. 3rd ed., revised (DSM - III - R) Washington DC. Deutsch: Diagnostisches und statistisches Manual psychischer Störungen, Weinheim, Beltz 1989.
Eissler, K. R. (1963): Die Ermordung von wievielen seiner Kinder muß ein Mensch symptomfrei ertragen können, um eine normale Konstitution zu haben? In: Psyche 17, 241 - 291.
Freud, S. (1911): Formulierungen über die zwei Prinzipien des psychischen Geschehens. GW VIII, 230 - 238.
Freud, S. (1926): Hemmung, Symptom und Angst. GW XIV, 111 - 205.
Herman, J. L. (1994): Die Narben der Gewalt. München, Kindler.
Holderegger, H. (1993): Der Umgang mit dem Trauma. Stuttgart, Klett-Cotta.
Keilson, H. (1979): Sequentielle Traumatisierung bei Kindern. Stuttgart, Enke.

Keilson, H. (1996): Psychiatrie und man-made-disaster. Die Entwicklung des Traumakonzepts in der Psychiatrie. Vortrag im Sigmund-Freud-Institut in Frankfurt/Main (unveröff. Manuskript).
Khan, M. R. (1963): Das kumulative Trauma. In: Ders. (1977): Selbsterfahrung in der Therapie. München, Kindler, 50 - 70.
Küchenhoff, J. (1990): Die Repräsentation früher Traumata in der Übertragung. In: Forum der Psychoanalyse 6, 15 - 31.
Lorenzer, A. (1965): Ein Abwehrsyndrom bei traumatischen Verläufen. In: Psyche 18, 685 - 700.
Lorenzer, A. (1966): Zum Begriff der »traumatischen Neurose«. In: Psyche 20, 481 - 492.
McDougall, J. (1978): Primitive communications and the use of countertransference. Reflections on early psychic trauma and its transference effects. In: Contemporary Psychoanalysis 14, 173 - 209.
Masson, J. M. (1984): Was hat man dir, du armes Kind getan? Sigmund Freuds Unterdrückung der Verführungstheorie. Reinbek bei Hamburg, Rowohlt.
Miller, A. (1981): Du sollst nicht merken. Frankfurt/Main, Suhrkamp.
Oppenheim,H. (1889): Die traumatischen Neurosen. Berlin, A.Hirschwald.
Parin, P. (1976): Das Mikroskop der vergleichenden Psychoanalyse und die Makrosozietät. In: Psyche 30, 1 - 25.
Richter-Appelt, H. (1994): Sexuelle Traumatisierungen und körperliche Mißhandlungen. Eine Befragung von Studentinnen und Studenten. In: Rutschky, K. und Wolff, R. (Hg.): Handbuch sexueller Mißbrauch. Hamburg, Klein.
Sandler, J., Dreher, A. U., Drews, S., Fischer, R., Klüwer, R., Muck, M., Vogel,H., und Will, C. (1987): Psychisches Trauma. Ein psychoanalytisches Konzept im Theorie-Praxis-Zusammenhang. Materialien aus dem Sigmund-Freud-Institut Frankfurt/Main, Nr. 5.
Tal, K. (1996): Worlds of hurt. Reading the literatures of trauma. New York, Cambridge University Press.
Winnicott, D. W. (1952): Psychosen und Kinderpflege. In: Ders. (1976): Von der Kinderheilkunde zur Psychoanalyse. München, Kindler, 110 - 123.

Die Debatte des sexuellenMißbrauchs in Sigmund Freuds Vortrag »Zur Ätiologie der Hysterie« (1896) – und der Mißbrauch dieser Debatte hundert Jahre später

Bernd Nitzschke

Als Freud am 21. April 1896 im *Verein für Psychiatrie und Neurologie* Thesen über die Bedeutung des sexuellen Mißbrauchs an Kindern für die Entstehung einer Hysterie im Erwachsenenalter vortrug – einer von drei Beiträgen, in denen er in jenem Jahr zum Problem der Ätiologie der Psychoneurosen Stellung genommen hatte (Freud 1896 a, 1896 b, 1896 c) –, war er fast genau zehn Jahre als Nervenarzt in Wien niedergelassen. 1886 hatte er, der ökonomischen Not gehorchend, die Universitätskarriere, nicht jedoch seinen wissenschaftlichen Ehrgeiz aufgegeben. Als praktisch tätiger Forscher, als Therapeut und Theoretiker, verfolgte er noch immer hochgesteckte Ziele. Für das Teilgebiet der Neurasthenie hatte er diese Ziele seinem Freund Fließ so beschrieben: »(...) zeige den Leuten den Schlüssel, der alles erschließt, die ätiologische Formel« (Freud 1986, S. 35).

Im Frühjahr 1896 glaubte Freud, »die ätiologische Formel« für die Hysterie gefunden zu haben. Bei einer Sitzung »in der Wiener Fachvereinigung (...) unter dem Vorsitz von v. Krafft-Ebing« (Freud 1914, S. 59) präsentierte er daraufhin stolz den »Schlüssel«, der das Rätsel der Hysterie aufschließen sollte:

»Ich stelle also die Behauptung auf, zugrunde jedes Falles von Hysterie befinden sich – durch die analytische Arbeit reproduzierbar, trotz des Dezennien umfassenden Zeitintervalles – *ein oder mehrere Erlebnisse von vorzeitiger sexueller Erfahrung*, die der frühesten Jugend angehören. Ich halte dies für eine wichtige Enthüllung, für die Auffindung eines *caput Nili* der Neuropathologie (...)« (Freud 1896 a, S. 439).

In diesem Passus kommt es entscheidend auf ein Wort an: »zugrunde *jedes* Falles« sollte sich für die Zeit vor der Pubertät ein sexueller Mißbrauch nachweisen lassen. Freud hatte damit einen kausal wirksamen und, wie er damals glaubte, mit Hilfe der psychoanalytischen Methode auch *nachweisbaren* Zusammenhang postuliert. Er hatte ein Gesetz formuliert. Über die Art der in Betracht kommenden sexuellen Aktivitäten – »Reizungen der Genitalien, koitusähnliche Handlungen usw.« (1896 a, S. 443) – und über die Art der Beziehung zwischen dem Mißbrauchsopfer und dem Mißbrauchstäter – einmalige Vergewaltigung versus langjährige Liebesbeziehung – hatte sich Freud hingegen unbestimmt geäußert. Fünf Tage nach dem Vortrag schilderte er in einem Brief die Reaktionen, mit denen die Fachkollegen seine Behauptungen aufgenommen hatten:

»Ein Vortrag über Ätiologie der Hysterie im Psychiatrischen Verein fand bei den Eseln eine eisige Aufnahme und von Krafft-Ebing die seltsame Beurteilung: Es klingt wie ein wissenschaftliches Märchen. Und dies, nachdem man ihnen die Lösung eines mehrtausendjährigen Problems, ein caput Nili aufgezeigt hat« (Freud 1986, S. 193).

Freud hatte die Quelle der Hysterie entdeckt und keiner wollte ihm glauben! Doch – *was* wollte man ihm nicht glauben:
- die Tatsache, daß es sexuellen Mißbrauch an Kindern gab;
- die Annahme, daß sexueller Mißbrauch an Kindern kaum unmittelbare, vielmehr zeitversetzte psychoneurotische Folgen haben konnte, wenn die Erinnerungen an das Mißbrauchserlebnis zuvor abgewehrt worden waren;
- oder hatte man die *Gesetzmäßigkeit* angezweifelt, derzufolge es keine Hysterie bei Erwachsenen ohne infantilen Mißbrauch geben konnte?

Vermutlich ist Freud genau deshalb kritisiert worden: Weil er ein Gesetz formuliert und die Allgemeingültigkeit seiner Aussage durch ein unbekanntes methodisches Verfahren (genannt »Psychoanalyse«) »bewiesen« zu haben glaubte, ein »Beweis«, den seine naturwissenschaftlich vorgebildeten Kollegen nicht akzeptieren konnten.[1] Wir bleiben hinsichtlich der gegen Freud vorgetragenen Argumente allerdings auf Vermutungen angewiesen, denn es ist kein Referat über Freuds Vortrag vom 21. April 1896 gefunden worden, das Auskunft über die Argumente der Kritiker geben könnte.[2] Anderthalb Jahre nach dem Vortrag hatte auch Freud den Glauben an die Allgemeingültigkeit der »ätiologischen Formel« und infolgedessen die Hoffnung aufgeben müssen, als Entdecker dieser Formel berühmt und reich zu werden:

»Die Erwartung des ewigen Nachruhms war so schön und des sicheren Reichtums, die volle Unabhängigkeit, das Reisen, die Hebung der Kinder über die schweren Sorgen, die mich um meine Jugend gebracht haben. Das hing alles daran, ob die Hysterie aufgeht oder nicht« (Freud 1986, S. 285).

Sie ging nicht auf. Freud konnte die Gesetzmäßigkeit, die er aufgestellt hatte, mit Hilfe der »psychoanalytischen« Methode nicht beweisen. Er mußte deshalb seine Aussage revidieren oder besser: durch eine Zusatzannahme korrigieren. Dabei setzte er an dem Punkt der Argumentation seines Vortrags an, an dem er ausgeführt hatte, daß die Manifestation einer Psychoneurose nicht vom Mißbrauchserlebnis an sich, sondern von der innerseelischen (Weiter-)Verarbeitung dieses Erlebnisses abhängig sei: Da das Kind zum Zeitpunkt des Mißbrauchs intellektuell und moralisch noch nicht in der Lage sei, das Erlebte kognitiv-affektiv zu integrieren, entscheide erst die der *vorzeitigen* sexuellen Erfahrung *nachträglich* zugeschriebe *Bedeutung*, ob sich eine psychoneurotische Erkrankung entwickele oder nicht. Von der zwischenzeitlich erreichten »moralischen und intellektuellen Ausbildung der Person« (1896 a, 448) hänge es also ab, ob das Erlebnis – nach einer Phase der Latenz – in der Rückerinnerung peinlich erscheine oder nicht. Bei minderstrengem Gewissen müsse die Erinnerung an das Mißbrauchserlebnis nicht abgewehrt werden. Die Erinnerungen blieben in diesem Fall bewußt, das Gedächtnis intakt. Demnach könne sich keine Krankheit des Gedächtnisses, keine Psychoneurose, entwickeln. Den *Psycho*neurosen liegt also laut Freud ein spezifischer *psychischer* Mechanismus zugrunde, die Abwehr[3], deren partielles Versagen zur Symptombildung führt:

»Sie ersehen daraus, daß es auf die Existenz der infantilen Sexualerlebnisse allein nicht ankommt, sondern daß eine psychologische Bedingung noch dabei ist. Diese Szenen müssen als *unbewußte* Erinnerungen vorhanden sein; nur solange und insofern sie unbewußt sind, könne sie hysterische Symptome erzeugen und unterhalten« (Freud 1896 a, S. 448).

An der Theorie der Abwehr hielt Freud zeitlebens fest, während er die »Formel«, die Gesetzmäßigkeit, derzufolge *jeder* Hysterie ein infantilsexuelles Trauma zugrunde liegen *muß*, wieder aufgab. Freud korrigierte also seine Aussagen in Bezug darauf, *welche* Erinnerungen abgewehrt werden. Es müssen dies nicht notwendig Erinnerungen an ein reales Mißbrauchsereignis sein. Es können auch Erinnerungen an jene Phantasien abgewehrt werden, die erstmals im Zusammenhang mit der infantilen Sexualität entstanden sind. Auch nach dieser Erweiterung seiner theoretischen Annahmen betonte Freud allerdings wiederholt, daß die »Phantasie der Verführung nur zu oft keine Phantasie, sondern reale Erinnerung ist«. Und er gab den eindringlichen Rat:

»Glauben Sie übrigens nicht, daß sexueller Mißbrauch des Kindes durch die nächsten männlichen Verwandten durchaus dem Reiche der Phantasie angehört. Die meisten Analytiker werden Fälle behandelt haben, in denen solche Beziehungen real waren und einwandfrei festgestellt werden konnten« (Freud 1916/17, S. 385).

Darauf kommt es also an – auf das Kriterium, mit dessen Hilfe »einwandfrei« festgestellt werden kann, ob sich die abgewehrten Erinnerungen auf realen Mißbrauch oder auf »erfundene Traumen« (Freud 1914, S. 56) beziehen. Da ein solches Kriterium unter ausschließlicher Berufung auf die *psychoanalytische* Methode nicht zu finden ist, mußte Freud die im Vortrag vom 21. April 1896 behauptete Gesetzesaussage wieder zurücknehmen. Diese Korrektur wird in der Literatur seither oft unter plakativen und deshalb leicht mißzuverstehenden Überschriften abgehandelt – wie zum Beispiel:
- »Der Widerruf der Verführungstheorie« (Krüll 1979, Kap. 1.2.4.)
- »Die Aufgabe der Verführungstheorie« (Köhler 1990, Kap. 2.11.)
- »Warum Widerruf der Verführungstheorie durch Freud?« (Hirsch 1990, Kap. 4.1.)

Die Autoren, die solche und ähnliche Überschriften formulieren, berufen sich fast immer auf einen Brief, den Freud am 21. September 1897 an Fließ geschrieben hat. Darin soll der »Widerruf der so vielversprechenden Verführungstheorie« (Hirsch 1990, S. 33) nachzulesen sein. Tatsächlich nennt Freud in diesem Brief lediglich Gründe, warum er keine »sichere Kenntnis« für die »Ätiologie« (1986, S. 284) der Hysterie mehr beanspruchen, warum er also keine *Gesetzmäßigkeit* mehr aufstellen kann. Einer der Gründe, die Freud nennt, lautet: Es gebe »im Unbewußten« kein »Realitätszeichen«, mit dessen Hilfe »die Wahrheit« (das heißt die Erinnerung an ein infantiles Realereignis) »und die mit Affekt besetzte Fiktion« (das heißt die Erinnerung an eine infantile Phantasiebildung) sicher zu »unterscheiden« wären (1986, S. 284). Dichtung und Wahrheit können mit Hilfe der psychoanalytischen Untersuchungsmethode allein also nicht ein-deutig differenziert werden.[4] Mehr ist aus dem sogenannten »Widerrufs-Brief« (Krüll 1979, S. 72) redlicherweise nicht herauszulesen. Laut Masson (1986, S. 146) soll Freud in den »Drei Abhandlungen zur Sexualtheorie« (1905 a) dann aber doch bezeugt haben, daß alle »sexuelle Angriffe« während der Kinderjahre »ausschließlich als Produkt der kindlichen Phantasielebens oder als Lüge hysterischer Frauen« (1986, S. 145) zu betrachten seien. Hätte Masson recht, so hätte Freud – im Gegensatz zur Ausage des »Widerrufs-Briefs« – später doch noch ein der psychoanalytischen Methode inhärentes Kriterium gefunden, mit dessen Hilfe er die Erinnerungen seiner Patienten eindeutig (und vor allem: einseitig) klassifizieren konnte. Zudem widerspricht Massons Behauptung, Freud habe nach der sogenannten Aufgabe der Verführungstheorie (tatsächlich handelte es sich lediglich um die Zurücknahme einer unhaltbaren Gesetzesaussage) nur noch Verführungsphantasien und keine tatsächlichen Verführungen als ätiologisch relevante Faktoren gelten lassen, einer Aussage Freuds in den »Drei Abhandlungen zur Sexualtheorie«.[5] An der entsprechenden Stelle heißt es über die Faktoren, die zu masturbatorischen Aktivitäten in den »Kinderjahren« (1905 a, S. 89) führen:

»Voran steht der Einfluß der Verführung, die das Kind vorzeitig als Sexualobjekt behandelt (...) Solche Beeinflussung kann von Erwachsenen oder anderen Kindern ausgehen; ich kann nicht zugestehen, daß ich in meiner Abhandlung 1896 ›Über die Ätiologie der Hysterie‹ die Häufigkeit oder die Bedeutung derselben überschätzt habe (...)« (1905 a, S. 91).[6]

Trotz dieser klaren Aussage Freuds vertritt Marianne Krüll, ähnlich wie Masson, die Auffassung, Freud habe »nach dem Widerruf« der Verführungstheorie die sexuellen »Kindheitserlebnisse nicht mehr als eigentliche Ursache der Neurose« angesehen (Krüll 1979, S. 75). Bei Lichte betrachtet zeigt sich allerdings, daß Freud das nie getan hat, denn er hat (selbst im Vortrag von 1896) die entsprechenden Erlebnisse immer nur als notwendige, nie jedoch als hinreichende Bedingung einer späteren Psychoneurose bezeichnet. Krüll behauptet außerdem, daß »die Ödipustheorie eine Umkehrung der Verführungstheorie« darstelle. Wieso? *Weil* »Vater und Mutter« nun »keine Verführer mehr« seien. Warum nicht? Darauf gibt Krüll keine Antwort. Statt dessen formuliert sie eine weitere Hypothese: Hätte Freud die Verführungstheorie nicht aufgegeben, so «hätte er fragen müssen, was die Eltern getan hatten, um solche Wünsche« – gemeint sind die Verliebtheit in die Mutter und der gegen den Vater gerichtete Todeswunsch – »in ihm zu wecken« (1979, S. 80). Hätte Freud tatsächlich – wie Krüll und andere – »fragen müssen«, was er nun einmal *nicht* gefragt hat? Oder durfte Freud fragen, was er gefragt hat, nämlich: Welche Faktoren in welcher Gewichtung unter welchen Bedingungen zur Manifestation einer Psychoneurose beitragen?

Das ist der springende Punkt: Wann immer Freud eine wissenschaftliche Frage formuliert, stellen seine Kritiker eine *moralische* Frage. Und die können sie auch gleich beantworten. Sie fragen nach Schuld – und sie kennen die Schuldigen: Freud, die Eltern, die sexuellen Begierden der Erwachsenen. Diesbezüglich hat sich Alice Miller besonders profiliert. Sie trat als Verteidigerin des sexuell und/oder narzißtisch mißbrauchten Kindes und zugleich als Staatsanwältin auf. Die Anklage lautete, Freud habe seine im Vortrag von 1896 dargebotenen »Funde« später »mit der Triebtheorie« (1983, S. 139) wieder zugedeckt. Die Frage, warum »man« (lies: Freud, denn der hat das zeitlebens getan) »nicht beides gelten lassen könne« – die Theorie der »sexuellen Traumatisierungen« *und* die Theorie der «kindlichen sexuellen Wünsche« (1983, S. 157) –, beantwortet Miller so:

»Wenn meine Thesen nur auf abstrakten Überlegungen beruhten, ließe sich vermutlich alles verbinden (...) Doch eine solche Abstraktion liegt mir fern. Die hier entwickelten Überlegungen beruhen auf konkreten Erfahrungen, die (...) für mich erst einen Sinn bekamen, als ich sie im Zusammenhang mit der verborgenen, aber ubiquitären Machtausübung des Erwachsenen über das Kind zu sehen lernte. Von daher verstehe ich die (Freudsche – B. N.) Vorstellung von der ›infantilen Sexualität‹ als Ausdruck einer pädagogischen Gedankenwelt, die die realen Machtverhältnisse zudeckt« (1983, S. 157).

Miller versichert an dieser Stelle ausdrücklich, daß es ihr *nicht* um Wissenschaft geht – denn was wäre Wissenschaft, wenn nicht »Abstraktion«? Es geht ihr vielmehr um »konkrete Erfahrungen« und um die moralische Rechtfertigung von Klagen und Anklagen, mit deren Hilfe Haß, Wut, Scham- und Schuld-Gefühle abreagiert werden können. Zu diesem Zweck wird eine in Gut und Böse aufgespaltene Welt dargeboten, in der Schuld und Unschuld eindeutig voneinander zu trennen sind. In dieser Welt wird das sexuell unschuldige (sprich: triebfreie) Kind von einer unsichtbaren (»verborgenen«) Macht, nämlich vom sexuellen Begehren der Erwachsenen, »ubiquitär« bedroht. Vergleicht man dieses Angebot eindeutiger guter und böser Selbst- und Fremd-Bilder mit Freuds Zielsetzung einer möglichst vollständigen kognitiv-affektiven Reintegration aller scham- und schuld-besetzten Erinnerungen an »vorzeitige« infantil-sexuelle Erlebnisse – seien diese nun durch die Beziehung zu einem verführerisch erlebten Erwachsenen konflikthaft oder durch die Beziehung zu einem real mißbrauchenden Erwachsenen traumatisierend initiiert worden –, so fällt die Gegensätzlichkeit auf: Zwar ist auch bei Miller das Böse immer und überall, doch es ist immer nur draußen, im anderen, während das Gute drinnen ist, im Kind, das ich selbst bin.

Die von Krüll, Masson und Miller gegen Freud erhobenen Vorwürfe wurden von allen möglichen Epigonen aufgegriffen, von denen einige ihre Originalität dadurch unter Beweis stellten, daß sie die Anklagen gegen Freud noch etwas verschärften. So behaupteten Bange und Deegener, Freuds »Theorie vom Ödipuskomplex« habe nicht nur »den Gedanke(n) suggeriert (...), die meisten Berichte über sexuellen Mißbrauch seien phantasiert«; sie habe vielmehr auch die Annahme befördert, »die Initiative zum sexuellen Mißbrauch gehe von den Kindern aus«. Einschränkend heißt es dann zwar, »daß Freud selbst an keiner Stelle explizit schreibt, daß realer sexueller Mißbrauch von den Kindern initiiert wird«. Doch das entlastet Freud nicht, denn was er nicht »explizit« geschrieben hat, das können ihm Bange und Deegener umso besser implizit unterstellen. Freud habe »*zumindest* indirekt« (Herv.: B. N.) dazu beigetragen, daß »die Schuld« nicht mehr bei den Tätern gesucht, sondern den Mißbrauchsopfern zugeschrieben worden sei (1996, S. 23).

Spätestens an dieser Stelle wird noch einmal deutlich, worum es geht: um *Schuld*zuweisung. Der Weisheit letzter Schluß lautet dann: Was die Kritiker betreiben, das muß auch schon Freud betrieben haben – die Suche nach Schuldigen. So schreibt der Populär-Psychologe Wilfried Wieck unter der Überschrift »Freuds Irrtümer«, Freud habe »(...) die

Schuld kleinen Kindern zu(geschoben), die angeblich ihre Eltern verführten. Alles, was Kinder, vor allem Mädchen, von elterlichen Übergriffen erzählten, wurde von Freud ihrer triebmotivierten Phantasietätigkeit zugeschoben. Kindliche Opfer sexuellen Mißbrauchs blieben allein, verzweifelten, wurden paranoid oder sexuell empfindungsunfähig: Die durch die Psychoanalyse unwillentlich unterstützten Übergriffe gegen mißbrauchte Kinder, vor allem Mädchen, konnten weitergehen« (1996, 128f.).

Das Titelzitat der deutschen Übersetzung von Massons Buch (1984), die Goethes Gedicht *Mignon* entnommene Zeile »Was hat man dir, du armes Kind, getan?« (Masson 1986), widerlegt die gegen Freud erhobene Anklage, er habe die Kinder schuldig und die Täter freigesprochen. Das Titelzitat ist einem drei Monate *nach* dem »Widerrufs-Brief« verfaßten Brief an Fließ entnommen, in dem Freud über den Vater einer Patientin schreibt: »Als sie zwei Jahre alt war, hat er sie gewaltsam defloriert und mit seiner Gonorrhoe infiziert, so daß sie damals unter dem Blutverlust und der Vaginitis lebensgefährlich erkrankte« (Freud 1986, S. 314). Diese Passage widerlegt – genauso wie viele andere Äußerungen Freuds, von denen ich einige zitiert habe – die Behauptung, Freud habe sich – beginnend mit dem »Widerrufs-Brief« – der Meinung der Kritiker seines Vortrags angeschlossen, die »die Realität der Verführung im Kindesalter« bestritten hätten. Die zuletzt genannte Behauptung stammt wiederum von Masson (1986, S. 132). Sie ist seiner Phantasie entsprungen – denn wir wissen nicht sicher, was die Kritiker Freuds tatsächlich einzuwenden hatten (vgl. Anm. 2). Es ist allerdings äußerst unwahrscheinlich, daß sie – wie Masson behauptet – die Realität des sexuellen Kindesmißbrauchs als solche bestritten haben. Um diese Auffassung zu verdeutlichen, müssen wir uns noch einmal Freuds Vortrag aus dem Jahr 1896 zuwenden. Freud ging damals, genau wie jene, die ihm heute Verrat vorwerfen, vom Bild des asexuellen Kindes aus. Das war sogar die Basis seiner gesamten »Beweis«-Führung: Nur dann, wenn ein Kind zuvor Opfer des sexuellen Begehrens eines anderen geworden war – »fremde Individuen«, »Kindermädchen, Kindsfrau, Gouvernante, Lehrer, leider auch allzuhäufig ein naher Verwandter« (1896 a, S. 444) oder ein anderes, bereits von einem Erwachsenen sexuell verführtes Kind –, konnte es selbst vorzeitig (das heißt: vor der Zeit der sexuellen Reife) sexuell aktiv werden. An diesem idyllischen Kinder-Bild hielt Freud noch Jahre nach dem Vortrag fest. So heißt es noch in der »Traumdeutung«, die »Kindheit« sei deshalb eine »glückliche« Zeit, weil sie »die sexuelle Begierde noch nicht« (1900, S. 136) kenne. Erst in der 3. Auflage (!) der »Traumdeutung« fügte Freud an dieser Stelle ein:

»Eingehendere Beschäftigung mit dem Seelenleben der Kinder belehrte uns freilich, daß sexuelle Triebkräfte in infantiler Gestaltung in der psychischen Tätigkeit des Kindes eine genügend große, nur zu lange übersehene Rolle spielen, und läßt uns an dem Glücke der Kindheit, wie die Erwachsenen es späterhin konstruieren, einigermaßen zweifeln« (1900, S. 136, Anm. 1).

Die konventionelle Konstruktion der Kindheit, von der sich Freud bei seinem Vortrag im Jahr 1896 leiten ließ, überrascht, weil er zu diesem Zeitpunkt bereits die Arbeit eines Autors kannte, der ein vergleichsweise realistisches Bild des Kindes gezeichnet hatte. Freud zitiert diese Arbeit, ignoriert aber deren Kernaussage und kann sie so – sinnwidrig – als Beleg für seine Sicht des sexuell unschuldigen beziehungsweise des zu sexueller Betätigung nur *verführbaren* Kindes verwenden. Der fragliche Passus in Freuds Vortrag lautet:

»Es scheint mir sicher, daß unsere Kinder weit häufiger sexuellen Angriffen ausgesetzt sind, als man (...) erwarten sollte. Bei den ersten Erkundigungen, was über dieses Thema bekannt sei, erfuhr ich von Kollegen, daß mehrere Publikationen von Kinderärzten vorliegen, welche die Häufigkeit sexueller Praktiken selbst an Säuglingen von seiten der Ammen und Kinderfrauen anklagen, und aus den letzten Wochen ist mir eine von Dr. Stekel in Wien herrührende Studie in die Hand geraten, die sich mit dem ›Koitus im Kindesalter‹ beschäftigt (...)« (Freud 1896a, S. 443f.).

Freud nennt an dieser Stelle jene von »Ammen und Kinderfrauen«, Müttern und anderen Erziehungspersonen angewandten Praktiken, durch die Kinder in der vorbürgerlichen Zeit – und wohl auch später – ruhig gestellt oder mißbraucht wurden (vgl. van Ussel 1970, S. 110ff.). Dann aber gibt Freud auch noch freimütig die Auskunft, daß er erst durch Kollegen auf die vorhandene Literatur über sexuellen Mißbrauch an Kindern aufmerksam gemacht worden ist. Das widerspricht der Version, wonach Freud seine Kollegen über die Tatsache des sexuellen Mißbrauchs an Kindern erst aufklären mußte.

Freud zitiert eine Arbeit Stekels, die ein Jahr zuvor, am 18. April 1895, in den *Wiener Medizinischen Blättern* erschienen war (vgl. ausführlich: Nitzschke 1992). Stekels Publikation hatte damals keinerlei Skandal erregt. Warum auch? Die Tatsache des sexuellen Mißbrauchs an Kindern war doch, wie Stekel (1895, S. 247) schreibt, »allbekannt«. Und auch Stekels Mitteilungen über spontan auftretendes sexuelles Verhalten bei Kindern scheint die Fachkollegen nicht schockiert zu haben, obgleich Stekels Fallbeispiele dem gutbürgerlichen Phantasma vom triebfreien Kind eklatant widersprachen. Stekels Aufsatz »Ueber Coitus im Kindesalter« beginnt denn auch mit der kritischen Bemerkung, er glaube, anders als Krafft-Ebing, nicht daran, daß Masturbation und andere Äußerungsformen der Sexualität bei Kindern nur durch »neuropsychopathische Belastung« (1895, S. 247) zu erklären seien. Damit widerspricht er der damals allgemein verbreiteten Degenerationstheorie. Stekel will die infantilen Sexualäußerungen aber auch nicht nur durch die Verführungstheorie erklärt wissen. Vielmehr beruft er sich auf eigene Beobachtungen, die andere Schlüsse nahelegen:

»Fragt man eine größere Anzahl intelligenter Personen über diesen Punkt aus, fordert man sie auf, genau nachzudenken, so wird fast jeder Zweite sich an gewisse Vorgänge in seiner Kindheit erinnern, die ihm früher unverständlich waren, die sich aber bei genauer Betrachtung als die ersten Anfänge des *Geschlechtstriebes* erweisen. Fälle von wirklichem Coitus sind seltener. Meist kommt es zu einem mit für die Kinder überraschendem Wollustgefühle verbundenen Betasten der Genitalien. Oft genügt der bloße Anblick derselben, wie er sich zufällig beim Spiel ergibt (...) Im Kindesalter zeigt sich eben klar, wie viel von dem, was die Menschen mit Willen und Ueberlegung zu thun glauben, auf Rechnung des *Instinctes* kommt. Das Kindesalter ist die Brücke, die den Homo sapiens mit dem Thierreiche verbindet (...) So wird auch der Coitus im Kindesalter meistens von den Kindern – instinctiv – auf dem Wege des *Geschlechtstriebes* gefunden. *Fälle, wo Kinder von älteren Personen missbraucht werden, sind ja allbekannt und gehören nicht in den Rahmen dieser Ausführungen*« (1895, S. 247; Herv.: B. N.).

»Trieb« und »Instinkt« werden hier zur Erklärung der sexuellen Neugier und des explizit sexuellen Verhaltens von Kindern herangezogen. Die Tatsache, daß es sexuellen Mißbrauch gibt, wird deshalb nicht geleugnet. Sie wird vielmehr als »allbekannt« vorausgesetzt.

Am 11. November 1908, ein Vierteljahrhundert nach Stekels Publikation, behauptete Freud dann bei einer Sitzung der »Mittwoch-Gesellschaft« (in Abwesenheit Stekels), »die normale Kindersexualität sei tatsächlich, so komisch das klingen mag, von ihm – Freud – entdeckt worden. In der Literatur finde sich vorher keine Spur davon« (Nunberg, Federn 1977, II, S. 44). Das klingt nicht nur komisch; das ist auch komisch. Ebenso komisch liest sich eine Stelle in den »Drei Abhandlungen zur Sexualtheorie« (1905 a, S. 74, Anm. 1), an der Freud bemerkt, er habe die voranalytische Literatur noch einmal überprüft, infantiles Sexualverhalten darin aber nur als »ausnahmsweise Vorgänge, als Kuriosa oder als abschreckende Beispiele voreiliger Verderbtheit« (1905 a, S. 74) beschrieben gefunden. Für Stekels Aufsatz aus dem Jahr 1895 trifft dies gewißt nicht zu. Stekel hatte nämlich von »ersten Anfänge(n) des *Geschlechtstriebes*« und keineswegs von Ausnahmen, Kuriosa oder nur von den Folgen des Sittenverfalls gesprochen.

Ich komme zum Schluß und fasse zusammen: Freud hat weder als erster über die »normale Kindersexualität« noch hat er als erster über sexuellen Mißbrauch an Kindern geschrieben. Seine Leistung bestand vielmehr in der »Einsicht«, daß »die infantile Sexualbetätigung (ob spontan oder provoziert)« das »Sexualleben nach der Reife« (Freud 1905 b, S. 153) richtungsweisend bestimmt. Zudem hat Freud festgestellt, »daß das Kind unter dem Einfluß der Verführung polymorph pervers werden, zu allen möglichen Überschreitungen verleitet werden kann« – und zwar deshalb, weil es die Disposition dazu »in seiner Anlage« mitbringe (1905 a, S. 91). Das bedeutet nicht, daß Freud die Opfer anstelle der Täter schuldig gesprochen habe, zumal Freud überhaupt nicht nach Schuldigen fragt, vielmehr nach Zusammenhängen zwischen der »normalen« Kindersexualität und der »perversen« oder psychoneurotischen Sexualität der Erwachsenen sucht. Die Zusammenhänge, die er fand, widersprachen dem idyllischen Wunsch-Bild vom triebfreien Kind. Das war ein Ärgernis – und das ist für manche bis zum heutigen Tag ein Ärgernis geblieben.

Anmerkungen

[1] Die bei Löwenfeld (1899, Kap. XIII) genannten Einwände gegen Freuds ätiologische Theorie der Hysterie geben sehr wahrscheinlich die Position der Vortragskritiker wiedergeben: »Man sieht, die Freud'sche Theorie bez. der Aetiologie der Hysterie ist noch sehr lückenhaft, und wenn man die Bausteine, aus welchen dieselbe sich zusammensetzt, des Näheren betrachtet, so begreift man, dass bisher unter den Neurologen von Ruf sich keine Stimme

zu Gunsten derselben hat vernehmen lassen« (1899, S. 195). Löwenfelds Haupteinwand richtet sich gegen die Erinnerungsgewinnung mit Hilfe der psychoanalytischen Methode sowie gegen die Annahme, damit sei »für jeden einzelnen Fall von Hysterie« ein infantiles Mißbrauchsereignis »vollständig erwiesen« worden (1899, S. 196).

Schon einmal hatte Freud wegen eines von ihm gehaltenen Vortrags Kollegenschelte einstecken müssen: Damals, 1886, hatte er über Hysterie beim Mann berichtet. Weil er außer einer von Charcot übernommenen Theorie zur Erklärung der traumatischen Verursachung der männlichen Hysterie kaum Neues zu diesem Thema zu sagen wußte, war er von seinen Kollegen kritisiert worden (vgl. Berichte... 1886). Später verbreitete Freud dann aber die Version, man habe ihn kritisiert, weil er auf die Tatsache der männlichen Hysterie als solche hingewiesen habe. Die Hörer seines Vortrags – insbesondere sein früherer Lehrer Meynert – hätten diese Tatsache nicht glauben wollen. Ellenberger (1968) hat nachgewiesen, daß diese Version nicht stimmen kann: Wenige Wochen vor Freuds Vortrag war ein in der Klinik Meynerts beobachteter »Fall von Dyschromatopsie bei einem hysterischen Manne« (Luzenberger 1886) beschrieben worden.

[2]Die im Kommentar der Freud-Briefe an Fließ aufgestellte Behauptung, es gebe ein solches Referat (Freud 1986, S. 193f., Anm. 1), ist falsch. An der genannten Stelle (Neurologisches Centralblatt 1896, 15. Jg., S. 709f.) ist zwar ein Referat über die Sitzung des Vereins für Psychiatrie und Neurologie in Wien vom 21. April 1896 abgedruckt, jedoch wird darin über einen in derselben Sitzung von einem anderen Kollegen gehaltenen Vortrag berichtet, während Freuds Vortrag mit keinem Wort erwähnt wird.

[3]Da die Abwehr der entscheidende Faktor ist, sprach Freud zunächst auch von »Abwehrneurosen« (1896 a, S. 457). Später bezeichnete er eine Untergruppe der Psychoneurosen als Übertragungsneurosen. Dieser Terminus verweist auf die Beziehungsdynamik, die sich in diesen Fällen während der Behandlung entwickelt.

[4]Freud (1914, S. 56) ging später zur Annahme über, daß die »psychische Realität« (vgl. Nitzschke 1978) und die »praktische Realität« im Hinblick auf die Symptombildung gleich wirksam sein könnten.

[5]Masson scheut auch vor plumpen Mißinterpretationen Freudscher Aussagen nicht zurück. So zitiert er (1986, S. 143) zum Beispiel eine Stelle aus Löwenberg (1904, S. 296), an der dieser eine an ihn gerichtete Mitteilung Freuds referiert. Es heißt bei Löwenfeld, nach Freuds »jetziger Auffassung (...) gehen die Symptome der Zwangsneurose nicht direkt von realen sexuellen Erlebnissen, sondern von an solche sich knüpfenden Phantasien aus (...)«. Obgleich damit von Freud »reale sexuelle Erlebnisse« als Ausgangspunkt weiterer Phantasiebildungen benannt werden, behauptet Masson, Freud habe an dieser Stelle gesagt, daß sich »die frühen Traumen aus der Kindheit (...) als Phantasien erwiesen« hätten (1986, S. 145).

⁶In einer zweiten Publikation aus demselben Jahr stellt Freud (1905 b, S. 153) allerdings fest, daß er die »Häufigkeit« des als Tatsache »nicht anzuzweifelnden« sexuellen Mißbrauchs an Kindern früher möglicherweise doch »überschätzt« haben könnte. Diese Bemerkung zeigt die Unsicherheit Freuds, keineswegs aber die ihm von Masson unterstellte Eindeutigkeit. Neben der Frage, ob überhaupt ein verläßliches Kriterium für die Beurteilung der in der psychoanalytischen Situation auftauchenden Erinnerungen gefunden werden kann, gibt es also noch ein zweites Problem. Es betrifft die Schätzung der Häufigkeit des sexuellen Mißbrauchs an Kindern, ein Problem, das bis heute ungelöst ist (vgl. zur Dunkelfeldforschung bei der Sexualkriminalität allgemein; Baurmann 1983, S. 90 ff.). Und schließlich gibt es – wie bereits im Vortrag von 1896 ausgeführt – auch noch die Frage, welche ätiologische Relevanz dem infantilen Mißbrauchserlebnis für die psychoneurotische Erkrankung eines Erwachsenen zukommt.

Literatur

Bange, D., Deegener, G. (1996): Sexueller Mißbrauch an Kindern. Ausmaß, Hintergründe, Folgen. Weinheim, Psychologie Verlags Union.
Baurmann, M. C. (1983): Sexualität, Gewalt und psychische Folgen. Wiesbaden (Bundeskriminalamt) 1996 (2. Aufl.).
Berichte über die Sitzungen der k.k. Gesellschaft der Ärzte in Wien vom 15. Oktober und 26. November 1886. In: Luzifer-Amor 1 (Heft 1), 156-175.
Ellenberger, H. F. (1968): Freud's Lecture on Masculine Hysteria (October 15, 1886): A Critical Study. In: M. S. Micale (Ed.): Beyond the Unconscious. Essays of Henri F. Ellenberger in the History of Psychiatry. Princeton, Princeton University Press, 119-135.
Freud, S. (1896 a): Zur Ätiologie der Hysterie. GW I, 425-459.
Freud, S. (1896 b): L'hérédité et l'étiologie des névroses. GW I, 407-422.
Freud, S. (1896 c): Weitere Bemerkungen über die Abwehr-Neuropsychosen. GW I, 379-403.
Freud, S. (1900): Die Traumdeutung. GW II/III.
Freud, S. (1905 a): Drei Abhandlungen zur Sexualtheorie. GW V, 33-145.
Freud, S. (1905 b): Meine Ansichten über die Rolle der Sexualität in der Ätiologie der Neurosen. GW V, 149-159.
Freud, S. (1914): Zur Geschichte der psychoanalytischen Bewegung. GW X, 43-113.
Freud, S. (1916/17): Vorlesungen zur Einführung in die Psychoanalyse. GW XI.
Freud, S. (1986): Briefe an Wilhelm Fliess 1887-1904. Frankfurt/M., Fischer.
Hirsch, M. (1987): Realer Inzest. Psychodynamik des sexuellen Mißbrauchs in der Familie. Berlin, Springer 1990 (2. Aufl.).
Köhler, T. (1987): Das Werk Sigmund Freuds, Bd. 1. Heidelberg, Asanger 1990 (2. Aufl.).

Krüll, M. (1979): Freud und sein Vater. Die Entstehung der Psychoanalyse und Freuds ungelöste Vaterbindung. München, Beck.

Löwenfeld, L. (1891): Sexualleben und Nervenleiden. Die nervösen Störungen sexuellen Ursprungs. Nebst einem Anhang über Prophylaxe und Behandlung der sexuellen Neurasthenie. Wiesbaden, Bergmann 1899 (2. Aufl.).

Löwenfeld, L. (1904): Die psychischen Zwangserscheinungen. Wiesbaden, Bergmann.

Luzenberger, A. V. (1886): Über einen Fall von Dyschromatopsie bei einem hysterischen Manne. In: Wiener Medizinische Blätter 9, 1113-1126.

Masson, J. M. (1984): Was hat man dir, du armes Kind, getan? Sigmund Freuds Unterdrückung der Verführungstheorie. Reinbek, Rowohlt 1986.

Miller, A. (1983): Du sollst nicht merken. Variationen über das Paradies-Thema. Frankfurt/M., Suhrkamp.

Nitzschke, B. (1978): Die reale Innenwelt. Anmerkungen zur psychischen Realität bei Freud und Schopenhauer. München, Kindler.

Nitzschke, B. (1992): Wilhelm Stekel, ein Pionier der Psychoanalyse – Anmerkungen zu ausgewählten Aspekten seines Werkes. In: Federn, E., Wittenberger, G. (Hg.): Aus dem Kreis um Sigmund Freud. Zu den Protokollen der Wiener Psychoanalytischen Vereinigung. Frankfurt/M., Fischer, 176-191.

Nunberg, H., Federn, E. (Hg.) (1977): Protokolle der Wiener Psychoanalytischen Vereinigung, Bd. II. Frankfurt/M., Fischer.

Stekel, W. (1895): Ueber Coitus im Kindesalter. In: Wiener Medizinische Blätter 18, 247-249.

Ussel, J. van (1970): Sexualunterdrückung. Geschichte der Sexualfeindschaft. Reinbek, Rowohlt.

Wieck, W. (1996): Patriarchatskritische tiefenpsychologische Männerarbeit. In: Brandes, H., Bullinger, H. (Hg.): Handbuch Männerarbeit. Weinheim, Psychologie Verlags Union, 120-139.

Zur Übertragungs- und Gegenübertragungsliebe

Nikolaus Becker

Vorbemerkungen

Obwohl mein Beitrag von Liebe und Erotik in Übertragung und Gegenübertragung handelt, hat das Thema es in sich, daß es immer wieder auch um Gewalt geht. Und von dieser Seite werde ich mich annähern. Wir sind in den letzten beiden Jahrzehnten sehr viel sensibler gegenüber Äußerungen der Gewalt geworden, auf welchem Feld auch immer, ob zwischen Mann und Frau, Eltern und Kindern, in der Ehe und Familie, am Arbeitsplatz oder in der Arzt-Patient-Beziehung. Der Gewaltdiskurs hat auch uns im Feld von Psychotherapie und Psychoanalyse erreicht.

In der Psychoanalyse hatte das zweierlei zur Folge: Einmal wurde die sogenannte Verführungstheorie, die Freud 1897 aufgegeben hatte, wiederbelebt. Die ersten Patienten, die Freud nach seiner Niederlassung 1886 behandelte, waren Frauen der Wiener Gesellschaft, die an ganz bestimmten hysterischen Symptomen litten. Wenn ich nüchtern sage, daß es sich um Wahnbildungen, Halluzinationen, Dämmerzustände, Lähmungen der Extremitäten, Gesichtsneuralgien und psychomotorische Anfälle handelte, wird nicht genug deutlich, daß da mittels Körpersprache oder Agieren in der Beziehung etwas Verdrängtes ausgedrückt wurde, was für Freud unverkennbar mit Verführung und Sexualität zu tun hatte. Er nahm an, daß diese Frauen in der Kindheit vom Vater verführt und sexuell mißbraucht worden waren. Nachdem Freud mit der ersten klinischen Theorie auch die Verführungstheorie aufgegeben hatte, nahm er an, daß sich die Verführung, das Erotische und Sexuelle vor allem in der Phantasie der Kinder abgespielt hatte und nicht real in der Vater-Tochter-Beziehung.

Die Revisionisten, vor anderen werden Miller und Masson genannt, vertreten, daß es bei diesen Patientinnen und in vergleichbaren Fällen einen Mißbrauch von seiten der Erwachsenen gegeben hat, Freud das richtig erkannt hatte, aber diese Sicht der Dinge wegen seines ungelösten Vaterkomplexes wieder aufgeben mußte. Er habe das seinem Vater nicht antun können.

Eine andere Folge des Gewaltdiskurses ist die zunehmende Aufdeckung und Beachtung von Liebesaffären in therapeutischen Beziehungen. Wie inzwischen bekannt, gab es in der ersten Analytikergeneration viele Liebesbeziehungen zwischen Analytikern und ihren Patientinnen (Krutzenbichler und Essers 1991). Auch Freud (1909) erwähnt einen »narrow escape«. Unter den Analytikern der nach dem Krieg wiedergegründeten Deutschen Psychoanalytischen Vereinigung war das lange kein Thema, sei es, daß der starke Einfluß der Ich-Psychologie keinen Raum für Erotik ließ, sei es, daß diese verborgen blieb.

Erst in den 80er Jahren kam die Erotik aus den Behandlungszimmern wieder in die Veröffentlichungen und erst in den letzten Jahren wieder in die Seminare. Es hätte uns stutzig machen sollen, daß die von Freud und anderen beschriebenen heftigen Gefühlsregungen in der Übertragungsliebe des Patienten und der Gegenübertragungsliebe des Analytikers in Fallseminaren nicht auftauchten und auch nicht Thema von theoretischen Seminaren wurden.

Aus dem, was ich zuletzt sagte, geht schon hervor, daß die erotische Übertragung und Gegenübertragung, die dazu führen können, daß Begehren, Verführung und Mißbrauch die therapeutische Beziehung zerstören, fast nur in einer der 4 möglichen Dyaden stattfindet, der von Analytiker und Patientin.

Auch wenn Übertragung und Gegenübertragung eine Einheit bilden, trenne ich hier willkürlich und spreche zuerst von der Patientin und der Übertragungsliebe.

Die Übertragungsliebe

Die Liebe mit ihren beiden Wurzeln, dem Begehren in der sinnlichen Liebe und der Sehnsucht nach Rückkehr in die ungetrennte Beziehung zur Mutter, ist Folge von Übertragungen. Gelegentlich ist die Ähnlichkeit des Liebesobjekts mit Mutter oder Vater unverkennbar. Bollas (1987) nimmt an, daß wir, wenn wir uns verlieben, uns von einem Wiedererkennen bestimmter, unbewußter, elementarer Eindrücke aus den frühesten Beziehungen (Mimik, Gestik, Geruch) leiten lassen.

Durch die Übertragung kommt es zur Neuauflage und Nachbildung von Elementen früherer Beziehungen in der gegenwärtigen. Die Übertragungsliebe in der therapeutischen Beziehung macht die Neuauflage besonders deutlich: Eine Liebe, die zu einer vergangenen Epoche – der Kindheit – gehört, taucht im Zuge der Analyse in der Beziehung zu einem anderen – dem Analytiker – wieder auf und löst bei diesem eine Gegenliebe aus. Freud war ungeheuer beeindruckt von diesem Phänomen, das etwas Okkultes hatte, aber er war auch besorgt, es könne der Psychoanalyse schaden, wenn diese Regelhaftigkeit von Übertragungsliebe und Gegenübertragungsliebe bekannt würde. Seine viel zitierte Chirurgenmetapher (Freud 1912) ist Ausdruck dieser Besorgnis.

Die Übertragungsliebe – gleichbedeutend mit erotischer Übertragung – ist eine Mischung aus zärtlichen, erotischen und sexuellen Gefühlen des Patienten oder der Patientin zum Analytiker oder zur Analytikerin. Sie zeigt sich in liebevollen Blicken, kleinen Geschenken u.ä. Die Motivationsquelle wird als ödipal angesehen: Die nicht aufgelösten Reste der ödipalen Liebe des kleinen Jungen zu seiner Mutter oder des kleinen Mädchens zu ihrem Vater kommen hier wieder zum Vorschein.

Person (1984) sieht die Übertragungsliebe gleichsam als ubiquitäres Phänomen, das mit der Identitätsentwicklung und -sicherung in der westlichen Kultur zusammenhängt. Danach festigen Männer ihre Identität vor allem durch Selbstbestimmung und Leistung, Frauen durch In-Beziehung-Sein und Geliebtwerden. Männer wehren deshalb oft die Übertragungsliebe ab, weil sie Autonomieverlust und Abhängigkeit fürchten, während für Frauen die Übertragungsliebe geradezu eine Pseudolösung für viele Probleme enthalte.

Dolto (1988) dagegen sieht den Zusammenhang von Übertragungsliebe und ödipaler Lösung. Sie meint, daß Frauen, die in der ödipalen Entwicklung den Vater als Objekt ihres Begehrens aufgeben konnten, nicht nur, weil sie anerkennen konnten, daß er zu alt ist und zur Mutter gehört, sondern, weil sie ihn nicht mehr brauchten, um die dyadische Beziehung zur Mutter zu kontrollieren, im späteren Leben nicht mit Freundinnen um Männer rivalisieren und nicht anfällig sind, sich in Lehrer, Vorgesetzte oder Analytiker zu verlieben. Im Gegensatz zu Dolto sieht Person die Übertragungsliebe nicht so sehr als Wiederholung, sondern mehr als Abwehr. Wenn Frauen die therapeutische Beziehung erotisieren, dann sei das in erster Linie nicht ein Versuch des Mädchens, die frühe Liebe zu ihrem Vater wieder aufzunehmen, sondern mehr die Folge des vorgestellten Verlusts der mütterlichen Liebe nach der Hinwendung zum ödipalen Vater. Mit der Erotisierung werde die Vorstellung abgewehrt, die Mutter werde sich für die Abkehr der Tochter rächen, sie fallen lassen und als weiterhin wichtiges, Sicherheit gebendes Objekt nicht mehr zur Verfügung stehen. Die aus der Ambivalenz resultierende Angst vor Liebesverlust werde auf alle folgenden Objekte verschoben, zuerst auf den Vater, später den Partner, schließlich den Analytiker. Mit dem Sich-Verlieben und dem Ihn-Verliebtmachen soll er festgehalten werden.

Die Übertragungsliebe oder erotische Übertragung stellt für den Analytiker im Allgemeinen kein Problem dar. In gewisser Weise, verführen wir unsere Patienten dazu, uns zu lieben (Morgenthaler, 1978), indem wir Ihnen mit unserer Zuwendung etwas anbieten, was sie sonst so als erwachsene Menschen nicht erleben. Die Übertragungsliebe trägt zudem dazu bei, daß der Prozeß in Gang kommt, der schließlich zu therapeutischen Veränderungen führt. Probleme machen eher Patienten, die keine frühe Liebesbeziehung verinnerlicht haben und sie deshalb auch nicht in der analytischen Beziehung wiederholen können.

Anders ist es mit der erotisierten Übertragung. Sie stellt eine erhebliche Belastung für Behandler und Behandlung dar. Im Unterschied zur erotischen Übertragung bekommt das Erotisch-Sexuelle ein Übergewicht und beherrscht die therapeutische Beziehung. Der Analytiker oder die Analytikerin wird mit Liebeserklärungen bedrängt und aufgefordert, die Liebe zu erwidern und die Wünsche nach zärtlicher Berührung und sexueller Befriedigung zu erfüllen.

Die Termini »erotisiert« wie auch »sexualisiert« weisen auf den Abwehrcharakter dieser Liebe hin. Im strengen Sinne ist es keine Übertragung; da aber etwas Inneres gestaltet wird, sprechen wir dennoch von Übertragung. In diesen Fällen ist eine Beziehungsdynamik entstanden, in der Liebe, Erotik und Begehren zum Ausdruck kommen, unbewußt aber andere Themen die Beziehung bestimmen. Manchmal ist von der Erotisierung nur noch die Aufforderung zum gemeinsamen Sex übrig geblieben; dann wurde das unbewußte Thema »sexualisiert«.

Die Auseinandersetzung der Psychoanalyse mit der erotisierten Übertragung findet sich schon bei Freud. In seinen »Bemerkungen zur Übertragungsliebe« (1915) findet sich der Hinweis auf die »Frauen mit elementarer Leidenschaftlichkeit, die nur für Suppenlogik und Knödelargumente zu haben sind und keine Surrogate ertragen.«

Stärkere Beachtung fand dann erst Rappaport (1952). Er ordnete die Patienten und Patientinnen, die diese Übertragung entwickeln, als borderline- oder psychosenah ein und äußerte sich pessimistisch über die Behandelbarkeit überhaupt. Wegen ihrer Ich-Schwäche seien die Realitätsprüfung und das Symbolisierungsvermögen unzureichend. Für ihn grenzt diese Übertragungsform schon an den Liebeswahn.

Auf diese Arbeit bezog sich Blum (1973). Er kritisierte die pauschale Pathologisierung dieser Patienten und vertrat die Ansicht, diese Übertragung könne sich bei einem breiten Spektrum der Psychotherapie-Patienten einstellen. Bei Blum tauchte erstmals die Verknüpfung mit Mißbrauch auf: Bei der erotisierten Übertragung könne es sich um eine Identifikation mit dem Angreifer handeln. Der Angegriffene, das Opfer, identifiziere sich mit dem Angreifer, dem Täter, um so seinen überwältigenden Ängsten vor Ohnmacht, Verletzung, Vernichtung zu entgehen. Konkret: Indem die Patientin den Analytiker zu verführen versuche, wiederhole sie aktiv etwas, was ihr in der Kindheit passiv geschehen sei: Erotische oder sexuelle Verführung durch einen Erwachsenen. Die Erotisierung wurde damit nicht mehr als Folge von Abwehrschwäche gesehen, sondern als agierende Abwehr einer traumatischen Erfahrung.

1994 erschien ein Volume des Psychoanalytic Inquiry mit Beiträgen von Autoren verschiedener Schulrichtungen zur Entstehung und Bedeutung der erotisierten Übertragung. Dabei wurden die Divergenzen deutlich. Betonen die Strukturtheoretiker die Funktion für die Abwehr von Abhängigkeitsbedürfnissen, homosexuellen oder aggressiven Regungen, sehen die Kleinianer die Abwehr von übermäßigem Neid auf den Analytiker und versteckt den Angriff auf seine analytische Funktion. Die Selbstpsychologen sehen in der erotisierten Übertragung ein Zeichen der Gesundung, den Versuch mit dem Analytiker die mißglückte Idealisierung von Mutter und Vater nachzuholen und dadurch die Lücke im Selbst zu schließen. Etwas ähnliches erwägt Bollas: Der Analytiker wird gebraucht, um mit erotischen und sexuellen Empfindungen zu experimentieren, sie erstmals in der Beziehung zum anderen auszudrücken und zu erleben. Der Ansicht, daß es um Traumabewältigung geht, kommt Benjamin (1983) am nächsten. In der Erotisierung der Übertragung stecke der Wunsch, mit der eigenen zerstörten oder unterdrückten Sexualität gesehen zu werden.

Nach Bernandez (1994) haben in den letzten Jahren einige amerikanische Analytiker – gestützt auf Blum und eigene Behandlungsfälle – zu belegen versucht, daß die erotisierte Übertragung Zeichen von Verführung und sexuellem Mißbrauch im Kindesalter ist, die der Verdrängung anheim gefallen sind.

Das läuft im Wesentlichen darauf hinaus, daß bei der erotisierten Übertragung nicht unaufgelöste ödipale Liebe die unbewußte Dynamik darstellt, sondern a) prä-ödipale Konflikte um Macht und Ohnmacht, Autonomie und Abhängigkeit, b) die Abwehr von traumatischen Erfahrungen in der Kindheit wie z.B. sexueller Mißbrauch, c) die Integration abgespaltener sinnlicher Liebe und Sexualität während des analytischen Prozesses.

Bevor ich mich der Seite der Analytikers und der Gegenübertragungsliebe zuwende, will ich ein Fallbeispiel von erotisierter Übertragung bringen, das zeigt, daß im Einzelfall auch mehrere Faktoren zur Entstehung dieser Übertagungsform beitragen können.

Ich machte diese Erfahrung, als ich während meiner Kandidatenzeit auf einer Psychotherapiestation arbeitete. Ich hatte in die von mir geleitete Gruppe eine 30jährige Patientin mit einer Angstsymptomatik aufgenommen, die mich schon im Interview beunruhigt hatte. Sie hatte etwas von der Arlette aus Carnés »Kinder des Olymp«: Zurückhaltend, geheimnisvoll, latent verführerisch. Die Beunruhigung ging aber vor allem von ihrer Geschichte aus: Sie war in einfachen Verhältnissen mit wesentlich älteren Geschwistern in einem kleinen Ort aufgewachsen. Als jüngste war sie lange unter den Fittichen der Mutter geblieben. Als sie 17 war, verlobte sich ihre 6 Jahre ältere Schwester mit dem wohlhabendsten und einflußreichsten Mann des Dorfes. Bald bestellte dieser Mann die Jugendliche zu einem Rendezvous in sein Haus, verführte sie und verpflichtete sie zu Stillschweigen. Sie besuchte ihn nun regelmäßig und das Rendezvous bestand im wesentlichen daraus, daß er mit ihr schlief. Sie haßte ihn dafür, konnte aber auch nicht anders, als immer wieder hinzugehen. Einmal war er nach dem Sex eingeschlafen; sie sah sich in dem Zimmer um und entdeckte in einer Ecke sein Jagdgewehr. Sie nahm es, hielt es ihm an den Kopf und kämpfte mit sich, ob sie abdrücken sollte. Ob es die Vernunft war, die Angst vor Strafe, die Angst vor dem Verlust des gehaßten Mannes oder was noch anderes, sie stellte das Gewehr wieder zurück.

In der Therapiegruppe war die Patientin ein eher passives Mitglied, nicht zuletzt wegen eines Mangels an Phantasien und an Ich-Spaltung. Eines Tages stand sie vor meinem Arbeitszimmer und bat um ein Gespräch. Meine Frage, ob sie das nicht in der Gruppensitzung einbringen könne, überging sie. Sie erklärte, sie hielte es nicht mehr aus, wir könnten mit der Therapie aufhören, ich könnte sie haben. Es verschlug mir fast die Sprache. Das war kein Spiel, sie meinte es ernst. Bei aller Überraschung, Angst, Zurückschrecken vor soviel Direktheit barg diese Art sich auszuliefern auch eine Verführung. Diese Unterwerfung, ich könne sie besitzen, über sie verfügen, übte einen nicht ungefährlichen Sog auf mich aus. – Ich setzte erst einmal auf Zeitgewinn und holte mir Rat bei unserem gut funktionierenden Stationsteam. Es gelang mir dann, ihr Angebot so zurückzuweisen, daß sie nicht verletzt die Behandlung abbrach. Aber sie brachte den Verführungsversuch nicht in die Gruppe und auch ich wagte das nicht, und so hatten wir das Gewalttätig-Destruktive mit seiner negativen Wirkung letztlich doch in der Gruppendynamik.

Wie war es zu dieser Entwicklung gekommen: Ich meine, daß durch den regressiven Prozeß, den ich mit der Aufnahme der Patientin in meine Gruppe und meinem besonderen Interesse an ihr, eingeleitet hatte, ihre unbewußten Sehnsüchte nach einer ungetrennten körpernahen Beziehung wieder erwacht waren. Mit meiner zurückhaltenden therapeutischen Haltung war ich für sie immer mächtiger geworden, sie selbst immer kleiner und ohnmächtiger, die Wiederholung einer unerträglichen Dynamik. Mit der Erotisierung und Sexualisierung dieser Spannung versuchte sie, das Heft in die Hand zu nehmen, aktiv zu werden und so aus der Ohnmacht herauszukommen. Mancher mag das entscheidende Moment in der Sexualisierung der Rivalität mit den Geschwistern um die Liebe des Vaters sehen, die sich hier wiederholt.

Bei mir hatte das Sich-Unterwerfende einerseits, das Phantasieren von Freiheit, Überwinden von Abhängigkeit, von Selbst-Macht-Ausüben andererseits – das ganze am Rand von moralischer und physischer Zerstörung – unbewußt etwas angesprochen, was mich in Gefahr brachte, in Fusion mit der Patientin eigene Probleme lösen zu wollen.

Wie groß die unbewußte Beteiligung des Therapeuten an der erotisierten Übertragung im Einzelfall ist, läßt sich nur schwer beurteilen, ganz fehlen wird sie nie.

Gegenübertragungsliebe

Ich habe jetzt vor allem von Begehren und Sehnsucht – ausgedrückt in zärtlichen, erotischen und sexuellen Gefühlen – gesprochen, die der Patient in eine therapeutische Beziehung hineinträgt und habe nur nebenbei den Therapeuten erwähnt, als den, der davon in Mitleidenschaft gezogen wird. Wir müssen jetzt den Therapeuten mit der Gegenübertragung und mit seiner Übertragung näher betrachten.

Die Bedeutung der Gegenübertragung war lange nicht voll erkannt; die unbewußte emotionale Beteiligung des Analysierenden wurde lange vernachlässigt. So konnte Freud seine Tochter Anna analysieren. Mit Heimanns »On Countertransference« (1949) kam diesbezüglich die Aufklärung: »Das Unbewußte des Analytikers reagiert auf das Unbewußte des Patienten. Der Rapport in einer tiefen Schicht kommt in Form von Gefühlen an die Oberfläche, die der Analytiker in Antwort auf seinen Patienten wahrnimmt«. Die »gleichschwebende Aufmerksamkeit«, mit der der Analytiker den »freien Assoziationen« des Patienten folgt, hilft ihm, soviel wie möglich von dem zu erfassen, was der Patient unbewußt bei ihm auslöst, an Gefühlen, Phantasien, Impulsen.

Nehmen wir nun an, der Therapeut registriert über seine gleichschwebende Aufmerksamkeit eine innere Unruhe, die zu erotischen Phantasien und sexueller Erregung führt, die er nicht mit seiner eigenen Verfassung, seinem eigenen Liebesleben in Verbindung bringen kann, wird er vermuten, daß es sich dabei um eine Gegenübertragung auf eine unbewußte oder nicht mitgeteilte stark erotische Übertragung des Patienten handelt. Lange Zeit wurde alles Erotisch-Sexuelle in der Übertragung und Gegenübertragung als Ausfluß der Triebausstattung des Menschen und daneben als Zeichen seiner Fixierung im ödipalen Stadium angesehen. Die eben erwähnte sexuelle Phantasie und Erregung des Therapeuten würde entsprechend anzeigen, daß er identifikatorisch an einer vergangenen, jetzt wiederbelebten, sexuellen Erfahrung des Patienten beteiligt worden ist. Das sind komplexe Prozesse, die nicht leicht zu beschreiben sind, aber es könnte z.B. sein, daß eine Patientin, die aus welchen Bedürfnissen immer, ihr Begehren auf den Therapeuten richtet, dazu diesen projektiv mit ihren aktiv-verführenden Strebungen identifiziert, während sie selbst mit der passiv-verführbaren Seite identifiziert bleibt. Konkret: Eine Patientin die verbal und direkt keinerlei Hinweise auf eine erotische Übertragung liefert, aber eine derartig erotische Atmosphäre verbreitet, daß der Therapeut anfängt eine Liebesszene mit ihr zu phantasieren und in Gefahr gerät, seine Abstinenz zu verlieren.

Heute sind wir skeptisch: Nicht alles Erotisch-Sexuelle in Übertragung und Gegenübertragung weist auf ein Stück nicht bewältigter infantiler bzw. ödipaler Sexualität hin. Die Sexualität läßt sich für vieles einspannen und steht sehr viel öfter im Dienste des Ich oder Selbst als des Es.

Eine Fallvignette aus der Arbeit des amerikanischen Analytikers Gorkin (1985) zum Thema sexualisierte Gegenübertragung macht das deutlich: »Eine Patientin von Mitte 20 entwickelte im zweiten von vier Analysejahren eine erotisierte Übertragung. Aus ihrem Verhalten und ihrer hautengen Kleidung ging hervor, daß sie mich zu verführen versuchte. Manchmal schien es so, als käme sie nur in die Sitzung, um dieses Ziel zu verfolgen. Sie hatte etwas Schizoid-Zurückgezogenes; dennoch erzählte sie im Laufe der Zeit ihre traurige Geschichte, deren eindringlichstes und wichtigstes Detail der Tod ihrer tyrannisch-protektiven Mutter in ihrem 12. Lebensjahr war.

Zuerst wirkten K.'s offen ausgedrückte Wünsche, von mir gehalten, gekost, geküßt und sexuell befriedigt zu werden, schlicht abstoßend auf mich. Obwohl ich meine negativen Reaktionen für mich selbst behielt, wünschte ich doch begierig, sie werde auf diese Forderungen verzichten oder noch besser sie in die analytische Beziehungsarbeit einbringen. Aber sie bestanden in elementarer Stärke fort. Mit der Zeit kam es dahin, daß ich meinerseits sexuelle Phantasien über sie hatte, mit dem Wunsch mehr oder weniger das mit ihr zu machen, was sie wollte. Ich teilte ihr nichts davon mit, sondern beobachtete still meine Gegenübertragungsneurose, und was ich feststellte war, daß meine sexuellen Phantasien den tiefen Wunsch enthielten, sie zu retten. Ein Teil meines Ich's akzeptierte ihre Forderung, ihr Argument, daß, wenn ich nur Sex mit ihr hätte, es ihr besser gehen würde, und wenn ich keinen Sex mit ihr hätte, es ihr niemals besser gehen würde. Der andere Teil meines Ich's, der analysierende Teil, wußte voll und ganz, daß das verrückt war. Aber der Teil meines Ich's, der eingeschlossen war in die Fusionsphantasie mit ihr, hatte sich festgehakt, und es war dann soweit, daß eine andere Phantasie in mir Gestalt annahm. Ich hatte den Wunsch Sex mit ihr zu haben, nicht einfach um sie zu retten, sondern um mich zu retten. Es würde mich heilen. Es ist schwierig, diese rohe Erfahrung in Worte zu fassen, aber es hatte etwas von der Art, daß ich ganz und voll lebendig würde, wenn ich nur – nur wenn ich – Sex mit ihr haben würde« (Gorkin 1985, S.427).

Gorkin analysiert dann dieses Übertragungs / Gegenübertragungsgeschehen: K.'s Wunsch mit ihm eine körperliche Liebesbeziehung einzugehen sei der klarste und vielleicht einzige Weg gewesen, auf dem sie den Wunsch nach Kontakt zu ihm als einer lebendigen, nährenden, letztlich symbiotischen Mutter mitteilen konnte. Sein Wunsch, von ihr gerettet zu werden, sei Folge projektiver Identifizierung mit dem Selbstanteil der kranken und sterbenden – und früher die symbiotische Einheit vorzeitig zerbrechenden – Mutter gewesen. Das Ganze sei für beide Seiten immer weniger lustvoll und verführerisch gewesen, eher verzweifelt, auf der Suche nach magischer Heilung in Form einer Wiederherstellung ungetrennter Einheit und Aufhebung jeglicher Feindseligkeit.

Das Fallbeispiel zeigt, was es heißen kann, die Gegenübertragungsgefühle voll zuzulassen, auf diese Weise dem Erleben des eigenen Begehrens und der eigenen Sehnsucht ausgesetzt zu sein und sich doch immer bewußt zu sein, daß das alles Folge der analytischen Situation und des Prozesses ist, und daß es Sirenen sind, die uns vorgaukeln, diesen Patienten oder diese Patientin durch Liebe oder Sex retten zu können. Hier ist Standfestigkeit und Sicherheit in der eigenen Profession gefordert.

In vielen Fällen setzen sich Therapeuten der Versuchung, die Gorkin geschildert hat, gar nicht erst aus. Sie wehren ihre Gegenübertragung ab, lassen diese Beziehung, die der Patient mit projektiven Mitteln herstellt, gar nicht erst an sich heran. Das ist natürlich eine Selbstbehinderung mit Folgen für den Behandlungserfolg, aber von 2 Übeln doch das geringere. Vor allem narzißtisch-gestörte oder in ihrem Narzißmus nicht ausreichend analysierte Therapeuten sind in solchen Situationen in Gefahr, sich in Liebesbeziehungen mit Patienten zu verwickeln (Kernberg 1994). Es gelingt ihnen nicht – wie Gorkin das beschreibt – still ihre Gegenübertragung zu betrachten und zu verstehen, was da abläuft, sondern sie reagieren auf die projektive Identifizierung der Patienten mit eigener introjektiver Identifikation. So kommt es zur Liebe im therapeutischen Setting, die zur Zerstörung der therapeutischen Beziehung führt und auch ganz sicher nicht die Heilung bringt, die die Beteiligten sich versprechen. Dazu kann es kommen, wenn der Therapeut erliegt, aber auch wenn er selbst der Verführende ist.

Damit komme ich zur Übertragung des Analytikers, die von der Gegenübertragung zu unterscheiden ist. Wenn wir bei unseren Patienten das an Liebe und Zuneigung suchen, was wir im realen Leben vermissen, sind wir in Gefahr die Abstinenz zu verletzen. In diesem Zusammenhang läßt sich die Übertragungs-Gegenübertragungsliebe von Anna O./Bertha Pappenheim und Breuer anführen (Breuer 1895). Dazu ist viel Material zusammengetragen worden (Krutzenbichler und Essers 1991), so z.B. daß Berta Pappenheim mit ihren 22 Jahren nur wenig jünger war als Breuers Mutter Bertha bei ihrem Tod als dieser 3 Jahre alt war. Einiges spricht für die Annahme, daß Breuer zu Bertha Pappenheim eine Mutterübertragung hergestellt hatte und deshalb schlagartig die Behandlung beenden mußte, als die Erotisierung der Beziehung durch Bertha unübersehbar geworden war. Im Gegensatz zu Breuer haben die Analytiker und die Analytikerinnen von heute eine Analyse durchlaufen und sollten ihre Übertragungsmuster kennen. Aller Analyse zum Trotz bleibt das, was Racker (1978) zur Wirkung des Unbewußten festgestellt hat: »Ein Patient betritt zum ersten Mal meine Praxis und wer steht vor mir: Mein Vater. Eine Patientin betritt zum ersten Mal meine Praxis und wer steht vor mir: Meine Mutter«. Die Figuren und Verhältnisse unserer inneren Welt sind bei allem, was wir tun, ständig mit von der Partie. Wir leben in zwei Welten, der realen gegenwärtigen und der aus vergangenen Erfahrungen, Beziehungen aufgebauten inneren. Damit soll deutlich werden, daß auch bei umfassender eigener Analyse jeder Patient, dem der Analytiker in der Praxis begegnet, Übertragungen weckt und unwillkürlich als Objekt eigener Bedürfnisbefriedigung in Betracht gezogen wird. Die Lösung ist nicht die Abwehr der Angreifbarkeit und Verführbarkeit, sie macht den Analytiker zum »schafsgesichtigen Blechaffen« (Stone 1973). Der Analytiker soll seine Übertragung erleben, jedoch dem Abstinenzgebot folgend sein Begehren oder seine Angriffslust aushalten und nicht agieren.

Zum Schluß möchte ich Eingedenk des Themas dieser Tagung noch einmal auf die Verknüpfung von erotisierter Übertragung und früher Traumatisierung durch sexuellen Mißbrauch in der Kindheit zurückkommen. Eigene Erfahrungen, aber auch Berichte wie der von Gorkin oder von Bollas haben mich dazu gebracht, sie in dieser Direktheit auszuschließen. Die erotisierte Übertragung stellt ein Agieren oder Inszenieren dar, eine nicht besonders hoch entwickelte Abwehr, die unterschiedliche Aufgaben für Ich und Selbst übernehmen kann. Dennoch wäre es interessant, zu untersuchen, ob in den Fällen, in denen ein sehr bedrängendes verführerisches Verhalten eine »traumatisierende Übertragung« im Sinne von Holderegger (1993) darstellt, ein solcher Zusammenhang nachzuweisen ist.

Literatur

Benjamin, J. (1983): »Wer hörte mich denn von den Engeln?« Erotik, Idealisierung und intersubjektiver Raum in der Übertragungsbeziehung. In: Benjamin, J. (Hrg.): Phantasie und Geschlecht. Frankfurt/M., Stroemfeld.

Bernandez, T. (1994): The eroticized transference. A tool for the reconstruction of childhood sexual trauma. Journal of the American Academy of Psychoanalysis 22, 3, 519-531.

Blum, H.P. (1973): The concept of erotized tranference. American Journal of Psychoanalysis 21, 61-76

Bollas, C. (1994): Aspects of the erotic transference. Psychoanalitic Inquiry, 14, 4.

Bollas, C. (1987): The shadow of the object. London, Free Association.

Breuer, J. (1895): Krankengeschichte Frl. Anna O. In: Bally, G. (Hg.) (1961): Einführung in die Psychoanalyse Sigmund Freuds. Hamburg, Rowohlt.

Dolto, F. (1988): Über das Begehren. Die Anfänge der menschlichen Kommunikation. Stuttgart, Klett/Cotta.

Freud, S (1912): Ratschläge für den Arzt bei der psychoanalytischen Behandlung. GW VIII, 375-387.

Freud, S. (1915): Bemerkungen über die Übertagungsliebe. GW X, 305-321.

Freud, S. / Jung C.G.(1974): Briefwechsel. Frankfurt, S.Fischer, 255

Gorkin, M. (1985): Varieties of sexualized countertransference. International Review of Psychoanalysis 3, 421-440.

Heimann, P. (1949): On countertransference. Deutsch: Bemerkungen zur Gegenübertragung. Psyche 9 (1964), 483-493.

Holderegger, H. (1993): Der Umgang mit dem Trauma. Stuttgart, Klett/Cotta.

Kernberg, O.F. (1994): Liebe im analytischen Setting. Psyche 48, 808-826.

Krutzenbichler, H.S. und Essers, H (1991): Muß denn Liebe Sünde sein? Freiburg, Kore

Masson, J.M. (1984): The assault truth. Farrar, Strauss, Girous, New York. Deutsch : Was hat man Dir, Du armes Kind, getan? Hamburg, Rowohlt1984.

Miller, A. (1983): Du sollst nicht merken. Frankfurt/ M., Suhrkamp.

Morgenthaler F. (1978): Technik. Zur Dialektik der Psychoanalytischen Praxis. Frankfurt, Syndikat.

Person, E.S. (1985): The erotic transference in women and men. Deutsch: Die erotische Übertragung bei Frauen und Männern. Psyche 1984, 48 , 783-807.

Racker, H. (1978): Übertragung und Gegenübertragung, München, Reinhardt.

Rappaport, E. (1956): The management of an erotized transference. Psychoanalytic Quarterly 25, 515-529.

Stone, L. (1973): Die psychoanalytische Situation. Frankfurt, Fischer.

Berührung als Abstinenzverletzung – Berührung als Heilungsweg

Gisela Worm

Eine kurze Szene aus einer Gruppentherapie, in der beide Seiten des Themas erscheinen, soll am Anfang stehen. In dieser Sitzung hatte sich das Thema »Berührung und Selbstwahrnehmung« entwickelt. Es kam zu folgender Situation: Eine Patientin bat mich, mich hinter sie zu setzen, meine Hände auf ihren oberen Brustkorb zu legen und mit einem leichten Druck ihre Atmung zu begleiten.

Ich folgte ihrem Wunsch. Sie verstärkte meine Berührung, indem sie ihre Hände über meine legte und sie stärker gegen ihre Brust drückte. Ich spürte unter meinen Händen, wie sich ihre Atmung vertiefte.

Eine andere Patientin sah diesem Geschehen zu. Ich sah erst Erstaunen, dann eine zunehmende Angst in ihrem Gesicht. Schließlich äußerte sie ihr Entsetzen. Sie empfinde meine Berührung als absoluten Übergriff, schon beim Zusehen bekomme sie Erstickungsgefühle. Genauso übergriffig habe sie ihre Mutter erlebt. Jede Umarmung sei wie ein gefühlloses Zudrücken gewesen, so daß sie später jede Berührung mit ihr vermieden habe. Dennoch beneide sie die andere Patientin, könne aber nicht verstehen, wie sie diese Art der Berührung akzeptieren könne oder gar noch selbst verstärke.

Die Situation hatte folgenden Fortgang: Ich setzte mich neben die erste Patientin, um ihr Erleben zu besprechen – gerade auch im Hinblick auf die weiterhin in der Nähe sitzende zweite Patientin, deren Worte sie gehört hatte. Da ergab sich eine unvorhergesehene Änderung. Die nun vor mir liegende Patientin sah mich intensiv an. In ihren Augen war sehr viel Sehnsucht und Verletzung zu sehen. Es entstand einen Moment lang eine sehr innige Verbindung über die Augen. Ich nahm jetzt die verletzte Frau in ihr wahr.

Nun erst wurde mir deutlich, daß die Patientin durch das von ihr vorgeschlagene Vorgehen den Augenkontakt zunächst ausgeschlossen hatte. Wir besprachen, warum sie den Druck auf die Brust verstärkte. Sie erklärte – auch im Hinblick auf die andere Patientin –, daß sie die kräftigere Berührung brauche, um darin ihre und meine Grenze zu fühlen. Der anschließende Kontakt über die Augen war auch für sie überraschend mit einer für sie ungewohnten Nähe zu mir verbunden.

Zur nächsten Sitzung kam die Patientin mit starken Kopfschmerzen, die sie mit der vorherigen Sitzung in Verbindung brachte, ohne jedoch die Hintergründe des Symptoms zu verstehen. Wir stellten uns gegenüber, sahen uns an. Nun wurden ihre Ängste, die sich an den intensiven Kontakt zu mir anschlossen, deutlich. Sie fürchtete, es könnte sich alles als nicht »wahr« herausstellen, sie könnte sich alles nur eingebildet haben, ich sei nicht wirklich beteiligt gewesen. Die andere Angst war: sie habe jetzt keine Distanzierungsmöglichkeit mehr, müsse in dieser Nähe bleiben oder verliere den Kontakt durch meinen Rückzug. Später werde ich auf diese Szene noch einmal zurückkommen.

Im Kontext der Lebensgeschichte kann Berührung die verschiedensten Bedeutungen annehmen, die sich in der Übertragungssituation reproduzieren. Berührung ist auch eine »Sprache«, aus der sich ein Dialog ergibt – ein Dialog auf der körperlichen und verbalen Ebene. Aber die Körpersprache der Berührung ist eine sehr affektbesetzte Sprache, wie an den Reaktionen beider Patientinnen zu sehen ist. Das macht die Berührung zu einem so umstrittenen Thema in der Therapie. Vor allem geht es hier um Therapien, in denen die therapeutische Beziehung im Mittelpunkt der Betrachtung steht, wo die Berührung im wesentlichen ein Beziehungsausdruck ist. Diese Formen der Therapie habe ich im weiteren im Blickfeld. In den funktionalen Körpertherapien, in denen der Therapeut eine andere Rolle hat, ist das Problem weniger drängend.

Das Thema Berührung spielt in der Geschichte der Psychoanalyse eine große Rolle. Freud begann mit der Berührung von Patienten, um die Hypnose einzuleiten. Er distanzierte sich von dieser Technik beim Auftauchen von Übertragungen. Viele Pioniere wurden später von den noch unerforschten Übertragungsphänomenen überrollt und retteten sich schließlich auf das sichere Gelände eines generellen Berührungstabus, das theoretisch untermauert wurde. So wurden aus Freuds Ratschlägen zunächst Regeln, dann Tabus.

Die Abstinenz mit dem Kernpunkt eines Berührungstabus geriet von der Not zur Tugend – wie die kritische Überschrift eines Artikels über Abstinenz von Klemann (1995) im »Forum der Psychoanalyse« kürzlich lautete. Berührung ist von diesem sicheren Gelände aus Rückfall in eine suggestive, manipulative Technik. Das sind die gleichen Gründe, aus denen Freud vor 100 Jahren die Hypnose aufgab. Inzwischen hat sich die Argumentation für ein generelles Berührungstabu auf psychoanalytischer Seite um ein vielfaches verstärkt.

Einige Gesichtspunkte seien hier zusammengefaßt, um dann die Hintergründe zu beleuchten. Berührung in der Therapie ist in diesem Verständnis ein Rückfall in primärprozeßhafte Befriedigungen, die in dem Patienten die Illusion nähren, die infantilen Bedürfnisse, z.B. nach narzißtischer Omnipotenz, Verschmelzung oder ödipaler, sexueller Vereinigung seien doch noch zu befriedigen – die Therapie als ein Wiedergutmachungsversuch. Diese Tatsache sei auch gegeben, wenn der Therapeut bewußt eine andere Intention habe. Auf der unbewußten Ebene sei eine solche Interpretation des Patienten gar nicht zu vermeiden. Nur das Berührungstabu garantiere den Rahmen, in dem sich unbewußte Phantasie entfalten könne, ohne in der Handlung eine Scheinrealisierung zu erfahren, oder von der Handlungsmöglichkeit so bedroht zu werden, daß die Entfaltung dieser unbewußten Phantasien empfindlich gestört werde. Und außerdem übersehe man den tendenziell sexualisierenden Charakter einer Berührung, infantilisiere man den Patienten und verharmlose die Mächtigkeit der Triebwelt.

Vor diesem Argumentationszusammenhang sieht man sich innerhalb der Psychoanalyse, wenn man den Berührungskontakt nicht mehr tabuisiert. Manchmal wirkt die Häufung der Argumente wie ein Sperrfeuer.

Aber es sind auch wichtige Erfahrungen und Bedenken darin enthalten, die man nicht einfach als antiquiert vom Tisch wischen kann. Viele Entgleisungen von therapeutischen Beziehungen bei der Wiedereinführung körperlicher Interaktion in der Therapie durch die Körpertherapien sprechen dafür, daß das Berührungstabu nicht nur ein überflüssig gewordenes Relikt überkommener Hilflosigkeit, vor allem im Umgang mit Sexualität ist. Dennoch würde ich ein Verbot als Notlösung sehen, verständlich aus einer Zeit, in der die Übertragungs-Gegenübertragungsprozesse erst schemenhaft ins Bewußtsein rückten. Die Tabuisierung der Berührung wäre also einer kritischen Überprüfung zu unterziehen, im Zusammenhang mit einem Abstinenzverständnis, das jenseits einer absoluten Vermeidung von Berührung liegt. Die Schwierigkeit dabei ist folgende: Eine Definition von Abstinenz ist nicht unabhängig von einem Persönlichkeitsmodell zu denken, das immer auch ein bestimmtes Menschenbild einschließt. Dieses Persönlichkeitsmodell bestimmt auch das Krankheits- und Gesundheitsverständnis. Abstinenz ist damit nicht einfach ein isoliert-methodisches Prinzip. Vorher angeführte Argumente für die Aufrechterhaltung eines Berührungsverbots sind daher nur auf dem Hintergrund der klassischen psychoanalytischen Triebtheorie und als Teil des psychoanalytischen Persönlichkeitsmodells wirklich zu verstehen.

Auf diesen Hintergrund verschiedener Menschenbilder in den unterschiedlichen Therapieformen geht Jaeggi (1995) in ihrem Buch »Zu Heilen die zerstoßenen Herzen« in jüngster Zeit ein. Sie weist darin z.B. auf den prinzipiellen Unterschied zwischen dem Konfliktmodell der klassischen Psychoanalyse und dem der Humanistischen Psychologie hin.

Zur Auseinandersetzung mit dem in der Psychoanalyse gängigen Abstinenzverständnis möchte ich hier nur kurz das klassische psychoanalytische Konfliktmodell, wie Jaeggi es darstellt, skizzieren. Der wesentliche Konflikt entsteht in der klassischen psychoanalytischen Auffassung durch die prinzipielle »Maßlosigkeit« der Triebwelt auf der einen und die Anforderungen der sozialen Realität auf der anderen Seite. Die neurotischen Lösungen oder Symptome sind als »Ersatzbefriedigungen« zu verstehen für infantile Wünsche, die nicht aufgegeben oder unter dem Einfluß des Realitätsprinzips umgewandelt werden konnten. Soweit das klassische Verständnis. Da diese Triebbedürfnisse in ihrem Primärzustand immer auch eine unmittelbare körperliche Ausdrucksform haben, ist nur verständlich, wenn der körperliche Handlungsausdruck in der Therapie möglichst reduziert wird. Nur so wird die notwendige Verzichtsleistung auf diese am Lustprinzip oder Primärprozeß orientierte Befriedigung erreicht. Die Lösung liegt in der Entwicklung eines symbolischen Ausdrucks, der wesentlich auf der Symbolebene der Sprache gedacht ist.

Das Abstinenzgebot, dessen Kern das Berührungstabu darstellt, ist entscheidend mit diesem Triebverständnis und Konfliktmodell der traditionellen Psychoanalyse verbunden. Erkenntnis wird dabei nur durch die gleichzeitige körperliche Handlungsabstinenz möglich. Die angestrebte körperliche Befriedigung in der Therapie, die in diesem

Verständnis ein Ausdruck der in der Neurose persistierenden infantilen Wünsche ist, würde das Ziel der Behandlung, nämlich eine realitätsadäquate Anpassung dieser Bedürfnisse, in Frage stellen bzw. verhindern.

Andere Therapieformen, die mit körperlichen Berührungen umgehen, geraten dadurch generell in den Verdacht einer »paradiesischen« illusionären Erfüllung der kindlichen Triebwünsche. Unter dem Blickwinkel dieser Theorie gerät jeder körperliche Umgang in der Therapie zu einer Wiedergutmachung. Das »Paradies« öffnet sich sozusagen – im Unterschied zum Kleist`schen Bild – direkt, am »Verbots-Engel« vorbei.

So ganz falsch ist dieser Verdacht nicht. Auch nach meiner Einschätzung gibt es tatsächlich in vielen Therapien die Idee, daß einfach neue auch körperliche Erfahrungen mit einem annehmenden Therapeuten, den Weg zum »wahren Selbst« frei machen könnten.

Und dennoch kann man den Umgang mit Berührung nicht einfach mit einer illusionären Wunscherfüllung gleichsetzen, es sei denn, man ist durch die beschriebene Theorie einseitig festgelegt, die heute jedoch auch innerhalb der Psychoanalyse nicht mehr die allein gängige ist. Das Abstinenzverständnis allerdings fußt weiterhin im wesentlichen auf der klassischen Theorie.

Sucht man für den Umgang mit Berührung neue Leitlinien, so ist es notwendig, jenseits einer naiven Wiedereinführung und jenseits einer starren Aufrechterhaltung von Tabus einen Weg zu finden. In diesem neuen Verständnis sollte sowohl Berührung wie Nicht-Berührung eine Möglichkeit sein, vorhandene neurotische Einschränkungen zu lösen und Entwicklung zu ermöglichen.

Zu einer Neuorientierung in der Frage der Abstinenz hat Bauriedl wesentlich beigetragen. Ihr Abstinenzverständnis bringt auch zum Umgang mit Berührung entscheidende Gesichtspunkte. Bauriedl ist Psychoanalytikerin und Familientherapeutin. Diese Hintergründe prägen ihr theoretisches Verständnis. Auf ihre Persönlichkeitstheorie kann ich hier nicht eingehen. Ich greife daher nur ihre Theorie zur Entstehung der neurotischen Übertragungsmuster heraus, um deren Analyse es in der Therapie entscheidend geht (Bauriedl 1994). Nach diesem Verständnis muß sich das Kind in der Familie in ein System einpassen, das die eigene Entfaltung von Wünschen und die Vermeidung von Ängsten reguliert, aber auch die Wünsche und Ängste der Eltern. Letztere prägen das Normsystem der Familie. Je prekärer das innere Gleichgewicht bei beiden Eltern und zwischen ihnen ist, umso stärker wird das Kind in »Ersatzpartnerschaften« eingebunden. Unter »Ersatzpartnerschaften« versteht Bauriedl nicht nur im engeren Sinn sexuelle Ersatzpartnerschaft sondern alle Anpassungslösungen, die wesentlich von den Wünschen und Sicherheitsbedürfnissen der Eltern bestimmt sind. Dazu gehören z.B. Wünsche nach symbiotischer Nähe, Dominanz, narzißtischer Bestätigung oder sexueller Befriedigung.

Um einer relativen Sicherheit und Angstbewältigung willen gibt das Kind die eigenen Wünsche umso stärker auf, je höher das Angstpotential und damit der Anpassungsdruck in der Familie ist. Je mehr die eigenen ursprünglichen Bedürfnisse, z.B. nach Halt, Schutz, Grenzen, Nahrung, Wärme, Selbstbehauptung und geschützter sexueller Entwicklung dabei auf der Strecke bleiben, umso stärker ist der Ersatzbefriedigungscharakter in der Kompromißlösung, umso größer aber sind vor allem auch die mit den abgewehrten ursprünglichen Bedürfnissen verbundenen Ängste. Die entstandenen Ersatzpartnerschaften mit den darin enthaltenen Ersatzbefriedigungen entsprechen den übertragungsneurotischen Wünschen, wenn man sie als Ergebnis sozialer Interaktion versteht.

Eine solche Auffassung prägt auch das Verständnis von Abstinenz neu.

Abstinenz heißt dann: Verzicht auf Befriedigung der in den Ersatzpartnerschaften enthaltenen Ersatzbefriedigungen, da diese Suchtelemente gegen die abgewehrten Wünsche und Ängste enthalten.

Bauriedl übernimmt hier ganz bewußt einige Begriffe aus der Abstinenzdefinition der klassischen Psychoanalyse, aber mit entscheidenden inhaltlichen Veränderungen. Nur einige Unterschiede seien erläutert:

Unter Ersatzbefriedigung im klassischen Freudschen Sinn wird der Erhalt infantiler Triebwünsche im neurotischen Symptom verstanden. Bauriedl versteht unter Ersatzbefriedigungen die Phantasien und Verhaltensweisen, die neben einem Wunsch vor allem eine Angstabwehr enthalten, entstanden in einem sozialen und inneren Dilemma.

Bezieht sich der Verzicht in der klassischen Psychoanalyse auf die nachträgliche Befriedigung des infantilen Triebwunsches, so bezieht sich hier der Verzicht auf eine Befriedigung der Ersatzwünsche, die im Symptomfall auch immer einen hohen entwicklungseinschränkenden Preis haben.

Ist das Drängende im Wiederholungszwang beim klassischen Abstinenzverständnis Ausdruck der Natur des Triebwunsches, so erklärt diese Definition das Drängende durch die Angst, die mit der Ersatzbefriedigung abgewehrt werden muß.

Der Sinn der Nicht-Befriedigung läge im klassisch psychoanalytischen Verständnis darin, durch Verzicht auf den infantilen Triebwunsch eine Entwicklung zu ermöglichen. Durch den geleisteten Triebaufschub wird in dieser Auffassung die Trennung zwischen Ich und Objekt gefördert, die Fähigkeit zur Symbolisierung kann sich entwickeln. Der Sinn in obiger Abstinenzdefinition liegt jedoch in dem In-Frage-Stellen der Ersatzlösung. Eine Befriedigung auf der Ersatzebene würde diese Lösung zementieren.

Vor diesem Hintergrund möchte ich das Beispiel vom Anfang noch einmal untersuchen. Für meine Kollegen von der analytischen Seite ist oft schon der dort beschriebene Anfang unverständlich oder prinzipiell übergriffig. In einem klassischen gruppenanalytischen Setting wäre es dies auch, da eine solche Berührung immer eine Überschreitung des vereinbarten Rahmens beinhaltet. Das gilt auch für die Einzeltherapie. Es ist daher bei einem derartigen Vorgehen selbstverständlich notwendig, den Rahmen der Therapie für den Patienten so zu definieren, daß Berührung als eine mögliche Intervention darin ihren Platz hat. Hält man das Berührungstabu und das klassische Setting allerdings für einen essentiellen Bestandteil analytischen Vorgehens, wäre mit jeder Form der Berührung bereits eine Verletzung der Abstinenz gegeben. Akzeptiert man aber einen erweiterten Rahmen, so fragt sich, worin in dieser Situation ein abstinentes Verhalten bestehen würde.

Thema der Gruppe war zu diesem Zeitpunkt der Umgang mit Berührung und Selbstwahrnehmung. Die Patientin wählte dazu das beschriebene Vorgehen. Ich folgte erst ganz ihrem Wunsch, ohne der Tatsache, daß ich mich hinter sie setzen sollte, zunächst eine größere Bedeutung zuzumessen. Hinterher erwies es sich als bedeutungsvoll, daß der Augenkontakt dabei ausgeschlossen war, in dem für sie das stärkste Konfliktmoment lag. Ein Teil in ihr isolierte den Berührungskontakt. Die Tendenz zur Isolierung kam auch darin zum Ausdruck, daß die Patientin die Berührung zunächst nur unter dem Gesichtspunkt einer Atemunterstützung sah. Außerdem verstärkte sie den Druck in der Berührung, um ihre und meine Grenze zu spüren. Eine tendenzielle Auflösung der Grenze und die Intensivierung des Kontakts über die

Augen waren für sie die Gefahren, denen sie zunächst durch eine Isolierung des Kontakts und durch körperliche Grenzverstärkung entgegenzuwirken versuchte. Die darin steckende Kompromißlösung wurde erst allmählich verständlich. Die zunächst abgewehrte Angst meldete sich später im Symptom und entschlüsselte sich dann als Befürchtung, in einer symbiotischen Beziehung festgehalten und kontrolliert zu werden.

Analytiker, die prinzipiell in der körperlichen Berührung die Gefahr eines Grenzverlustes sehen, könnten sich durch diese Patientin bestätigt fühlen. Legt man aber das Bauriedlsche Modell zugrunde, so läßt sich hier die Ersatzbefriedigungs- oder Abwehrebene deutlich von der Befriedigungsebene unterscheiden. Bei dieser Unterscheidung hilft das nachträgliche Auftauchen der Angst im Symptom. Nähe und Berührungskontakt mit einer Frau ist für diese Patientin mit einer symbiotischen Einbindung verbunden, in der sie nicht wachsen darf. Das ist nicht an sich so, sondern aus ihrer Elternbeziehung zu verstehen. Die Eltern waren in einer sehr symbiotisch geschilderten, einengenden Beziehung miteinander verbunden. Die Patientin fühlte sich in ihrem Wachstum als Frau besonders durch die kontrollierenden Augen der Mutter bedroht. Ihr Kompromiß bestand darin, die Nähe zur Mutter durch eine innere und äußere Distanz soweit zu opfern, daß die Autonomie erhalten werden konnte. Gleichzeitig verlor sie jedoch den Boden für eine stabile weibliche Identifikation. Auch Rivalität wurde durch den Verlust einer verläßlichen Nähe nicht mehr austragbar. So fühlte sich die Patientin in der positiven Besetzung ihres weiblichen Körpers und ihrer Sexualität stark behindert.

Würde man jetzt Anzieu (1991), einem französichen Analytiker, folgen, der in der Berührung immer ein regressives Verschmelzungsgeschehen sieht, so teilte man die Annahmen im inneren System dieser Patientin. Nähe zu einer Frau, besonders mit mütterlicher Bedeutung heißt auch für sie zunächst : Aufgeben von Grenzen, Verhinderung von Wachstum, Steckenbleiben in einer mütterlichen Welt. Ein mütterlicher Boden jedoch, der die Grundlage für ihr weibliches Wachstum bildet, ist ihr fremd. In der kurzen Berührung über die Augen wird ihr für einen Moment dieser Wachtumsboden fühlbar. Hier würde ich die Ebene des Grundbedürfnisses bei dieser Patientin sehen. – Ebenso ist die abwehrende Haltung der zuschauenden Patientin ja nicht als eine selbstverständliche Reaktion auf einen übergriffige Berührung zu verstehen, sondern als Angst im Kontext ihrer belasteten Mutterproblematik. Natürlich wäre es eine Abstinenzverletzung, dieser Patientin eine entsprechende Berührung anzubieten oder sie gar damit zu überfallen. Aber die Berührung mit einer Frau in der Mutterübertragung generell zu vermeiden, paßt auch in ihr Lösungssystem. Ihre Ersatzlösung bestand darin, ständigen Berührungskontakt zu Männern zu suchen, um das Mutterdefizit zu füllen. Auf einem langen, sehr angstbesetzten Weg, war gerade auch die körperliche Berührung mit mir in der Übertragung für diese Patientin der entscheidende Schritt, nicht in einen auf den Mann verschobenen, verschmelzenden Kontakt hineinzugleiten. Sie lernte vielmehr auf der Grundlage einer befriedigenden Berührung mit einer Frau, die ihre Grenzen respektierte, mehr Unabhängigkeit auch von der männlichen Zuwendung zu erreichen und zu einer sichereren Besetzung ihres weiblichen Körpers zu finden. Voraussetzung dieser Entwicklung war allerdings meine längjährige Akzeptanz ihrer vor allem auch körperlichen Zurückweisung und ein Verstehen ihrer Ängste. Versucht man hier zu schnell eine neue Lösung, wie es sicher oft in Körpertherapien geschieht, ohne eine Durcharbeitung der Widerstände und Ängste, erreicht man wieder nur eine Ersatzlösung im Sinne einer Anpassung an eine neue Normvorstellung.

Die Gefahr der klassischen analytischen Sicht liegt m.E. darin, daß eine Verzichtsideologie entsteht. Entwicklung wird dabei schließlich überhaupt nur durch Berührungsabstinenz möglich, wie z.B. bei Anzieu (1991) ausgeführt. Nur Worte schaffen nach seiner Auffassung Distanz zwischen zwei Körpern, die immer in die Verschmelzung zurückkehren wollen. In diesem Verständnis ist das Berührungstabu weiterhin gleichgesetzt mit dem Inzesttabu. Auch eine spätere Differenzierungsmöglichkeit in der Entwicklung würde damit durch den Berührungskontakt prinzipiell verhindert.

Ausgeschlossen ist in dieser Sicht, daß die Erfahrung von Berührung gerade die Voraussetzung für das Erleben von Grenzen sein kann, daß Berührungsängste Entwicklung ebenso verhindern können wie Berührungssucht und das sowohl auf ödipalem wie präödipalem Niveau.

Andererseits unterliegen oft die Therapien, die auch mit körperlicher Berührung umgehen, einer »Körper-Idealisierung«, in der Annahme, daß im körperlichen Umgang und Ausdruck die ursprünglichen Bedürfnisse rein erhalten sind. »Der Körper lügt nicht« ist ein oft formuliertes

Stichwort dazu. Wird der darin enthaltene Wahrheitskern so verabsolutiert, treten ganz sicher Ersatzbedürfnisse an die Stelle angstbesetzter Grundbedürfnisse. Durch den Ersatzcharakter kommt es zu erpresserischer oder suchtartiger Wiederholung körperlicher Befriedigung, auch in der Therapie, z.B. im Halten, Schreien, Toben und bei Berührungen auf allen Ebenen.

Auch in der Therapie liegt eine Anpassung an dort jeweils angebotene Normsysteme nahe. An die Stelle der im familiären System angebotenen Ersatzpartnerschaft und Ersatzbefriedigung tritt dann die Ersatzpartnerschaft, die in diesem Therapiesystem oder von diesem Therapeuten angeboten wird. Normsysteme, in denen der Verzicht oder die körperliche Befriedigung ideologisiert sind, haben da den gleichen Stellenwert.

Daher ist die Unterscheidung zwischen Ersatzbefriedigungen und wirklichen Befriedigungen von Grundbedürfnissen, die nach der vorherigen Definition meistens angstbesetzt und eben nicht leicht erreichbar sind, besonders wichtig und hilfreich. Entscheidend ist allerdings auch, was man als Grundbedürfnis ansieht. In dieser Frage unterscheiden sich bekanntlich die verschiedenen therapeutischen Ansätze, auch innerhalb der Psychoanalyse.

Nun entsteht die Hauptverwirrung in der Diskussion um die Abstinenz beim Umgang mit erotischen, sexuellen Gefühlen und Übertragungen und das in verstärktem Maße, wenn Berührungen nicht mehr ausgeschlossen sind.

Daher möchte ich noch zwei Beispiele mit dieser Thematik unter dem Gesichtspunkt des entwickelten Abstinenzverständnisses darstellen.

Ein Körpertherapeut stellt folgendes Behandlungsbeispiel zur Diskussion: Eine Patientin, von der er weiß, daß sie sich in ihrer weiblichen Identität sehr unsicher fühlt, kommt nach einiger Zeit in zunehmend verführerischer Kleidung in die Therapie. Er interpretiert für sich ihr Verhalten als einen Versuch, für ihre wachsende Weiblichkeit eine positive Resonanz zu finden. Im Laufe der Therapie kommt es auch zu Atemübungen. Der Therapeut legt zur Unterstützung der doppelten Zentrierung der Atmung, im Brust -und Beckenraum, seine Hände auf Brustbein und Bauch der vor ihm liegenden Patientin. Es entsteht eine zunehmend intime Atmosphäre. Als Therapeut und Patientin sich wieder einmal gegenüber sitzen, legt die Patientin seine Hand auf ihre

Brust. Sie wirkt auf ihn dabei sehr empfindlich und angreifbar. Er fühlt sich angezogen, leicht sexuell erregt, und es ist ihm unbehaglich zumute. Er getraut sich jedoch nicht, seine zwiespältigen Gefühle zu verbalisieren, da er fürchtet, die Patientin bei diesen Schritten der allmählichen Wiederbesetzung ihrer Weiblichkeit zurückzuweisen. So akzeptiert er zunächst die Bedürfnisse der Patientin nach Berührung. Trotz allen Zweifels hat er den Eindruck, daß die Patientin anfängt als Frau »aufzublühen«. Der Therapeut gesteht bei mir, er sei auch dadurch verunsichert worden, daß die Patientin als Frau für ihn primär nicht besonders attraktiv gewesen sei. Er habe sich von ihrer Direktheit sogar manchmal abgestoßen gefühlt – all das klingt für mich nicht nach einer nachträglichen Verleugnung. Umso unverständlicher ist ihm jedoch zunächst, daß er sich der verführerischen Atmosphäre nicht entziehen konnte.

Eines Tages beendete die Patientin eine Umarmung am Schluß der Sitzung mit einem Kuß. Die Behandlung endete dann nach kurzer Zeit mit heftigen Anklagen der Patientin gegen den Therapeuten, der sie verführt habe – was sicher richtig ist, trotz des Agierens der Patientin.

Es gibt natürlich sehr viel krassere Beispiele für therapeutischen sexuellen Mißbrauch. Ich habe aber bewußt ein Beispiel gewählt, daß sich in ähnlicher Form nach meiner Erfahrung relativ häufig ereignet und im körpertherapeutischen Umgang durch die Art des Settings besonders nahe liegt.

Was macht diese Situation so schwierig und verworren? Es ist eine in vielen Zügen fast prototypische Situation für eine erotisierte Übertragung und deren Hintergründe, hier intensiviert durch die körpertherapeutischen Interventionen. In seiner Diagnose hat der Therapeut nicht unrecht, diese Frau leidet wirklich an ihrer beschädigten Weiblichkeit. Das Defizit ist dem Therapeuten in seiner Gegenübertragung spürbar, er empfindet die Patientin nicht als eine attraktive Frau.

Was beide jedoch übersehen, ist die Tatsache, daß die grenzüberschreitenden, sexualisierenden Aktionen, mit denen die Patientin dieses Defizit zu heilen versucht, schon zur Wiederholungsgeschichte des Mangels gehören und auf der Ebene der Ersatzbefriedigung liegen. Die Patientin hat offenbar gelernt, durch eine grenzüberschreitende Sexualisierung, die sie wahrscheinlich zunächst passiv erfahren hat, eine Teilbefriedigung für Zuwendungswünsche zu erreichen. Diese sollen ihre Ablehnungsängste, verbunden mit Zuwendungswünschen auf einer wahrscheinlich wesentlich präödipalen Ebene, teilweise oder zumindest vorübergehend bannen. Ihre Aktivität in dieser Situation sichert ihr dabei in ihrem subjektiven Erleben Macht und Kontrolle über eine kindliche Ohnmachtssituation. Die ablehnende Gegenübertragung des Therapeuten läßt diesen Hintergrund noch aufscheinen.

Die Sexualisierung, durch die sich der Therapeut als Mann herausgefordert und bestätigt fühlt, täuscht ihn über die untergründige Macht-Thematik hinweg. In der Rolle des Therapeuten fühlt er sich als der Mächtige, der die Situation kontrolliert. Er sieht die narzißtischen Entwertungsängste der Patientin und wagt seinem Unbehagen nicht tiefer nachzugehen, bei dem er – so wurde in der Supervision deutlich – auf die eigenen Entwertungsängste getroffen wäre. So stellt sich der scheinbare »Strudel der Leidenschaft« in Wirklichkeit als Beschwichtigungsversuch kindlicher Ängste vor Entwertung und Verlassenheit auf beiden Seiten heraus. Die erzwungene Zuwendung auf sexueller Ebene vermeidet die passive Auslieferung an Eltern, von denen Ablehnung und in diesem Fall vernichtende Entwertung drohen. Das galt hier sowohl für den Therapeuten wie für die Patientin. In diesem Teilen der Abwehr liegt oft die »Komplizenschaft« in der Therapie.

Ziel des Therapeuten war es, der Patientin durch die Unterstützung der Atmung, auch im Beckenbereich, zu einer lebendigeren Körperbesetzung zu verhelfen. Dieses Vorgehen ist m.E. nicht an sich zum Scheitern verurteilt. Aber das Übersehen der sich durchsetzenden Ebene der Ersatzbefriedigung, vor allem in der starken Sexualisierung, und das entsprechende Entgegenkommen gleicher Sicherungsmechanismen beim Therapeuten verkehrt die Absicht in ihr Gegenteil. Dieses Übersehen wird in einer Körperpsychotherapie durch die oft einseitige Konzentration auf die Erlebnisebene des Körpers begünstigt. Die Bedeutung der zunächst auf den Körper gerichteten Interventionen im Kontext der Übertragung gerät dann zu leicht oder zu lange in den Hintergrund. In dem genannten Beispiel erscheint es nachträglich leicht, die Entgleisung der Situation festzustellen. Tatsächlich ist oft schwer zu erkennen, ob sich die Ersatzbefriedigung durchsetzt oder ob es um Wünsche geht, die eine Entwicklung fördern. Patienten können, wenn diese Abwehrebene erst einmal so funktioniert, tatsächlich zunächst einmal scheinbare Fortschritte machen. Das wären dann die neurotischen Übertragungsheilungen. Diese beruhen aber nicht auf der illusionären Erfüllung ursprünglicher Kindheitswünsche, wie es in der Psychoanalyse oft heißt, sondern die Illusion liegt in dem augenfälligen »Funktionieren« der Ersatzbefriedigung. Ein Beispiel für diese Ersatzbefriedigung wäre die Phantasie: ich kann Vater oder Mutter doch noch erreichen, wenn ich mich sexuell für sie attraktiv mache oder ihnen zeige, daß ich sie sexuell begehre.

Zur Unterscheidung ist sicher folgendes zu bedenken: je drängender der Wunsch nach Realisierung einer sexuellen Beziehung in der Therapie erscheint – oft schon am Anfang der Behandlung – oder je lautstärker der Verführungswunsch im Vordergrund steht, umso weniger geht es primär um sexuelle Bedürfnisse, sondern um eine sexuelle Überlagerung anderer defizitärer Grundbedürfnisse (vgl. Moser 1992). Das gilt wiederum für Patienten wie Therapeuten. Das Drängen nach Befriedigung entspringt dann eben nicht einem ursprünglich erotischen Bedürfnis, sondern der drängende, oftmals untergründig erpresserische Wunsch enthält neben der Ersatzbefriedigung vor allem eine Form der Angstbewältigung. Dies wird auch dadurch deutlich, daß bei entsprechender Frustration oftmals sehr viel Angst frei wird. Oder es kommt zu Aggressionen, die diese Angst abwehren. Die Angst vor dieser drohenden Aggression, z. B. in Form massiver Entwertung oder bei Abbruch der Therapie, bringt viele Therapeuten – wie auch Patienten – dazu, eine unechte Resonanz auf der erotisierten Ebene anzubieten. Auch beim Therapeuten geht es dabei oft um die Beschwichtigung eines inneren verfolgenden Objekts, das auf den Patienten projiziert wird. Viele Autoren sehen darin einen der wesentlichen Gründe für das vor allem auch konkret körperliche Ausagieren sexueller Übertragungen (Hirsch 1993). Eine Lebensgeschichte, in der das Kind z. B. zum narzißtisch sexualisierten Ergänzungsobjekt eines Elternteils wurde, liegt dem Beziehungsgeschehen dabei eher zugrunde als eine ödipale Problematik im eigentlichen Sinn, in der die Ich- und Objektgrenzen bereits sehr viel stabiler ausgebildet sind.

Die wirklichen erotischen Gefühle, die nach Entfaltung und Entwicklung in der therapeutischen Situation drängen, äußern sich schon deshalb anders, weil sie selbst mit vielen Ängsten verknüpft sind. Sie müssen eher abgewehrt werden und erscheinen schon dadurch sehr viel verhaltener in der Therapie. Das gilt vor allem auch für deren körperliche Ausdrucksformen.

Auch dazu ein Beispiel: Ein Mann kommt zu mir in Gruppentherapie. Er klagt über sexuelle Schwierigkeiten bzw. Lustlosigkeit in länger dauernden Beziehungen. Er ist in der Familie der Jüngste und wurde von der Mutter als »ihr Kleiner« behandelt. Sein Vater war als zwanghafter Arbeiter für ihn schwer erreichbar.

Während der Therapie fühle ich eine zunehmende körperliche Ablehnung gegen den Patienten, besonders wenn er sich so dicht in meine Nähe stellt, daß er meine Schultern berührt. Ich empfinde ihn in diesen Momenten schwammig und klebrig. Da ich um sein höchst unsicheres Körpergefühl, besonders im Bereich seiner Männlichkeit weiß, scheue ich mich lange, ihm diese körperliche Reaktion mitzuteilen, da ich fürchte, seine Kränkungen zu verstärken. Schließlich aber wird eine entsprechende Intervention unabweisbar. Meine vorsichtig dosierte Mitteilung schockt ihn tatsächlich. Es gelingt dann jedoch, sie zum Ausgangspunkt einer Auseinandersetzung mit seiner abgewehrten negativen Mutterübertragung zu machen. Er gerät in heftige Wut gegen mich und empfindet Angst ob der Stärke seiner Verachtung, er fürchtet den Beziehungsverlust. Die Auseinandersetzung endet jedoch versöhnlich, aber mit deutlich körperlichem Abstand zueinander.

Einige Zeit danach – wir beschäftigen uns in der Gruppe mit Bewegungen im Raum – umtanzt er mich. Ich nehme in der Art seiner Bewegungen jetzt sehr viel stärker als früher den Mann in ihm wahr und antworte mit entsprechend weiblich betonten Bewegungen. So entsteht im gemeinsamen Bewegungsspiel eine erotische Atmosphäre. Der Patient bleibt dabei, im Unterschied zu früher, in körperlichem Abstand, obwohl ich spüre, daß er zwischendurch auf gemeinsame Tanzbewegungen zusteuert. Wir sprechen hinterher über seine Hemmung, mich in dieser Situation zu berühren, was er sich insgeheim gewünscht hat. Er erinnert natürlich die Äußerung meiner körperlichen Abneigung und hat Angst, daß ich wieder entsprechend reagiere. Es ist wie bei seiner Mutter – fällt ihm jetzt ein. Er hatte bei ihr immer das Gefühl, daß sie auf seine Männlichkeit mit Ekel reagierte und ihn nur als kleinen Jungen ertrug oder brauchte.

In meinen Gefühlen wurde mir schlaglichtartig der Unterschied deutlich: Ich spürte in dieser Situation nicht die geringste körperliche Abneigung gegen ihn. Atmosphärisch ging es jetzt um eine erotische Situation, in der ich ihn als Mann empfand. Vorher erlebte ich ihn als einen sich klein machenden Jungen, der sich seiner Mutter »anzubieten« versuchte. Überzeugt ist der Patient erst, als er nach diesem Verstehen für einen Moment den Arm um meine Schulter legt, und er körperlich spürt, daß ich nicht abwehrend reagiere.

Die Ersatzlösung oder Ersatzbefriedigung dieses Patienten besteht hier umgekehrt in einer Entsexualisierung der Beziehung, jedenfalls was sein Bewußtsein angeht. Wie so oft wiederholt sich die Kindheitssituation gerade durch den Versuch der Vermeidung. Der Patient vermeidet eine männliche Haltung, aber in seinem Sich-klein-Machen und der abgewehrten Wut darüber provoziert er gerade die gefürchtete Ablehnung.

Die Unabwendbarkeit meines Körpergefühls in der vom Patienten hergestellten Berührungssituation hilft allmählich die Situationen zu unterscheiden und die Ersatzebene zu orten. Ein Annehmen der vom Patienten in der Berührung angebotenen Nähe hätte hier nur die Ersatzbefriedigung oder Ersatzpartnerschaft verstärkt. Dies geschah regelmäßig in seinen realen Beziehungen zu Frauen, wodurch auch die Potenzstörungen entstanden. Der Körper fungiert hier tatsächlich oft relativ zuverlässig als eine Art »Lügendetektor«, im realen Leben wie in der Therapie.

Abstinenz ist in den beschriebenen Situationen nicht ein bestimmtes Verhalten sondern eine Haltung, die aus dem Verstehen der Beziehungssituation resultiert.

Eine permanente Übersetzung im Hinblick auf das Beziehungssystem ergibt erst die Bedeutung dessen, was Abstinenz im Augenblick heißen würde. Auf dieser Beziehungs- und Bedeutungsebene entscheidet sich, welche Antwort es wirklich ist, die der Therapeut gibt. Das wird in vielen Abstinenzdefinitionen, die nur auf der Verhaltensebene definiert sind, übersehen.

Ein solches Verstehen ist sicher umso wichtiger, je mehr man durch die körperliche Berührung die affektive Situation verdichtet und damit oft sehr viel mehr als durch Verbalisierung die auch körperlich verankerten Übertragungsmuster provoziert. Schätzt man diese Situation falsch ein, bzw. teilt man das sich auch in der Berührung darstellende Ersatzmuster entsteht eine Kollusion wie im Beispiel der sexualisierenden Abwehr beschrieben.

Aber eine gleiche Schwierigkeit – wenn auch oft mit weniger lautstarken Folgen – kann sich aus dem Nicht-Tun von etwas, also auch aus Nicht-Berührung ergeben, zumal wenn Berührung in ideologisierender Weise tabuisiert ist. Das wird in den Abstinenzdefinitionen, die immer durch ein Nicht-Tun von etwas definiert sind, nicht reflektiert. Viele Patienten haben ja gerade Defizite durch Nicht-Berührung, oder ihre Ersatzlösung liegt auf der Ebene der Nicht-Berührung. Sie vermeiden den körperlichen Kontakt und fliehen als Ersatz in die Phantasie oder Intellektualität. Die Frage ist auch, ob die Erfahrung falscher, mißbräuchlicher Berührung durch Nicht-Berührung allein zu lösen ist. Ich bezweifle das. Allerdings braucht es bei schwerem körperlichen Mißbrauch zunächst Berührungserfahrungen in Therapieformen, die die Übertragungssituation weniger in den Mittelpunkt stellen.

Ein Handeln aus dem Verstehen der Beziehungssituation ist natürlich unendlich viel schwieriger als das Befolgen von Verhaltensregeln, wenn nur die innere Orientierung an den eigenen Gefühlen in der Praxissituation der eigentliche Leitfaden ist.

Ein Therapeut, der darin »gut genug« ist, ist sicher nicht als eine Persönlichkeit zu sehen, die jenseits von Ängsten und Ersatzbefriedigungen lebt. Sondern es geht um die immer wieder zu erarbeitende Kenntnis der eigenen Ersatzbefriedigungen, die vielleicht sogar teilweise in der therapeutischen Motivation liegen. Es ist wichtig, den Kontakt mit den eigenen Ängsten nicht zu verlieren sowie die eigenen Befriedigungsdefizite in Vergangenheit und Gegenwart vor Augen zu haben. Als statisches Ideal wäre sicher auch dieses Bewußtsein wieder eine Überforderung. Es kann nur in einer ständigen Wiederannäherung als Orientierungspunkt dienen. Aber in diesem Sich-Bewußtwerden der eigenen Ersatzbefriedigungen, Ängste und Defizite sollte die innere Abstinenz bestehen, die den Patienten und den Therapeuten davor schützt, in neue Ersatzpartnerschaften einzubinden oder eingebunden zu werden. Das wäre die entscheidende neue Erfahrung in der Therapie, in der auch die körperliche Berührung, jenseits einer illusionären Wiedergutmachung, ihren Platz auf dem Weg zur Heilung haben könnte. Die Alternative wäre gefeit gegen das mögliche Schicksal, eine geheime Wiederholung zu sein, Wachstum würde möglich.

Literatur

Anzieu, D. (1991): Das Haut - Ich. Frankfurt, Suhrkamp.
Bauriedl, T. (1989): Beziehungsanalyse. Frankfurt, Suhrkamp.
Bauriedl, T (1994): Auch ohne Couch. Psychoanalyse als Beziehungstheorie und ihre Anwendungen. Stuttgart, Verlag Internationale Psychoanalyse.
Hirsch, M. (1993): Zur narzistischen Dynamik sexueller Beziehungen in der Therapie. Forum der Psychoanalyse 9, 303-317.
Jaeggi, E. (1995): Zu Heilen die zerstoßenen Herzen. Die Hauptrichtungen der Psychotherapie und ihre Menschenbilder. Hamburg, Rowohlt.
Klemann, M. (1995): Abstinenz oder : Von der »Not zur Tugend«. Historischer Kontext und aktuelle Bedeutung eines behandlungstechnischen Konzepts. Forum der Psychoanalyse 11, 221-238
Moser, T. (1992): Vorsicht Berührung. Frankfurt, Suhrkamp.

Die Wiederkehr des Monsters

Zum Umgang mit projektiven Übertragungsformen
früh mißbrauchter Klienten in der körperorientierten
Psychotherapie

Dagmar Hoffmann-Axthelm

Der nachfolgende Beitrag wurde auf der – überwiegend von psychoanalytisch orientierten Kolleginnen und Kollegen besuchten – Hamburger Tagung »Verführung – Trauma – Mißbrauch« (29.-30.11.1996) bemerkenswert kritisch diskutiert. Ohne daß ich hier auf die Grundvoraussetzungen körperorientierter Psychotherapie eingehen kann (vgl. hierzu u.a. Moser 1992; Heisterkamp 1993; Downing 1996; Schindler 1996), möchte ich doch einige der Haupteinwände aufnehmen. Um der Lebendigkeit der Darstellung willen behalte ich den Vortragscharakter bei und gehe auf die Einwände in zwei kursiv gesetzten Zwischenabschnitten im zweiten, dem klinischen Teil dieses Aufsatzes ein.

Körperliche Berührung in der Psychotherapie sei heilsam, sagen die einen. Körperliche Berührung lenke ab vom Wesentlichen, verwöhne, verführe, führe im schlimmsten Fall sogar zu sexuellem Mißbrauch, sagen die anderen. Aus dem Spektrum der therapeutischen Schulen ist zwar die körperorientierte Psychotherapie heute nicht mehr wegzudenken. Die Frage aber, ob es statthaft sei, daß eine Therapeutin oder ein Therapeut einen Klienten oder eine Klientin körperlich berührt, vermag in vielen Kreisen immer noch heftige Debatten auszulösen.

Ich möchte mich hier nicht mit der angeblichen oder tatsächlichen Eignung der Körperpsychotherapie zur Verführung beschäftigen, sondern – ganz im Gegenteil – einige der besonderen Möglichkeiten aufzeigen, die sie als therapeutisches Werkzeug im Dienste von Patienten bietet, die in ihrer frühen Kindheit körperlich mißbraucht wurden. Dabei möchte ich zum einen zeigen, welch heilsame Wirkung körperliche Berührung haben kann; zum anderen, wie leicht sie von projektiv identifizierten Patienten – von Menschen also, die in Zeiten seelischer Not eigene dunkle Selbstanteile als übermächtige Bedrohung von seiten der Außenwelt erleben – daß also von diesen Patienten körperliche

Berührung zwar ersehnt und eingefordert wird; daß diese Menschen aber, wenn ihr Therapeut oder ihre Therapeutin sie leibhaftig berührt, dies sehr oft als Übergriff und damit als eine Verfestigung des alten Traumas erleben. Ich möchte demzufolge auch darüber sprechen, wie mißverständlich Körperkontakt zum falschen Zeitpunkt sein kann und welch eine Gratwanderung Klientin und Therapeutin miteinander zu bestehen haben, wenn die Heilkraft der Berührung nicht der Gefahr des Wiederholungszwanges anheim fallen, sondern für einen Neubeginn genutzt werden soll. Ich möchte schließlich darstellen, daß die besonderen Möglichkeiten körpertherapeutischer Interventionen nur unter der Voraussetzung ihre heilende Wirkung zeigen können, daß in der körpertherapeutischen Arbeit zunächst mit Sorgfalt daran gearbeitet wird, daß eine ausreichend gute Vertrauensbasis entstehen kann und daß beim Klienten und bei der Klientin die Fähigkeit geweckt resp. gefördert wird, Verantwortung für die eigene Therapie zu übernehmen.

Menschen – in meiner Praxis sind es meist Frauen, und deswegen werde ich mich im folgenden mehrheitlich der weiblichen Form bedienen –, die sich wegen eines Mißbrauchstraumas um eine Therapie bemühen, stehen unter der – oft immensen – Spannung, einerseits nichts mehr zu ersehnen als heilende seelische und körperliche Berührung, auf der anderen Seite aber vor nichts mehr Angst zu haben, als vor eben dem. Mit Intensität suchen sie die Nähe der Therapeutin oder des Therapeuten, und gleichzeitig sorgen sie vehement dafür, daß es zu dieser Nähe nicht kommt. In diesen Menschen lebt in der Regel ein Kind, das einmal kraftvoll und energisch Nähe gesucht und offen nach Liebe und Zärtlichkeit verlangt hat und das in dieser Haltung vertrauensvoll und in der Erwartung auf einen Erwachsenen zugegangen ist, daß dieser Mensch mit dem Angebot angemessen umzugehen wisse.

Solche Direktheit kann auf Erwachsene bezaubernd und entwaffnend wirken. Sie kann an Orte längst begraben geglaubter eigener Sehnsüchte führen, Sehnsüchte, deren Inhalt es ist, geliebt und bewundert zu werden. Ist der angesprochene Mensch wirklich erwachsen, dann wird er oder sie dem Kind liebevoll begegnen und ihm damit zeigen, wie kostbar und liebenswert es in seiner Lebendigkeit ist. In diesem Spiegel kann sich das Kind selbst in seiner geschlechtsspezifischen Identität lieben und achten lernen; es kann die Erfahrung machen, daß es wichtig, gut und schön ist, zu einem Mann oder zu einer Frau heranzuwachsen.

Ist der Erwachsene hingegen nicht wirklich erwachsen, läßt er sich vielmehr aus eigenen Defiziten heraus zu körperlichen Übergriffen verführen, dann entsteht im Erleben des Kindes das, was ich hier das »Monster« nenne. Aus Dr. Jekyll wird Mr. Hyde – der eben noch liebenswürdige, geliebte, bewunderte Mensch wandelt sich im Erleben des Kindes zu einem gierigen, gewalttätigen, egomanen Monstrum, das das Kind greift und mit ihm macht, was es will. Der Spiegel, in den dieses Kind blicken muß, zeigt ihm, daß es keinen Respekt verdient, daß seine Liebenswürdigkeit nur ausgenutzt wird, und über kurz oder lang wird es sich dafür selber in seiner weiblichen – oder männlichen – Identität hassen und versuchen, diese Weiblichkeit oder Männlichkeit in der einen oder anderen Form in sich abzutöten. Vielleicht wird es später homosexuell, vielleicht im alten freudianischen Sinne hysterisch – männer- oder frauenmordend –, vielleicht auch gefriert es zu einem sexuellen Neutrum.

Was aber geschieht dem Kind im Moment des Übergriffes? Kann es nicht fliehen, dann wird es sich angesichts der Überwältigung nur dadurch schützen können, daß es körperlich erstarrt, nicht mehr atmet, die Muskeln zusammenzieht, zu einem Stein wird und sich mental immer wieder einzureden versucht, daß all das nicht wahr sei. So will es im übrigen auch der pseudo-erwachsene Täter oder die entsprechend strukturierte Täterin. Von latenten oder bewußten Schuldgefühlen geplagt, wollen diese Menschen das Geschehene ungeschehen machen. Sie werden nach erfolgtem Triebdurchbruch dem Kind in der einen oder anderen Art zu verstehen geben, daß es selber schuld sei an dem, was da passiert ist, und sie werden mit Strafe und Liebesentzug drohen, wenn das Kind sich gegen das erlittene Unrecht zu wehren versucht. Irgendwann wird dann der Moment kommen, in dem das Kind seinen Kampf um Gerechtigkeit aufgibt. Um die Liebe des Täters, der ja meist eine nahestehende Person ist, nicht zu verlieren, wird es sich mit ihm identifizieren, sich schuldig, schlecht, moralschädigend, vergiftend oder was auch immer fühlen.

Kommt ein Mensch mit diesem traumatischen Lebenshintergrund in die Therapie, dann wachen die alten Sehnsüchte nach Nähe wieder auf. Unbewußt möchte die Patientin gesehen werden mit jener kindlichen Anmut und Lebendigkeit, mit der sie damals auf andere Menschen zugehen konnte. Nur ist dieser Wesensanteil seit langem durch das Trauma vergiftet, und die anmutige Annäherung ist im eigenen Wertungsspektrum zu einem als nichtswürdig und unmoralisch verachteten und daher vernichtungsbedürftigen Verhalten geworden. Also präsentieren sich diese Patientinnen als unnahbar, selbständig und bedürfnislos, und in der therapeutischen Arbeit geht es zunächst darum, daß eigentliche Thema der Therapie zu suchen und zu umschreiben. Dieses Thema läßt sich formulieren als das Erleben unsexualisierter Liebe und Wertschätzung, und den Weg dorthin kann man charakterisieren als die fortwährende Bemühung, Raum zu schaffen für die Suche eines Kindes nach einer integeren sexuellen Identität; nach dem Gefühl, gern und selbstbewußt Mann oder Frau zu sein; ein Recht darauf zu fühlen, um der eigenen Persönlichkeit willen geachtet und geliebt zu werden und diese Achtung und Liebe auch anderen Menschen geben zu dürfen, wenn diese sich einer solchen Haltung als wert erweisen.

Dieser Weg ist lang. Denn mißbrauchte Patientinnen unterliegen auf Grund der überwältigenden inneren Selbstentwertung dem Druck, entweder unnahbar zu bleiben oder, wird ihnen eine Mensch wichtig, sich im Zuge des Wiederholungszwanges mit Haut und Haaren hingeben und damit den Anspruch auf die eigene Integrität aufgeben zu müssen. Menschen, die ihnen freundlich beggenen und die sie ihrerseits als anziehend empfinden, erleben diese Klientinnen vor dem Hintergrund ihrer traumatischen Lebenserfahrung alsbald als falsch, verführerisch und letztlich nur darauf bedacht, sie körperlich oder psychisch zu vereinnahmen und zu mißbrauchen. Gleichwohl meinen sie, das als pseudo-freundliches Spielchen erlebte Beziehungsangebot annehmen zu müssen. Sie meinen, die Bedürfnisse ihres Gegenübers erspüren und erfüllen zu müssen; denn sonst – so ihre Lebenserfahrung – haben sie keine Chance, überhaupt auch nur wahrgenommen zu werden. Insgeheim glauben sie in ihrer realitätsverzerrten Sicht gleichwohl genau zu wissen, daß dieser Weg ins Verderben führt – direkt in die verführerische und zerstörerische Höhle des Monstrums, und das kreiert negative Aktionen, Beschuldigungen und Beziehungsabbrüche.

Die Höhle des Monsters öffnet sich früher oder später auch in jeder Therapie, in der das Thema früher Mißbrauch ist. Ist die Zeit der Annäherung und freundlichen Höflichkeit vorüber, dann wird der Praxisraum zum dunklen, bedrohlichen Abgrund, und die ehemals als hilfreich und unterstützend empfundene Therapeutin verwandelt sich zum Monstrum; zu einem Scheusal, das nur an sich selber denkt, das sich schrankenlos auslebt und nichts anderes im Kopf hat, als die Patientin dahingehend zu manipulieren, daß sie ihr zu Willen ist. Für beide, für die Patientin wie für die Therapeutin, sind diese Therapiephasen schwer auszuhalten. Die Patientin muß die Wiederkehr ihrer frühen Überwältigungs-Panik fühlen und flüchtet sich davor in die projektive Identifikation: Die ersehnte, beängstigende Zuneigung, die in ihr ihrer Therapeutin gegenüber wächst, muß dadurch zerstört werden, daß diese zum selbstsüchtigen, vereinnahmenden Ungetüm wird, dem gegenüber die Patientin nicht das Recht fühlt, sich zu verweigern. Die Therapeutin ist ihrerseits mit den besten Absichten dabei, ihrer Patientin zu helfen, ihre Traumata herauszuarbeiten und für Klärung zwischen früh Erlittenem und der heutigen Realität zu sorgen. Dann aber erlebt sie sich im Kontakt mit ihrer Patientin als selbstsüchtiger, menschenverachtender Vampir, und die Gefahr ist groß, daß sie selber vor der Wucht dieser Übertragung in eigene Schutzmechanismen flüchtet.

Besonders bei frühgestörten Patientinnen empfinde ich es als atemberaubend, mit welcher Schnelligkeit und Intensität diese Menschen in solchen Phasen zwischen den Polen der Idealisierung und Entwertung pendeln, wie sehr sie mich brauchen und Nähe suchen und mit welcher Schärfe sie in mir, ist es zu einem Näheerlebnis gekommen, die monströsen Objekte ihrer Kinderpanik sehen – die sadistische, selbstsüchtige Mutter etwa oder den sexgierigen, überwältigenden Vater. Ich empfinde es als äußerst schwierig, mit dieser Übertragungsebene konstruktiv und therapiefördernd umzugehen. Der Spiegel, den mir meine Klientinnen vorhalten, zeigt in diesen Momenten ein Bild, in dem ich mich nicht mehr wiedererkenne, und das macht mir zu schaffen. Natürlich, ich kann auf Grund langjähriger therapeutischer Erfahrung inzwischen diese Einsamkeit, diese Verwirrung, diese Wut, diese Kälte, die sich da an meiner Person entlädt, »aushalten«, wie man so schön sagt. Ich kann meinen Mund halten, gut und sicher auf meinem Stuhl sitzen, mir selbst nicht verloren gehen und darauf hoffen, daß ich das, was in meiner Klientin vorgeht, irgendwann einmal begreifen werde und diese hoffentlich bald wieder festeren Boden unter die Füße bekommt. Die Gefahr dabei ist aber, daß ich zum einen nicht in dem Maße mit dem Leid meiner Patientin in Kontakt bin, in dem sie dies gerade jetzt braucht, und daß ich zum anderen unecht werde und den Kontakt zu meinem Gegenüber verliere, indem ich mich stärker und unberührbarer mache als ich bin. Ich greife also meinerseits zu einem neurotischen Abwehrmechanismus, ich spalte meine durch die Anwürfe meiner Patientin wachgerufenen Rechtfertigungs- und Rachegelüste ab. Damit ist ihr aber nicht geholfen. Sie möchte ja wahrgenommen und begleitet werden in ihrem Elend, möchte, daß ich ihr Chaos ebenso einfühlsam wie einleuchtend zu klären helfe.

Die Frage, die sich mir stellt, lautet also: Wie kann ich eine ebenso empathisch wie intellektuell klar begleitende und außerdem wahrhaftig empfindende Therapeutin inmitten eines Prozesses sein und bleiben, in dem verzerrende Zerstörungswut das Bild prägt; in dem ich meiner Klientin im Strudel ihrer früh erlittenen Panik verlorengegangen bin; in dem sie mich nur noch als eine Gestalt von monströsem Eigennutz erfährt, die sie sichtlich überwältigt, mich aber gleichfalls in meiner Lebendigkeit, Empathie und Reaktionsfähigkeit beeinträchtigt.

Ich denke, Psychotherapeuten sollten zu ihrem eigenen Nutzen und im Dienste ihre Klientinnen und Klienten nur so viel aushalten müssen, wie sie vor dem Hintergrund ihrer eigenen Grenzen und Möglichkeiten aushalten *können*, ohne daß sie ihre Aufgabe vernachlässigen. Heißt das nun in meinem Fall, daß ich mit Menschen der beschriebenen Struktur nicht arbeiten sollte? Wohl nicht, denn ich tue es, und dies in naturgemäß zwar harter Arbeit, aber mit gutem Erfolg. Den Erfolg erkläre ich mir vor allem dadurch, daß ich zum einen den Körper einbeziehe und zum anderen eine Art »Übertragungs-Splitting« praktiziere. Von beidem möchte ich in zwei kurzen Exkursen berichten.

Exkurs 1:
Marginalien zur körperorientierten Psychotherapie

Die körperorientierte Psychotherapie erforscht und nutzt das Phänomen der Parallelität körperlicher und emotionaler Prozesse. Gemeint ist damit die einfache, aber vom Alltagsbewußtsein häufig nicht wahrgenommene Tatsache, daß wir andere Menschen sind, je nachdem, ob wir uns wohl fühlen, entspannt und tief atmen und damit unserem Körper die notwenigen Zirkulationen gönnen, oder ob wir ihn schreckhaft zusammenziehen und dadurch unseren Energiehaushalt nicht voll ausschöpfen.

Der Wahrheitsgehalt dieser Aussage läßt sich sofort überprüfen, wenn man sich eine angenehme Lebenslage vorstellt und dabei die eigene körperliche Befindlichkeit überprüft: Sie sitzen beispielsweise in sommerlicher Sonne am Meer. Sie atmen tief und gleichmäßig, während ihr Muskeltonus angenehm entspannt ist, und sie werden sich aller Voraussicht nach wohl dabei befinden. Das Gegenteil – Spannung und flacher Atem sowie schlechte Laune – würde sich demgegenüber einstellen, wenn Sie beispielsweise in winterlicher Kälte ungeschützt einem Schneesturm standhalten müßten. Körper und Psyche reagieren in beiden Fällen gleich: sie verschließen und panzern sich, wo Gefahr droht, und sie öffnen sich, wo Schutz und Geborgenheit herrscht.

Es war der Freud-Schüler Wilhelm Reich, der das parallele Erleben körperlicher und emotionaler Prozesse schon in den ersten Jahrzehnten unseres Jahrhunderts zum Kernstück seines therapeutischen Ansatzes machte. Reich postulierte die – wie er es nannte – »funktionelle Identität« von körperlichem und seelischem Erleben. Nicht nur die Seele, sondern auch der Körper habe bei frühen Traumatisierungen Wunden empfangen, die später dem Erwachsenen das Leben schwer machen werden, und deswegen gelte es, beide, Seele und Körper zu therapieren. Das Selbst wisse darum und suche Kanäle, sich auf beiden Wegen verständlich zu machen. (Reich 1933 und 1945; Boadella 1980; Oelmann o.J.; Kirsch 1994, [2]1996)

Entsprechend gilt es in der körperorientierten Psychotherapie, nicht nur das mentale Gedächtnis, sondern auch das Körpergedächtnis zu aktivieren. Das heißt: Ebenso, wie in die psychische Struktur ungelöste Konflikte als Wiederholungszwang eingegangen sind, so haben diese Konflikte den Körper durch blockierte Atemwege und ein erstarrtes Muskelschema geprägt. Und ebenso wie sich das mentale Gedächtnis an gewisse dieser Konflikte in der Therapie wieder zu erinnern lernt, so erwacht auch das Körpergedächtnis in diesem Kontext zu neuem Leben.

Wenn die Verletzungen in früher Kindheit zugefügt wurden, noch bevor Sprache und Sprachgedächtnis funktionierten, hat der Körper sogar das präzisere »Gedächtnis«. Das ist einleuchtend, wenn man sich vergegenwärtigt, daß die frühesten Bedürfnisse eines Babys primär körperliche Bedürfnisse sind: Wärme, Schutz, Halt, Nahrung. Ein Beispiel: Wird der Säugling nicht gut genug gehalten, wird sein übergewichtiger kleiner und doch im Gesamtverhältnis zum restlichen Körper übergroßer und schwerer Kopf nicht gestützt, dann löst das in dem winzigen Kind Panik aus. Das Baby hat noch keinen etablierten Gleichgewichtssinn und erlebt – dies wurde vor allem von Lewis beschrieben (Lewis

1986, 1994) – die Welt als wirbelndes, lebensgefährdendes Chaos, wenn man ihm nicht von außen Halt und Gleichgewicht und damit ein Gefühl der Sicherheit gibt. Ein Kleinkind, das von einer uneinfühlsamen Bezugsperson nicht ausreichend gut gehalten wird, erlebt diese Person als Quelle von Lebensgefahr. So bald wie möglich wird es sich versteifen und lernen, wird sich selber Halt geben, den kleinen Körper anspannen, sich von dem gefahrbringenden Erwachsenen abwenden und für eine gewisse Sicherheit selbst besorgt sein.

Die solcherart – ursprünglich körperlich erlebte – Lebensbedrohung wird den heranwachsenden Menschen und den Erwachsenen als Urerfahrung prägen und ihn aller Voraussicht nach zu einer Persönlichkeit werden lassen, die sich letztlich ausgeschlossen fühlt aus der lebendigen menschlichen Gemeinschaft. Diese Menschen trauen – auf psychischer Ebene – niemandem als sich selbst. Sie sind einsam und leiden unter einem extremen Zwang, die Umwelt auf potentielle Gefahren hin zu kontrollieren. Dabei können sie für ihre versteckte Panik und ihr stetes Fluchtverhalten keinen »vernünftigen« Grund angeben, denn naturgemäß haben sie keine Erinnerung an die vorsprachliche Zeit und an das an ihnen verübte Unrecht. Der Körper aber »weiß« auf Grund *seines* Gedächtnisses etwas über diese Erfahrungen. Körperlich haben diese Menschen den sprichwörtlichen steifen Nacken. Die Atmung ist flach, und im Augenausdruck zeigt sich in Kontaktsituationen, die als bedrohlich erlebt werden, schnell das alte Entsetzen – aufgerissene Augen, erstarrter Schreck. In der Therapie treten dann häufig auch Schwindelanfälle, Übelkeit und Magenschmerzen auf – als Abkömmlinge früher Panik. Auf psychischer wie auf körperlicher Ebene meidet ein solcher Mensch Berührung. Er läßt sich körperlich allenfalls kurz – vielleicht zum Zweck sexueller Stimulierung – berühren und lebt sein soziales Leben so, daß ihm niemand wirklich nahekommen kann.

Und doch ist dieser Mensch – und da geht es ihm ebenso wie manifest sexuell mißbrauchten Klienten – tief im Innern hungrig nach Berührung. Er oder sie hat eine heimliche emotionale und körperliche Sehnsucht, die Kontrolle loszulassen, jemandem zu vertrauen, jemandem den überbeanspruchten Kopf in die Hände zu geben und die alte Sehnsucht nach Sicherheit und Geborgenheit zu spüren und ein Stück weit zu leben. (Vgl. zu dieser Struktur Lowen 1980; Lewis 1986; 1994, [2]1996).

In der Therapie drängen diese alten Bedürfnisse langsam an die Oberfläche und suchen nach Ausdruck. Das kann Jahre dauernde Vertrauensarbeit brauchen, die man nicht durch voreilige Berührungsangebote überspringen darf. Dann aber mag das Vertrauen gewachsen sein, und der Klient oder die Klientin riskiert den Schritt, sich der Therapeutin oder dem Therapeuten »in die Hände zu geben«. Ich habe oft erlebt, wie ich jemanden nach getaner Vertrauensarbeit berühren durfte, ihm oder ihr die Hand auf den Kopf, die Brust, die Schulter legte, den Kopf oder die Füße hielt. Und wie – nicht immer, aber doch häufig – aus diesem zunächst körperlichen Erlebnis Tränen der Berührtheit und tiefe Gefühle emotionaler Wärme und Nähe entstanden.

Exkurs 2:
Das »Übertragungs-Splitting«

Die Technik des »Übertragungs-Splittings« wurde vom amerikanischen Psychotherapeuten Pesso (Pesso 1986; Moser und Pesso 1991) entwickelt und veranschaulicht idealisierende und negative Übertragung bzw. die entsprechenden Introjekte dadurch, daß diese durch Symbole oder – soweit es sich um ein Gruppensetting handelt – durch Menschen verdeutlicht werden. Diese Menschen oder Symbole drücken draußen, in der therapeutischen Realität des Praxisraumes, das aus, was der Patient oder die Patientin sonst auf die Außenwelt projiziert oder als ichsyntone Stimme im eigenen Kopf hört. Im Einzelsetting kann das so aussehen: Eine Klientin empfindet mich als desinteressiert und gelangweilt. Sie meint, sie sei diejenige unter meinen Patienten, für die ich mich am wenigsten interessiere. Wir haben diese Übertragungsebene schon wiederholt bearbeitete, und es wird einmal mehr klar, daß hier ein väterliches Introjekt am Werke ist. Der Vater dieser Klientin hatte sich nach der Geburt zweier Mädchen sehnlichst einen Sohn gewünscht und empfand Enttäuschung und Wut, als nochmals eine Tochter zur Welt kam. Er betrachtete das Kind als persönliche Beleidigung und bekundetet wenig Interesse an ihm. In der Therapie klären wir diesen Zusammenhang, und ich kann meiner Patientin daraufhin anbieten, vertieft an diesem Trauma zu arbeiten. Sie mag einwilligen, und sie mag einen Gegenstand – ein Kissen, einen Stuhl, eine Pflanze – auswählen, der den genannten negativen Aspekt ihres Vaters »spielt«, woraufhin wir überlegen, was dieser negative Aspekt »sagt«. Dabei kommen Sätze zustande, die der reale Vater oft nie gesagt, die er aber gefühlsmäßig vermittelt hat und die seither als selbstentwertende Stimme im eigenen Kopf gehört oder auf ein wichtiges Gegenüber – zum Beispiel auf die Therapeutin – projiziert werden. Jetzt übernehme ich diese Stimme und schlage im vorliegenden Fall etwa vor: »Könnte der negative Aspekt Ihres Vaters sagen: ›Ich interessiere mich nicht für Dich, Du langweilst mich, ich habe wichtigeres zu tun, als mit Dir zu spielen‹?« Die Klientin schaut auf den symbolisierten Vater, sie hört die Stimme nicht mehr als Selbstvorwurf, langweilig und uninteressant zu sein oder als Empfindung, die Therapeutin langweile sich, sondern von außen und in dem der Kindheit zugehörigen Zusammenhang, in den sie gehört. Nun kann sie eine emotionale Reaktion erleben – sei es, daß sie erstarrt, sei es, daß sie traurig oder wütend wird, womit dann die therapeutische Arbeit ihren Lauf nehmen kann.

Damit komme ich zurück auf mein eigentliches Thema, auf den Umgang mit Patientinnen, die körperlich mißbraucht wurden, die sich tief nach körperlicher und psychischer Berührung sehnen, die aber gleichzeitig von der panischen Angst verfolgt sind, vernichtet zu werden, wenn sie sich einem anderen Menschen in die Hand geben.

Auch für weniger schwer gestörte Patienten gilt, was für früh traumatisierte Menschen von so besonderer Wichtigkeit ist: Berührung kann in der Tat heilsam sein, nur muß sie im richtigen Moment, in angemessener Dosierung und in einem sicheren, vertrauensvollen therapeutischen Rahmen geschehen. Der »richtige Moment« kann in einer Körpertherapie, in der es verantwortungsvoll zugeht, allerdings auf sich warten lassen. Denn es gilt zunächst, die angesprochene Vertrauensebene zu erarbeiten und – was mindestens genauso wichtig ist: Es gilt, in sorgfältiger analytischer Arbeit zusammen mit dem Klienten, der Klientin, dem mentalen wie auch dem Körpergedächtnis in jene frühe Zeit zu folgen, in der die Verletzung entstanden ist. Es gilt, diese Verletzung zu verstehen und zu würdigen, und erst dann mag es Zeit sein, dem chronisch zusammengezogenen Körper durch Berührung zu verstehen zu geben, daß er sich nicht mehr fürchten und schützen muß. Berühre ich einen beziehungs- und berührungsgestörten Menschen – und beziehungs- und berührungsgestört sind alle Klienten, die in die psychotherapeutische Praxis kommen – zu früh, weil ich sein oder ihr Mißtrauen nicht aushalte und unbewußt Angst habe vor seinen oder ihren tiefen

Abgründen, dann handele ich untherapeutisch. Ich überspringe die tiefen Ängste und Schmerzen meines Gegenübers, die zur Wahrheit dieses Menschen gehören und mit denen er gesehen und angenommen werden möchte. Ich serviere ihm eine falsche Rezept-Wahrheit und mißbrauche ihn damit im Dienste meines eigenen therapeutischen Narzißmus. Daß dies die Ebene ist, auf der in der Psychotherapie sexueller Mißbrauch geschehen kann, liegt auf der Hand.

Ich möchte nun einige Einblicke in eine laufende Therapie geben und hoffe damit, meine Überlegungen zur körperlichen Berührung zum »richtigen Zeitpunkt« noch etwas praxisnäher zu gestalten.

Die heute 34-jährige Klientin suchte mich wegen akuter Angstzustände, wegen Depersonalisations-Erscheinungen im Kontakt mit anderen Menschen sowie wegen gelegentlich bis zur Suizidalität gesteigerter Depressionen auf. Außerdem klagte sie über Schlaflosigkeit und Erschöpfung angesichts ihrer durch Vereinsamung und Erfolglosigkeit geprägten Lebens-Situation. Körperlich wirkte sie ungewöhnlich schlank, schmal und zerbrechlich, und ihr Augenausdruck verriet Angst und Schrecken. Im übrigen war sie sehr motiviert und suchte nach einer unbefriedigend verlaufenen Psychoanalyse explizit ein körpertherapeutisch bestimmtes Setting.

Prägend für diese Entwicklung war ein familiäres Milieu gewesen, das durch eine vereinnahmende, körperlich und geistig invasiv sich verhaltende und durch starken Kontrollzwang geprägte Mutter – offenbar eine Borderline-Persönlichkeit – und einen emotional abwesenden Vater bestimmt war. Die Klientin – ich will sie hier Monika nennen – war der ambivalent ebenso verachtete wie vergötterte Mittelpunkt der Mutter, die ihrerseits unter Depersonalisierungs-Zuständen und Wahnideen litt. Die Beziehung war dadurch geprägt, daß die Mutter die Tochter als Projektionsschirm für ihre eigene emotionale Dissoziiertheit benutzte bis hin zur mehrfach getätigten Äußerung, Monika könne nicht ihr eigenes Kind sein. Sie schlug die Kleine häufig, auch in Anwesenheit des Vaters, der aber nie dagegen vorging. Möglicherweise stimulierte sie die Tochter als Kleinkind auch sexuell – darauf werde ich noch zurückkommen –, und in späteren Jahren sexualisierte sie die Phantasie des Kindes, indem sie durch ihre Äußerungen und Kommentare vielen Dingen des Alltags einen sexuell-schmuddeligen Beigeschmack gab. Die früh erwachte Musikalität der Tochter wurde von der Mutter heftig als ein Element bekämpft, über das sie selbst nicht verfügte und das sie infolgedessen auch nicht kontrollieren konnte. Monika nutzte das. Als Gegengewicht gegen die mütterlichen Überschwemmungen baute sie sich eine bis ins Göttliche idealisierte, asexuelle und reine Traumwelt auf, in der sie sich zusammen mit großen Künstlerinnen und Künstlern bewegte.

Meine Klientin absolvierte trotz aller Schwierigkeiten ein Musikstudium, das sie mit der Staatlichen Musiklehrerprüfung beendete. Ihren – auch von ihren Lehrern unterstützten und durch ihre künstlerischen Fähigkeiten naheliegenden – Plan, auch noch das Konzertexamen zu machen, mußte sie aufgeben, weil sie nach dem Studium körperlich und psychisch zusammenbrach.

Von diesem Zusammenbruch hat sie sich bis heute – acht Jahre danach – nicht erholt; er prägt ihre Lebenseinstellung, die aufs engste mit ihren beruflichen Erfolgen und vor allem auch Mißerfolgen verknüpft ist. Im Konflikt, entsprechend ihren Idealvorstellungen mehr und Größeres in der Musik erreichen zu wollen als es ihr in der Realität auf Grund ihrer nur geringen Belastbarkeit möglich ist, fand sie den zwar ambivalent erlebten, aber doch realisierten Kompromiß, Kindern und Erwachsenen Instrumentalunterricht zu erteilen.

Monika lebte bis ins frühe Erwachsenenalter eng mit ihrer präpsychotischen Mutter verbunden, die sie dringend zur Aufrechterhaltung ihres äußerst labilen narzißtischen Gleichgewichtes brauchte. So wurde Monika in konfliktfreien Momenten zum symbiotisch vereinnahmten Selbstobjekt der Mutter und im Konfliktfall zum negativen, feindlich erlebten Gegenpol. Dieser Gegenpol hatte – wie ich schon andeutete – eine besondere, sexualisierte Komponente. Die Vereinnahmung erfolgte nicht nur psychisch, sondern auch körperlich. Die Mutter stimulierte das Kind, indem sie ständig an ihm »herumfummelte« und jeden seiner Körperteile, das Gesicht, die Arme, die Beine, das Becken, mit abwertenden Kommentaren versah, Bemerkungen über ihre Brüste machte und überhaupt die Tendenz hatte, alles und jedes mit sexuellen Anspielungen zu versehen. Auch durch den Vater muß eine sexualisierende Atmosphäre entstanden sein, verursacht dadurch, daß Monika bis zu ihrem siebenten Lebensjahr mit ihm im Ehebett schlief, während die Mutter in der Küche übernachtete. Diese Thematik ist zur Bearbeitung noch nicht reif, sie deutet sich allerdings in Träumen an.

Nachdem Monika jetzt gut zwei Jahre bei mir in Therapie ist, aktualisiert sich der früh sexualisierte Teil mehr und mehr. Es wird immer deutlicher, daß sie kein Recht hat auf körperliche und psychische Integrität und daß sie sich vor befürchteten Übergriffen nur durch radikal gelebte Distanz schützen kann. Im Alltag zeigt sich dies daran, daß die attraktive und interessante Frau allein lebt und in Ferienzeiten tage- bis wochenlang keinen Menschen sieht. In der Therapie sichert sie die Distanz dadurch, daß sie in der äußersten Ecke meines Praxis-Zimmers neben der Tür auf der Erde sitzt, so weit von mir entfernt wie irgend möglich. Früher brauchte sie sogar noch eine Decke, die sie sich über Kopf und Körper zog und die Schutz und Grenzen symbolisierte. Das ist heute nicht mehr nötig, aber wir haben so gut wie keinen Blickkontakt – zu groß ist die Gefahr, daß ich mich in das monströse, vergiftende Mutterobjekt verwandele; zu groß auch die Angst, sie könnte an mir etwas wahrnehmen, was ihre ohnehin vorhandenen paranoiden sexuellen Phantasien in Gang setzten würde – beispielsweise, daß ich eine sexgierige Dampfwalze bin – und deren sie sich dann mir gegenüber schämen müßte.

Anschaulich berichtete sie mir von ihrer Not, die Grenzen ihrer weiblichen Identität zu wahren: Wenn sie – die in der Regel etwas gebeugt geht und nur flach atmet – sich zur vollen Größe und Weiblichkeit aufrichtete, dann würde das, so sagt sie, sexuell provozierend auf die Mitwelt wirken. Ich oder ein anderes Gegenüber könnte ihr dann an die Brüste greifen. Sie merkt inzwischen, daß diese Phantasien nicht realitätsgerecht sind, sondern frühe Mißbrauchserfahrungen widerspiegeln. Trotzdem kann sie den Schutz der räumlichen Distanz im Moment noch nicht aufgeben.

Ich versuche, sie in ihrem Distanzbedürfnis keines Besseren zu belehren oder sie zu mehr Nähe zu drängen. Vielmehr unterstütze ich ihr Recht auf Abgrenzung und bringe es in Verbindung mit ihrer von der Mutter mißachteten Berechtigung auf körperliche und psychische Integrität. Langsam wird eine – immer wieder von Rückfällen unterbrochene – Differenzierung möglich. Nicht immer mehr bin ich das körperverschlingende Muttermonstrum. Wenn Monika sich – was häufig geschieht – im Hinblick auf ihre Körperlichkeit oder ihren Charakter entwertet, sich als unansehnlich, als schmutzig und sexualisierend bezeichnet, unterbreche ich und frage, wer da aus ihr spricht, und sie kann in ihrem Selbsthaß alte mütterliche Entwertungen entdecken. Oder ich reagiere auf selbstentwertenden Äußerungen mit der Frage, was sie dabei körperlich empfinde. Langsam entdeckt sie, daß die sexualisierenden Aspekte ihrer Mutter längst zu einem tief in der eigenen Persönlichkeit sitzenden Teil geworden sind, den es zu bekämpfen gilt. Ihr Körpergedächtnis hilft ihr dabei, indem sie zunehmend wahrnimmt, daß ihr angesichts ihrer Sexualisierungen und Selbstverurteilungen körperlich übel wird.

Ich will den Zusammenhang, in dem sie diese körperlichen Übelkeits-Empfindungen entdeckte, hier kurz schildern. Übers Wochenende hatte sie ihre Eltern besucht, die etliche hundert Kilometer entfernt leben, und sie kam danach gänzlich muttervergiftet in die Stunde. Ihre Mutter hatte sich, wie sie sagte, in der üblichen Art hemmungslos ausgelebt, hatte den Nachbarn einen »Hurenbock« genannt, über einen Tennisstar im Fernsehen die Vermutung verlauten lassen, daß der sicher gut im Bett sei, und im übrigen war sie im Erleben meiner Patientin wieder zu der omnipotenten Kindheits-Figur geworden, die als einzige weiß, wie das Leben ist und die die Macht hat, diese Optik als verbindliche Wahrheit darzustellen: Als die Wahrheit nämlich, daß die Welt ein Bordell sei. Monika war wieder im Sog dieser Überzeugung, und in der Folge wurde auch ich einmal mehr zum weiblichen Monstrum. Sie vermutete, daß ich mit meinen männlichen Patienten Sexualverkehr hätte, daß ich an weiblichen Patienten im Grunde kein Interesse hätte und daß ich sie, Monika, nur deswegen in Therapie genommen hätte, weil ich sie dazu brauchte, sich von mir narzißtisch benutzen und es mir auf ihre Kosten gut gehen zu lassen. Brächte sie nicht die von mir geforderte Befriedigungs-Leistung, dann würde ich sie für untherapierbar erklären und sie wegschicken.

Es gelang dann, diese Übertragungsebene im Sinne des Wiederholungszwanges zu klären, ein Symbol für den monströs-negativen Mutteraspekt zu wählen, diesen Gegenstand in die passende Position zu bringen und ihn sagen zu lassen: »Wenn du mir nicht zu Willen bist, verstoße ich Dich und verdamme Dich zu ewiger Einsamkeit.« Monika konnte sich darauf einlassen. Sie hörte diese Stimme, und ihr wurde übel. Sie meinte, sich sofort übergeben zu müssen. Ich unterstützte den Prozeß, ihren Körper seine Sprache sprechen und sein Gedächtnis spielen zu lassen und sagte ihr, daß Übelkeit eine adäquate körperliche Gegenwehr gegen ein Übermaß an psychisch geschlucktem Gift sei – die gesunde Reaktion eines Körpers auf schlechte Nahrung. Ich holte einen Eimer und bot ihr an, dort hinein zu spucken. Ich ließ mich hierbei von der Überlegung leiten, daß es sich hier um eine

Regression in eine frühkindliche Erlebnissphäre handelte, um das Überwältigtwerden eines Säuglings oder eines sehr kleinen Kindes durch übermächtige negative Kräfte, denen dieses Kind körperlich und psychisch noch nicht standhalten kann. Monika spuckte lange und zunehmend mit Lust. Am Ende war sie merklich erleichtert, fühlte sich besser und war wieder bei sich, in ihrem eigenen Körper- und Seelen-Selbst angekommen.

Zu diesem Vorgehen wurden etliche Einwände gemacht, hauptsächlich: 1. Hier ist nicht Heilung, sondern Symptomverschiebung gegeben. 2. Ich verführe meine Klientin zur Bulemie. 3. Mein Vorgehen ist kathartisch, 4. Ich lasse kein symbolisierendes Durcharbeiten zu, sondern agiere im Hier und Jetzt.

1. Eine Symptomverschiebung war schon deshalb nicht gegeben, weil die Patientin nicht aus unbewußten Motivationen, sondern im klaren Wissen um die – symbolische – Bedeutung des Spuckens handelte. Im übrigen habe ich diese Intervention nicht nur Monika, sondern auch anderen mißbrauchten Patientinnen vorgeschlagen und erlebte stets die gleiche Reaktion. Nach anfänglichem Zögern empfanden sie das Spucken als befreiend und erleichternd. Niemand wurde danach »süchtig.«

2. Ich habe nie erlebt, daß sich eine Klientin oder ein Klient real übergeben hat. Es blieb in allen Fällen beim Ausspucken von Speichel.

3. Unter Katharsis verstehe ich ein von Seiten der Therapeuten durch Verführung oder Druck herbeigeführtes Durchbrechen der Abwehrstrukturen, bei dem sich die Energie in einen dem Selbst noch nicht zugänglichen Raum entlädt. Ein solches kathartisches Erlebnis mag den betroffenen Menschen zwar beeindrucken, aber es führt zu keiner heilenden Einsicht. Demgegenüber schlage ich meinen Klientinnen so tiefgreifende Interventionen erst dann vor, wenn a) das Arbeitsbündnis intakt ist, wenn b) die notwendige körperliche und psychische Offenheit erarbeitet ist, wenn c) die Klientin imstande ist, einen Anteil ihres Selbst aus der Regression herauszuhalten und mittels diesem das Geschehen als einen Teil der traumatisierenden Vergangenheit zu erleben und entsprechend einzuordnen.

4. Wie bereits aus Punkt 3 hervorgeht, ist mein Vorgehen regressions- und damit symbolorientiert. Anders aber als in einer verbalen Therapie habe ich es nicht nur mit geistig-psychischen Symbolisierungen zu tun, sondern auch mit denjenigen, die der Körper erschafft. Reagiert ein Körper auf eine alte Szene nach der Überwindung der körperlichen Betäubungs-Widerstände mit Übelkeit, so hat dieses Übelkeit ihre Wurzeln in der Vergangenheit und wird im therapeutischen Setting in diesem Rahmen durchgearbeitet.

Das Introjekt zu erkennen und die körperlichen und seelischen Reaktionen zu erfahren und zu erfassen, ist eine Sache. Eine zweite ist es, dagegen wirkungsvoll anzugehen, Grenzen zu setzen, »Nein« zu sagen zu den zunächst als verführerisch, dann als vergiftend erlebten Angeboten der nach außen verlegten Innenwelt. Auch hier kann das Körperselbst wertvolle Hilfe leisten.

Die meisten Patienten erstarren, wenn sie sich mit der Wucht der verurteilenden Aussage des Introjektes konfrontiert sehen. Oder sie intellektualisieren, werden zynisch und verächtlich. Um ihnen zu helfen, in ihr Wahres körperliches und psychisches Selbst zu kommen, erweist sich in der Regel die Frage als sinnvoll, wie sie sich in ihrem Körper fühlen und wie sie atmen. Es zeigt sich dann, daß der Körper zusammengezogen, unspürbar und der Atem dementsprechend schwach ist. Bei manchen Patienten kehrt bereits durch diese Wahrnehmung die Energie zurück. Oft aber reicht das nicht, und es erweist sich als nützlich, eine kurze Selbstmassage vorzuschlagen – z.B. mit der rechten Hand den linken Arm bis hinauf zu den Schultern zu berühren und umgekehrt, sowie mit beiden Händen die Beine bis hinab zu den Knöcheln zu massieren. Die meisten Patienten fühlen sich nach dieser Prozedur wieder mehr bei sich; sie spüren, daß sie eigene Körperkräfte haben, mit denen sie sich gegen die Angriffe des Introjektes wehren können. Wenn es wirklich dazu kommt, daß sie auf das Kissen, das die negativen Introjekte symbolisiert, einschlagen oder danach treten, fühlen sie sich hinterher stolz und gewachsen.

Für Patienten wie Monika, die angesichts solcher Negativ-Konfrontationen bis in sehr tiefe Schichten erschrecken und erstarren müssen, ist dieser Zugang – zumal in den früheren Therapiephasen – freilich zu grob. Der Angriff bringt sie an den Ort eines Kleinkindes, das sich nicht wehren und sich selbst nicht helfen kann. Bei Monika und anderen früh traumatisierten Patienten habe ich den Vorschlag als hilfreich erlebt, sich hinzulegen, sich im Bedarfsfall in eine Decke zu kuscheln und so zunächst einmal Schutz und Halt zu gewinnen. Es kommt dann häufig vor, daß durch dieses Schutz-Erlebnis ein nächster Schritt möglich wird. Die Patientin ist sich dessen meist nicht bewußt, aber die Bereitschaft äußert sich in ihrer Körpersprache, und ich als beobachtende Therapeutin nehme diese Signale auf. Da streckt sich etwa ein Bein, und ich gebe mit einem Kissen leichten Widerstand am Fuß. Diese behutsame Grenzsetzung wird vom Körper als angenehm und stärkend empfunden, was neue Energien wachruft. So kann sich ein Bewegungscrescendo zwischen meiner Klientin und mir ergeben, in dessen Verlauf die Füße immer stärker werden, die Beine hinzukommen und sich im günstigen Fall so viel Lebendigkeit, Kraft und Aggression einstellt, daß die Lust entsteht, dem negativen Aspekt mit den Füßen eins auszuwischen und ihn damit auf Distanz zu bringen.

Es gibt in diesem Zusammenhang natürlich zahlreiche Aktions- und Reaktions-Möglichkeiten. Ich möchte hier nur noch eine nennen. Ich sagte bereits, daß sich der menschliche Körper angesichts von Bedrohungen zusammenzieht, und so läßt sich oft beobachten, daß Klienten im Moment der Konfrontation mit dem bedrohlichen Introjekt ihre Schultern zusammenziehen, die Arme an den Körper pressen und die Hände zu Fäusten ballen. Sie haben gelernt, Angriffen standzuhalten, indem sie ihre aggressiven Energien gleichsam zusammendrücken und statt nach außen nach innen, gegen sich selbst lenken. Würde ich sie darauf aufmerksam machen, dann würden sie loslassen, würden sich entspannen, und die geballten, potentiell aggressiven Energien würden verlorengehen. Statt dessen habe ich kürzlich zwei weiche, etwa faustgroße Jonglierbälle gekauft und schlage nun in einem solchen Fall meinen Klienten vor, sie mögen diese Bälle packen, und dies mit genau der Kraft, die sie zum Faustballen brauchen. Die meisten Klienten gehen darauf ein, kneten die Bälle und erleben den Widerstand als angenehm. Die Energien fließen in Hände, Arme und Schultern, Mut und Wut wachsen, und es kommt dann schon mal vor, daß das Introjekt – das Kissen, die Matratze – freudig mit den Bällen beschossen wird.

Monika z.B. gelang es durch diese Intervention, aus einem destruktiven Anfall von Selbstmitleid herauszukommen. Sie hatte Ärger im Berufsleben gehabt; sie war übergangen worden und spürte, daß sie sich wehren sollte, fühlte aber nicht die Kraft dazu, sondern beklagte sich, daß immer nur sie ungerecht behandelt würde. Sie lief im Zimmer auf und ab und war in ihrem Selbsthaß sich und mir gegenüber gänzlich abgeschottet. Ich gab ihr die beiden Bälle und schlug ihr vor, damit eine Faust zu machen, was sie – zunächst eher unwirsch – akzeptierte. Tatsächlich gelangte sie dadurch wieder zu tieferer Atmung und begann, Boden unter den Füßen zu fühlen und mit neuer Kraft an ihrem Problem zu arbeiten. Es gelang ihr, ihre Aggression von innen nach außen umzulenken und das symbolisierte Introjekt mit den Bällen zu bewerfen. Das Ganze endete damit, daß sie einen der Bälle mit nach

Hause nahm, daß sie die Menschen, die sie schlecht behandelt hatten, anrief und daß sie sie auf angemessene Weise mit ihrer Sicht der Dinge bekannt machte. Während dieser Telefongespräche drückte sie den Ball, und am Schluß war sie stolz auf ihre Abgrenzungsfähigkeit. Sie hatte den Wiederholungszwang, nach dem sie keine Macht habe, sich zu wehren, außer Kraft gesetzt und eine befriedigende, neue, erwachsene Lösung gefunden.

Wo die Widerstandskraft wächst, da kann auch Boden für Vertrauensarbeit entstehen. Monika fühlt sich im gegenwärtigen Therapieabschnitt zerrissen zwischen der Sehnsucht, Vertrauen zu mir zu fassen und der Angst, wieder verraten und mißbraucht zu werden. Oft ist es für sie immer noch sicherer, in mir wie auch in anderen Frauen, die ihr wichtig sind, letztlich doch sex- und männerbesessene Monstren zu sehen, deren zur Schau gestellte Gutwilligkeit nur eine Maske ist. In ihren Träumen tauche ich gelegentlich als ihre Mutter oder als eine mit ihrer Mutter verbündete Person auf. Gleichzeitig ist sie aber fest entschlossen, sich aus diesem Schatten zu befreien und sich eine von Vertrauen bestimmte Beziehung zu mir zu erobern. Eine wichtige Rolle spielt hierbei die Berührung. Sie hat Sehnsucht danach, vertrauensvoll von mir gehalten zu werden, kann jedoch nicht verhindern, daß ich, wenn ich sie halte, doch wieder zu einem verschlingenden, konsumierenden Mutterintrojekt werde.

Sie bat mich zum Beispiel, meine Hand in ihren Nacken zu legen. Ich ging darauf ein, und sie ließ es geschehen. Sie blieb in jener Stunde lange dabei, schien die Berührung als wohltuend zu empfinden und zufrieden nach Hause zu gehen. In der nächsten Stunde zeigte sich dann an ihrer Eiseskälte, die sich in einem Haßausbruch entlud, daß sich die gewünschte gute zu vergiftender schlechter Nahrung gewandelt hatte und ich zum selbstsüchtigen Muttervampir geworden war, der ihre Hingabe-Bereitschaft für eigene Bedürfnisse nach Nähe und Wärme mißbraucht hatte.

Wir beide wissen dabei aber, wie hungrig das Kind in ihr nach nichtsexualisierter Berührung ist. Wenn sie mich jetzt also um eine Berührung bittet, handele ich zunächst die Bedingungen aus: Zunächst muß genug Zeit da sein, Zeit, die es ihr erlaubt, ihre widersprüchlichen Wahrnehmungen zu spüren und auszudrücken. Ferner sieht der Vertrag vor, daß sie den Berührungsprozeß unterbricht, sobald sie bemerkt, daß ihr meine Nähe zu viel wird und sich Negativität einschleicht.

Das bewährt sich recht gut und führt auf eine neue Ebene. So erzählte sie in einer Stunde verzweifelt, wie sie wieder von Scham, sexuellen Phantasien und Rotwerden geplagt worden sei. Wir suchten und fanden das Introjekt, und ich bemerkte eher beiläufig, daß es in einer Therapie ja auch darum ginge, aggressive Abgrenzungsstrategien gegen diese sexualisierten Einflüsterungen zu entwickeln. Da berichtete sie strahlend von einem Traum aus der letzten Nacht: Sie hatte sich zu Hause in der mütterlichen Küche gesehen. Die Mutter wollte Essen in sie hineinstopfen, sie aber spürte ihren Widerwillen und reagierte, indem sie ihr zwei schallende Ohrfeigen verpaßte. Beim Erzählen lachte sie und war stolz auf diese geträumte Abgrenzungstat. Gleichzeitig aber spürte sie ihre Vereinsamung als ein körperliches Schmerzgefühl in der Herzgegend. Sie wolle nicht nur kämpfen müssen, sondern auch Vertrauen und Geborgenheit erleben dürfen. Ich sagte: »Ja, das Kind in Ihnen sehnt sich nach zärtlichem, unsexualisiertem Körperkontakt.« Ob sie phantasieren wolle, wie es sein könnte, wenn sie auf der Couch liegen würde und ich – zum Beispiel – meine Hand auf ihr Brustbein legen würde. Das gäbe ihr Ruhe und Zufriedenheit, antwortete sie spontan. Und wir waren uns einig, daß die Therapie sich irgendwann einmal einer solchen Szene annähern könnte.

So weit ist es noch nicht, aber wir gehen auf dem eingeschlagenen Weg weiter. In eine der letzten Stunden kam sie tief erschöpft, weil sie in ihrem Berufsleben wieder einige notwendige Kämpfe hatte ausfechten müssen, ohne in diesem Moment ihre Angst und Einsamkeit spüren zu können. Sie fühlte sich ungerechterweise in der Opferposition und meinte, vor Wut explodieren zu müssen. Ich bot ihr meine Bälle an, sie wurde ruhiger und bat mich, ihr mit meiner Hand den Rücken zu stützen. Sie wollte dann liegen und meine Hand halten, und ich folgte ihr unter der Bedingung, daß sie spürte und sagte, wenn es ihr zu viel würde. In der Tat stellten sich die alten Vergiftungserscheinungen ein, und sie konnte mich darum bitten, loszulassen. So ging es einige Male hin und her; sie nahm meine Hand, wenn sie mir vertrauen konnte und ließ sie los, wenn ich zum Monstrum wurde. In dieser Sequenz arbeiteten körperliches und psychisches Selbst einträchtig miteinander an der großen Aufgabe, vom Ort des »Entweder-Oder« zu dem einer gesunden Ambivalenz zu gelangen. (Vgl. hierzu auch Hoffmann-Axthelm 1992)

Ein globaler Einwand gegen die hier skizzierte Art psychotherapeutischen Vorgehens lautete, ich sei zu aktiv, ließe die notwendige Abstinenz vermissen und meinen Patienten keinen Raum, ihren eigenen Weg zu finden. Einwände dieser Art haben Tradition, und einmal mehr scheint es angebracht, darauf einzugehen.

Ebenso wie in verbal orientierten Therapieformen ist der Schutz der Klientinnen und Klienten vor Verletzungen, Manipulation und Mißbrauch selbstverständlich zentrales Anliegen auch der körperorientierten Psychotherapie. Wenn der Körpertherapie trotzdem der Vorwurf mangelnder Abstinenz gemacht wird, so beruht dies auf der falschen Voraussetzung, daß körperorientiertes Handeln (das nicht zwingend mit Berührung verbunden ist) mit Manipulation, kathartischen Scheinlösungen und ähnlichem gleichzusetzen sei. Demgegenüber gilt, daß körpertherapeutische Interventionen entsprechende Vorbedingungen wie solche in verbalen Therapien verlangen – sie müssen angemessen, prozessfördernd und beziehungsadäquat sein, und sie müssen zum richtigen Zeitpunkt erfolgen. Sind diese Rahmenbedingungen gegeben, dann zeigt sich, daß körperorientierte Interventionen von besonderer Wirksamkeit sein können; denn sie beziehen Körpersprache und Körpergedächtnis ein und vermögen damit Bereiche zu erschließen, die verbal nicht oder kaum zu erreichen sind. Sind diese Bereiche einer Regression in die präverbal gestörte Welt eines hilflosen Säuglings oder Kleinkindes einmal da, so liegt es auf der Hand, daß es einer aktiveren, handlungsbereiteren »Mutter« bedarf, als dies beispielsweise bei ödipal fixierte Patientinnen oder Patienten der Fall sein dürfte.

Empathisches Handeln ist, geschieht es im Kontakt mit den Grundbedürfnissen des früh gestörten Klienten, der früh gestörten Klientin, unverzichtbar. Schweigende »Abstinenz« wird vom betroffenen Menschen an diesem Ort als Versagung lebensnotwendiger Zuwendung erlebt. Wache, gegebenenfalls handelnde Präsenz hingegen kann zur Befriedigung legitimer basaler Bedürfnisse führen. Der Verzicht auf empathisches Handeln im Bereich früher Störungen ist gleichbedeutend mit einer neuerlichen Fixierung des Wiederholungszwanges und mit dessen zwangsläufiger Folge eines dominierenden, repressiven, rigiden Überichs.

Angesichts der Polaritäten eines patientenverschlingenden Aktionismus und einer Verzichtsleistung, die die Klienten emotional verhungern läßt, ist es von zentraler Wichtigkeit, daß Körpertherapeuten – und nicht nur sie – in ihrer Handlungsbereitschaft abstinent in dem Sinne bleiben, daß sie die therapeutische Beziehung nicht zur Befriedigung eigener Bedürfnisse mißbrauchen, daß Klientin und Klient nicht narzißtisch benutzt werden und daß es zu keiner Verwechslung zwischen Abhängigkeit fördernder Ersatzbefriedigung und heilender Befriedigung basaler Bedürfnisse kommt. Daß der Umgang mit diesen Bereichen eine sorgfältige therapeutische Ausbildung voraussetzt, ist selbstverständlich.

Die Frage nach der Heilkraft der Berührung im Hinblick auf körperlich mißbrauchte Klienten läßt sich also in Kürze so beantworten: Durch körperliche Berührung können tiefe emotionale Prozesse ausgelöst werden. Damit diese aber ihre heilende Wirkung entfalten können, muß zunächst klar sein, daß es um die Berührungsbedürfnisse eines Kindes und nicht um diejenigen des erwachsenen Menschen geht; oder – um es mit den Worten Sandor Ferenczis zu sagen: es muß sichergestellt sein, daß die Sprache der Zärtlichkeit, nicht diejenige der Leidenschaft gesprochen wird (Ferenczi, cop. 1972). Es muß ferner klar sein, daß mit der Berührung keine negativen Rekonstruktionen der alten Traumatisierungen einhergehen, daß also in der Therapie das Berührungsangebot nicht im Rahmen des Wiederholungszwanges, sondern als Teil eines Neubeginns erlebt wird. Dies setzt voraus, daß die Berührung zum richtigen Zeitpunkt und in der richtigen Dosierung erfolgt.

Wenn Berührung heilkräftig sein soll, dann muß sie durch alle Abwehr- und Anpassungs-Strukturen bis ins Wahre Selbst hindurchdringen, um dort eine neue, befreiende Erfahrung auslösen zu können. Das ist der Kernpunkt des Ganzen. Ebenso wie echte psychische Berührung, so ist auch echte körperliche Berührung keine Alltagsware. Wird Berührung in diesem Sinne mit Sorgfalt, Ehrfurcht und Respekt am rechten Ort und zur rechten Zeit angewandt, dann ist sie – meine ich – ein wirkliches, kostbares Heilmittel.

Literatur:

Boadella, D. (1980): Wilhelm Reich. Leben und Werk. München, Scherz.
Downing, G. (1996): Körper und Wort in der Psychotherapie. Leitlinien für die Praxis. München, Kösel.
Ferenczi, S. (1972): Sprachverwirrung zwischen dem Erwachsenen und dem Kind. Die Sprache der Zärtlichkeit und der Leidenschaft. In: Schriften zur Psychoanalyse II. Frankfurt, Fischer, 308-313.
Heisterkamp, G. (1993): Heilsame Berührungen. Praxis leibfundierter analytischer Psychotherapie. München, Pfeiffer.
Hoffmann-Axthelm, D. (1992): Der Stein auf der Brust oder: Athena aus dem Haupte des Zeus. In Hoffmann-Axthelm, D. (Hg.): Verführung in Kindheit und Psychotherapie. Basel, Schwabe [2]1996, 137-156 (Körper & Seele 3).
Kirsch, S. (1994): »Ich kann nicht glauben, daß mir das jemals geschehen ist.« Das Erkennen und Durcharbeiten unaufgelöster Schockzustände. In: Hoffmann-

Axthelm, D. (Hg.): Schock und Berührung. Basel, Schwabe ²1996 (Körper & Seele 4).

Lewis, R. (1986): Der cephale Schock – die psychsomatische Grundlage vorzeitiger Ich-Entwicklung. In: Sebastian, U.: Selbstfindung und Bioenergetische Analyse. Beiträge zu frühen Störungen. Vlotho, Norddeutsches Institut für Bioenergetische Analyse.

Lewis, R. (1994): Cephaler Schock verstanden als Verlust des Gleichgewichts. In: Hoffmann-Axthelm, D. (Hg.): Schock und Berührung. Basel, Schwabe ²1996 (Körper & Seele 4).

Lowen, A. (1980): Der Verrat am Körper. Bern und München, Scherz.

Moser, T. (1992): Vorsicht Berührung. Frankfurt/M., Suhrkamp.

Moser, T. /Pesso, A. (1991): Strukturen des Unbewußten. Protokolle und Kommentare. Stuttgart, Klett-Cotta.

Oelmann, K. (o.J.): Anatomie für Bioenergetische Analytiker, Selbstverlag.

Pesso, A.(1986): Dramaturgie des Unbewußten. Übersetzt und eingeleitet von Tilmann Moser. Stuttgart, Klett-Cotta (Konzepte der Humanwissenschaften).

Reich, W. (1933/1945/1981): Charakteranalyse, 3. Auflage, erstmals veröffentlicht 1933. 1981 die 1933 entstandenen Teile I und II sowie der 1945 entstandene Teil III. Frankfurt/M., Fischer.

Schindler, P. (1996): Woher wir kommen - wohin wir gehen: Zur Geschichte und Entwicklung der bioenergetischen Analyse. In: Ehrensperger, Th. (Hg.): Zwischen Himmel und Erde. Beiträge zum Grounding-Konzept. Basel, Schwabe 1996, 19-39. (Körper und Seele 5).

Sexueller Mißbrauch ist keine Diagnose: eine kritische Auseinandersetzung mit der aktuellen Diskussion*

Hertha Richter-Appelt

1.Einleitung

Die Diskussion über sexuellen Mißbrauch hat in den letzten Jahren ein erstaunliches Interesse hervorgerufen. Wurde Ende des letzten Jahrhunderts die Frage nach der Bedeutung traumatischer sexueller Erfahrungen in der Kindheit nur in ärztlichen Fachkreisen diskutiert und mit Empörung zurückgewiesen, so hat die Diskussion fast 100 Jahre später eine breite Öffentlichkeit erfaßt. War es Ende letzten Jahrhunderts Freud, der sich mit sexuellen Mißbrauchserfahrungen beschäftigte, so sind es 100 Jahre später vor allem Gegner der Psychoanalyse, die das Wort ergreifen und der Psychoanalyse vorhalten, sie sei Schuld daran, daß sexueller Mißbrauch in der Psychotherapie, aber auch in der Öffentlichkeit verleugnet, nicht wahrgenommen werde. Der zentrale Konfliktstoff ist die sogenannte Verführungstheorie, bzw. das Fallenlassen eben dieser Verführungstheorie.

In seiner Arbeit zur Ätiologie der Hysterie aus dem Jahre 1896 stellte Freud die Behauptung auf, hysterische Symptome im Erwachsenenalter (vor allem bei Frauen), seien die Folge realer sexueller Verführungen im Kindesalter, die dem Vergessen anheim fallen, also ins Unbewußte verdrängt werden. In dieser ersten »empirischen« Arbeit zum sexuellen Mißbrauch in der Kindheit berichtet Freud über 18 Patienten, 6 Männer und 12 Frauen, die in der Kindheit Erfahrungen mit sexueller Verführung am eigenen Leib, geschlechtlichen Verkehr (im weitesten Sinn)

---
* Dieser Artikel ist zuerst erschienen in: Buchheim et al. (Hg.), (1997): Sexualität – zwischen Phantasie und Realität, Springer Verlag (Lindauer Texte).

erfahren hatten. Die Echtheit der infantilen Sexualszenen stellte Freud zunächst nicht in Frage, denn die Kranken entwickelten heftigste Widerstände gegen das Auftauchen der Erinnerungen und hätten nicht einmal ein Erinnerungsgefühl, wo sie doch die Emotionen wiederholt durchgemacht haben. Er teilte seine Fälle in drei Gruppen, je nach der sexuellen Reizung ein:

»In der ersten Gruppe handelt es sich um Attentate, einmaligen oder doch vereinzelten Mißbrauch meist weiblicher Kinder von seiten Erwachsener, fremder Individuen (die dabei groben, mechanischen Insult zu vermeiden verstanden), wobei die Einwilligung der Kinder nicht in Frage kam und als nächste Folge des Erlebnisses der Schreck überwog. Eine zweite Gruppe bilden jene weit zahlreicheren Fälle, in denen eine das Kind wartende Person, Kindermädchen, Kindsfrau, Gouvernante, Lehrer, leider auch all zu häufig nahe Verwandte, das Kind in den sexuellen Verkehr einführte und ein – auch nach der seelischen Richtung ausgebildetes – förmliches Liebesverhältnis, oft durch Jahre, mit ihm unterhielt. In die dritte Gruppe gehören die eigentlichen Kinderverhältnisse, sexuelle Beziehungen zwischen zwei Kindern verschiedenen Geschlechts, zumeist zwischen Geschwistern, die oft über die Pubertät hinaus fortgesetzt werden und die nachhaltigsten Folgen für das betreffende Paar mitsichbringen. In den meisten Fällen ergab sich eine kombinierte Wirkung von zwei oder mehrerer solcher Ätiologien; im einzelnen war die Häufung der sexuellen Erlebnisse von verschiedenen Seiten her geradezu erstaunlich«(1896; 1971, S. 69). Außerdem nahm Freud damals noch an, daß »ohne vorherige Verführung, Kinder den Weg zu Akten sexueller Aggression nicht zu finden vermögen«. Die Annahme Freuds, daß hysterische Symptome, die Folge sexueller Traumatisierungen im Kindesalter seien, wurde als Verführungstheorie bekannt und gewann in den letzten Jahren im Zuge der Auseinandersetzung um sexuellen Mißbrauch in der Kindheit einen Bekanntheitsgrad den Freud sicherlich nicht im Traum erwartet hatte. Nur selten findet dabei die Tatsache Beachtung, daß Freud die Bezeichnung Verführungstheorie nie selbst verwendet hatte, sondern diese Bezeichnung erstmals von Kris 1954 erwähnt wurde (vgl. Blass und Simon 1992).

Bereits 1897 allerdings distanzierte sich Freud in seinem berühmt gewordenen Brief an Fließ von dieser Hypothese. Später meinte er dazu, daß damals fast alle Patientinnen mit hysterischen Symptomen, ihm von einer Verführung durch den Vater erzählt hätten. Zweifel an diesen Berichten führten zur Entdeckung der Bedeutung von Phantasien für die Entstehung von Traumata, vor allem aber auch zu einem neuen Verständnis psychischer Prozesse. Freud hatte allerdings entgegen der immer wieder in den letzten Jahren geäußerten Behauptung (z. B. Brockhaus und Kohlshorn 1993) nie die Wichtigkeit in Zweifel gezogen, die reale traumatische sexuelle Erlebnisse für die spätere Entwicklung haben. In seiner 23. Vorlesung aus dem Jahre 1932 führt er etwa aus: »Besonderes Interesse hat die Phantasie der Verführung, weil sie nur zu oft keine Phantasie, sondern reale Erinnerung ist... Glauben Sie übrigens nicht, daß sexueller Mißbrauch durch die nächsten männlichen Verwandten dem Reiche der Phantasie angehört. Die meisten Analytiker werden Fälle behandelt haben, in denen solche Beziehungen real waren und einwandfrei festgestellt werden konnten« (S. 385).

Um so erstaunlicher ist die Tatsache, daß in den letzten Jahrzehnten bis vor kurzem zwar Phantasien über sexuelle Verführungen vor allem aus der phallisch-ödipalen Phase unter Psychoanalytikern ein gängiges Thema waren, nicht jedoch reale sexuelle Traumatisierungen. Simon (1992) zitiert Mosher's 1991 veröffentlichte Daten aus dem englischen Sprachraum, wonach zwischen 1920 und 1986 nur 19 Arbeiten in englischsprachigen psychoanalytischen Zeitschriften erschienen seien, die »Inzest« oder »Verführung« im Titel nannten. Die Behauptung, reale sexuelle Verführung komme fast gar nicht vor und sei in der psychotherapeutischen Praxis immer skeptisch zu handhaben, steht im krassen Widerspruch dazu, daß ich im psychoanalytischen Schrifttum nur eine einzige ausführliche Fallgeschichte finden konnte, in der von einer Patientin berichtet wird, die die Vorstellung, sie sei sexuell mißbraucht worden, im Laufe einer Analyse verwirft (Raphling 1994). Eindeutige Angaben über Mißbrauchserfahrungen, die später widerrufen wurden, sind vor allem bei psychotischen Patientinnen beobachtet worden. Es sind allerdings viele Fallberichte bekannt, in denen im Laufe einer psychoanalytischen Behandlung die Verdrängung der Erfahrungen mit sexuellem Mißbrauch aufgehoben wurde. In der Schulpsychologie ist die Bedeutung von »repressed memories« zu einem wichtigen Forschungszweig geworden (vgl. Loftus und Kecham 1995). Brenneis (1994) stellt die Relevanz dieses Forschungszweiges für die Psychoanalyse dar.

Woher also die Skepsis, Angaben über sexuellen Mißbrauch könnten nicht stimmen, Produkte der kindlichen Phantasie sein? Als ob kindliche Phantasien nicht das Resultat innerer und äußerer, aber eben auch äußerer, Stimulierungen seien. Phantasie heißt in diesem Zusammenhang also nicht frei erfunden, ohne äußeren Anlaß, sondern die psychische Reaktion auf eine äußere Stimulierung. Diese Stimulierung mag für den Außenstehenden oder auch für den »Verführenden« als unbedeutsam eingeschätzt werden und dennoch wird sie vom verführten Kind als eine sexuelle Stimulierung erlebt. Nicht jede sexuelle Stimulierung ist jedoch als sexueller Mißbrauch zu verstehen. Während Freud zunächst annahm, die sexuelle Verführung, also eine äußere Handlung sei das traumatisierende, pathogene, d.h. später zu einer hysterischen Symptomatik führende Moment, betont er später, das innere Erleben einer Situation z.B. einer körperlichen Berührung und die unbewußte Erinnerung daran sei entscheidend dafür, ob eine Traumatisierung stattfindet. Dieses innere Erleben wird vor allem durch frühe Erfahrungen im Umgang mit dem Körper bestimmt und nicht nur, wie immer betont wird, durch die Ich-Stärke. Die Diskussion, ob bzw. welche (sexuelle) Handlung stattgefunden hat, ist somit von juristischer Seite bedeutsam, um feststellen zu können, ob es sich um einen Straftatbestand handelt oder nicht, weniger jedoch von psychologischer Seite. Hier muß betont werden, daß dies nicht deswegen unwichtig ist, weil es sich nur um eine Phantasie handeln könnte, sondern subjektiv erlebte Verführungen auch dann für die spätere Entwicklung von Bedeutung sind, wenn keine konkreten Mißbrauchshandlungen stattgefunden haben. Dies sollte nicht, wie immer wieder behauptet wird, als ein Leugnen der Realität von seiten der Psychoanalyse angesehen werden, sondern als ein zusätzliches Anerkennen von Situationen als traumatisch, die vielleicht von Außenstehenden als harmlos eingestuft werden, für den oder die Betreffenden jedoch aufgrund der individuellen Vorgeschichte traumatisierend sind – und dies gilt nicht nur für den sexuellen Bereich. In diesem Zusammenhang möchte ich mich Kramer (1990) anschließen, der meint: »Bei manchen Patienten, die einen sexuellen Mißbrauch in der Kindheit erfahren haben, ist keine Erinnerung als solche vorhanden, oder nur teilweise abrufbar. Und dennoch sind ›somatische Erinnerungen‹ an das Trauma immer noch wirksam und führen zu den aktuellen Empfindungen, Angst, Furcht, Ärger und Lust, die auch die Verführung in der Kindheit begleiteten...« (S.163-164). Brenneis (1994) führt als Beispiel die Patientin R. an, die berichtete, daß ein bestimmter Geruch im Büro bei ihr immer Angst auslöste. Im Laufe der Therapie assoziiert sie damit Alkohol und später auch Samen. Und sehr viel später erinnert sie sich, von ihrem betrunkenen Vater mißbraucht worden zu sein. Die Betonung darf daher nicht ausschließlich auf der äußeren Realität liegen, sondern es müssen immer das psychische Erleben und Phantasien mitberücksichtigt werden. Kindliche Phantasien, der Sexualpartner des gegengeschlechtlichen Elternteils zu werden, sind keine Mißbrauchsphantasien sondern mehr oder minder bewußte, von Schuldgefühlen begleitete Wunschphantasien, diesen Elternteil ausschließlich zu besitzen, die allerdings durch reale Mißbrauchshandlungen oder Mißbrauchsphantasien zerstört oder beeinträchtigt werden.

2. Phantasie, Realität, Wahrheit

Es spielen somit folgende Aspekte in der Diskussion um die Bedeutung von sexuellen Traumatisierungen eine wichtige Rolle:

Narrative, historische und objektive Wahrheit

Der weit verbreiteten Meinung, es komme nicht darauf an, ob eine Mißbrauchshandlung wirklich stattgefunden hat oder ein entsprechendes Erlebnis angenommen wird, muß nach den Untersuchungen der letzten Jahre vehement widersprochen werden. Reale Erfahrungen haben nicht nur eine juristische Bedeutung. Psychologisch gesehen werden sie umso bedeutungsvoller, wenn einer Person gegenüber Zweifel geäußert werden, die tatsächlich einem Mißbrauch ausgesetzt war. Ein Anzweifeln der Realität kann hier eine Wiederholung eines Teils der traumatischen Erfahrung bedeuten, eine einzige unvorsichtige Bemerkung des Therapeuten kann eine schwerwiegende Störung der therapeutischen Beziehung bewirken. Aber auch, wenn ein Patient eine andere Person des Mißbrauchs beschuldigt, ohne daß es zu entsprechenden Vorfällen gekommen ist, wird es eine wichtige Aufgabe der Therapie sein, hier die historische Wirklichkeit möglichst herauszufinden. Dieser Prozeß muß Teil der Rekonstruktion in der Psychoanalyse sein, ein Thema, dem in der Diskussion um den sexuellen Mißbrauch wieder neue Beachtung geschenkt wird (vgl. Blum 1980). Wichtig bleibt zu betonen, daß unter historischer Wahrheit nicht »objektive« Wahrheit im naturwissenschaftlichen Sinn gemeint ist (vgl. Cremerius 1984), sondern die rekonstruierte von neurotischen Verfälschungen gefilterte subjektive Wahrheit.

Mißbrauchshandlung und Trauma

Das Traumatisierende einer Handlung ist nicht die Handlung selbst, sondern das Erleben derselben. Ein und dieselbe Handlung wird von unterschiedlichen Personen sehr unterschiedlich erlebt und bewertet. So wird im einen Fall ein Kuß auf den Mund unter Familienangehörigen zum Begrüßungsritual gehören, in anderen Fällen genau diese Handlung als eine Grenzüberschreitung angesehen werden. Ganz entscheidend ist dabei, welche Phantasien die Handlungen bei den Beteiligten auslösen, worauf in dem Fall der Patientin R. oben hingewiesen wurde.

Inzest und Oedipuskomplex

In klassischen psychoanalytischen Texten (z.B. Abraham 1982) werden ödipale Phantasien und Inzest unter demselben Schlagwort abgehandelt, worauf auch Simon (1992) mit seinem Artikel »Incest - see under Oedipus Complex« hingewiesen hat. Wie bereits oben ausgeführt, muß man sich in diesem Zusammenhang die Frage stellen, ob denn ödipale Phantasien in der normalen Entwicklung wirklich mit Phantasien über realen Inzest gleichgesetzt werden dürfen. Der Unbestimmtheit und dem Symbolisierungsgrad ödipaler Phantasien sind mehr Aufmerksamkeit zu widmen. Je konkreter sexuelle Handungen zwischen Erwachsenen und Kind phantasiert werden, umso eher gehen wir heute davon aus, daß eine Beeinträchtigung der Symbolisierungsfähigkeit vorliegt, Zeichen einer frühen Störung, die durch vielfältigste Traumen und Vernachlässigungen hervorgerufen sein kann, auch durch sexuellen Mißbrauch. Übertragen auf die Patient - Therapeut Beziehung würde dies bedeuten, daß sexuelle Phantasien in der Übertragung gleichgesetzt würden mit Phantasien über eine reale sexuelle Beziehung mit dem Therapeuten.

Phantasie ist nicht gleichzusetzen mit Realitätsverkennung

Ein gesundes Kind ist schon sehr früh in der Lage, auch wenn es im Spiel noch so sehr in eine Phantasiewelt abgleitet, diese immer als solche zu erkennen. In belastenden Situationen kann es jedoch dazu kommen, daß eine Trennung zwischen Phantasie und Realität schwierig erscheint. Person und Klar (1994) haben in ihrem sehr aufschlußreichen Artikel darauf hingewiesen, wie wichtig es ist, zwischen unbewußten Phantasien und verdrängten Erinnerungen zu unterscheiden.

3. Fallbeispiele

Die folgenden Fallbeispiele sollen unterschiedliche Erscheinungsformen von sexuellen Mißbrauchserfahrungen in Psychanalysen beschreiben.

Beispiel 1

Die Patientin kommt in Therapie, da sie »so etwas wie mit ihrem letzten Freund nicht noch einmal erleben will«. Der Freund war um Jahre älter, sehr intelligent, in gehobener, angesehener Position und verheiratet. Außerdem war er alkoholabhängig und sie sollte alles machen, was er wollte. Die Patientin selbst in guter beruflicher Position, sollte ihren Beruf aufgeben und sich ganz um ihn kümmern, wenn er es wünschte. Zunächst war die Patientin stolz einen so bedeutsamen Partner zu haben, stürzte dann jedoch in eine tiefe Depression, verbrachte Tage im Bett allein in ihrer Wohnung und sah keinen Ausweg mehr.

Die Beziehung zum Vater in der frühen Kindheit sei einerseits durch liebevolle und zärtliche Zuneigung aber auch durch unkontrollierte, unvorhersehbare Wutausbrüche gekennzeichnet gewesen. Der Vater sei oft unter Alkoholeinfluß gestanden, sei häufig deprimiert gewesen und habe auf die Patientin nur wirklich »lebendig« gewirkt, wenn er nüchtern und dann aber auch aggressiv gewesen sei. Dies habe dazu geführt, daß die Patientin mit zunehmendem Alter vermehrt anfing, den Vater durch auffällige Kleidung zu provozieren. Sie habe einen aggressiven, dafür aber »lebendigen« Vater einem depressiven vorgezogen. Schon früh hatte sie Angst, nach Hause zu kommen, wenn sie wußte, daß die Mutter nicht da war. In der Kindheit bis in die Pubertät habe sie von ihrem Vater intensive Gute-Nacht-Küsse bekommen, die sie schon als kleines Kind für übertrieben hielt. Sie hatte jedoch Angst, diesen unglücklichen Vater zurückzuweisen. In der Pubertät habe er sie mehrmals ins Ehebett der Eltern geholt, wenn die Mutter nicht zu Hause war, und sie liebkost. Sie sei wie tot dagelegen und habe nicht gewagt, sich zu wehren. Sie erlebt sich als von ihrem Vater, dem sie keine Wünsche abschlagen konnte, sexuell mißbraucht.

Von früher Kindheit an habe sie ein schwieriges Verhältnis zu ihrer Mutter gehabt. Diese sei immer auf Kontakte der Patientin zu anderen Personen eifersüchtig gewesen, so auch auf ihr inniges Verhältnis zum Vater. Bis heute würde diese sie für ihr verführerisches Aussehen kritisieren, hätte immer an ihrer Kleidung etwas auszusetzen. Aber auch die Männerbeziehungen der Patientin seien von beiden Eltern heftig angegriffen worden.

Gekränkt, daß ich nicht gleich einen Therapieplatz frei hatte, vermittelt mir die Patientin über das erste Analysejahr immer wieder, daß sie gar nicht bei einer Frau hätte Therapie machen wollen, reagiert oft nicht auf meine Äußerungen, antwortet, als ob meine Bemerkungen von einer anderen Person gemacht worden wären, oder widerspricht mir heftig. Sie kommt aber auch zu dem Schluß, daß sie nicht wisse, vor wem sie mehr Angst habe, vor den Männern, die sie immer nur ausnutzten, ihr aber zu verstehen geben, daß sie sie brauchten, oder vor Frauen, die immer mit ihr rivalisierten, ihr nie Hilfe zuteil werden ließen, sie nicht als jemanden sehen könnten, der eigentlich Schutz brauche.

Schon im zweiten Vorgespräch erscheint die Patientin nicht mehr im Kostüm wie beim Erstkontakt sondern salopp, aber ordentlich gekleidet. Erst sehr viel später gesteht sie mir, daß sie große Angst habe, sich mir zu zeigen, wie sie etwa auf Feste, aber auch ins Büro gehe. Sie befürchtet, daß ich sie wegen ihres attraktiven Aussehens beneiden – wie sich jedoch später herausstellt –, vor allem wegen ihres verführerischen Aussehens kritisieren könnte.

Obgleich die Patientin darüber klagt von alkoholabhängigen Männern nur ausgenutzt zu werden, nimmt sie zu Beginn der Analyse eine Beziehung zu einem alkoholabhängigen Mann auf. Sie hat große Angst, ich könnte ihr diesen Mann nicht gönnen, verbündet sich mit ihm gegen mich, nur dann fühle sie sich lebendig. Sie erzählt ihm viel aus den Analysestunden und einigt sich mit ihm darüber, daß ich ihr nicht gewachsen sei. Dieser Freund lebt allerdings mit einer anderen Frau zusammen und die Patientin äußert die Hoffnung, mit meiner Hilfe würde es ihr gelingen, ihn für sich zu gewinnen. Erst sehr viel später kommt sie zu dem Schluß, daß sie eigentlich hoffe, mit meiner Hilfe soweit zu kommen, es nicht mehr für sich zu brauchen, einen alkoholabhängigen Mann retten zu müssen.

In der Gegenübertragung habe ich nicht nur das Gefühl wehrlos zu sein, sondern oftmals auch gegen eine Wand zu laufen. Gefühle, die mir gelten, darf nur sie benennen. Die Patientin macht die Erfahrung, daß sie mich dadurch weder zerstört, noch daß ich sie verlasse, das läßt aber bei ihr zunächst ein Gefühl entstehen, daß ich sie nicht ernst nehme, sie würde mir vielleicht nichts bieten, für mich langweilig sein.

Zunehmend möchte die Patientin sich mir anvertrauen, möchte, daß ich die Führung übernehme. Nachdem sie ihre Enttäuschung darüber äußert, daß die Mutter sie nicht vor den Übergriffen des Vaters beschützt hatte, überlegt sie, ob sie vor mir wirklich so viel Angst haben müsse, daß sie die Beziehung zu mir nur mit einem alkoholabhängigen Mann im Hintergrund aushalte. Hatte ich zu Beginn der Therapie von der Patientin vermittelt bekommen, die sexuellen Übergriffe des Vaters hätten zu ihrer schweren Beziehungsstörung geführt, wird im Laufe der Behandlung deutlicher, wie groß ihr Haß auf die Mutter ist, die sie nicht nur vor dem schwachen und bedürftigen, alkoholabhängigen Vater nicht geschützt hatte, sondern sie als Rivalin ablehnte, ihr die Schuld für all das Unglück in der Familie gegeben hatte.

Meine Deutungen gefährden den Glauben der Patientin an ihre Überlegenheit, die sie der Mutter gegenüber so dringend gebraucht hatte. Sie rächt sich, indem sie versucht mich zu demütigen, in mir ein Gefühl der Bedeutungs- und Wirkungslosigkeit auszulösen. Der unbewußte Haß auf die mißbrauchenden und sterbenden inneren Objekte und die Angst um sie müssen abgewehrt werden. Zu Beginn der Behandlung hatte die Patientin den Kampf zwischen ihren destruktiven und libidinösen Impulsen dadurch gelöst, daß sie Anteilnahme und Liebe zu ihren sie mißbrauchenden Objekten rechtfertigt. Sie tötet ihre bedürftigen und abhängigen Selbstanteile ab, bzw. projiziert sie in andere und gelangt so zu einem Gefühl der Überlegenheit. Erst gegen Ende der Therapie wird es der Patientin möglich, konstruktive Anteile des Selbst zunächst in der Beziehung zu mir, dann aber in einer neu aufgenommenen Beziehung zu einem verwitweten Mann ihres Alters zu entwickeln und libidinöse Bedürfnisse ohne Schuldgefühle, und ohne sie gleich unterdrücken zu müssen, wahrzunehmen und sie in zunehmendem Maße auch befriedigen zu können. Über die Sexualität in der Beziehung zu diesem Partner erzählt die Patientin kaum etwas. Sie empfindet es als eine große Erleichterung, diesmal ein Geheimnis für sich hüten zu dürfen, von dem sie spürt, daß ich mich darüber freue und nicht wie die Mutter versuche, diese sexuelle Beziehung zu stören. Zum ersten Mal habe sie keine Schuldgefühle und habe auch nicht den Eindruck, einen süchtigen Mann retten zu müssen.

Beipiel 2

Mir begegnet im Erstgespräch ein gut aussehender Geschäftsmann mit grauem Haar, der im Anzug erscheint. Nur an seiner leicht dauergewellt wirkenden Frisur, kann ich zunächst etwas weiblich anmutendes erkennen. Der 50-jährige Patient kommt in Therapie, da er in den letzten Jahren zunehmend unter dem Druck stand, das andere Geschlecht annehmen zu wollen. In dem Bewußtsein, im Falle einer Geschlechtsumwandlung seine berufliche Karriere je beenden zu müssen, leidet er darunter so stark, daß er sich zu einer Therapie entschlossen hatte. Nach einem halben Jahr Therapie erfahre ich, wie sehr er von seinem Wunsch nach Geschlechtsumwandlung gedrängt wurde. Er hatte an ein ausländisches Zentrum zur Behandlung Transsexueller geschrieben und um Informationen gebeten. Außerdem habe er sich in den letzten Jahren wiederholt Östrogene verschafft und diese auch eingenommen. Dies habe zu einer leichten Veränderung seiner Brust geführt.

Später, an Urlaubstagen, in Freizeitkleidung wirkt er wenig männlich, trägt Armreifen und bestickte Pullover. Dieses Erscheinungsbild läßt mich eher an kleine Mädchen denken als an erwachsene Frauen.

Aus dem Elternhaus berichtet der Patient auffallend wenig Negatives, entschuldigt die Eltern damit, daß diese so schwer arbeiten mußten, um sich und die Kinder finanziell gut durchzubringen. Schon als Kind mußten der Patient und sein um 6 Jahre älterer Bruder Geld verdienen, indem sie Zeitungen in der Nachbarschaft austrugen. Sein Bruder – das schwarze Schaf in der Familie – hat nicht nur ihm das verdiente Geld, das sie zu Hause abliefern sollten, gestohlen, sondern auch den Eltern immer wieder Geld genommen. Er wagte aus Angst vor dem Bruder nie, dies den Eltern zu erzählen und auch die Eltern sagten dazu nichts. Schon als Kind hatte er das Gefühl, er müsse die Eltern unterstützen, dürfe sie nicht belasten. Zu dieser Zeit empfand er sich seiner älteren Schwester und der Mutter gegenüber sehr benachteiligt, die beide zu Hause bleiben konnten und nicht außer Haus arbeiten mußten. Um sich zu trösten, zog er manchmal heimlich Kleider der Schwester an. Die Mutter habe ihm auch im Winter manchmal Mädchenunterhosen zum Anziehen gegeben. Diese zu Beginn der Therapie vom Patienten angebotenen möglichen Erklärungen für seine transsexuelle Problematik erscheinen sowohl in den Augen des Patienten wie auch in meinen nicht ausreichend, um seinen Geschlechtsumwandlungswunsch zu erklären. Lange Zeit vermittelt mir der Patient, er müsse auch mich schonen und vermeidet es, mir belastende Erinnerungen mitzuteilen.

Nur wenn er von seiner von ihm getrennt lebenden Frau spricht, wird er böse und emotional. Sie ist die einzige Frau, die von seiner Problematik über Jahre wußte, sie auch akzeptierte und bereit war, mit ihm in Frauenkleidung sexuell zu verkehren. Später erfahre ich, daß sie über Jahre von ihrem Vater sexuell mißbraucht worden war, große Angst vor Männern hatte und daher die transsexuelle Problematik ihres Mannes als etwas Beruhigendes erlebte, da er dadurch als Mann nicht zu bedrohlich werden könnte.

Der Patient erlebt sich vor allem in den Masturbationsphantasien als Frau. Er fürchtet, anders gar nicht sexuell erregt werden zu können. Vor allem wenn er sich deprimiert fühlte, spürte er den Drang sich Frauenunterwäsche und Kleider zu kaufen. Vor Beginn der Therapie hatte der Patient immer wieder zu Hause, wenn er alleine war, diese Frauenkleider getragen.

Zu Therapiebeginn lebte er mit einer sehr viel jüngeren, von ihm sehr abhängigen Frau mit schwerer Zwangssymptomatik zusammen. Nach der Trennung von seiner Ehefrau hatte er seine Transsexualitätsproblematik wiederholt eingesetzt, um Frauen zu schockieren, sie auf Distanz zu halten. In der Regel hätten sich die Frauen voller Schrecken von ihm abgewandt, wenn er sein Problem erwähnte. Ich sei die erste Frau, der er davon erzählen könne, ohne damit Schreck und Distanzierung auszulösen, aber auch ohne, daß ich sofort seinen Wünschen und Phantasien nachgebe.

Er meint, daß er Frauen retten wolle, und dies würde nur gehen, wenn er selbst zur Frau werde. Darin vermute ich einen verborgenen tiefen Haß und Neid auf Frauen. Es wird im Laufe der Therapie immer deutlicher, daß die transsexuelle Phantasie eine Trost- bzw. Rettungsphantasie darstellt. Lange ist allerdings nicht verständlich, wovor er sich retten muß.

Die erste lange Trennung, bedingt durch meinen Urlaub, thematisiert der Patient zunächst in keiner Weise, er geht ganz »reif«, d.h. scheinbar vernünftig und unbetroffen damit um. Als ich jedoch aus dem Urlaub zurückkomme, schildert der Patient, wie sehr ihn Selbstmordgedanken gequält hätten und daß er sich nur durch die Einnahme von weiblichen Sexualhormonen aus der Depression hätte retten können. Noch immer war mir der Zusammenhang zwischen den transsexuellen Phantasien und Wünschen und der Lebensgeschichte dieses Patienten weitgehend unklar. Die bisher thematisierten Zusammenhänge schienen nicht auszureichen, um die Problematik des Patienten zu erklären.

Die Bearbeitung finanzieller Schwierigkeiten, die ihm seine geschiedene Frau bereitete, läßt uns auf den Umgang mit Geld und den verhaßten älteren Bruder zu sprechen kommen. Ein Jahr nach Therapiebeginn erzählt der Patient erstmals, daß er ungefähr als 8-jähriger wiederholt von seinem älteren Bruder und zwei Freunden im Wald versteckt und genötigt wurde, Mädchenkleidung anzuziehen. Sie hätten dann gespielt, mit ihm Geschlechtsverkehr zu vollziehen, jedoch keinen Analverkehr gemacht. Über diese Erfahrungen habe er bisher noch nie mit jemanden gesprochen. Auch habe er keinerlei Zusammenhang zwischen seiner transsexuellen Problematik und diesen Mißbrauchssituationen gesehen. Aus Angst vor dem großen Bruder und aus Rücksichtnahme auf die Eltern, wagte er nicht seiner Mutter oder Schwester, aber auch nicht seinem Vater von diesen Erlebnissen zu erzählen. Vor allem wollte er die Eltern, die ohnehin schon so schwer zu arbeiten hatten, nicht zusätzlich belasten.

Erst jetzt berichtet der Patient zögernd auch von Problemen der Mutter, die immer Eßschwierigkeiten hatte, die zwar körperliche Wärme spenden konnte, jedoch als Frau nicht attraktiv gewesen sei.

Im Laufe der Therapie wird die Abwehrfunktion der transsexuellen Phantasien bei diesem Patienten immer deutlicher (vgl. Pfäfflin 1994). Zunächst stellen sie einen Schutz vor Kastrationen dar. Der Patient hatte die Mißbrauchssituation als eine »gespielte« Kastration erlebt. Als Mädchen hätte ihm das nicht passieren können. Nur wenn die Frauen den sexuell aktiven Part übernehmen, wäre er vor seinen sexuell aggressiven, männlichen Impulsen sicher, müßte er nicht die Rolle des

Bruders und seiner Freunde übernehmen. Auch sei sexuelle Erregung für ihn nur dann trostspendend, wenn er sich als Frau erlebe.

Der Patient hatte, bevor er zu mir kam, mehrere Therapieversuche bei Männern unternommen, von denen er den Eindruck hatte, daß sie alle relativ schnell seine transsexuellen Wünsche als reale Wünsche ernst nahmen (worauf sich ein Teil der Mißbrauchssituation wiederholte), daraufhin ergriff er jedesmal die Flucht und brach die therapeutischen Kontakte ab. Erst als er merkte, daß ich mich als Frau durch diese Wünsche nicht erschrecken ließ, aber auch nicht gleich zum Handeln überging, war es dem Patienten möglich, nicht nur seine transsexuellen Phantasien mitzuteilen, sondern auch die damit verbundenen unbewußten Wünsche und Hoffnungen zuzulassen.

4. Diskussion

Die dargestellten Fälle machen zunächst deutlich, warum es so wenig psychoanalytische Fallgeschichten zu sexuellem Mißbrauch oder Inzest gibt. Betrachtet man das Mißbrauchsgeschehen innerhalb bestehender Beziehungen, so bekommt man oft den Eindruck, diese Beziehungen mit ihren subtilen Formen der Gewalt stellen das eigentlich Traumatisierende dar. Sie bereiten vielleicht eine Voraussetzung dafür, daß Mißbrauch überhaupt möglich wird, aber auch, daß die Mißbrauchserfahrungen nicht mit Hilfe wichtiger Bezugspersonen verarbeitet werden können. Dabei werden nicht selten Mißbrauchssituationen leichterer Form als etwas nicht besonders Erwähnenswertes angesehen. Sowie Vater oder Mutter jederzeit ins Zimmer kommen, Briefe lesen, nicht gestatten, daß die Badezimmertür abgeschlossen wird, Kleidungsstücke oder andere persönliche Gegenstände benutzen ohne zu fragen, bestimmen sie auch, wann Körperkontakt und in extremen Fällen sexuelle Handlungen stattfinden. Sicherlich gibt es Kinder, die Mißbrauchserfahrungen machen und eine gute Beziehung zur Mutter oder einer anderen Bezugsperson haben. Diese Personen sehen wir allerdings seltener als Patienten. Bei unseren Patienten mit sexuellen Mißbrauchserfahrungen fällt auf, daß Grenzüberschreitungen sich in der Regel nicht auf den sexuellen Bereich beschränken. Anders ausgedrückt: Sexueller Mißbrauch ist keine Diagnose, sondern eine Traumatisierung, meist eingebettet in eine Beziehungsstörung, die in unterschiedlichen Fällen zu unterschiedlichen Diagnosen führt.

Im folgenden soll noch einmal auf die oben erwähnten Punkte anhand der Fallbeispiele eingegangen werden:

In beiden Fällen bestand kein Zweifel, daß ein Mißbrauch wirklich stattgefunden hat. Die Fälle entsprechen denjenigen, die auch schon Freud (1896) beschrieben hatte. Person (1993) meint, es gäbe Psychotherapeuten, die einen besonderen Wert auf unbewußte Konflikte legen, andere, auch Psychoanalytiker, seien in zunehmendem Maße an Traumata und deren Auswirkungen auf sexuelle (vor allem auch inzestuöse) und aggressive Phantasien interessiert. Auch darüber, wie detailliert sexuelle Mißbrauchserfahrungen in der Therapie geschildert werden müssen (wie weit »eingedrungen« werden soll), um verarbeitet werden zu können, gehen die Meinungen auseinander. Nicht selten haben mißbrauchte Patientinnen und Patienten ein gestörtes Schamgefühl und sind daher bereit, ohne Rücksicht auf ihr Gegenüber Erfahrungen im Detail zu erzählen. Hier mag es wichtig erscheinen, selbst unter Einbuße von Informationen, den Patienten zu vermitteln, daß sie auch etwas für sich behalten dürfen, nicht alles preisgeben müssen (z.B. Fall 1), ein für die psychoanalytische Technik unorthodoxer Gedanke. Andere Patienten, die nie mitteilen durften, was sie Belastendes erlebt haben, müssen in der therapeutischen Beziehung die Erfahrung machen, daß ihr Gegenüber die Wahrheit, die sie selbst erlebt haben, auch aushält und versteht, d.h. daß sie nicht schweigen müssen (Fall 2).

Vor allem im ersten Fallbeispiel gewinnt man den Eindruck, daß die Angst, einen abhängigen Vater mit allen Mitteln am Leben erhalten zu müssen, das sexuelle Trauma nicht nur mitbedingt hatte, sondern auch selbst traumatisierend wirkte. In der Übertragung wurde jedoch deutlich, daß schon in der frühen Mutter-Kind-Beziehung zerstörerische Elemente am Werk waren, die es der Patientin nicht erlaubten, sich von dem übergriffigen Vater abzugrenzen. Im zweiten Fall wird eine tröstende Phantasie, sich ab und zu als Frau zu fühlen, je durch eine Mißbrauchshandlung nachträglich zum Trauma. In Identifizierung mit den Aggressoren scheint es dem Patienten nicht möglich, männliche sexuelle und auch aggressive Wünsche zu entwickeln.

In beiden Fällen lagen die eigentlichen Mißbrauchserfahrungen Jahre nach der ödipalen Phase. Im ersten Fall müssen wir davon ausgehen, daß die Patientin nicht nur befürchten mußte, von der Mutter wegen ihres innigen Verhältnisses zum Vater verstoßen zu werden. Ödipale Phantasien lösten daher sicherlich ungewöhnlich starke Schuldgefühle aus. Andererseits führte bei dem Kind der Wunsch, die Mutter zu beseitigen, den Vater ganz für sich zu haben zu unerträglichen Schuldgefühlen. Diese Phantasie muß schon sehr früh zu dem Gefühl geführt haben, den Vater am Leben erhalten zu müssen, um sich vor der Mutter zu schützen. Auch müssen sie bei der Patientin reaktualisiert worden sein, als der Vater seine sexuellen Übergriffe startete. Indem Phantasien realen Charakter annahmen, mußte die Patientin ihre weiblichen Anteile ganz in den Dienst der Männer stellen.

Im zweiten Fall gab der Patient vor, eine enge Beziehung zu seiner Mutter in der Kleinkindzeit gehabt zu haben. Er hätte das Gefühl gehabt, die Mutter ganz für sich zu haben, da der Vater nie da war. Sie vermittelte ihm aber, belastet zu sein und ihn nicht trösten zu können. So fing der Patient früh an, sich mit Hilfe von Ersatzobjekten zu trösten, nämlich Mädchen- oder Frauenkleider zu tragen. Diese Möglichkeit wurde gestört, als der Bruder mit seinen Freunden ihn zwang, Frauenkleider anzuziehen, um sich sexuell zu befriedigen. Die Hoffnung auf eine tröstende Wirkung der Phantasie führte zu einem Zwang, die Mißbrauchssituation zu wiederholen.

Diese Beispiele machen deutlich, wie wichtig es ist, sexuellen Mißbrauch im Rahmen bestehender Objektbeziehungen zu betrachten. In beiden Fällen spielen vorhergehende Erfahrungen eine ganz entscheidende Rolle dafür, welche Bedeutung die sexuellen Übergriffe erlangen. In beiden Fällen würde sexueller Mißbrauch bei einer Falldarstellung nicht im Titel erscheinen. Und damit ist die oben erwähnte Festellung Mosher's (Simon 1992) relativiert. Nichtsdestotrotz erscheint es wichtig, die spezifischen Übertragungs- und Gegenübertragungsaspekte noch weiter zu erforschen, die in Therapien mit Patienten mit sexuellen Mißbrauchserfahrungen eine Rolle spielen (vgl. dazu Levine 1990).

Literatur

Abraham, K. (1982): Gesammelte Schriften. Bd II. Frankfurt a.M., Fischer
Blass, R.; Simon, B. (1992): Freud on his mistake(s): the role of seduction in the etiology of the neuroses. In Morris H.; Smith J. (Eds.): Telling facts: history and narration in Psychoanalysis. Baltimore: John Hopkins, University Press, 160-183.

Blum, H. (1980): The value of reconstruction in adult psychoanalysis. International Journal of Psychoanalysis

Brenneis, C. B. (1994): Belief and suggestion in the recovery of memories of childhood sexual abuse. Journal of the American Psychoanalytic Association, 42, 1027-1053.

Cremerius, J. (1984): Die Psychoanalytische Abstinenzregel. Vom regelhaften zum operationalen Gebrauch. Psyche, 38, 769-800.

Freud, S. (1896): Zur Ätiologie der Hysterie, GW I, London, Imago,423-459.

Freud, S. (1897/ 1962): Brief an Fließ vom 21.9.1897. In S. Freud: Aus den Anfängen der Psychoanalyse,1887 - 1902. Briefe an Wilhelm Fließ. Frankfurt a. M., Fischer.

Freud,S. (1932/1978): Die Wege der Symptombildung. 23.Vorlesung. GW XI.Frankfurt a. M., Fischer, 372-391

Kramer, S. (1990). Residues of incest. In H. Levine (Ed.): Adult Analysis and Childhood Sexual Abuse. Hillside, New York, Analytic Press, 149-170.

Levine, H. (Ed.), (1990): Adult Analysis and childhood sexual abuse. Hillsdale, New York, The Analytic Press.

Loftus, E.; Ketcham, K. (1995): Die therapierte Erinnerung. Vom Mythos der Verdrängung bei Anklagen wegen sexuellen Mißbrauchs. Hamburg, Klein.

Person, E.; Klar, H. (1994): Establishing trauma: the difficulty distinguishing between memories and fantasies. Journal of the American Psychoanalytical Association, 42, 1055-1081.

Pfäfflin, F. (1994): Zur transsexuellen Abwehr. Psyche, 18, 904-931

Raphling, D. L. (1994) A patient who was not sexually abused. Journal of the American Psychoanalytic Association, 42, 65-78.

Simon, B. (1992): »Incest - see under Oedipus complex«: the history of an error in Psychoanalysis. Journal of the American Psychoanalytical Association, 40, 955-988.

Sexueller Mißbrauch in psychoanalytischen Therapieberichten: Eine empirische Untersuchung von 276 Fallgeschichten

Romuald Brunner, Adolph-Ernst Meyer[†]

Einleitung

Angestoßen durch umfangreiche Untersuchungen in den USA zur Prävalenz und den Folgen körperlicher und sexueller Kindesmißhandlung vor 10-15 Jahren wurden auch Freuds frühe traumatheoretische Auffassungen zur Pathogenese der Hysterie wieder aufgegriffen. Diese Sichtweise entwickelte sich in öffentlicher Diskussion zum Ansatzpunkt feministischer Kritik an der Psychoanalyse und führte zu Beginn der Achtzigerjahre vor allem in populärwissenschaftlichen Abhandlungen (Miller 1981; Masson 1984) zur Kritik triebtheoretischer Vorstellungen in der Psychoanalyse. Während sich anfänglich Wissenschaftler in der Auseinandersetzung um die Trieb- versus Traumatheorie polarisierten, differenzierten sich die Auffassungen Ende der Achtzigerjahre unter Rückgriff auf Ergebnisse multidisziplinärer Forschungen (v. a. rechtsmedizinische, sozialwissenschaftliche, psychologische und familiendynamische). Die nun vorliegende Bandbreite an wissenschaftlichen Erkenntnissen wurde in der psychoanalytischen Theorie und Praxis unzureichend reflektiert. Auswirkungen sexueller Traumata auf die Persönlichkeitsentwicklung von Patienten und die spezifische Bedeutung von Inzesterfahrungen in der Kindheit im analytischen Behandlungsprozeß wurden in psychoanalytischen Veröffentlichungen bislang spärlich (Ausnahmen bilden z.B. Veröffentlichungen von Hirsch 1990; Kögler 1991; Küchenhoff 1990; Levine 1990; Pfannschmidt 1987) diskutiert und meist an Kasuistiken dargestellt. Zu erwähnen ist auch, daß beinahe ausschließlich von weiblichen Patienten berichtet wurde und die Frage einer evtl. spezifischen Psychodynamik bei Männern nur begrenzt erörtert wurde (Williams 1987).

Während auf dem Gebiet anderer wissenschaftlicher Disziplinen (Kinder- und Jugendpsychiatrie, Psychiatrie, Rechtsmedizin, Psychosomatische Medizin, Pädiatrie) große Patientenstichproben untersucht wurden, fehlen diese bei Patienten, die sich in psychoanalytischen Langzeitbehandlungen befanden. Das Ziel der hier vorgestellten Studie war es daher, die Therapieprotokolle von ambulanten hochfrequenten Langzeitanalysen zu untersuchen.

Die Protokolle wurden unter der Fragestellung ausgewertet, wie häufig sich real-inzestuöse Vorkommnisse in dieser Stichprobe nachweisen ließen. Ebenso wurde die Art und der Schweregrad der Vorkommnisse sowie eine große Bandbreite psychopathologischer Auffälligkeiten erfaßt und diese im Kontext der Ergebnisse der multidisziplinären Forschungen zum sexuellen Mißbrauch bewertet. Aufgrund der großen Stichprobe wurde versucht, in gruppenstatistischen Vergleichen Gesetzmäßigkeiten dynamischer Zusammenhänge zu erfassen, die spezifische Ergebnisse bezüglich der Diagnosen sowie der psychopathologischen Störungsbilder ergeben könnten.

Material und Methodik

Beschreibung des Untersuchungsmaterials

Den Untersuchungsgegenstand bildet eine Sammlung von Therapieprotokollen von Patienten, die sich in hochfrequenten psychoanalytischen Langzeitbehandlungen befanden. Die zusammenfassenden Darstellungen der Therapieverläufe wurden als Abschlußarbeiten von Therapeuten vorgelegt, die sich zur Ausbildung zum Psychoanalytiker/Psychoanalytikerin in der Deutschen Psychoanalytischen Vereinigung (DPV) befanden. Dabei wurden alle aus der Ulmer Textbank (Mergenthaler u. Kächele 1994) verfügbaren Protokolle aus dem Zeitraum von 15 Jahren (1975 - 1989) ausgewertet. Ein Teil der Jahrgänge konnte nur unvollständig erfaßt werden.

Bei der Stichprobe handelt es sich nicht um eine »repräsentative Stichprobe psychoanalytischer Liegungsanalysen«, da sämtliche Protokolle als Grundlage für einen Vortrag zum Erwerb der Mitgliedschaft in der DPV dienten.

Die Gesamtstichprobe (n=276) bestand aus 167 weiblichen und 109 männlichen Patienten. Zu Beginn der Therapie waren die Patienten im Durchschnitt 29,3 Jahre alt. Der Anteil der Patienten mit akademischen Berufsabschlüssen (60,6 %) und akademischen Ausbildungsverhältnissen (20,7 % Studenten) ist in der Gesamtstichprobe gegenüber der Bevölkerungserwartung stark überrepräsentiert. Auch war bereits die Sozialschicht der Eltern der Patienten zugunsten der oberen Schichten überrepräsentativ vertreten.

Der Behandlungszeitraum erstreckte sich von zwei bis sieben Jahren und umfaßte bei 144 Behandlungen (52,7 %) 450 oder weniger Therapiestunden. 129 Patienten (47,3 %) wurden über 450 Stunden hinaus behandelt. Bei drei Patienten lagen keine Angaben über die Anzahl der Therapiestunden vor. Unter den insgesamt 276 Therapeuten befanden sich 114 weibliche (41,3 %) und 162 männliche (58,7 %) Therapeuten.

Definition von sexuellem Mißbrauch

Nur eine psychologische Definition sexuellen Mißbrauchs, die psychische, soziale und familiäre Faktoren mit einbezieht, kann als Diskussionsgrundlage dienen, um in der klinisch-wissenschaftlichen Arbeit zu einem verbesserten Verständnis spezifischer Ursachen und Folgen sexuellen Mißbrauchs zu gelangen. Wir meinen mit Hirsch (1990), daß es für die Psychodynamik vor allem auf die Qualität der Beziehung und nicht auf den biologischen Verwandschaftsgrad ankommt.

Fegert (1987, S. 168) schlägt eine eigenständige Definition des intrafamiliären sexuellen Mißbrauchs im Gegensatz zum extrafamiliären vor:

»Als intrafamilialer sexueller Mißbrauch werden sexuelle Handlungen in einer Pseudopartnerschaft zwischen zwei Personen bezeichnet, die entweder nahe verwandt sind oder sich selbst als nahe verwandt oder als sehr vertraut erleben (Stiefeltern, Partner der Mutter, Stiefgeschwister, Babysitter, etc.), wobei diese Personen ein struktureller Unterschied hinsichtlich Macht und Verantwortung sowie unterschiedliche soziale und emotionale Reife und sexuelle Informiertheit trennen.«

Da sich auch der überwiegende Teil sexueller Mißbrauchshandlungen bei Kindern und Jugendlichen im familiären Umfeld und sozialen Nahfeld ereignen, erscheint es insbesondere sinnvoll eine Definition zu wählen, die den psychologischen Besonderheiten einer intrafamiliären Dynamik Rechnung trägt. Im Gegensatz zu epidemiologisch ausgerichteten Untersuchungen dominiert bei Patienten aus klinischen Stichproben der Mißbrauch durch Mitglieder der Kernfamilie.

Drei Zuordnungskriterien wurden bei der Auswertung der Protokolle hinsichtlich der Realität oder eines Verdachtes auf das Vorliegen sexueller Mißbrauchserfahrungen gebildet:
- Selbstbericht des Patienten (85,1 %)
- Rekonstruktionen durch den Therapeuten (7,5 %)
- Verdacht des Therapeuten oder des Untersuchers (14,4 %)

In die Gruppe der Patienten mit Mißbrauchserfahrungen wurden nur diejenigen aufgenommen, deren erstes sexuelles Mißbrauchserlebnis sich bis zum einschließlich 17. Lebensjahr ereignet hatte.

Zur differenzierten Erfassung der unterschiedlichen Übergriffsarten wurden in Anlehnung an Czeromin (1990) folgende Definitionskriterien gebildet:
1. Vaginal-, Anal-, Oralverkehr
2. Schwergradiger genitaler Kontakt (z.B. versuchter Geschlechtsverkehr, Masturbation)
3. Mittelgradiger körperlicher Kontakt (z.B. Betasten und Küssen der Brüste, manipulative exzessive »Untersuchung der Genitale«)
4. Leichtgradiger körperlicher Kontakt (z.B. Umarmungen mit sexuell bedrängendem Charakter, »zufällige« Berührungen)
5. Sexualisierte Kommunikation (wiederholte anzügliche, sexualisierte Bemerkungen, Zeigen von pornographischem Material)

Diese differenzierte Klassifizierung der Übergriffe wurde vorgenommen, um u.a. Untersuchungen mit unterschiedlichen Definitionskriterien der Mißbrauchssituation zu ermöglichen. Wenn die Kategorien sich überschnitten, wurde die kategoriale Zuordnung nach dem schwersten Mißbrauchserlebnis vorgenommen. Die 5. Kategorie »sexualisierte Kommunikation« wurde gebildet, da wir mit Hirsch (1990, S. 10) meinen, daß »inzestuöse Gewalt durchaus auch ohne Körperkontakt vorliegen kann, z. B. als Voyeurismus oder als ständige verbale obszöne Verfolgung«.

Ergebnisse

22,8% aller Patientinnen und Patienten erlitten sexuelle Übergriffe der eng gefaßten Kriterien (Kategorie 1-3; im folgenden als Mißbrauchsgruppe I bezeichnet). Weitere 35,1% erlebten sexuell mißbräuchliche Handlungen, die unter die weitgefaßte (Kategorie 4 und 5; im folgenden als Mißbrauchsgruppe II bezeichnet) Definition fielen. 2,9% der 276 Analysanden bzw. -innen hatten bis einschließlich ihres 17. Lebensjahres (durch die Kernfamilie oder erweiterten Verwandschaft bzw. Personen aus dem sozialen Nahraum) einen Geschlechtsverkehr erlebt; 5,8% schwergradige genitale Kontakte sowie 14,1% mittelgradige Körperkontakte.

	Frauen		Männer		Gesamt	
	n	%	n	%	n	%
1. Vaginal-, Anal- u. Oralverkehr	7	4,2	1	0,9	8	2,9
2. Schwergradiger genitaler Kontakt	12	7,2	4	3,7	16	5,8
3. Mittelgradiger körperlicher Kontakt	23	13,8	16	14,7	39	14,1
4. Leichtgradiger körperlicher Kontakt	41	24,6	21	19,3	62	22,5
5. Sexualisierte Kommunikation	29	17,4	1	5,5	35	12,7
6. Kein sexueller Übergriff	55	32,9	61	56,0	116	42,0

Tabelle 1: Häufigkeit und Schweregrad der sexuellen Übergriffe. Kategorisierung nach schwerstem angegebenem Mißbrauchserlebnis.

Bei Verwendung einer weitgefaßten Mißbrauchsdefinition kommen zu obigen weitere 35,1% (die sog. »Mißbrauchsgruppe II«), nämlich 22,4% mit leichtgradigem Körperkontakt plus 12,6% mit »sexualisierter Kommunikation«, was dann – beide Gruppen zusammengefaßt – ein Gesamt von 57,8% mit sexuellen Mißbrauchserfahrungen ergibt. Ein Vergleich mit einem ambulanten Psychotherapieklientel im klassischen Setting ist aufgrund fehlender Studien z. Z. nicht möglich. Am ehesten eignen sich für einen Vergleich mit unserer Stichprobe die Untersuchungen von stationären Psychotherapiepatienten an deutschsprachigen Universitätseinrichtungen mit einer psychoanalytischen Behandlungsausrichtung (u.a. Ellerbrok et al. 1995; Kinzl et al. 1991).

Ellerbrok et al. (1995) untersuchten einen ganzen Jahrgang stationär psychotherapeutisch behandelter Patienten (N=137) und fanden bei einer weitgefaßten Definition einschließlich der Verdachtsfälle 34,4% mit sexuellem Mißbrauch in der Kindheit. Ein Vergleich der verschiedenen Schweregrade der Mißbrauchshandlungen ist nicht möglich, da die Essener Studie von Ellerbrok et al. (1995) keine Graduierung der Schweregrade vorgenommen hat.

In der Innsbrucker Studie von Kinzl et al. (1991) war bei 20% (Gesamtstichprobe n = 165 Frauen) aller dort stationär behandelten Patientinnen der psychosomatischen Abteilung der Universitätsklinik eines Jahrganges ein intrafamiliärer Mißbrauch explizit geworden. Dabei handelte es sich überwiegend (87%) um schwere Formen inzestuöser Handlungen. Der Gesamtanteil ist hier im Vergleich zu der eigenen Studie erheblich geringer, aber es dominieren deutlich schwerwiegendere Übergriffsarten.

Vergleicht man die Untersuchungsergebnisse mit klinischen Stichproben aus nordamerikanischen Universitäts-Kliniken, so fallen dort deutlich niedrigere Prävalenzraten (z.B. 44% bei Bryer et al., 1987) im Klientel stationär behandelter psychiatrischer Patienten auf. Dies trifft nicht für nach Krankheiten selegierte Patientenstichproben zu. So fand Morrison (1989) bei 60 Patientinnen mit somatoformen Störungen und Konversionsneurosen einen Anteil von 55% mit einer positiven sexuellen Mißbrauchsanamnese. Diese Rate entspricht annähernd der eigenen Studie unter der Zugrundelegung der weitgefaßten Mißbrauchsdefinition (57,9%). Somatoforme Störungen sowie konversionsneurotische Störungen stellten auch in der eigenen Stichprobe eine häufige Behandlungsindikation dar und könnten für die hohe Prävalenzrate mitverantwortlich sein. In der eigenen Studie dominieren Beschwerdemuster, Symptomenkonstellationen sowie Störungen der Persönlichkeitsentwicklung, in denen nach der bisherigen Forschung die höchsten krankheitsbezogenen Prävalenzraten anzutreffen sind.

Beim Vergleich der Schweregrade der mißbräuchlichen Handlungen mit den vorliegenden nordamerikanischen Studien erscheint der Anteil schwerster sexueller Mißbrauchshandlungen deutlich erhöht gegenüber den Befunden der eigenen Untersuchung. So entspricht der Anteil schwerster sexueller Mißbrauchsformen in der eigenen Studie (2,9% der Gesamtstichprobe) eher der Auftretenswahrscheinlichkeit in der Normalbevölkerung (vgl. Raupp u. Eggers 1993; Richter-Appelt u. Tiefensee 1996); allerdings ist der Anteil schwergradiger und mittelgradiger Übergriffsarten in der Allgemeinbevölkerung geringer.

Häufigkeit der sexuellen Übergriffe und Geschlecht der Patienten

Die Geschlechterverteilung zeigte einen deutlich höheren Anteil von Frauen (60,5% von 167 Frauen) in den beiden Mißbrauchsgruppen mit leichten und schweren Mißbrauchserfahrungen gegenüber den männlichen Patienten (39,5% von 109 Männern). 62,5% der 112 betroffenen Frauen erlitten leichte Übergriffe; 37,5% erlitten Übergriffe schwererer Art. Die Verteilung innerhalb aller betroffenen Männer wies bei 56,2% leichte Übergriffe und bei 43,8% schwere Übergriffe auf. Der in der Abbildung ersichtliche Unterschied der Verteilung der Geschlechter auf die drei Mißbrauchsgruppen ist statistisch signifikant ($\chi^2 = 14.8$, df = 2, p < .001).

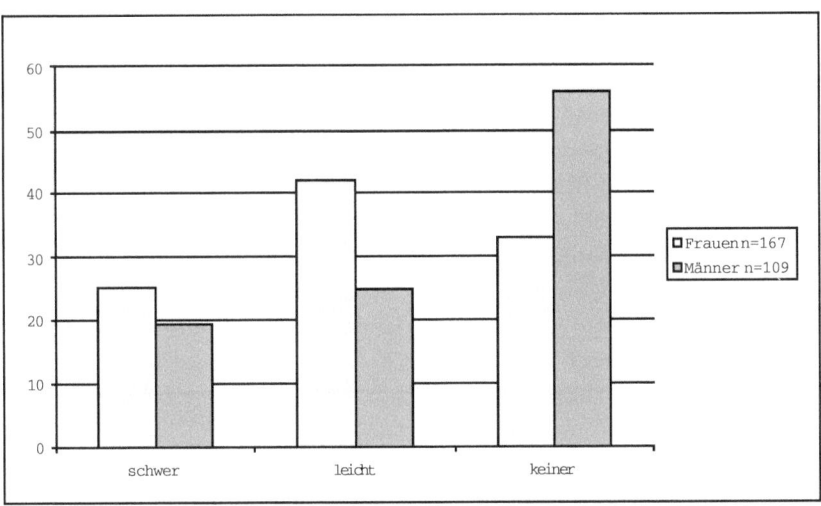

Abbildung 1: Schweregrad der sexuellen Übergriffe und Geschlecht der Patienten. Die Höhen der Säulen sind der Prozentsatz der Frauen (bzw. Männer) in den Gruppen mit schwerem, leichtem oder keinem sexuellen Mißbrauch bezogen auf die Gesamtgruppe der Frauen (bzw. Männer).

Status der Täter und Täterinnen

Eine Analyse der Sozialbeziehung zwischen Haupttäter und Betroffenen zeigt, daß die mißbräuchlichen Handlungen überwiegend von Mitgliedern der biologischen und sozialen Kernfamilie (83,8 %) ausgingen.

Täter	Frauen		Männer		Gesamt	
	n	%	n	%	n	%
Leibl. Vater/Ersatzvater	66	58,9	4	8,3	70	43,8
Leibl. Mutter/Ersatzmutter	8	7,1	32	66,7	40	25,0
Leibl. Bruder/Stiefbruder	6	5,4	1	2,1	7	4,4
Leibl. Schwester/Stiefschwester	—	—	1	2,1	1	0,6
Eltern	13	11,6	2	4,2	15	9,4
Verwandte u. Bekannte in soz. Nähe	19	17,0	8	16,6	27	16,8

Tabelle 2: Sozialbeziehung zum Täter

Nach Geschlechtern getrennt dominiert bei Frauen der Mißbrauch durch Vaterfiguren (58,9 %), bei Männern der Mißbrauch durch Mütter, bzw. Ersatzmütter (66,7 %). Auffallend hoch ist der Anteil männlicher Patienten, der schwerwiegenden Übergriffen aus der erweiterten Verwandtschaft und Bekanntschaft aus dem sozialen Nahfeld ausgesetzt waren (35 % Männer versus 16,3 % Frauen innerhalb der Gruppe mit schwergradigen Mißbrauchsvorfällen). Bei Männern dominiert der heterosexuelle Mißbrauch, Übergriffe durch Täter mit einer manifest homosexuellen Orientierung wurden sehr selten berichtet. Mit Ausnahme von sehr wenigen Fällen (drei berichteten Fällen und zwei Verdachtsfällen) finden sich in den Beschreibungen der Täter weder Sexualstraftäter noch Personen, bei denen eine schwerwiegende Störung in der sexuellen Identitätsentwicklung mit psychiatrischem Krankheitswert vermutet werden konnte.

Im Gegensatz zu epidemiologischen Studien findet sich in der eigenen Untersuchung eine deutliche Verschiebung hin zu einem vermehrten Mißbrauch durch Mitglieder der biologischen und sozialen Kernfamilie (83,2 %) versus der Gruppe der erweiterten Verwandtschaft und Bekanntschaft aus dem sozialen Umfeld (16,8 %). Diese Verschiebung von repräsentativen zu klinischen Populationen hin läßt sich bei einer

Analyse verschiedener Studien auch dort nachweisen (z.B. Draijer 1990; Moggi 1991, Russell 1986).

Mehrfachmißbräuche durch unterschiedliche Täter ließen sich bei 18,1 % aller von Übergriffen betroffenen Patienten nachweisen. Dabei folgten nicht selten die sehr schweren Handlungen auf zuvor bestehende leichtere Formen – häufig waren im Rahmen eines inzestoiden oder pornographischen Familienklimas die ersten Mißbrauchshandlungen erfolgt. Schwere Mißbrauchsformen durch die Ersttäter stellten auch einen weiteren Risikofaktor für einen Mehrfachmißbrauch durch weitere Täter dar. Die wenigen Patienten (3), die mit gänzlich unbekannten Tätern konfrontiert waren, waren zuvor sexuellen Übergriffen durch die biologische und soziale Kernfamilie ausgesetzt, so daß sämtlich betroffene Patienten Mißbrauchserfahrungen durch ihnen bekannte Personen ausgesetzt waren. Auch in der Essener Studie (Ellerbrok et al. 1995) erlitten insgesamt nur 3 Patienten sexuelle Übergriffe durch fremde Personen. Dieser geringe Anteil ist mehrfach v. a. in klinischen Studien (s. z.B. Finkelhor 1984; Russell 1983) bestätigt worden.

Der Anteil der weiblichen Täter fällt in den Vergleichstudien (z. B. Ellerbrok et al., 1995) im Gegensatz zur eigenen Untersuchung extrem gering aus (1,5 % bei Spencer et al. 1986 und 4 % bei Reinhart 1987). Auch der Trend (Finkelhor 1984), daß sich bei Jungen die Übergriffe im Gegensatz zu den Mädchen überwiegend außerhalb des "eigenen Familienkreises ereignen", bestätigt sich nicht, allerdings sind die Befunde kongruent mit der Zunahme schwergradiger Mißbrauchserfahrungen bei Jungen außerhalb des genannten Kreises. Grundsätzlich weisen Ergebnisse aus epidemiologisch ausgerichteten Studien (vgl. z. B. Richter-Appelt u. Tiefensee 1996) auf einen deutlich häufigeren Mißbrauch von Jungen – im Gegensatz zu Mädchen – durch Personen außerhalb der Familie und des sozialen Nahfeldes hin.

Alter bei Mißbrauchsbeginn

Das durchschnittliche Alter beim ersten sexuellen Mißbrauchsvorfall betrug in der Gruppe der Frauen 9,2 Jahre, in der Gruppe der Männer 12,1 Jahre. Einschränkend muß erwähnt werden, daß das Alter bei den ersten Übergriffen nur bei 26,3 % aller betroffenen Patienten ermittelt werden konnte. Das hier vorgefundene Durchschnittsalter ist gut mit epidemiologischen und klinischen Studien vergleichbar mit der Einschränkung, daß sich Studien häufen, die bei Jungen von einer unter dem Altersdurchschnitt der Mädchen liegenden Alter bei der ersten Mißbrauchserfahrung ausgehen. Ein Zusammenhang zwischen dem Alter bei Mißbrauchsbeginn mit möglicherweise spezifisch psychopathologischen Auffälligkeiten im Erwachsenenalter konnte nicht statistisch signifikant nachgewiesen werden. Ein Trend besteht zur Ausbildung von Angst- und somatoformen Störungen, je früher der Mißbrauch bei den damaligen Jungen und Mädchen einsetzte.

Kindheit und Jugend

Psychische Auffälligkeiten in der Kindheit und Jugend, traten sowohl bei weiblichen als auch männlichen Patienten mit sexuellen Mißbrauchserfahrungen häufiger auf als bei Patienten ohne diese Erlebnisse. Allerdings ist dieser Unterschied nur bei den weiblichen Patienten statistisch signifikant. Angstzustände, depressive Verstimmungen, Eßstörungen und Einnässen stellten die Leitsymptome dar. Ein statistisch signifikanter Zusammenhang zwischen einem einzelnen Symptom, das in der Kindheit und Jugend vorlag, und sexuellen Mißbrauchserfahrungen konnte nicht gefunden werden. Dieser Befund steht in Übereinstimmung mit zahlreichen Studien (s. Brunner et al. 1994; Kendall-Tackett et al. 1993) zu den Auswirkungen sexuellen Mißbrauchs auf Kinder. Die Störungen folgen eher den allgemein alterstypischen Verläufen psychischer und psychiatrischer Störungen im Kindes- und Jugendalter.

	Frauen		Männer		Gesamt	
	n	%	n	%	n	%
kein sexueller Mißbrauch	20	36,7	20	32,8	40	34,5
sexueller Mißbrauch	64	57,1	21	43,8	85	53,1

Tabelle 3: Psychische Auffälligkeiten in Kindheit und Jugend.
  Bei den Frauen ist der Zusammenhang zwischen sexuellem Mißbrauch (beide Mißbrauchsgruppen zusammengefaßt) und dem Auftreten von Symptomen in der Kindheit und Jugend statistisch signifikant (Fisher-exact-test: p=0.014). Bei den Männern ist der Zusammenhang nicht signifikant.

Psychopathologische Auffälligkeiten der Analysanden

Psychopathologische Leitsymptome in der Gesamtstichprobe stellen vor allem depressive Symptome, sexuelle Funktionsstörungen, somatoforme Störungen sowie Angststörungen dar.

	Frauen		Männer		Gesamt	
	n	%	n	%	n	%
Deppressive Störung	90	53,9	49	45,0	139	55,4
Sexuelle Funktionsstörungen	66	39,5	22	20,2	88	31,9
Somatoforme Störungen	43	25,8	36	33,0	79	28,6
Angststörung	42	25,2	20	18,4	62	22,5
Schmerzstörungen	37	22,2	16	14,7	53	16,7
Suizidideen	30	18,0	16	14,7	46	16,7
Schlafstörungen	21	12,6	17	15,6	38	13,8
Eßstörungen	31	18,6	3	2,8	34	12,3
Dissoziative Störungen	27	16,2	6	5,5	33	12,0
Störung der sexuellen Orientierung	12	7,2	12	11,0	24	8,7
Phobische Störung	17	10,2	6	5,5	23	8,3
Zwangsstörung	9	5,4	13	11,9	22	8,0

Tabelle 4: Psychopathologische Auffälligkeiten.
Die psychopathologischen Auffälligkeiten stellen eine nach ihrer Häufigkeit geordnete Selektion aus der Gesamtheit aller Auffälligkeiten dar: Die Häufigkeit mußte bei den Frauen oder Männern mindestens 10% betragen.

Eine Analyse des Zusammenhanges zwischen den Mißbrauchsschweregraden und den psychopathologischen Auffälligkeiten unter Berücksichtigung der Geschlechterdifferenzen ergab folgende Befunde:
Frauen mit Mißbrauchserfahrungen leiden statistisch signifikant häufiger an Angstsymptomen als Patienten ohne diese Erlebnisse. In der Gruppe der Männer läßt sich kein signifikanter Zusammenhang nachweisen; die Ausbildung der Angstsymptomatik erweist sich als der einzige geschlechtsspezifische Zusammenhang. Unabhängig vom Geschlecht stehen sexuelle Mißbraucherfahrungen in einem statistisch gesicherten Zusammenhang mit somatoformen Beschwerden. Dies gilt ebenso für das Auftreten sexueller Funktionsstörungen. Bei der depressiven Symptomatik fand sich bei den Frauen eine (aller-

dings statistisch nicht signifikante) Zunahme von der leichten zur schweren Mißbrauchsgruppe hin, wohingegen bei männlichen Patienten sexuell mißbräuchliche Erfahrungen auf die Ausbildung einer depressiven Symptomatik keine Einflußgröße darzustellen schienen. Dieser Befund deutet auf eine möglicherweise geschlechtsspezifische Verarbeitung der traumatischen Lebenserfahrung hin. Bei den Frauen liegt der Anteil an Eßstörungen, dissoziativen Phänomenen, Schmerzstörungen sowie Störungen der sexuellen Orientierung deutlich – wenn auch nicht statistisch signifikant – über der Auftretenshäufigkeit der Frauen in der Vergleichsgruppe. (Die statistische Analyse wurde mit einem log-linearem Modell vorgenommen, s. Agresti 1990 und Brunner 1996).

Psychopathologische Komorbidität

Die Häufigkeit mehrerer gleichzeitig vorliegender psychopathologischer Auffälligkeiten nimmt mit einem zunehmenden Schweregrad der Mißbrauchserfahrungen zu. Dieser Zusammenhang erweist sich als statistisch hochsignifikant. (Parameterfreie Varianzanalyse nach Kruskal-Wallis p<.001).

	Mittelwert der Symptomhäufigkeit	Standardabweichung des Mittelwertes	n
kein Mißbrauch	2,0	0,15	116
leichter Mißbrauch	2,8	0,16	97
schwerer Mißbrauch	3,1	0,20	63

Tabelle 5: Anzahl psychopathologischer Symptome und sexueller Mißbrauch

Das Vorliegen einer erhöhten psychopathologischen Komorbidität als spezifische Folge von sexuellen Mißbrauchserfahrungen konnte auch in anderen Studien (u. a. Brown et al. 1991; Bushnell et al. 1992) bestätigt werden; ebenso daß weniger ein besonders schwerer Ausprägungsgrad einer einzelnen psychiatrischen Erkrankung gefunden wurde. Die epidemiologisch ausgerichtete Studie von Bushnell et al. (1992) fand in einer Subgruppe von Frauen (n=301) mit sexuellen Mißbrauchserfahrungen ein leicht erhöhtes Vorkommen an depressiven Störungen, bulimischen Eßstörungen, Angststörungen, Suchterkrankungen und somatoformen Störungen. Allerdings war nur für die depressive Symptomatik der Unterschied statistisch signifikat. Verschiedene Studien in klinischen Stichproben (z.B. Ellerbrok et al. 1995; Kinzl et al. 1991) konnten kein Auftreten eines spezifischen psychopathologischen Störungsbildes im Zusammenhang mit sexuellen Mißbrauchserfahrungen nachweisen. Eine Auswertung (s. Brunner 1996) verschiedener klinischer Studien zeigte eine – statistisch nicht signifikante – Häufung einer Vorgeschichte mit sexuell mißbräuchlichen Erfahrungen bei typischen psychopathologischen Symptomen, Symptomenkomplexen und Persönlichkeitskonfigurationen. In der eigenen Untersuchung hingegen fanden sich die oben beschriebenen signifikanten Korrelation zwischen sexuellen Mißbrauchserfahrungen und dem Auftreten von Angstsymptomen, Somatoformen Beschwerden und Sexuellen Funktionsstörungen. Allerdings handelte es sich hierbei um eine Erhebung von Symptomen und um keine syndromale Zuordnung in Diagnosen bzw. Diagnosegruppen wie z.B. in den Studien von Ellerbrok et al. 1995 und Kinzl et al. 1991.

In den wenigen umfangreichen empirischen Studien, die Männer mit einbezogen (u.a. Brown et al. 1991), wurden im Gegensatz zu den eigenen Befunden (s.o.) keine deutlichen Geschlechtsunterschiede bezüglich der psychopathologischen Auffälligkeiten gesehen. Das – gegenüber den weiblichen Patienten – Überwiegen somatoformer und hypochondrischer Störungen und das geringere Auftreten depressiver Reaktionen bei Männern mit Inzesterfahrungen in der eigenen Studie deuten auf eine geschlechtstypische Verteilung hin.

Gerade der Befund, daß bei zunehmendem Mißbrauchsschweregrad eine erhöhte psychiatrische Komorbidität beobachtet wurde, könnte die These stärken, daß die Komorbidität Ausdruck einer durch die schweren traumatischen Erfahrungen ausgelösten multiplen Schädigung der Persönlichkeitsentwicklung sein könnte. Um die Frage nach einer evtl. spezifischen Ausbildung von Symptomen oder Symptomenkonstellationen glaubwürdig zu untersuchen, ist eine Kontrolle von prä- und posttraumatischen Einflußgrößen (z. B. des familiären Kontextes) erforderlich. Eine bereits vorliegende Studie (Weissmann Wind 1994) konnte z.B. nachweisen, daß bei Frauen mit sexuellen Mißbrauchserfahrungen in ihrer Kindheit und Jugend die depressive Symptomatik auf eine familiäre, emotionale Vernachlässigung zurückzuführen war, und daß Symptome einer posttraumatischen Belastungsstörung nur in Abhängigkeit vom Ausmaß der Mißhandlung und auch unabhängig von Umgebungseinflüssen vorlagen.

Gerade, daß auch leichtere Formen grenzüberschreitender sexueller Handlungen einen wesentlichen Faktor – nach den Ergebnissen der eigenen Untersuchung – in der Pathogenese psychischer Störungen darstellen, wertet dieser Befund – entgegen der aktuellen Diskussion – die Bedeutung psychogenetischer Faktoren auf, d.h. insbesondere auch entwicklungspsychologischer und familiendynamischer Aspekte der psychosexuellen Identitätsentwicklung. Auswirkungen real inzestuöser Übergriffe werden häufig nur vor einem Hintergrund verständlich, der u.a. die psychosexuelle Identitätsentwicklung, die ödipale Konfliktsituation und die reale Handlung miteinschließt und gewichtet.

Diagnostische Beurteilungen

Bei der Häufigkeitsverteilung der von Analytikern/innen getroffenen diagnostischen Beurteilungen dominiert die hysterische Neurose (38,4 % aller weiblichen und 24,8 % aller männlichen Patienten). Bei der Zusammenfassung der hysterischen Neurosen mit allen weiteren Hysteriediagnosen (Diagnosen wie hysterisch – depressive Struktur, hysterische Symptomatik etc.) steigt der Anteil an Hysteriediagnosen in der Gesamtstichprobe (49,5 %) bei Frauen auf 58,4 % und bei Männern auf 36,7 %. Alle anderen Diagnosen mit Ausnahme eines deutlichen Überwiegens anankastischer Neurosen bei männlichen Patienten erschienen zwischen den Geschlechtern annähernd gleich verteilt. Der Zusammenhang zwischen hysterischer Neurose und sexueller Mißhandlung ist hoch signifikant ($\chi^2 = 20$, df = 2, p<.001, C=0.26). Bei einer Ergänzung um alle weiteren Hysteriediagnosen zeigt sich der Zusammenhang noch ausgeprägter.

	Frauen		Männer		Gesamt	
	n	%	n	%	n	%
kein Mißbrauch	10	18,2	11	18,0	21	18,1
leichter Mißbrauch	33	47,1	10	37,0	43	44,3
schwerer Mißbrauch	21	50,0	6	28,6	27	42,9

Tabelle 6: Häufigkeit der hysterischen Neurose in den unterschiedlichen Mißbrauchsgruppen

Da Studien (u. a. Rudolf et al. 1985) die Einschätzung von Neurosestrukturen auch in Abhängigkeit von unterschiedlichen Therapeutenpersönlichkeiten sahen sowie die Neigung zu Urteilsstereotypien in der diagnostischen Beurteilung, wurde eine mögliche Bevorzugung bestimmter Diagnosegruppen untersucht. Bei einer Analyse der Diagnosebildung in Abhängigkeit vom Geschlecht der Therapeuten konnte kein statistischer Zusammenhang belegt werden. Aufgrund einer gehäuft nachweisbar anzutreffenden Erotisierung der Therapie in der Behandlungssituation von Patientinnen und männlichen Therapeuten wäre evtl. auch eine häufigere Diagnosestellung der hysterischen Neurose durch männliche Therapeuten zu bedenken gewesen. Da die psychoanalytische Diagnose eine Prozeßdiagnose darstellt, ist zu bedenken, daß hysterische Muster als Artefakt des Settings generiert oder reaktiviert werden könnten.

Auch wird das theoretische Wissen und behandlungstechnische Vorgehen nicht allein durch den einzelnen Analytiker bestimmt, sondern ist durch Einstellungen und Haltungen der Supervisoren und der jeweiligen unterschiedlichen Ausbildungsinstitute mitbestimmt. Buchholz (1993) spricht von einer institutionellen Kodetermination therapeutischer Entscheidungen, d. h., die therapeutische Praxis wird von institutionellen Strukturen überlagert. Aber auch die Orientierung der Ausbildungsinstitute bzw. der Therapeuten an sich ändernden theoretischen Sichtweisen innerhalb der Psychoanalyse (z. B. Positionen der Selbstpsychologie versus objektbeziehungstheoretischer Vorstellungen) tragen zu einer Veränderung im Diagnoseverhalten der Therapeuten bei.

Schlußfolgerungen

Das untersuchte Kollektiv von 276 Patienten stellt im Rahmen hochfrequenter psychoanalytischer Liegungsanalysen eine homogene Gruppe dar, für die die Untersuchungsergebnisse am ehesten Gültigkeit beanspruchen. Eine Generalisierung der Befunde auf andere, ähnliche Kollektive (z. B. Patienten in psychoanalytischen Therapien außerhalb des klassischen Settings oder anderer psychotherapeutischer Schulen oder in Behandlungen psychiatrischer Behandlungseinrichtungen) sind nur eingeschränkt möglich.

Die Befunde der Untersuchung fordern zur Neubewertung der psychoanalytischen Theorie und Behandlungspraxis im Umgang mit sexuell traumatisierten Patienten auf. Eine Neukonzeptualisierung der bisherigen pathogenetischen Vorstellungen zur Entwicklung hysterischer Neurosen erscheint vorrangig. Die eigenen Untersuchungsergebnisse weisen darauf hin, daß real inzestuöse Erfahrungen einen wesentlichen Mediator bei der Ausbildung hysterischer Krankheitsbilder (neben den beschriebenen psychopathologischen Auffälligkeiten) darstellen, und weisen genetische Erklärungen aus psychoanalytischer Sicht i. S. einer ausschließlichen Verursachung durch eine ödipale Problematik zurück. Während der oralen und narzißtischen Konfliktdynamik (vgl. Küchenhoff 1996) in der Genese hysterischer Störungen in den vergangenen Jahren mehr Aufmerksamkeit zuteil wurde, so ist der Bedeutung der äußeren Realität bis zumindest in die Mitte der achtziger Jahre hinein nur marginal Beachtung geschenkt worden. Dies trifft zumindest für die theoriegeleitete wissenschaftliche Diskussion zu (vgl. z.B. Simon 1992).

Der in der Untersuchung gefundene statistisch gesicherte Zusammenhang zwischen einer Vorgeschichte an sexuellen Mißbrauchserfahrungen und der Ausbildung einer hysterischen Neurose sollte nicht dazu verleiten psychogenetische Erklärungsmodelle durch soziogenetische zu ersetzen, sondern dazu führen, die Wertigkeit zwischen infantiler Sexualität und infantiler Traumatisierung neu zu bestimmen. Denn auch wenn sich die Wahrscheinlichkeit zur Ausbildung einer hysterischen Neurose ohne eine Vorgeschichte an sexuellen Mißbrauchserfahrungen erheblich verringert, bleibt ein erheblicher Anteil an Patienten ohne hysterische Störungen, die eine Mißbrauchsvorgeschichte aufweisen. Gerade die Auswirkungen der so häufig in dieser Stichprobe vorkommenden leichten und mittelgradigen sexuellen Übergriffe werden nur unter Einbeziehung u. a. familiendynamischer Sichtweisen, die auch das libidinöse Klima einer Familie und die Besonderheiten in der psychosexuellen Entwicklung von Kindern und Jugendlichen berücksichtigt, verständlich. Die unterschiedlichen Merkmalsmuster sexuell mißbräuchlicher Handlungen sowie ihr sozialer Kontext müssen grundsätzlich berücksichtigt werden. Auch der Umstand, daß ein Großteil von Kindern und Jugendlichen mit sexuellen Mißbrauchserfahrungen psychiatrisch unauffällig bleiben, weist auf die Wichtigkeit aggravierender und protektiver Faktoren im familiären Kontext hin. Eine Reflexion bisheriger theoretischer Standpunkte macht die Einbeziehung interdisziplinärer Forschungsergebnisse unabdingbar, um dem multiplen Bedingungsgefüge in der Entwicklung seelischer Störungen bei Patienten mit sexuellen Mißbrauchserfahrungen Rechnung zu tragen.

Literatur

Agresti, A. (1990): Categorical Data Analysis. New York, John Wiley & Sons.
Brown, G.R., Anderson B. (1991): Psychiatric morbidity in adult inpatients with childhood histories of sexual and physical abuse. In: American Journal of Pychiatry 148, 55 - 61.
Brunner, R., Geiken, G., Meyer, A.-E. (1994): Intrafamilial sexual abuse in childhood and adolescence in the view of adult patients. Vortrag bei dem 13. Kongreß der International Association for Child and Adolescent Psychiatry and Allied Profesions (IACAPAP), San Francisco.
Brunner, R. (1996): Die spezifische Bedeutung von Inzesterfahrungen bei Patienten im psychoanalytischen Therapieprozeß. Dissertationschrift, Ruprecht-Karls-Universität Heidelberg.
Bryer, J.B., Nelson, B.A., Miller, J.B., Krol, P.A. (1987): Childhood sexual and physical abuse as factors in adult psychiatric illness. In: American Journal of Psychiatry 144, 1426 - 1430.
Buchholz, M.B. (1993): Probleme und Strategien qualitativer Psychotherapieforschung in klinischen Institutionen. In: Psyche 2, 148 - 179.
Bushnell, J.A., Wells, J.E., Dakley-Browne, M.A. (1992): Long-term effects of intrafamilial sexual abuse in childhood. In: Acta Psychiatrica Scandinavica 85, 136 - 142.
Czeromin, U. (1990): Sexueller Kindesmißbrauch im sozialen Nahraum und dessen Folgen: Eine retrospektive Untersuchung von Opfern sexueller Gewalt im Kindesalter. Dissertationsschrift, Universität Göttingen
Draijer, N. (1990): Die Rolle von sexuellem Mißbrauch und körperlicher Mißhandlung in der Ätiologie psychischer Störungen bei Frauen. In: System Familie 3, 59 - 73.
Ellerbrok, G., Heuft, G., Senf, W. (1995): Zur Prävalenz sexuellen Mißbrauchs in der Vorgeschichte stationärer Psychotherapiepatienten. In: Psychotherapeut 40, 9-16.
Fegert, J. (1987): Sexueller Mißbrauch von Kindern. In: Praxis der Kinderpsychologie und Kinderpsychiatrie 36, 164 - 170.
Finkelhor, D. (1984): Child Sexual Abuse: New Theory and Research. New York, Free Press.
Hirsch, M. (1990): Realer Inzest. Psychodynamik des sexuellen Mißbrauchs in der Familie. Berlin, 2. Auflage, Springer.
Kendall-Tackett, K.A., Meyer Williams, L, Finkelhor, D. (1993): Impact of Sexual abuse on children: a review and synthesis of recent empirical studies. In: Psychological Bulletin 113, 164 - 180.
Kinzl, J., Biebl, W., Hinterhuber, H. (1991): Die Bedeutung von Inzesterlebnissen für die Entstehung psychiatrischer und psychosomatischer Erkrankungen. In: Nervenarzt 62, 565 - 569.

Kögler, M. (1991): Die Verarbeitung des Inzesttraumas in der psychoanalytischen Behandlung. In: Forum der Psychoanalyse 7, 202 - 213.
Küchenhoff, J. (1990): Die Repräsentation früher Traumata in der Übertragung. In: Forum der Psychoanalyse 6, 15 - 31.
Küchenhoff, J. (1996): Psychoanalytische Therapie bei Hysterie. In: Senf, W., Broda, M. (Hrsg.) Praxis der Psychotherapie: Ein integratives Lehrbuch für Psychoanalyse und Verhaltenstherapie. Stuttgart, New York, Thieme, 302 - 305.
Levine, H.B. (1990): (ed) Adult Analysis and Childhood Sexual abuse. Hillsdale, New Jersey, The Analytic Press.
Masson, J.M. (1984): Was hat man dir, du armes Kind, getan? Sigmund Freuds Unterdrückung der Verführungstheorie. Reinbek, Rowohlt.
Mergenthaler, E., Kächele, H. (1994): Die Ulmer Textbank. In: Psychotherapie, Psychosomatik, Medizinische Psychologie 44, 29 - 35.
Miller, A. (1981): Du sollst nicht merken. Frankfurt am Main, Suhrkamp.
Moggi, F. (1991): Sexuelle Kindesmißhandlung: Definition, Prävalenz und Folgen. In: Zeitschrift für Klinische Psychologie, Psychopathologie und Psychotherapie 4, 323 - 335.
Morrison, J. (1989): Childhood sexual histories of women with somatization disorder. In: American Journal of Psychiatry 146, 239 - 241.
Pfannschmidt, H. (1987): Das Erleben von Patient und Analytiker bei der Übertragung ödipal-inzestuöser Wünsche. In: Forum der Psychoanalyse 3, 205 - 214.
Raupp, U., Eggers, Ch. (1993): Sexueller Mißbrauch von Kindern. In: Monatsschrift für Kinderheilkunde 141, 316-322.
Reinhart, M.A. (1987): Sexually abused boys. In: Child Abuse and Neglect 11, 229 - 235.
Richter-Appelt, H., Tiefensee, J. (1996): Soziale und familiäre Gegebenheiten bei körperlichen Mißhandlungen und sexuellen Mißbrauchserfahrungen in der Kindheit aus der Sicht junger Erwachsener. Ausgewählte Ergebnisse der Hamburger Studie (Teil I). In: Psychotherapie, Psychosomatik, Medizinische Psychologie 46, 367-378.
Rudolf, G., Stille D. (1985): Wege der klinischen Urteilsbildung: Die Einschätzung von Neurosenstrukturen und Behandlungschancen durch unterschiedliche Therapeutenpersönlichkeiten. In: Czogalik, D., Ehlers, W., Teufel, R. (Hrsg) Perspektiven der Psychotherapieforschung: Einzelfall-Gruppe-Institution. Freiburg, Breisgau, Hochschulverlag, 228 - 241.
Russell, D.E. (1983): The incidence and prevalence of intrafamilial und extrafamilial sexual abuse of female children. In: Child Abuse and Neglect 7, 133 - 146.
Russell, D.E. (1986): The Secret Trauma. Incest in the Lives of Girls and Woman. New York, Basic Books.
Simon, B. (1992): »Incest - see under Oedipus complex«: the history of an error in psychoanalysis. In: Journal of the American Psychoanalytic Association 40, 955 - 988.
Spencer, M.J., Dunklee, P. (1986): Sexual abuse of boys. In: Pediatrics 78, 133 - 138.
Weissmann Wind, T., Silver, L. (1994): Parenting and family stress as mediators of the long-term effects of child abuse. In: Child Abuse and Neglect 18: 439-453.
Williams, M. (1987): Reconstruction of an early seduction and its after effects. In: Journal of the American Psychoanalytic Association 35, 145 - 164.

Sexueller Mißbrauch in der Psychotherapie: Eine Einführung

Martin Ehlert-Balzer

Die erste Veröffentlichung, die sich mit dem Thema beschäftigt, in das ich Ihnen heute eine erste Einführung geben möchte, stammt natürlich – wie könnte es anders sein? – aus der Feder Sigmund Freuds, und es lohnt sich, die Entstehungsumstände dieser Arbeit, die schließlich 1915 unter dem Titel »Bemerkungen über Übertragungsliebe« erschien, etwas genauer zu betrachten.

Freud stand einerseits unter einem enormen Druck, nicht nur durch die gerade zurückliegende sogenannte »Jung-Spielrein-Affäre«, sondern auch durch den Umstand, daß er nahezu alle seiner Schüler in mehr oder weniger direkt sexuelle Beziehungen zu ihren Patienten verstrickt sah – die Liste der betroffenen Analytiker ist zu lang, als daß ich sie Ihnen hier vortragen könnte, Sie finden sie in dem überaus informativen Buch von Krutzenbichler und Essers (1991) »Muß denn Liebe Sünde sein?« Auf der anderen Seite wollte Freud, um der Psychoanalyse nicht zu schaden, auf keinen Fall irgend etwas von dieser Problematik an die Öffentlichkeit dringen lassen, so daß er zunächst den Plan faßte, seine Arbeit in wenigen, geheim zu haltenden Exemplaren unter seinen Anhängern zirkulieren zu lassen. Allein der technischen Undurchführbarkeit dieses Vorhabens verdanken wir heute die Kenntnis dieser bahnbrechenden, bis heute wegweisenden Schrift, in der er unmißverständlich feststellt: »Er [der Arzt] hat diese Verliebtheit durch die Einleitung der analytischen Behandlung zur Heilung der Neurose hervorgelockt; sie ist für ihn das unvermeidliche Ergebnis einer ärztlichen Situation, ähnlich wie die körperliche Entblößung eines Kranken oder wie die Mitteilung eines lebenswichtigen Geheimnisses. *Damit steht es für ihn fest, daß er keinen persönlichen Vorteil aus ihr ziehen darf. Die Bereitwilligkeit der Patientin ändert nichts daran, wälzt nur die ganze Verantwortlichkeit auf seine eigne Person*« (Freud 1915a, S.318; Hervorhebung von mir).

Wie prekär die Beschäftigung mit der Problematik sexueller Beziehungen zwischen Therapeut und Patientin[1] damals gewesen sein muß, läßt sich u.a. daran ermessen, daß die nächsten knapp 50 Jahre buchstäblich nichts mehr dazu geschrieben wurde. Die Widerstände gegen die Beleuchtung dieses Themas scheinen zumindest bis in die jüngste Vergangenheit weitgehend dieselben geblieben zu sein. So schildert z.B. Saul, der schließlich 1962 die erste Arbeit der neueren Zeit über das Thema veröffentlichen konnte, sehr anschaulich, welche Hemmnisse ihm bei der Publikation in den Weg gelegt wurden. Bis heute scheint die offizielle Psychoanalyse sich des Problems durch Verleugnung entledigen zu wollen, frei nach dem Motto, daß nicht sein kann, was nicht sein darf. So erhielt ich noch 1990 von einer renommierten psychoanalytischen Vereinigung auf einen Fragebogen, den ich an alle größeren Therapieverbände geschickt und in dem ich u.a. danach gefragt hatte, wie viele solcher Fälle innerhalb des Verbandes bekannt geworden sind und wie damit umgegangen wird, lediglich zur Antwort, daß in der Psychoanalyse, wie ich ja vielleicht gehört hätte, die Abstinenzregel gelte, die sexuelle Beziehungen zu Patienten ausschließe. Die Kollegen Becker-Fischer und Fischer, die jüngst eine größere empirische Studie zu der Thematik abgeschlossen haben, haben offenbar ähnliche Erfahrungen gemacht: »In der psychoanalytischen Ausbildung war klar, daß die Abstinenzregel u.a. sexuelle Kontakte mit Patienten oder auch private Beziehungen allgemein ausschließt. [...] Von sexuellem Mißbrauch in Psychoanalysen und Psychotherapien hatten wir nichts gehört. Es war für uns wie für die Berufsverbände generell kein Thema« (1996, S.11). Der Umstand jedoch, daß ich hier von der Herausgeberin zu diesem Beitrag *eingeladen* wurde, scheint mir zu zeigen, daß es sich mittlerweile doch nicht mehr um ein »crime with no name« handelt, wie Davidson es 1977, damals sicher zu Recht, genannt hat.

Warum »sexueller Mißbrauch«?

Nun spricht Nicolaus Becker (1997) in seinem Beitrag über erotische Übertragung und Gegenübertragung am Rande über »Liebesaffären in der Analyse« – während ich von »sexuellem Mißbrauch in der Psychotherapie« spreche. Da wir beide offensichtlich dasselbe meinen, stellt sich die Frage, wie der Unterschied in der Formulierung begründet ist.

Ist jede sexuelle Beziehung innerhalb des therapeutischen Settings wirklich immer gleich ein Mißbrauch? »Welche Art von Schädigung könnte in einer einverständlichen sexuellen Interaktion liegen, außer daß sie selbstgesetzte Erwartungen nicht erfüllt?« fragt z.B. Serban (1981, S.81) nicht ohne Hintergedanken. Wie sollen wir verstehen, daß »Patienten [...] sich in der therapeutischen Situation nicht frei entscheiden [können], wie sie das als erwachsene Menschen in ihrem Leben außerhalb der Therapie können«? Können wir dies wirklich so ohne weiteres schlicht voraussetzen, wie Becker-Fischer und Fischer dies tun (1996, S.135)? Sollen wir tatsächlich annehmen, »daß sie [...] geistig nicht in der Lage sind, die Bedeutung des sexuellen Aktes, dem sie zugestimmt haben, zu erfassen«, wie dies Serban (1981, S.80) in polemischer Absicht formuliert?

In der Tat ist eine erwachsene Patientin ja kein Kind mehr – weshalb sich in der Anhörung zu der geplanten Strafrechtsänderung alle eingeladenen Experten dagegen ausgesprochen haben, sexuelle Kontakte zwischen Therapeuten und Patientinnen unter den Tatbestand des »sexuellen Mißbrauchs Widerstandsunfähiger« zu fassen, sondern statt dessen einen eigenen Straftatbestand gefordert haben, der solche Beziehungen per definitionem als sexuellen Mißbrauch deklariert und als solchen unter Strafe stellt.[2] Dies ist gerechtfertigt, wenn man die Psychodynamik des Geschehens und die enorme Schädigung der betroffenen Patientinnen betrachtet, auf die ich gleich zurückkommen werde. Ich möchte mich daher auch nicht unnötig mit Definitionsfragen aufhalten, sondern werde – im Vorgriff auf meine folgenden Ausführungen – *jede* sexuelle Beziehung, die innerhalb des therapeutischen Settings stattfindet oder auch nur in ihm angebahnt wurde, als *sexuellen Mißbrauch durch den Therapeuten* bezeichnen, und zwar unabhängig davon, ob die sexuelle Beziehung »einvernehmlich« oder gar auf Initiative der Patientin zustande kam.

Dieser Auffassung, die, soweit ich sehe, alle vertreten, die sich mit der Problematik länger beschäftigt haben, ist nun unlängst der Würzburger Kollege und Lehranalytiker Günther Bittner (1996) in einem Vortrag vor der Jahresversammlung der DGPT vehement entgegengetreten: Unter dem Titel »Liebe in der Analyse – ein Fall für den Staatsanwalt?« legt er dar, daß er »sexuelle Beziehungen« keinesfalls mit Mißbrauch gleichgesetzt wissen will: Statt dessen möchte er von dem »Abenteuer einer Liebesbeziehung in der Analyse« sprechen, das immer wieder

»auch zu einem unerwartet glücklichen Ausgang« führen, ja in vielen Fällen auch die »Fortsetzung der Analyse mit anderen Mitteln« darstellen könne. Leider ließen sich die positiven Auswirkungen sexueller Beziehungen nicht aufweisen, da diese aufgrund ihrer »undifferenzierten Kriminalisierung« nicht wirklich vorurteilsfrei erforscht werden könnten, wobei er überzeugt ist, daß wenn überhaupt weniger »die Aufnahme einer sexuellen Beziehung, sondern allenfalls der Abbruch derselben« traumatisch wirke.

Ich muß gestehen, daß es mir nicht leicht fällt, auf Bittners Einwurf zu antworten – nicht weil mir die Argumente fehlten, die lassen sich leicht anführen, sondern weil mir die Ignoranz, mit der er zu Werke geht, schier die Sprache verschlägt. Einer Patientin (auf die sich er als Beispiel bezieht), die sich – ganz offensichtlich einem neurotischen Wiederholungszwang unterlegen – in der Vorgeschichte bereits mehrfach in »Affären« mit Autoritätspersonen verstrickt hatte und die sich ja wohl auch deshalb in Analyse begeben hat, vorzuhalten, daß sie keineswegs »ahnungslos über ihre Liebeskonflikte in die Analyse« gekommen sei und von daher hätte wissen müssen, worauf sie sich einlasse – und sich deshalb nicht darüber beschweren könne, daß es nun auch in der Analyse zu einer solchen Affäre gekommen ist, das ist eine so radikale Verkennung der therapeutischen Situation, daß man in der Tat auf die Idee kommen könnte, die Psychoanalyse, »jedenfalls dort, wo sie von Männern an Frauen durchgeführt wird«, gänzlich zu verbieten, wie Bittner höhnt.

Bittner wirft sich in die Pose des unerschrockenen Rebellen, der ohne Furcht und Tadel vorurteilsfrei an längst überholten Tabus rüttelt – ohne auch nur einen Bruchteil der in den letzen über 30 Jahren angewachsenen Fachliteratur zur Kenntnis genommen zu haben. Er beurteilt die Schädigung der betroffenen Patientinnen – ohne (nach eigenen Angaben) mit einer einzigen gesprochen zu haben, er beruft sich allein auf die Darstellung der mißbrauchenden Kollegen. Von daher kann es kaum Wunder nehmen, wenn er in seinem Vortrag buchstäblich kein einziges Argument vorbringt, das nicht schon vor Jahren in der Fachliteratur mehrfach widerlegt worden wäre und deshalb in der aktuellen wissenschaftlichen Diskussion eben auch keine Rolle mehr spielt. Gerade damit demonstriert er jedoch wider Willen genau das, was er zu bestreiten angetreten ist: daß es sich tatsächlich um Mißbrauch handelt. Denn allzu genau wiederholt Bittner gerade jene Argumente, die uns aus der hierzulande noch nicht sehr lange zurückliegenden Debatte um die Strafwürdigkeit des sexuellen Mißbrauchs von Kindern sattsam bekannt sind: Auch hier wurde argumentiert, daß Kinder ja keineswegs »unschuldig« seien (und man ersparte sich die Peinlichkeit nicht, sich dabei ausgerechnet auf Freud zu berufen), also eigene sexuelle Wünsche und Bedürfnisse hätten und daher durch »gewaltfreie und einvernehmliche« sexuelle Kontakte nicht geschädigt werden könnten. Auch hier wurde nach »vorurteilsloser Erforschung« der Auswirkungen solcher Kontakte auf die betroffenen Kinder gerufen und deren grundsätzliche Schädlichkeit in Abrede gestellt: Nicht der sexuelle Kontakt als solcher sei schädlich, sondern allenfalls dessen gesellschaftliche Verurteilung und der durch diese erzwungene Abbruch derselben. Auch hier zeigten sich die Befürworter einer Straflosigkeit als mutige Rebellen, die überkommene Moralvorstellungen in Frage stellen, und auch hier gefielen sie sich schließlich als »Verteidiger des sexuellen Selbstbestimmungsrechts der Kinder«. Ich erlaube mir, hier lediglich anzumerken, daß sich unsere Gesellschaft trotz dieser Argumente entschlossen hat, auch ohne die geforderte »objektive Erforschung« sexuelle Kontakte von Erwachsenen mit Kindern weiterhin als Mißbrauch unter Strafe zu stellen.

Die quantitative Dimension des Problems

Ich möchte Sie nun – so kurz wie möglich – mit der quantitativen Dimension der Problematik vertraut machen. Seit dem Beginn der siebziger Jahre sind in den USA eine große Anzahl empirischer Untersuchungen durchgeführt worden, deren Ergebnisse inzwischen so häufig und konstant repliziert wurden, daß sie vernünftige Zweifel eigentlich nicht mehr erlauben, und die sich folgendermaßen zusammenfassen lassen: Mindestens 10 % aller psychotherapeutisch Tätigen nehmen mindestens einmal in ihrer beruflichen Laufbahn sexuelle Kontakte zu Patienten auf. Die weitaus meisten mißbrauchenden Therapeuten sind männlichen, die weitaus meisten mißbrauchten Patienten weiblichen Geschlechts. Der Anteil der Wiederholungstäter an den Mißbrauchsfällen ist dabei so hoch, daß man davon ausgehen muß, daß ca. 90 % der Patienten von einem Therapeuten mißbraucht werden, der dies in der Vergangenheit bereits häufiger getan hat – und der es in der Zukunft aller Wahrscheinlichkeit nach wieder tun wird.[3]

Dabei haben alle Untersuchungen[4] gezeigt, daß die hier referierten Angaben ziemlich exakt für alle psychotherapeutisch Tätigen gelten, d.h. es wurden keine Differenzen gefunden, weder zwischen den verschiedenen Grundberufen (Ärzte, Psychologen, Sozialarbeiter, Pfarrer etc.) noch zwischen den verschiedenen therapeutischen Schulen; entgegen der immer wieder aufgestellten Behauptung sind weder Körpertherapeuten, weil sie von vornherein einen direkten Umgang mit dem Körper ihrer Patienten suchen, noch Psychoanalytiker, weil sie ihre Patienten auf die Couch legen und damit in Regression und Abhängigkeit zwingen, noch Verhaltenstherapeuten, weil sie sexuelle Kontakte schlicht als therapeutische Übungen deklarieren können, besonders anfällig oder gefeit gegen diese Form der Grenzverletzung. Noch überraschender (und vielleicht auch desillusionierender) scheint mir jedoch zu sein, daß auch der Ausbildungsstand diesen Ergebnissen zufolge keinerlei Rolle spielt (vgl. zusammenfassend Borys u. Pope 1989). Es handelt sich hier also gerade nicht um ein Anfängerproblem, wie gerne gesagt wird, um ein Problem mangelnder Erfahrung oder mangelhafter Ausbildung, so daß man die Hoffnung haben könnte, dem etwa mit einer gesetzlichen Regelung der Ausbildung Herr werden zu können. Wenn die empirischen Untersuchungen hier überhaupt einen Trend erkennen lassen, so den, daß es sich bei den beteiligten Therapeuten im Gegenteil eher um »bekannte und erfahrene« (Füchtner 1987) Männer handelt, um etablierte Autoritäten also, die häufig offizielle Funktionen in ihren Fachgesellschaften bekleiden (vgl. Shepard 1971, Chesler 1972, Holroyd und Brodsky 1977, Claman 1987, Brown 1988). Angesichts dieser Zahlen wird man Becker-Fischer und Becker (1996, S.15) wohl zustimmen müssen, wenn sie sagen: »Für die Psychotherapie stellt der sexuelle Mißbrauch ein Problem dar, das ihre Fundamente grundsätzlich in Frage stellt.«

Die Folgen

Hört man den betroffenen Patientinnen zu, wozu ich im Laufe zahlreicher psychoanalytischer Interviews, aber auch während vieler Folgetherapien Gelegenheit hatte, so findet sich in nahezu allen Berichten das tiefe Gefühl, betrogen, benutzt, mißbraucht worden zu sein. Das nimmt, nüchtern betrachtet, auch nicht Wunder, wenn man sich die aus der therapeutischen Situation selbst entspringende, ganz außergewöhnliche Verletzlichkeit von Psychotherapiepatienten vor Augen hält, der – aus einer inneren Notwendigkeit heraus – immer ein ebenso großes Vertrauen in den Therapeuten gegenübersteht. Dieses Vertrauen umfaßt im Kern die Erwartung, daß der Therapeut diese extreme Schutzlosigkeit, die er, wie Freud sagt, selbst als unvermeidliches Ergebnis hervorgelockt hat, nicht für seine eigenen Zwecke ausnutzen wird. Eine betroffene Patientin, die ihre Erfahrungen unter einem Pseudonym mitteilt, formulierte dies so: »Dem Therapeuten hatte ich mich vertrauensvoll geöffnet – dem Mann war ich ungewollt preisgegeben. [...] Einerseits waren die Schutzmechanismen, die ich gegenüber den ›realen Männern‹ entwickelt habe, hier außer Kraft gesetzt, andererseits hatte ich meine Gefühle und Sehnsüchte in einem Maße offengelegt, wie ich es in einer gelebten Liebe nie getan hätte, nie tun würde. Ich war also verletzlicher als in jeder anderen Begegnung mit jedem anderen Mann« (Blaise 1990, S. 364f.).

Ich habe in diesem Zusammenhang auch von einer *induzierten Regression* gesprochen, auf die der Patient sich einlassen muß, wenn er von der Behandlung profitieren will (vgl. Ehlert-Balzer 1992a). Bereits 1970 hatte der amerikanische Analytiker Dahlberg notiert: »Was mir am beunruhigendsten an diesen Fällen erscheint, ist, daß es so einfach ist, mit einer Patientin zu schlafen. Sie suchen Hilfe und müssen ihr Schicksal in unsere Hände legen. Sie haben keine Alternative. Wenn sie sich zu sehr zurückhalten, kann keine therapeutische Allianz entstehen, und damit keine Therapie. Die Karten sind alle in unseren Händen« (Dahlberg 1970, S. 123).

Worin bestehen die psychischen Folgen für die betroffenen Patienten nun im einzelnen? Sowohl die mehr qualitativ ausgerichteten Studien durch intensive Untersuchungen einzelner Patienten (vgl. Apfel und Simon 1985a, Armsworth 1990, Holzman 1984) als auch die quantitativen Erhebungen an großen Stichproben (vgl. Feldman-Summers und Jones 1984, Schoener et al. 1984) kommen übereinstimmend zu dem Ergebnis, daß sexuelle Grenzüberschreitungen von Therapeuten für die betroffenen Patienten in aller Regel gravierende und nicht selten verheerende Folgen haben, wobei neben direkt sexuellen Problemen vor allem eine depressive Symptomatik mit erhöhter Selbstmordgefahr vorherrscht. Weil sich insgesamt eine für betroffene Patienten typische Symptomatik finden läßt, hat es sich im amerikanischen Sprachraum eingebürgert, von einem »Therapist-Patient Sex Syndrome« (vgl. Pope

1988 und 1989a) zu sprechen, das sich aus zehn regelmäßig auftretenden Symptomen zusammensetzt.[5]

Ebenso übereinstimmend gelangen alle Forscher zu der Feststellung, wie vollständig die beschriebenen Symptome jenen gleichen, die als Folge sexuellen Mißbrauchs in der Kindheit bekannt sind (vgl. u.a. Voth 1972, Taylor und Wagner 1976, Mason und Stitham 1977, Burgess 1981, Vinson 1984, Apfel und Simon 1985a, Sonne et al. 1985, Brown 1988 und Wirtz 1989). Zusammenfassend läßt sich sagen, daß es den meisten Patienten nach der Therapie (bzw. nach Beendigung der Beziehung zum Therapeuten) erheblich schlechter geht als vor deren Aufnahme, d.h., die Symptome, derentwegen die Therapie aufgenommen wurde, bestehen unverändert fort oder haben sich sogar verschärft, und es sind neue, vorher nicht vorhandene, iatrogene Symptome hinzugekommen. Nach meiner Erfahrung kommt es darüber hinaus fast unausweichlich zu einer tiefergreifenden Zerrüttung der Partnerschaft, die in den meisten Fällen zur Trennung führt, so daß der Kreis der Geschädigten in aller Regel neben den direkt Betroffenen auch deren Partner, vor allem aber auch deren Kinder umfaßt. Eine weitere wesentliche Folge sexueller Beziehungen zum Therapeuten besteht darin, daß die betroffenen Patienten trotz z.T. extremen Leidensdrucks große und z.T. unüberwindliche Schwierigkeiten haben, sich abermals in psychotherapeutische Behandlung zu begeben, obwohl sie selbst dies wünschen und für notwendig halten.

Nun geistert immer wieder das Phantom *positiver* Auswirkungen solcher Beziehungen durch die Diskussion, zuletzt bei Bittner, und in der Tat gab es anfangs wenige Untersuchungen, die auch positive Verläufe gefunden haben. So fanden z.B. Taylor u. Wagner (1976) bei ihrer Durchsicht sämtlicher ihnen zugänglichen Fallberichte neben 47% negativen auch 32% gemischte und sogar 21% positive Effekte. Abgesehen davon, daß die Autoren weder mitteilen, auf welches Datenmaterial sie sich beziehen und wie sie zu ihrer Einschätzung gelangt sind, so daß diese nicht nachvollziehbar und deshalb wissenschaftlich wertlos sind, konnte in einer interessanten Reanalyse einer früheren Erhebung recht deutlich gezeigt werden, daß positive oder auch nur weniger negative Einschätzungen der Auswirkungen von sexuellem Mißbrauch in einer vorangegangenen Therapie durch einen Folgetherapeuten (und auf solche Einschätzungen beziehen sich Taylor u. Wagner) überwiegend von Therapeuten stammen, die selbst sexuelle Beziehungen zu Patienten eingegangen waren (vgl. Holroyd u. Bouhoutsos 1985), was ja ganz gut zu den Ausführungen Bittners paßt.

Einer der in diesem Bereich ausgewiesensten Forscher, der amerikanische Analytiker Kluft, der wohl über die meisten Erfahrungen gerade auch mit Analysen und Langzeittherapien mit betroffenen Patientinnen verfügt, hält solchen Einschätzungen folgendes entgegen: »Die Folgen sexueller Ausnutzung von Patienten sind fast allumfassend negativ. Diese Einschätzung wird trotz einer Anzahl von Studien gegeben, die positive Auswirkungen behaupten oder auf eine Minderheit von Patienten hinweisen, die keine Schädigung oder sogar Vorteile aus solchen Vorkommnissen angeben. Es ist die Überzeugung des Autors aus der Untersuchung von Inzestopfern als auch von Opfern sexueller Ausbeutung in der Therapie, die anfangs positive oder minimale Folgen angeben, daß sich bei weiterer Exploration häufig ein verleugnetes Posttraumatisches Streßsyndrom zeigt, das die ursprünglich mäßige Einschätzung der Schädigung Lügen straft. [...] Es muß hervorgehoben werden, daß die meisten Studien in diesem Bereich mit offenen Symptomlisten arbeiten. Ein ausgebeuteter Patient mag keine Symptome zeigen und als gesund eingeschätzt werden, auch wenn er weiterhin gestörte Beziehungen unterhält und unfähig bleibt, sich im späteren Leben um Hilfe in Therapie zu begeben« (Kluft 1989, S.489).

Ich möchte die Betrachtung der Folgen an dieser Stelle abschließen, indem ich den Verlust der urmenschlichen *Fähigkeit zu vertrauen* in den Mittelpunkt stelle. »Psychotherapie schließt ein außergewöhnliches Maß an Vertrauen ein. Wir teilen uns dem Therapeuten mit, zeigen ihm persönliche Seiten von uns und lassen ihn unsere tiefsten Geheimnisse, unsere Hoffnungen, Träume, Ängste, unsere Scham und Schuld und unsere verletzlichen Stellen wissen. Die Verletzung und Ausbeutung dieses Vertrauens hat lebenslange Folgen für das Opfer. Die Opfer werden verständlicherweise mißtrauisch. *Sie mißtrauen sich selbst, weil sie ein Vertrauen zum Therapeuten entwickelt hatten*« (Pope 1988, S.225; Hervorhebung von mir). Wenn Sie bedenken, wie grundlegend diese Fähigkeit zu vertrauen für all unsere Beziehungen, für unser Selbstgefühl, ja selbst für unser Verständnis unserer Vergangenheit ist, dann können Sie ermessen, wie tiefgreifend die psychische Zerstörung ist, die sexueller Mißbrauch im therapeutischen Setting anrichten kann, so daß wir hier mit vollem Recht von einem Trauma sprechen können. Es ist sicher kein Zufall, daß Sophinette Becker (1997) in ihrem Beitrag zur Traumatheorie wiederholt auf Jean Améry zu sprechen kommt, der – aus eigenem Erleben – den Verlust von »Weltvertrauen« ins Zentrum des traumatischen Geschehens rückt. Da dieser Verlust immer auch rückwirkend zuvor durchaus intakte seelische Strukturen angreift und schädigt, so weit, daß die ersten positiven Erfahrungen mit der Mutter nachträglich entwertet werden und nun als nutzlos erscheinen können (vgl. Ehlert-Balzer 1996), werden die mißbrauchten Patientinnen im nachhinein häufig den Eindruck machen, als seien sie viel »früher« gestört, als dies durch eine Erfahrung im Erwachsenenalter möglich wäre, so daß man leicht verführt ist, die »eigentliche Ursache« nicht in dem Mißbrauch durch den Therapeuten, sondern in einem Mangel der frühen Mutter-Kind-Beziehung zu suchen. Eine weitere Überlegung möchte ich an dieser Stelle noch anfügen: Aus dieser rückwirkenden Aushöhlung von Vertrauen, das seinerzeit durchaus zu Recht bestanden haben mag, ergibt sich unmittelbar, daß sexuelle Beziehungen, die nicht während, sondern nach Abschluß einer psychotherapeutischen Behandlung aufgenommen werden, in der Regel dieselben zerstörerischen Auswirkungen haben. Schon allein aus diesem Grund muß das Abstinenzgebot für den Therapeuten über das Ende der Behandlung hinaus gültig bleiben, wie lange, darüber läßt sich vielleicht streiten, ich persönlich denke: für immer!

Die Psychodynamik

Bevor ich abschließend auf die besonderen Probleme der sogenannten Folgetherapien eingehe, möchte ich kurz einige Aspekte der Interaktionsdynamik aufzeigen, die man im Zusammenhang mit sexuellem Mißbrauch in der Therapie häufig findet. Sie werden vielleicht überrascht sein, wie wenig in diesem Abschnitt von Sexualität die Rede sein wird, aber alle Forscher sind sich einig, daß es sich hier um ein zutiefst narzißtisches Geschehen handelt, das mit sexueller Triebbefriedigung meist relativ wenig zu tun hat, sondern das sich des sexuellen Kontaktes lediglich zu ganz anderen Zwecken bedient. Claman (1987) hat in seiner instruktiven Arbeit über den »mirror-hunger« einen Aspekt hervorgehoben, den ich gerne das »Pygmalion-Syndrom« nennen möchte: Die narzißtische In-Besitznahme eines – aus der mehr oder weniger unbewußten Sicht des Therapeuten – selbstgeschaffenen Wesens durch den sexuellen Akt. Was die Patientin ist, ist sie nur durch ihn, und so erscheint es nur als recht und billig, wenn er sie nicht anderen überlassen, sondern selbst in Dienst nehmen will. Es ist übrigens wirklich erstaunlich, wie häufig die mißbrauchenden Therapeuten den sexuellen Kontakt als »gerechte Belohnung« für das empfinden, was sie für die Patientin getan haben.

Nicolaus Becker (1997) hat in seinem Beitrag über erotisierte Übertragung und Gegenübertragung bereits auf einen weiteren wichtigen Aspekt der Beziehungsdynamik aufmerksam gemacht, indem er, den amerikanischen Analytiker Gorkin zitierend, die Bedeutung von »Rettungsphantasien« hervorhebt. Gorkin beschreibt seine Erfahrungen mit einer Patientin, Frau K., eindringlich: »[...] was ich bemerkte, war, daß die sexuellen Wünsche bei mir die Form eines tiefen Wunsches, sie zu retten, angenommen hatten. Ein Teil meines Ich akzeptierte ihr Begehren, ihr Argument, daß sie nur gesund werden könne, wenn ich mit ihr schliefe, und daß, solange ich dies nicht täte, es ihr niemals besser gehen werde. [... Später] merkte ich, wie eine andere Phantasie Gestalt annahm: Ich wollte nicht mehr nur mit ihr schlafen, um sie zu retten, sondern um *mich* zu retten. Es würde *mich* heilen. Es ist schwierig, diese Erfahrung in Worte zu fassen, aber es war etwas von der Art, daß ich ganz und absolut lebendig werden würde, wenn ich nur – aber auch nur dann – mit ihr schlafen würde.[...] Insgesamt dienten unsere gegenseitigen sexuellen Phantasien in fundamentaler Weise einer Wiedererschaffung des Gartens von Eden, einer symbiotischen Einheit. Für mich, und ich glaube auch für Frau K., waren diese Phantasien eher verzweifelt als verlockend; sie haben kaum jemals Spaß gemacht« (Gorkin 1985, S.428).

Was Gorkin deutlich macht, ist, daß es sich hier um das Phantasma einer *gegenseitigen* Rettung handelt. Diese spezifische narzißtische Konstellation hat der amerikanische Analytiker Smith (1984) sehr erhellend als »golden fantasy« beschrieben. Aus der Sicht der Patientin stellt sich die Situation etwa so dar: Sie wird von einer sehr tiefen, ihr selbst bis dahin meist unbekannten Sehnsucht buchstäblich in die Arme ihres Therapeuten getrieben werden, weil sie von der Vorstellung beherrscht wird, die Liebesbeziehung zu ihm sei das einzige, was sie heilen, was sie retten könne, wobei sie gleichzeitig fest davon überzeugt ist, daß dies eine endgültige Heilung sein wird, die sie mit einem Schlage von all ihrem Unglück befreien und aus ihr buchstäblich eine ganz andere machen wird. Und diese Heilung verlangt, daß der Therapeut seine bisherige berufliche Zurückhaltung aufgibt und sich *wirklich* auf sie einläßt. Augerolles (1989, S.81), die in ihrem Tagebuch ihre Beziehung zu ihrem Analytiker festgehalten hat, schreit diesem voller Verzweiflung entgegen: »Es nutzt mir überhaupt nichts, zu Ihnen zu kommen... Ich will, daß sie mich lieben, nicht, daß Sie mir helfen!« Man sieht hier sehr deutlich, daß der sexuelle Kontakt zum Therapeuten zu diesem Zeitpunkt nicht nur einvernehmlich ist, sondern von der Patientin mit aller Macht herbeigesehnt wird.

Dabei verkennt man die Tragweite dieser Phantasie, wenn man sagt, mit ihr verbinde sich das Gefühl, etwas Besonderes zu sein, etwas, was diese Patientin von allen anderen hervorhebt. Es geht hier um viel mehr: um etwas Einzigartiges, was sonst auf der Erde nicht vorkommt, etwas, was beide zusammen erlösen und buchstäblich in den Himmel tragen wird. Daß dabei fast allen Patientinnen die direkt sexuelle Komponente selbst eher nebensächlich – und häufig auch lästig oder gar widerlich – ist und nur als Möglichkeit, den Therapeuten wirklich zu erreichen, von Bedeutung ist, macht einmal mehr die groteske Selbsttäuschung jener Therapeuten deutlich, die uns, wie z.B. Bittner, ihre »Liebesdienste« als ein ganz spezielles Therapeutikum andienen wollen.

Weitere Aspekte der spezifischen Psychodynamik des sexuellen Mißbrauchs[6] kann ich hier nur aufzählend anführen. Pfannschmidt (1987) macht darauf aufmerksam, daß es die Abwehr der negativen Übertragung ist, die den Therapeuten zur Erotisierung der therapeutischen Situation motiviert. Shor u. Sanville (1974) kommen zu einem ähnlichen Schluß, wenn sie betonen, daß es vor allem die Angst vor therapeutischer Ohnmacht ist, etwa wenn es zu einer quälenden Stagnation des therapeutischen Prozesses gekommen ist, die die Therapeuten in einer sexuellen Beziehung zur Patientin Zuflucht suchen läßt. Claudia Heyne (1991, S.107) ist dagegen aufgefallen, »daß in allen Fällen ein Zusammenhang zu bestehen scheint zwischen bevorstehenden Trennungen (Urlaub) und dem Übergriff/Mißbrauch. Ich vermute, daß die Trennungssituation in den Therapeuten die Angst auslöst, die Frauen könnten während der Trennungszeit ihrem Einflußbereich entwachsen.« Das bestätigt von anderer Seite die Beobachtung von N. Becker, der in seinem Beitrag die Sexualisierung der therapeutischen Situation als eine Reaktion auf Trennungsangst versteht.

Zusammenfassend möchte ich feststellen, daß uns – ich spreche jetzt von der Konstellation männlicher Analytiker und weibliche Patientin – im analytischen Prozeß ein Ausmaß an Idealisierung, und zwar notwendigerweise nicht zuletzt eine Idealisierung als Mann, entgegengebracht wird, auf die wir in unserem sonstigen Leben mehr oder weniger freiwillig seit langem verzichten müssen und die uns, wenn wir sie nicht fortlaufend analysieren – und zwar nicht nur bei der Patientin, sondern auch bei uns – in unseren eigenen Augen immer gottähnlicher machen muß. Hier zeigt sich wieder sehr schön, daß analysieren im Kern die Fähigkeit zu verzichten voraussetzt. Hier liegt auch der Grund, warum ich mich entschieden gegen eine moralische Dämonisierung der mißbrauchenden Therapeuten ausspreche: Denn Dämonen sind – *after all* – Götter, und dieser Status gebührt ihnen zuallerletzt!

Die Schwierigkeiten der Folgetherapien

Ich denke, Sie werden nach dem Gesagten auch ohne weitere Erläuterung verstehen, wenn ich im sexuellen Mißbrauch eine *Zerstörung des symbolischen Raumes* sehe, jenes Raumes, in dem psychotherapeutische Behandlung nur stattfinden kann. Wir stoßen also, wenn wir mit Patienten arbeiten, die in ihrer früheren Therapie mißbraucht worden sind, auf die Situation, daß der Raum, in dem wir sonst wie selbstverständlich zu arbeiten gewohnt sind, zunächst gar nicht existiert. Es kann daher bei einer Folgetherapie anfangs um nichts anderes gehen als um den Wiederaufbau eines tragfähigen Arbeitsbündnisses.

Dabei ist in erster Linie der Aufbau von Vertrauen entscheidend, das nur durch eine klare, nicht moralisch verurteilende oder gar entwertende, aber immer wieder zu explizierende Haltung des Therapeuten zu den Ereignissen in der vorausgegangenen Therapie wiederhergestellt werden kann (vgl. z.B. Apfel u. Simon 1985b). Das auf Seiten der Patientin immer vorhandene Mißtrauen muß bearbeitet werden; wo es scheinbar fehlt, muß dies behutsam als Verleugnung gedeutet werden. Besonderes Augenmerk ist auf die Aufrechterhaltung klarer Grenzen zu richten, da diese Patientinnen als »besondere Fälle« häufig zu verschiedenen Formen von »gut gemeinten« Grenzüberschreitungen verführen. Alle Regeln und therapeutischen Schritte, die wir sich normalerweise implizit im analytischen Prozeß entwickeln lassen, müssen in der Regel klar und ausführlich erklärt und erläutert werden. Man darf nie aus dem Auge verlieren, daß die Patientin »sich in einem Zustand [befindet], der durch die Überschreitung von Grenzen entstanden ist. Deshalb sollte die Therapie mit einer festen und genau einzuhaltenden Definition der Rollen und Grenzen geführt werden. Diese Rollen und Grenzen werden häufig vom Verhalten des Therapeuten impliziert, aber da der mißbrauchende Therapeut anfangs ein korrektes professionelles Verhalten an den Tag gelegt haben mag, ist es häufig nützlich, ziemlich explizit und präzise zu sein. Diese Erklärungen werden häufig für den Patienten die erste klare Enthüllung dessen sein, was Therapie sein sollte und was sie hätte gewesen sein sollen« (Kluft 1989a, S. 494). Die meisten Autoren warnen darüber hinaus vor Triebdeutungen in dieser ersten Behandlungsphase, da diese die sich gerade wiederentwickelnde Fähigkeit der Patientin, ihren eigenen Wahrnehmungen zu trauen, untergraben können.

Nach meiner Erfahrung halte ich für den weiteren Therapieverlauf die Frage für zentral, ob es gelingt, jene tiefe, für diese Patienten spezifische Ambivalenz gegenüber dem Folgetherapeuten zu bearbeiten, hinter der sich regelmäßig eine insgeheim fortdauernde Idealisierung des ersten Therapeuten verbirgt und die sich häufig als eine sehr langlebige und schwer zu ertragende Entwertung des Folgetherapeuten äußert. »Verständlicherweise ist der Patient gegenüber dem früheren Therapeuten, der weiterhin mit positiven wie negativen Gefühlen bedacht wird, ambivalent – oft zur Verwirrung und zum Kummer des nachfolgenden Therapeuten. Diese Ambivalenz ist zumeist profund und langlebig. Die Beziehung des Patienten zum ehemaligen Therapeuten kann extrem machtvoll gewesen sein, und der Therapeut kann zum Zentrum seines Lebens geworden sein, ausgestattet mit einer machtvollen Übertragung und der Hoffnung, ihn in einer magischen, perfekten und alles befriedigenden Beziehung zum eigenen Partner zu verwandeln. Zeiten, in denen die Unangemessenheit der Beziehung realisiert wird, können sich mit solchen abwechseln, in denen die magischen Hoffnungen wiederbelebt werden. Der nachfolgende Therapeut muß die Sicherheit besitzen, solche Gefühle zu akzeptieren, um dem Patienten zu helfen, diese durchzuarbeiten; er kann nicht drängen, ihnen zu widersprechen oder sie zu ersticken, was den Patienten um die Möglichkeit zu einem entscheidenden Stück therapeutischer Arbeit einschließlich der Trauer um die Beziehung und um die Hoffnungen, die sie stimuliert hat, bringen würde« (Kluft 1989, S.496).

In der Gegenübertragung kommt es regelmäßig zu einem schwer erträglichen Neid auf den mißbrauchenden Vorgänger, der jetzt auch in den Augen des Folgetherapeuten mit einer schier unerreichbaren Potenz ausgestattet erscheint. Impulse, gegen diesen anzutreten, den »offenen Kampf, Mann gegen Mann« zu suchen, wechseln mit solchen ab, die Patientin zu ihm zurückzuschicken: »Dann geh' doch zurück zu ihm, wenn es Dir bei ihm besser gefällt!« Was diese Situation so unerträglich macht, ist eine spezifische Aufspaltung der Übertragung, die lange Zeit als völlig unauflösbar erscheint: Während der Folgetherapeut zunächst immer mit der gesamten Wut und Entwertung konfrontiert wird, wird der mißbrauchende Ersttherapeut – mehr oder weniger bewußt – idealisiert. Der Ersttherapeut »behandelte die Patientin als ›besondere‹ und wertete sie dadurch sehr auf. Aus der Kränkung heraus, jetzt wie eine ganz ›normale‹ Patientin, wie ›alle anderen‹ betrachtet zu werden, wird der Folgetherapeut wegen seines ›rigiden‹ Festhaltens an Regeln angegriffen und als ›herzlos‹, ›formalistisch‹ oder ›dogmatisch‹ entwertet« (Becker-Fischer u. Fischer 1996, S.95). Im Gegensatz zu den Autoren, die »Ich-stärkende« Interventionen befürworten und »insbesondere Deutungen vermeiden, die auf Trieb- oder Wunschmotivationen der Patientinnen verweisen« (ebd. S.101), halte ich jedoch an dieser Stelle eine nicht-verurteilende, aber konsequente Deutung der negativen Übertragung und ihrer narziβtischen Quellen für unumgänglich.

Ich will dies abschließend an einem kleinen klinischen Beispiel erläutern: Eine ältere Patientin, die von ihrem Therapeuten in eine sehr kurze und für sie sehr demütigende sexuelle Beziehung verstrickt worden war, wandte sich zunächst mit der Frage an mich, was diesen Mann veranlaßt haben könnte, so entwürdigend mit ihr umzugehen, sie so kalt fallenzulassen. Aus der anfangs sehr bedrängenden Frage »Warum hat er das getan?!« (die nach meiner Erfahrung häufig am Beginn solcher Folgetherapien steht) wurde nach einiger analytischer Arbeit eine scheinbar angemessene und ichsyntone Wut auf den früheren Therapeuten. Wenn der therapeutische Prozeß in der Folge nicht so nachhaltig stagniert hätte, wäre ich vielleicht nie darauf gekommen, daß hinter dieser scheinbar so adäquaten Wut, an der sich jedoch Stunde um Stunde nichts ändern wollte, ein vehementer Vorwurf gegen *mich* verbarg, den die Patientin von sich aus wohl nie ausgesprochen hätte: Ich begrüße sie – im Gegensatz zu »ihm« – nicht mit Komplimenten! Nachdem die narziβtischen Hintergründe dieses Vorwurfs bearbeitet werden konnten, zeigte sich erst das ganze Ausmaß an Kränkungen, das die

Therapie bei mir für sie bedeutete. Für sie stand fest, daß sie sich auf einen therapeutischen Prozeß bei mir niemals würde einlassen können, weil sie, da ich die Sitzungen pünktlich beende, immer damit rechnen müsse, mitten in einer im Verlauf einer Sitzung ausgelösten Krise fallengelassen zu werden – »er« habe die Stunden immer überzogen, wenn es nötig gewesen sei... Außerdem wohnte ich so weit von ihr weg, so daß sie, wenn sie mich einmal unvorhergesehen brauche, was ja leicht passieren könnte, wenn sie sich einließe, nicht schnell genug zu mir gelangen könne – »er« habe ja direkt um die Ecke gewohnt. Auch hätte ich ihr ja nicht angeboten, mich auch privat anrufen zu können, was sie ja durchaus verstehen könne – was bei »ihm« aber selbstverständlich gewesen sei. Ich möchte betonen, daß es sich um eine gebildete, sehr intelligente Patientin handelte, die durchaus nicht nur von Racheimpulsen getrieben war. Aber ihr Widerstand gegen die gesamte therapeutische Arbeit und ihr Festhalten an der Idealisierung ihres früheren Therapeuten waren so umfassend und (natürlich auch lebensgeschichtlich, worauf ihr hier aber nicht eingehen kann) so fest in ihr verankert, daß die Behandlung über sehr lange Zeit zum Scheitern verurteilt zu sein schien. Erst nachdem es gelungen war, ihr zutiefst narzißtisches Festhalten an dem Anspruch, daß ich ihr »mindestens genau so viel bieten müsse wie ›er‹, wenn es sich für sie lohne solle, ihn aufzugeben und sich statt dessen auf mich einzulassen«, zu bearbeiten, konnte Bewegung in die festgefahrene Therapie kommen. Ich habe übrigens mehrfach die Erfahrung gemacht, daß in solchen Konstellationen Therapeut und Patient die unbewußte Überzeugung teilen, daß der »Zauber« des mißbrauchenden Therapeuten nur von einem gebrochen werden kann, »der stärker ist als jener«. Den drängenden Impuls, mit der Patientin endlich genau das zu tun, was sie die ganze Zeit verlang, von dem Gorkin (1985) so eindringlich berichtet hatte, scheint mir vor diesem Hintergrund auch der unbewußten Vorstellung zu entspringen, ein »Zauber« könne nur durch dieselbe magische Handlung (in diesem Falle also der sexuelle Verkehr) gelöst werden, durch die er begründet wurde. Solche wahrlich »sagenhaften« Vorstellungen scheinen in unserem Unbewußten mehr Macht zu haben, als wir gemeinhin annehmen – jedenfalls immer dann, wenn es um Inzest geht, um den es sich bei sexuellen Kontakten zwischen Therapeuten und Patienten aus psychoanalytischer Perspektive natürlich handelt.

Anmerkungen

[1] Ich spreche hier von dem Therapeuten in der männlichen und der Patientin in der weiblichen Form, weil dies, wie ich gleich darlegen werde, die weitaus häufigste Konstellation darstellt, in der es zu solchen Beziehungen kommt.
[2] Die rechtliche Situation ist derzeit für die betroffenen Patienten mehr als unbefriedigend: Die Versuche, auf dem Umweg über andere Tatbestände doch noch zu einer strafrechtlichen Ahndung zu kommen, sind höchstrichterlich abgewiesen worden. Der Weg über die Ärztekammern bzw. die Ehrengerichte (bei Psychologen) kann wegen deren Mangels an Sanktionswillen aber auch an Sanktionsmöglichkeiten kaum empfohlen werden. Prinzipiell steht der Weg über die Zivilgerichte offen; hier ist es möglich, Schadensersatz oder z.B. die Rückerstattung der zu Unrecht geleisteten Honorare durchzusetzen. Allerdings muß sich die Klägerin hier in der Regel einer Persönlichkeitsbegutachtung unterziehen, die feststellt, daß eine Schädigung vorliegt und daß diese durch das Fehlverhalten des Therapeuten verursacht wurde – eine entwürdigende Prozedur!
[3] Der Anteil der männlichen Therapeuten, die nach eigenen Angaben sexuelle Beziehungen zu ihren Patienten haben, beträgt ungefähr 10%, die Angaben aus den auf die gesamten USA bezogenen Untersuchungen schwanken zwischen 7,1% (Gartrell et al. 1986) und 12,0% (Pope, Leverson und Schover 1979). Während in den ersten Untersuchungen überhaupt nur männliche Therapeuten befragt wurden (vgl. z.B. Kardener et al. 1973), wird der Anteil der beteiligten weiblichen Kollegen in den neueren Untersuchungen mit zwischen 2% und 3% angegeben (de Rosi et al. 1987 [1980/81]: 2,2%; Gartrell et al. 1986: 3,1%). Über 95% der betroffenen Patienten sind Opfer eines männlichen Therapeuten geworden (Bouhoutsos et al. 1983: 95,8%; Gartrell et al. 1986: 95,6%), was damit zusammenhängt, daß männliche Therapeuten, wenn sie einmal eine sexuelle Beziehung zu einem Patienten aufnehmen, in der Folge häufig sehr viele solcher Beziehungen unterhalten (Butler [1975] fand 75%, Holroyd und Brodsky [1977] fanden 80% Wiederholungstäter). In der großen Mehrzahl werden weibliche Patienten Opfer dieser spezifischen Form des Mißbrauchs (Bouhoutsos et al. 1983: 94,1%; Gartrell et al. 1986: 89,4%), aber auch die meisten männlichen Patienten werden Opfer eines männlichen Therapeuten. Die weitaus meisten dieser Beziehungen entstehen zwischen männlichem Therapeut und weiblichen Patienten, lediglich in 2,5% (Bouhoutsos et al. 1983) bzw. 3,5% (Gartrell et al. 1986) aller jeweils untersuchten Fälle waren an einer solchen Beziehung eine weibliche Therapeutin und ein männlicher Patient beteiligt. Beziehungen zwischen Therapeutinnen und Patientinnen sind zwar noch seltener (Bouhoutsos et al. 1983: 1,7%; Gartrell et al. 1986: 1,4%), sie machen überraschenderweise jedoch ca. ein Drittel aller Fälle aus, an denen eine Therapeutin

beteiligt ist (während homosexuelle Beziehungen nur 3 bis 8% der Fälle ausmachen, an denen männliche Therapeuten beteiligt sind). Die Altersdifferenz zwischen mißbrauchendem Therapeuten und mißbrauchter Patientin beträgt – die Wirklichkeit scheint dem Kino zu folgen – durchschnittlich 15 Jahre. Die Tatsache, daß neuere Untersuchungen deutlich niedrigere Zahlen finden – die erste (und bislang einzige) deutsche Untersuchung dieser Art wurde 1989 (vgl. Arnold u. Retsch 1991) durchgeführt und fand z.B. nur 1,4% (m: 3,1% - w: 0%) befragte Therapeuten, die sexuelle Kontakte in laufenden Therapien zugaben, und 8,6% (m: 13,9% - w: 4,3%), die Kontakte zu ehemaligen Klienten berichteten – kann im wesentlichen nicht auf tatsächliche Veränderungen des klinischen Verhaltens der Therapeuten zurückgeführt werden; wie Williams (1992, S.418) überzeugend gezeigt hat, können die Veränderungen, die in Wiederholungsuntersuchungen gefunden werden, nahezu ausschließlich nur eine Veränderung des Antwortverhaltens der befragten Therapeuten widerspiegeln.

[4] Bei der Durchsicht von sämtlichen in Fachzeitschriften veröffentlichten Untersuchungen konnte Pope keine signifikante Zusammenhänge zum Grundberuf, zur theoretischen Orientierung, zu mangelnder professioneller Ausbildung und zu der Erfahrung in einer eigenen Lehranalyse finden (vgl. Pope, 1990c, S.482ff.).

[5] Genannt werden: 1. Gefühle tiefer Ambivalenz gegenüber dem mißbrauchenden Therapeuten, der gehaßt, aber auch weiterhin geliebt wird, was in vielen Fällen als extrem quälend erlebt wird; 2. Schuldgefühle, die sich sowohl auf die vermeintlich eigene Verantwortung für das Geschehen als auch auf den „Verrat" an diesem Therapeuten beziehen, der begangen wird, wenn man sich an Dritte wendet; 3. Gefühle von innerer Leere und Isolation, die häufig in schwere depressive Episoden münden; 4. sexuelle Störungen, die fast ubiquitär sind und sehr häufig einen zumindest zeitweisen Rückzug von allen sexuellen Aktivitäten beinhalten; 5. eine Schwächung der Fähigkeit, anderen zu vertrauen, die nicht nur die Sozialbeziehungen der Betroffenen beeinträchtigen, sondern in vielen Fällen eine notwendige Folgetherapie erheblich erschweren oder verunmöglichen können; 6. eine Rollenumkehrung zwischen Therapeut und Patient, die den Patienten mit der Verantwortung für das Schicksal des Therapeuten belastet; 7. emotionale Labilität oder Kontrollverlust, d.h., die Patienten werden von plötzlich aufkommenden Gefühlseinbrüchen überwältigt, die sie nicht steuern können; 8. unterdrückte Wut und Haß, die sich häufig gegen die eigene Person richten und so zu selbstschädigendem Verhalten führen können; 9. eine erhebliche Erhöhung der Suizidgefahr; und 10. kognitive Dysfunktionen, die häufig auf die spezifischen Rationalisierungen, i.e. die »Verdrehung der Realität«, mit denen der Therapeut sein Verhalten begründet hat, zurückgehen.

[6] Alle Untersuchungen, die sich mit der Motivation der mißbrauchenden Therapeuten beschäftigen, kommen zu dem Schluß, daß etwa in der Hälfte der

Fälle situative Momente dominieren, d.h. der Therapeut befand sich zum Zeitpunkt des Mißbrauchs in einer persönlichen Krise. Ich kann hier auf diese Konstellation nicht näher eingehen, obwohl diese Subgruppe am häufigsten mit Schuldgefühlen reagiert, am ehesten bereit ist, sich in Supervision zu begeben oder sich einer (erneuten) persönlichen Therapie oder Analyse zu unterziehen; in ihr finden sich nur wenige Wiederholungstäter, und sie gilt als potentiell »rehabilitierbar«. Dem gegenüber dominieren in der anderen Subgruppe persönlichkeitsbezogene Momente; in dieser Gruppe gibt es die meisten Wiederholungstäter, sie gilt als nicht rehabilitierbar (vgl. z.B. Gartrell et al. 1988a und Pope 1989b).

Literatur

Améry, J. (1966): Jenseits von Schuld und Sühne. Stuttgart, Klett-Cotta, 1977
Apfel, R.J. und Simon, B. (1985a): Patient–therapist sexual contact. 1. Psychodynamic perspectives on the causes and results. Psychotherapy and Psychosomatics 43, 57–62.
Apfel, R.J. und Simon, B. (1985b): Patient–therapist sexual contact. 2. Problems of subsequent psychotherapy. Psychotherapy and Psychosomatics 43, 63–68.
Armsworth, M.W. (1990): A qualitative analysis of adult incest survivors` responses to sexual involvement with therapists. Child Abuse and Neglect 14, 541–554.
Arnold, E. und Retsch, A. (1991): Liebe, Sexualität und Erotik zwischen Therapeuten und Klientinnen. Eine anonyme Fragebogenerhebung bei zertifizierten Verhaltenstherapeuten und –therapeutinnen. Verhaltenstherapie und psychosoziale Praxis 22:3, 273–288.
Augerolles, J. (1989): Mein Analytiker und ich. Tagebuch einer verhängnisvollen Beziehung. Frankfurt a.M., Fischer.
Becker, N. (1997): Zur erotisierten Übertragung und Gegenübertragung. In diesem Band.
Becker, S. (1997): Wirklichkeit und Trauma. In diesem Band.
Becker–Fischer, M. und Fischer, G. (1996): Sexueller Mißbrauch in der Psychotherapie was tun? Orientierungshilfen für Therapeuten und interessierte Patienten. Heidelberg, Asanger.
Bittner, G. (1996): Liebe in der Analyse ein Fall für den Staatsanwalt? Überlegungen zum „Gesetzesvorhaben gegen sexuellen Mißbrauch in der Psychotherapie". Unveröffentlicht (Vortrag vor der DGPT).
Blaise, M. (1990): „Du hast es doch gewollt!" Zum Problem ambivalenter Gefühle von Frauen, die sexuellen Übergriffen durch ihren Psychotherapeuten ausgesetzt sind. Verhaltenstherapie und psychosoziale Praxis 90:3, 361–366.
Borys, D.S. und Pope, K.S. (1989): Dual relationships between therapist and client: A national study of attitudes and practices. Professional Psychology: Research and Practice 20:5, 283–293.

Bouhoutsos, J.C., Holroyd, J., Lerman, H., Forer, B.R., und Greenberg, M. (1983): Sexual intimacy between psychotherapits and patients. Professional Psychology: Research and Practice 14, 185–196.
Brown, L.S. (1988): Harmful effects of posttermination sexual and romantic relationships between therapists and their former patients. Psychotherapy 25:2, 249–255.
Burgess, A.W. (1981): Physician sexual misconduct and patients' responses. American Journal of Psychiatry 138, 1335–1341.
Butler, S. (1975): Sexual contact between therapists and patients. Unveröffentlicht (Dissertation, California School of Professional Psychology, Los Angeles).
Chesler, P. (1972): Frauen das verrückte Geschlecht? Reinbek, Rowohlt, 1986.
Claman, J.M. (1987): Mirror hunger in the psychodynamics of sexually abusing therapists. American Journal of Psychoanalysis 47:1, 35–40.
Dahlberg, C.C. (1970): Sexual contact between patient and therapist. Contemporary Psychoanalysis 6, 107–124.
Davidson, V. (1977): Psychiatry's problems with no name: therapist–patient sex. American Journal of Psychoanalysis 37, 43–50.
deRosis, H., Hamilton, J.A., Morrison, E., und Strauss, M. (1987): More on psychiatrist–patient sexual contact. (Letter to the Editor). American Journal of Psychiatry 144:5, 688–689.
Ehlert–Balzer, M. (1992a): Zur Strafbewehrung des sexuellen Mißbrauchs in der Psychotherapie. Verhaltenstherapie und psychosoziale Praxis 92:3, 323–334.
Ehlert–Balzer, M. (1996): Das Trauma als Objektbeziehung. Veränderungen der inneren Objektwelt durch schwere Traumatisierungen im Erwachsenenalter. Forum der Psychoanalyse 12:4, 291–314
Feldman–Summers, S., Jones, G. (1984): Psychological impacts of sexual contact between therapists or other health care practitioners and their clients. Journal of Consulting Clinical Psychology 52, 1054–1061.
Freud, S. (1915a): Bemerkungen über die Übertragungsliebe. GW, Bd. 10, 306–321.
Füchtner, H. (1987): Freud und Leid in der französischen Psychoanalyse. Psyche 41:11, 1034–1040.
Gartrell, N.K., Herman, J.L., Olarte, S., Feldstein, M., und Localio, R. (1986a): Psychiatrist–patient sexual contact: results of a national survey. I: prevalence. American Journal of Psychiatry 143:9, 1126–1131.
Gartrell, N.K., Herman, J.L., Olarte, S., Feldstein, M., und Localio, R. (1988a): Managment and rehabilitation of sexually explotive therapists. Hospital and Community Psychiatry 39:10, 1070–1074.
Gorkin, M. (1985): Varieties of sexualized countertransference. Psychoanalytic Review 72:3, 421-440.
Heyne, C. (1991): Tatort Couch. Sexueller Mißbrauch in der Therapie. Ursachen, Fakten, Folgen und Möglichkeiten der Verarbeitung. Zürich, Kreuz.
Holroyd, J.C. und Bouhoutsos, J.C. (1985): Sorces of bias in reporting effects of sexual contact with patients. Professional Psychology: Research and Practice 16, 701–709.
Holroyd, J.C. und Brodsky, A.M. (1977): Psychologists' attitudes and practices regarding erotic and nonerotic physical contact with patients. American Psychologist 32, 227–237.

Holzman, B.L. (1984): Who's the therapist here? Dynamics underlying therapist–client sexual relations. Smith College Studies in Social Work 54, 204–224.
Kardener, S.H., Fuller, M., und Mench, N. (1973): A survey of phisicans' attitudes and practices regarding erotic and nonerotic contact with patients. American Journal of Psychiatry 130:10, 1077–1081.
Kluft, R.P. (1989a): Treating the patient who has been sexually exploited by a previous therapist. Psychiatic Clinics of North America 12:2, 483–500.
Krutzenbichler, S., und Essers, H. (1991): Muß denn Liebe Sünde sein? Das Begehren des Analytikers. Freiburg i.Br., Kore.
Mason, P.E. und Stitham, M.D. (1977): The expensive dalliance: assessing the cost of patient–therapist sex. Bulletin of the American Academy of Psychiatryc Law 5, 450–455.
Pfannschmidt, H. (1987): Das Erleben von Patient und Analytiker bei der Übertragung ödipal–inzestuöser Impulse. Die Bedeutung und Handhabung der Abstinenz. Forum der Psychoanalyse 3:3, 205–214.
Pope, K.S. (1988): How clients are harmed by sexual contact with mental health professionals: The syndrome and its prevalence. Journal of Counseling and Development 67, 222–226.
Pope, K.S. (1989a): Therapist–patient sex syndrome: A guide for attorneys and subsequent therapists to assessing damage. In: Gabbard, G.O. (Hrsg.) (1989): Sexual Exploitation in Professional Relationships, 39–56.
Pope, K.S. (1989b): Rehabilitation of therapists who have been sexually intimate with a patient. In: Gabbard, G.O. (Hrsg.) (1989): Sexual exploitation in professional relationships, 129–136.
Pope, K.S. (1990c): Therapist–patient sexual involvement: A review of the research. Clinical Psychology Review 10, 477–490.
Pope, K.S., Levenson, H., und Schover, L.R. (1979): Sexual intimacy in psycholgy training: results and implications of a national survey. American Psychologist 34, 682–689.
Saul, L.J. (1962): The erotic transference. Psychoanalytic Quarterly 31, 54–61.
Schoener, G.R., Milgrom, J.H., und Gonsiorek, J. (1984): Sexual exploiation of clients by therapists. Women and Therapy 3:3, 63–69.
Serban, G. (1981): Sexual activity in therapy: Legal and ethical issues. American Journal of Psychotherapy 35, 76–85.
Shepard, M. (1971): Sex als Therapie. Sexuelle Intimität zwischen Patienten und Psychotherapeuten. Köln, Kiepenheuer und Witsch, 1974.
Shor, J. und Sanville, J. (1974): Erotic provocations and dalliances in psychotherapeutic practice. Clinical Social Work Journal 2, 83–95.
Smith, S. (1984): The sexually abused patient and the abusing therapist. A study in sadomasochistic relationships. Psychoanalytic Psychology 2:1, 89–98.
Sonne, J.L., Meyer, B., Borys, D., und Marshall, V. (1985): Clients' reactions to sexual intimaciy in therapy. American Journal of Orthotherapy 55, 183–189.
Taylor, B.J. und Wagner, N.N. (1976): Sex between therapists and clients: a review and analysis. Professional Psychology 7, 593–601.
Voth, H.M. (1972): Love affair between doctor and patient. American Journal of Psychotherapy 26, 394–400.
Vinson, J.S. (1984): Sexual contact with psychotherapists: A study of client reac-

tions and complaint procedures. Unveröffentlicht (Dissertation, California School of Professional Psychology, Berkeley, CA).

Williams, M.H. (1992): Exploitation and Inference. Mapping the damage from therapist–patient sexual involvement. American Psychologist 47:3, 412–421.

Wirtz, U. (1989): Seelenmord. Inzest und Therapie. Zürich, Kreuz.

Sexueller Mißbrauch, Pädophilie und die Möglichkeit therapeutischer Beeinflussung

Wolfgang Berner

1. Einleitung

Zunächst geht es darum sexuellen Mißbrauch vom Störungsbild der Pädophilie abzugrenzen. Der sexuelle Mißbrauch ist eine kriminelle Handlung. Sie wurde vom Council of Scientific Affairs of the American Medical Association 1985 als »*Das Ausnützen eines Kindes zur sexuellen Stimulierung eines Erwachsenen*« (1985, S. 796) definiert. Ein breites Spektrum von Motiven kann zu einem solchen Ausnützen eines Kindes durch Erwachsene führen. Das kann von unterschiedlichen sexualpathologischen Störungen bis zu einer relativ naiven unreflektierten Neugierde reichen. Bei Menschen zum Beispiel, die grundsätzlich zu ethischen und einfühlsamen Empfindungen in der Lage wären, diese aber – weil sie sich gerade in einem fremden Land befinden – kurzfristig ausschalten oder für nicht relevant erklären. Krafft-Ebing war daher auch lange Zeit davon überzeugt, daß nur Männer, die im Konkurrenzkampf mit anderen unterliegen, auf solche kindliche »Sexualpartner« ausweichen und entschloß sich erst 1898 den Begriff »*Pädophilia Erotica*« für eine erotische Hingezogenheit zu Kindern zu reservieren und diese Pädophilie von der »Unzucht mit Kindern« zu unterscheiden, wie sie bei dementen oder anderen Beeinträchtigten anzutreffen wäre (Krafft-Ebing 1898).

2. Erscheinungsformen der Pädophilie

Heute definiert man die *Pädophilie* nach dem amerikanischen Diagnosesystem DSM IV (APA 1994) und spricht nur dann von einer solchen

Störung, wenn während einer Periode von mindestens 6 Monaten wiederkehrende sexuelle Drangzustände und sexuelle Phantasien, die sexuelle Aktivität mit einem oder mehreren vorpubertären Kindern beinhalten, aufgetreten sind.

> A. Über einen Zeitraum von mindestens 6 Monaten wiederkehrende intensive sexuell erregende Phantasien, sexuell dranghafte Bedürfnisse oder Verhaltensweisen, die sexuelle Handlungen mit einem präpubertären Kind oder Kindern (in der Regel 13 Jahre oder jünger) beinhalten.
> B. Die Phantasien, sexuell dranghaften Bedürfnisse oder Verhaltensweisen verursachen in klinisch bedeutsamer Weise Leiden oder Beeinträchtigungen in sozialen, beruflichen oder anderen wichtigen Funktionsbereichen.
> C. Die Person ist mindestens 16 Jahre alt und mindestens 5 Jahre älter als das Kind oder die Kinder nach Kriterium A.
>
> Beachte: Spätadoleszente, die sich in einer fortdauernden sexuellen Beziehung mit einem 12 - 13jährigen Partner befinden, sind nicht einzubeziehen. Zu unterscheiden ist außerdem, ob es sich um eine sexuelle Orientierung zu Jungen, Mädchen oder beiden handelt. Außerdem soll festgehalten werden, ob sich die Pädophilie auf Inzest beschränkt und ob es sich um einen ausschließlichen Typus (nur auf Kinder orientiert) oder nicht ausschließlichen Typus handelt.

Tabelle 1: Diagnostische Kriterien der Pädophilie (DSM IV:302.2)

Nach dieser Definition sind nicht die Handlungen selbst das entscheidende, sondern ob Drangzustände zumindest 6 Monate lang vorhanden waren, bzw. ob die Person, wenn sie nicht ihren Phantasien entsprechend gehandelt, zumindest schwerwiegend darunter gelitten hat. Auch sollte man bei Adolszenten vor dem 16. Lebensjahr nicht von Pädophilie sprechen, da es sich in diesem Alter auch um eine Entwicklungskrise handeln könnte. Außerdem unterscheidet man eine *gleichgeschlechtliche* von einer *gegengeschlechtlichen* Pädophilie und eine Pädophilie, die sich auf beide Geschlechter bezieht. Man unterscheidet, ob es sich um eine sexuelle Orientierung handelt, die sich ausschließlich auf Kinder richtet, oder Erwachsene wie Kinder begehrt werden. Ob das Begehren auschließlich *inzestuös* ist, oder neben den eigenen Kinder auch andere sexuell erregend gefunden werden. Natürlich sind noch eine Reihe anderer Unterscheidungen möglich: Zum Beispiel spricht Prendergast (1991) vom Unterschied zwischen einer *fixierten* Pädophilie, bei der die frühe sexuelle Orientierung immer schon auf Kinder gerichtet war und einer *regredierten* Pädophilie, bei der ursprünglich Erwachsene Objekte der Begierde waren, aber – oft erst nach dem 30.Lebensjahr – das Interesse für Kinder einsetzte und immer stärker wurde. Darüberhinaus differenziert Prendergast zwischen dem (eher fixierten) Pädophilen und den (eher regredierten) *Ephebophilen*, also Personen, die sich eher von Pubertierenden als von sexuell noch ganz unentwickelten Kindern angezogen fühlen. Die Ephebophilen sollen eher expansiv und asozial strukturiert sein, während die fixierten Pädophilen eher neurotisch gehemmt und schüchtern seien. Bei dieser Art der Typisierung darf natürlich nicht die häufig erwähnte *Alterspädophilie* fehlen, die erst bei verminderter Funktionsfähigkeit des Gehirnes, bei einem beginnenden Demenzprozeß auftreten kann.

3. Das Ursachenspektrum

Sehr selten treten diese Typen allerdings in der Schärfe und Prägnanz auf, wie sie beschrieben werden, und das hat auch seine guten Gründe, weil es nämlich nicht eine Ursache gibt, die zur Pädophilie führt, sondern es eine ganze Reihe von – sich zum Teil untereinander bedingende – Faktoren sein können, die dann zu einer situativen, oder eher chronisch beständigen Störung in unterschiedlicher Gewichtung beitragen. Es scheint mir daher sinnvoll, sich zunächst häufige Faktoren vor Augen zu halten, wie sie bei Männern gefunden werden, die Kinder mißbrauchen. Barnard et al. (1989, S. 36) haben zehn solche Faktoren aufgelistet, die man in größeren Populationen von Personen findet, die wegen Mißbrauchs von Kindern aufgefallen sind und verurteilt wurden (Es wird also jetzt von einem ganzen »Spektrum« von Personen gesprochen, die einerseits wegen eines einmaligen situativen Mißbrauchs, andererseits aber auch wegen einer chronisch fixierten Pädophilie aufgefallen sein können).

Die in Tabelle 2 aufgezählten Merkmale sind nach der Häufigkeit geordnet, mit der sie bei den Mißbrauchenden angetroffen werden. Aber selbst für das erste Merkmal – nämlich an sich selbst erlebter körperlicher oder sexueller Mißbrauch – gilt, daß es keinesfalls bei allen

1. körperlicher oder sexueller Mißbrauch
2. Alkohol- und Drogenmißbrauch
3. ständiges Beschäftigsein mit sexuellen Themen.
4. Verleugnung, Konfusion und Schuldgefühle der eigenen Sexualität gegenüber.
5. gesellschaftlich empfundener Druck ein »Macho«, aggressiv oder gewalttätig zu sein.
6. schwere Eheprobleme
7. Beziehungsdefizite
8. keine oder sehr wenige Freundschaften während der Adoleszenz
9. eine Störung in der Entwicklung eines Sinnes für »Moral«.
10. Gefühle von Angst, Furcht, Machtlosigkeit, Wut, Unfähigkeit und geringem Selbstwert.

Tabelle 2: Merkmale die man bei Mißbrauchenden oft antrifft (Barnard et al. 1989).

Betroffenen anzutreffen ist. Nach heutiger Einschätzung wird körperlicher oder sexueller Mißbrauch in der Vorgeschichte bei später Mißbrauchenden etwa 4 mal sooft angetroffen, wie bei Vergleichspersonen aus der sogenannten Durchschnittpopulation. Besonders bei jugendlichen Sexualtätern – die immerhin für 50 % der Delikte an unter Zwölfjährigen verantwortlich sein dürften – wird von etwa 60 % sexuell Viktimisierten ausgegangen (vgl. Bourke und Donohue 1996). Alle anderen Merkmale sind in unterschiedlicher Zusammensetzung bei Betroffenen zu finden. Manche von ihnen scheinen sich auch zu widersprechen: Zum Beispiel das »ständige Beschäftigsein mit sexuellen Themen« und die »Verleugnung, Konfusion und Schuldgefühle der eigenen Sexualität gegenüber«. Neben der Tatsache, daß es sich um jeweils unterschiedliche Gruppen von Betroffenen handeln dürfte, ist es auch möglich, daß bei der gleichen Person Verleugnung der eigenen Sexualität neben einem ständigen Beschäftigtsein mit sexuellen Themen vorkommen kann. Es gibt Gruppen, bei denen eine Störung in der Entwicklung eines Sinnes für Moral im Vordergrund steht, andere wieder, die moralisch geradezu überängstlich sind und gleichzeitig Machtlosigkeit und ein geringes Selbstwertgefühl erleben.

Um nun doch wieder etwas Struktur in diese Vielfalt zu bringen, empfehle ich bei der Beurteilung individueller Fälle jeweils von der Oberfläche in die Tiefe vorzugehen und das Phänomen des Mißbrauchs auf drei Ebenen zu beschreiben:
A. der Mißbrauchshandlungen selbst,
B. der psychischen Störungen, die man beim Mißbrauchenden aktuell findet
C. der Faktoren aus der Lebensgeschichte des Mißbrauchenden.

zu A: Zur Einschätzung von Mißbrauchshandlungen ist es zunächst wichtig, sich die Häufigkeit solcher Handlungen bei einem betroffenen Individuum vor Augen zu führen, aber auch den Anteil an sexueller Stimulierung und aggressiver Stimulierung bei den einzelnen Angriffen. Psychotherapeuten wie Prentky (1995) haben nach Erhebungen an ihren Patienten angegeben, daß es oft über 100 einzelne Handlungen an Kindern sind, die vorfallen, bevor ein Mißbrauchender öffentlich auffällt. Nur ganz selten werden Mißbrauchende schon bei den ersten Versuchen »erwischt«. Unserer Erfahrung nach zeigt sich eine gewalttätig-aggressive Tendenz (im Gegensatz zur indirekten Aggression, wie sie bei den »Verführern« vorliegt) dem Mißbrauchten gegenüber aber oft schon in den ersten Angriffen. Oft werden vor Gericht gewalttätige Handlungen als »sekundär« dargestellt, etwa aus Angst vor Entdeckung habe der Betroffene versucht sein Opfer zu beseitigen. Vielfach handelt es sich bei solchen Aussagen um Rationalisierungen, die Lust am Verletzen tarnen sollen.

zu B: Spricht man mit den Mißbrauchenden etwas ausführlicher über ihre Motivation, dann erhebt man die zweite der oben angeführten Ebenen des Ursachenspektrums: Hier sind psychische Störungen zu untersuchen, die für die Entwicklung späterer Therapieprogramme von besonderer Bedeutung sind. Diese psychischen Merkmale sind:
– Beziehungsstörungen mit Erwachsenen
– Mangel an Einfühlung
– Wut
– Kognitionsstörung
– Abweichung der sexuellen Erregbarkeit
– Antisoziale Persönlichkeit bzw. Impulsivität.

Es ist gut vorstellbar, daß für jede dieser angeführten Störungsgruppen unterschiedliche Therapieziele zu formulieren sind. Diese werden bei Programmen, die sich den kognitiv-verhaltenstherapeutischen

Schulen zurechnen, auch so konkret benannt. Psychodynamische Schulen berücksichtigen die gleiche Thematik mehr implizit.

zu C: Auf der dritten Ebene in der frühe »Ursachen« in Betracht zu ziehen sind, werden häufig folgende Faktoren gefunden:
– Instabilität der Elternbeziehungen
– Instutionelle Erziehung
– Eigene Mißbrauchserfahrungen
– Biologische Faktoren

Die psychotherapeutische Arbeit an den sich aus den sogenannten frühen Ursachen ergebenden Konflikten und Problemen sollte, wie wir später noch ausführen werden, nicht zu kurzschlüssigen »Entschuldigungen« führen, sondern neben einem Verständnis für die Dynamik traumatischer Erlebnisse – und ihrer Tendenz zur Wiederholung und Umkehrung – vor allem Kompensationsmöglichkeiten aufzeigen. Das Trauma soll nicht als unausweichliches Schicksal in die Zukunft weisen, Möglichkeiten des »Anders-Erlebens« und des Ausstiegs aus einer zwingenden Affektkonstellation müssen konkret erarbeitet werden.

4. Einschätzung des Therapieerfolges bei Sexualstraftätern

Alles bisher gesagte dient als Voraussetzung zur Darstellung der therapeutischen Möglichkeiten für Mißbrauchstäter. Pauschale Aussagen dazu sind ungerechtfertigt und deshalb zu vermeiden. Einerseits haben wir uns vom therapeutischen Optimismus der 70er Jahre längst verabschiedet, andererseits aber auch von so generellen Aussagen wie »nothing works«, wie sie in den 80er Jahren üblich waren. Heute gibt es schon eine recht ansehnliche Literatur, die die prinzipielle Wirksamkeit von Therapie auch bei Strafgefangenen belegen kann (vgl. Nagayama Hall 1995, bzw. Mc Guire 1995 mit dem Titel: »What Works«). Aus der jüngsten großen Metaanalyse von Nagayama Hall geht deutlich hervor, daß bei Sexualstraftätern – in der Untersuchung konnten über 700 Behandelte mit 300 Kontrollpersonen verglichen werden – die »Therapierten« doch um einen kleinen aber signifikanten Prozentsatz bessere Verläufe zeigten als die Vergleichsfälle ohne die jeweils untersuchte Therapie (Behandelte wurden in 19% rückfällig, Unbehandelte in 27%, $p = 0{,}12$. Signifikante Unterschiede von $p < 0{,}005$ erreichten allerdings nur die Ergebnisse für Kognitive Verhaltenstherapie und Hormonbehandlung im Vergleich zur Aversionstherapie).

Die Metaanalyse lieferte darüber hinaus noch einige Teilergebnisse, die zum Teil den klinischen Eindruck bestätigen: Zum Beispiel, daß Behandlungen außerhalb des Gefängnisses meist größere Therapieerfolge bringen als Behandlungen innerhalb des Gefängnisses (nur 10 % Besserung gegenüber Unbehandelten bei institutionell Therapierten, 30 % Besserung gegenüber Unbehandelten bei ambulant Therapierten). Natürlich haben bei diesen Vergleichen auch Selektionsfaktoren eine Rolle gespielt – außerhalb des Gefängnisses Behandelte hatten von vornherein einer bessere Prognose. Bei besonders gefährlichen Tätern hätte der Richter sich nicht mit einer Weisung zur ambulanten Therapie zufrieden gegeben, sondern eine Unterbringung angeordnet. Trotzdem kann die Untersuchung als eine Bestätigung der klinischen Erfahrung angesehen werden, daß Patienten einen gewissen Freiraum der Entscheidung benötigen, um sich erproben und um sich neuen Erfahrungen und Erlebnisweisen stufenweise nähern zu können. Je geringer die notwendige Einschränkung umso eher kann der Behandelte sich selbstverantwortlich für Neues entscheiden. Diese Überlegungen sind immer auch gegenüber Gefährlichkeitsabschätzungen zu erwägen.

Ein weiterer wichtiger Hinweis aus der angesprochenen Metaanalyse ist die Tatsache, daß sich die Patienten, die mit kognitiver Verhaltenstherapie behandelt wurden und diejenigen, die eine Hormonbehandlung erhielten in ihrem Therapieerfolg ungefähr die Waage hielten (29 % zu 30 % Erfolgsquote). Wieder ist hier von einem Selektionsfaktor auszugehen und nicht von vornherein anzunehmen, daß wirklich in beiden Gruppen die gleichen Störungen behandelt wurden. Die Hoffnung, wie sie heute oft von Medien verbreitet wird, mit Zwangsbehandlung im Sinne einer medikamentösen Kastration könne man das Problem Pädophilie leicht lösen, ist aufgrund dieser Ergebnisse allerdings auch nicht gerechtfertigt.

Die schlechtesten Ergebnisse erzielten in der angesprochenen Metaanalyse die Behandlungsformen, bei denen sogenannte »Aversionstherapien« zur Anwendung kamen. Bei der an Strafsanktionen erinnernden Behandlung werden Bilder der begehrten Sexualobjekte standardisiert dargeboten und mit einem Aversionsreiz – etwa einer ekelhaften Geruchsempfindung im Sinne eines bedingten Reflexes gekoppelt. Die so behandelten Patienten wurden noch häufiger rückfällig als die Unbehandelten. Die meisten Verhaltenstherapeuten sind daher dazu übergegangen, nicht nur die Vorliebe für sexuelle Stimuli allein in Betracht zu ziehen, sondern andere Therapieziele zu formulieren – zum Beispiel die Beziehungsfähigkeit und das Einfühlungsvermögen in Partner.

5. Therapieerfolge bei Männern, die Kinder mißbrauchen

Seit 1988 wurden drei Arbeiten veröffentlicht, die Ergebnisse von kognitiv-verhaltenstherapeutischen Therapien bei Männern, die Kinder mißbraucht hatten, vorlegten, wobei die Therapieerfolge mit unbehandelten Kontrollgruppen verglichen werden konnten. Die Ergebnisse dieser drei Arbeiten sollten auch vor dem Hintergrund einer größeren kanadischen Studie an Unbehandelten gesehen werden, die eine Beobachtungszeit von neun bis 35 Jahre aufwies. Hanson et al. (1993) fanden heraus, daß von 197 Männern, die wegen Kindesmißbrauch in Kanada verurteilt wurden nach einer Beobachtungszeit von mindestens neun und höchstens 35 Jahren 42 % rückfällig geworden waren. Es konnte auch gezeigt werden, daß sich diese Rückfälle über eine sehr lange Zeit nach der Entlassung aus der Haft verteilten. In den ersten fünf Jahren nach der Entlassung wurden jeweils 5,2 % pro Jahr rückfällig, dann etwa 1,8 % pro Jahr, aber das bis ins letze Jahr der Beobachtungszeit. Untergruppen dieser Population, die Kurztherapien zur Veränderung ihrer sexuellen Reaktion auf pathologische Auslöser-Reize unterzogen wurden, unterschieden sich nicht von den Unbehandelten. Dem sind die viel gezielteren Therapien der oben erwähnten drei Arbeiten gegenüberzustellen:

Marshall und Barbaree (1988) untersuchten katamnestisch ein bis zehn Jahre 68 Männer, die wegen Mißbrauchs von Kindern in Behandlung kamen. Diese waren zu 13,2 % rückfällig geworden, während eine Kontrollgruppe Unbehandelter zu 34,5 % rückfällig wurde.

Prentky und Burgess (1992) fanden unter 129 Behandelten nach fünf Jahren 25 % Rückfällige, während die unbehandelte Kontrollgruppe zu 40 % rückfällig wurde.

Bei Marques et al. (1994) wurden von 76 Behandelten nach drei Jahren 7,9 % rückfällig, während die unbehandelte Kontrollgruppe zu 10 % rückfällig wurde.

Die deutlichen Unterschiede der Rückfälligkeit auch in den Kontrollgruppen darf nicht verwundern. Die große Metaanalyse von Blackshaw et al. (1989) hatte schon deutlich gemacht, daß Verlaufsuntersuchungen an Sexualdelinquenten je nach verwendeteten Selektionsfaktoren ganz unterschiedliche Rückfallzahlen ergeben können und methodische Sauberkeit in solchen Untersucungen immer nur annäherungsweise erzielbar ist.

6. Behandlungsstrategien

Nach dieser allgemeinen Beweisführung zur Klärung von grundsätzlicher Wirksamkeit von Therapie soll der viel interessanteren Frage nachgegangen werden, ob erfolgreichere von weniger erfolgreichen Therapiekonzepten unterschieden werden können. Zunächst sind dafür Behandlungsstrategien in psychotherapeutische auf der einen und pharmakotherapeutische auf der anderen Seite einzuteilen.

Psychotherapien

Psychotherapeutische Schulen haben eine Tendenz, sich entsprechend ihrer jeweiligen Grundannahmen voneinander abgrenzend, unterschiedliche, schwer überprüfbare, sehr differenzierte Behandlungsstrategien zu entwickeln. Entgegen dieser theoretischen Differenziertheit lassen sich empirisch Wirksamkeitsunterschiede viel schlechter beweisen. Entsprechend dem empirischen Ansatz dieser Arbeit werden hier Therapieziele nur in schulenübergreifender Verallgemeinerung darstellbar sein.

Zunächst gehen wir davon aus, daß Therapien mit Sexualstraftätern aufgrund der gerade gezeigten Langzeit-Verläufe von Hanson et al. (1993) langfristig sein müssen, da ein gewisses Rückfallrisiko bei Unbehandelten bis zu 30 Jahre bestehen kann. Es geht also darum, nach einer möglichst intensiven Therapie-Anfangsphase langfristig (unter Umständen niederfrequent) für die Patienten zur Verfügung zu stehen (vgl. Lipsey 1995, Berner und Bolterauer 1995)

Da Untersuchungen ergeben haben, daß Therapien, die direkt am sexuellen Stimulus angreifen, viel weniger wirksam sind als Therapien, die Beziehung und Empathie in den Vordergrund stellen, hat sowohl in der psychoanalytisch orientierten Arbeit, als auch in der Verhaltenstherapie, Beziehungsarbeit eine vorrangige Stellung eingenommen (vgl. Schorsch et al. 1985, Marques et al. 1994). Im kognitiv-verhaltensthera-peutischen Ansatz geht es um »Empathie-Training«, »Wutmanagement« und Bearbeitung von Feindseligkeit. Im psychoanalytischen Kontext um »Borderline-Therapie«. Dabei wird besonders die Affektabhängigkeit der Wahrnehmung angesprochen. Die Gespaltenheit der Selbst- und Fremd-Repräsentanzen, die idealisierten positiv- und entwertet aggressiv, also negativ besetzten Repräsentanzen vergangener Beziehungen sollen durch Konfrontation deutlich werden und heutige Beziehungen nicht mehr so entstellen können. So wird die Bearbeitung von Feindseligkeit eher dynamischen Gesichtspunkten folgen, bei denen auch möglicherweise unbewußte Ursachen einer feindseligen Einstellung Frauen gegenüber bearbeitet werden sollen.

Die Traumabearbeitung selbst, nämlich das Beziehung-Herstellen zwischen den eigenen Mißbrauchserfahrungen und der Täterschaft ist ein wichtiges Element der Behandlung. Es muß aber immer im Auge behalten werden, daß Trauma-Bearbeitung von Betroffenen leicht zu einer sich selbst bedauernden Einstellung schicksalhafter Ausgeliefertheit führen kann. Das kann dann den negativen Effekt haben, daß sich Betroffene in neuen »Verführungssituationen« noch schneller resignierend in den Lauf der Dinge fügen, statt aktiv dagegen anzukämpfen.

Diese Art von Einstellung wird im sogenannten »Relapse Prevention Program« bekämpft. Es geht dabei darum, die Behandelten darauf vorzubereiten, daß sie Situationen, je nach ihrer affektiven Einstellung ganz unterschiedlich beurteilen werden und wenn sie in relativ unbeschwerten Zeiten kognitiv durchaus in der Lage sind, sich gegen ein Delikt oder einen sexuellen Übergriff zu entscheiden, in anderen – etwa Frustrations-Situationen – plötzlich alles aus einem anderen Licht sehen und alle guten Vorsätze verwerfen werden. In Vorbereitung auf solche affektiv bedingte Verschiebungen der Einstellung, werden dann spezifische rückfallsverhindernde Strategien erarbeitet. Es geht ähnlich wie bei Süchtigen darum, den »Point of no return« soweit wie möglich hinauszuschieben. Programme sollen entwickelt weden, die die Betroffenen in die Lage versetzen, in Gefahrsituationen entgegen dem augenblicklich empfundenen (»Rache-«)Affekt zu handeln und sich rechtzeitig Hilfe von anderen zu organisieren.

Man kann das Thema der Psychotherapie bei Patienten, die Kinder mißbraucht haben nicht abschließen, ohne sich der Frage zu widmen, was im Therapeuten eines solchen Patienten vorgeht. Wie erträgt er die Wünsche des Patienten, wie kann er sich mit ihm identifizieren, kann er überhaupt helfen, wenn er meint selbst die Erotik, die der Patient erlebt, nicht nachempfinden zu können?

Mintzer (1996) hat die Literatur zur »Gegenübertragung« zusammengefaßt und auf drei häufige Gefahren aufmerksam gemacht: Der Therapeut erlebt den Patienten nur als Opfer und übrsieht wichtige Aspekte seiner tatsächlichen Böswilligkeit. Oder ganz im Gegenteil, der Therapeut »verfolgt« den Patienten mit negativen Beurteilungen und ergeht sich in Beschreibungen seiner absoluten Therapie-Resistenz. Eine dritte Reaktion wäre, sich vom Patienten manipulieren, ausnützen, erpressen und zu krimineller Komplizenschaft (Fluchthilfe) mißbrauchen zu lassen. Nur Reflexion eigener »Retter-« oder »Beschützer-« Ansprüche oder eigener Auflehnung gegen Ungerechtigkeiten der Gesellschaft oder des Rechtssystems können zu einer ausgewogenen nicht zu optimistischen Einstellung führen und helfen, Gegenübertragungsgefühle als diagnostische Signale und Leitlinien in der Therapie zu benützen. Oft erleben in solchen längerfristigen Therapien die Behandler Ohnmacht und Insuffizienz, die ihre Patienten durch Agieren vermeiden (vgl. Mintzer 1996).

Pharmakotherapie

Auch auf dem Gebiet der Pharmokotherapie hat sich durch die Entwicklung neuer Medikamente in den letzten Jahren einiges geändert. Einerseits kann man bei »leichteren Fällen« das Antidepressivum Fluoxetin (einen Serotonin-Reuptake-Hemmer) verwenden, von dem einige vielversprechende vorläufige Ergebnisse vorliegen (vgl. Bianchi 1990, Kafka 1991, Kafka u. Coleman 1991, Gijs und Gooren 1996), andererseits wird das bewährte Anti-Testosteron Cyproteronacetat (Berlin und Meinecke 1981, Cooper und Cernovsky 1992) durch neue Medikamente, die auch aus der Behandlung des Prostatakarzenoms herrühren, ergänzt. Diese sogenannte LHRH-Agonisten (aber auch GnRH-Agonisten) sind in ihrer Anwendung aus verschiedenen Gründen in manchen Fällen dem Anti-Testosteron Cyproteronacetat vorzuziehen (vgl.Gijs und Gooren 1996). Die Wirkung beider Medikamente ist der einer Kastration vergleichbar, es kommt zur starken Reduktion der sexuellen Erregbarkeit und Reaktionsfähigkeit. Dies kann, besonders bei Patienten, bei denen sexuelle Phantasietätigkeit weitgehend mit aggressiven Inhalten verbunden ist, zu einer auch subjektiv erleichternd empfundenen Reduktion der Beschäftigung mit Sexualität führen. Das muß aber keineswegs immer der Fall sein. Es sind Fälle bekannt, die trotz Kastration eine zwanghafte Beschäftigung mit sexueller Thematik nicht unterdrücken zu können glaubten und sich ständig zum Teil voll Angst davon überzeugen mußten, daß Reste einer Erregbarkeit noch vorhanden sind. Daher gilt auch für diese pharmakologischen »Mittel letzter Wahl«, daß sie nie ohne Einwilligung und Mitarbeit des Patienten angewendet werden können (Thibaut et al. 1993, 1996, Berner 1996, Gijs und Gooren 1996).

7. Zusammenfassung

Nach einer Begriffsklärung wurden verschiedene Formen von Mißbrauch und Pädophilie dargestellt und auf die Vielfalt der beeinflussenden Faktoren hingewiesen. Die Vielzahl der bedingenden Faktoren (genetische Bedingungen, Frühentwicklung, institutionelle Erziehung, mangelnde Entwicklung von Bindung, traumatische Erlebnisse, wie erlebten Mißbrauch, Mißhandlung oder Gewalt an anderen und – situative Faktoren, wie soziale Entfremdung, Partnerkonflikte etc.) bewirkt Unschärfe jeder versuchten Typologie. Therapieprogramme sind daher auch immer auf die individuelle Faktorenkonstellation abzustimmen. Nach Klärung der grundsätzlichen Wirksamkeit von Therapie bei Sexualdelinquenz durch Metaanalysen von Therapieberichten, wurden einige Ergebnisse über Verläufe bei behandelten und nicht-behandelten Mißbrauchstätern vorgelegt und die neueren Tendenzen im psychotherapeutischen und pharmakotherapeutischen Zugang zu diesen Patienten diskutiert.

Psychotherapeutisch sind in den letzen Jahren verschiedene Therapieziele, die nicht nur die sexuelle Reagibilität betreffen konkreter formuliert worden. Rückfallsprophylaxe durch Arbeit an Einstellungen und situativ bedingten affektiven Wahrnehmungsverzerrungen trat dabei in den Vordergrund und scheint erfolgreich zu sein. Pharmakologisch wurde die Behandlung mit Cyproteronacetat durch zwei weitere Wirkungsprinzipien (SSRI-Hemmer und GnRH- bzw. LHRH-Agonisten) ergänzt und differenziert.

Literatur

American Psychiatric Association (1994): Diagnostic and Statistical. Manual of Mental Disorders, Fourth Edition (DSM-IV). Washington D.C., American Psychiatric Association.

Barnard, G.W.; Fuller, A.K.; Robbins, L., Shaw, T. (1989): The child molester. An integrated approach to evaluation and treatment. New York, Brunner and Mazel.

Berlin, F.S.; Meinecke, C. F. (1981): Treatment of sex offenders with antiandrogenic medication. Conceptualization, review of treatment modelities and preliminary findings. American Journal of Psychiatry, 138, 601-607

Berner, W.; Bolterauer, J. (1995): 5-Jahres-Verläufe von 46 aus dem therapeutischen Strafvollzug entlassenen Sexualdelinquenten. Recht und Psychiatrie 13, 114-118.

Berner, W. (1996): Therapie bei sexueller Delinquenz unter institutionellen Bedingungen. In: Sigusch, V. (Hg.): Sexuelle Störungen und ihre Behandlung. Stuttgart, Thieme, 288-299.

Bianchi, M.D. (1990): Fluoxetine treatment of exhibitionists. American Journal of Psychiatry 147, 1089-1090.

Blackshaw, L.; Furby, W.; Weinrott, M. (1989): Sex offender recidivism: A review. Psychological Review 105, 1, 3-30.

Bourke, L.M.; Donohue, B. (1996): Assessment and Treatment of Juvenile Sex Offenders: An Empirical Review. Journal of Child Sexual Abuse 5, 47-69.

Cooper, A.J.; Cernovsky, Z. (1992): The effects of cyprotherone acetate on sleeping and waking penile erections in pedophiles: Possible implications for treatment. Canadian Journal of Psychiatry 37, 33-39.

Council on Scientific Affairs of the American Medical Association (1985). AMA diagnostic and treatment guidelines concerning child abuse and neglect. Journal of the American Medical Association 254, 796.

Gijs, L.; Gooren, L. (1996): Hormonal and psychopharmacogical interventions in the treatment of paraphilias: An update. The Journal of Sex Research 33, 4, 273-290.

Hanson, R.; Steffy, R.; Gauthier, R. (1993): Long-term recidivism of child molesters. Journal of Consulting and Clinical Psychology 61, 4, 646-652.

Kafka, M.P. (1991): Successful antidepressant treatment of nonparaphilic sexual addictions and paraphilias in men. Journal of Clinical Psychiatry 52, 60-65.

Kafka, M. P.; Coleman, E. (1991): Serotonin and paraphilias: The convergence of mood, impulse and compulsive disorders. Journal of Clinical Psychopharmacology, 11, 223-224.

Krafft-Ebing, R.V. (1898): Psychopathia sexualis. (10. verbesserte u. teilweise vermehrte Auflage) Stuttgart, Enke.

Lipsey, M.W. (1995): What do we learn from 400 research studies on the effectiveness of treatment with juvenile delinquent? In McGuire, J. (Ed.), What works: Reducing reoffending. Guidelines from research and practice. Chichester, New York, J.Wiley and Sons, 63-79

Marques, J.K.; Day, D.M.; Nelson,C.; West M.A. (1994): Effects of cognitive-behavioral treatment on sex offender recidivism: Preliminary results of a longitudinal study. Criminal Justice and Behavior 21, 28-54.

Marques, J.; Nelson,C.; West M.A.; Day D.M.(1994): The relationship between treatment goals and recidivism among child molesters. Behaviour Research and Therapy 32,5, 577-588.
Marshall, W.L.; Barbaree, H.E. (1988): The long term evaluation of a behavioral treatment program for child molesters. Behaviour Research and Therapy 26, 499-511.
McGuire, J. (1995): What works: reducing reoffending. Guidelines from research and practice. Chichester, New York, J. Wiley and Sons.
Mintzer, M.B. (1996): Understanding countertransference reactions in working with adolescent perpetrators of sexual abuse. Bulletin of the Menninger Clinic 60, 2, 219-228.
Nagayama Hall, G.C.(1995): Sexual offender recidivism revisited: A Meta-Analysis of recent treatment studies. Journal of Consulting and Clinical Psychology 63, 5, 802-809.
Prendergast, W.E. (1991): Treating sex-offenders in correctional institutions and outpatient clinics. A guide to clinical practice. New York, The Haworth Press.
Prentky, R.; Burgess A.W. (1990): Rehabilitation of child-molesters: A cost-benifit analysis. American Journal of Orthopsychiatry 60, 108 -117.
Prentky, R. (1995): A rational for the treatment of sex offenders: pro bono publico. In: McGuire, J. (Ed.): What Works: Reducing Reoffending. Chichester, New York, J. Wiley and Sons, 155 -173.
Schorsch, E., Galedary, G., Haag, A., Hauch, M., Lohse, H., (1985): Perversion als Straftat, Dynamik und Psychotherapie. Stuttgart, Enke.
Thibaut, F.; Cordier, B.; Kuhn, J. M. (1993): Effect of long-lasting gonadotrophine hormone-releasing hormone agonist in six cases of severe male paraphilia. Acta Psychiatrica Scandinavica 87, 445-450.
Thibaut, F.; Cordier, B.; Kuhn, J.M. (1996): Gonadotrophin hormone releasing hormone agonist in cases of severe paraphilia: A lifetime treatment? Psychoneuroendocrinology 21, 4, 411-419.

Der Beitrag
der Bindungstheorie zu
Mißbrauch und Mißhandlung

Ruth Ladendorf

Im folgenden soll der Stand der Bindungsforschung bezüglich des Themas Mißbrauch und Mißhandlung dargestellt werden, da die Eltern-Kind-Beziehung bzw. die Bindung in der Diskussion um Mißbrauch und Mißhandlung zu wenig berücksichtigt wurde.

Vorangestellt wird eine Szene aus dem Roman »Die Züchtigung« von Waltraud Anna Mitgutsch (1985), die die Atmosphäre und das Erleben eigener Mißhandlung beschreibt:

»Ich fand ihre Spuren, als ich mit meiner zweijährigen Tochter im Arm in das alte Haus an der Donau zurückkehrte, das ich mit neunzehn verlassen hatte. Ich fand den Teppichklopfer am Türrahmen der Waschküche hängen, er hing da wie ihre blaue Drillichschürze unterhalb der Bodenstiege, seit zwölf Jahren unberührt, ein Teil von zu Hause, ein Teil von mir, von meiner Kindheit, ein Teil der Lebensangst, die sie an mich weitergegeben, in mich hineingeprügelt hatte. Ich hielt ihn in der Hand, und die Angst stieg wieder in mir hoch, die Angst vor den Schlägen, die Angst vor der Drohung der hereinbrechenden Züchtigung. Ich hielt ihn in der Hand und sah ihn zum erstenmal in seiner konkreten Beschaffenheit, so wie sie ihn gesehen haben muß, eine dicke, gebogene Gummiwurst mit einer Eisenspirale umwunden, ein Folterwerkzeug. Ich hielt das Kind in einem Arm, den Teppichklopfer im anderen. So klein war ich, als sie begann, mich zu schlagen. Trotzalter hat's bei uns nicht gegeben, sagte sie oft stolz zu Verwandten, das muß man im Keim ersticken, sobald das erste Nein kommt, sobald der Fuß aufstampft. Ich hörte zu und war stolz, ein wohlerzogenes Kind zu sein, ein geschlagenes Kind zu sein. Bitte, bitte, liebe Mama, ich tu alles, nur bitte, bitte, dieses eine Mal nicht, nur dieses eine Mal. Ich lief auf die Straße und bat Fremde, mir zu helfen, ich schrie nach meinem Vater, auf den Knien rutschte ich über den Kiesweg und umfing ihre Beine. Es half nichts, sie schlug mich. Nie das Kind im Affekt schlagen, sagte sie zu ihren jüngeren Schwestern. Wart nur, wenn ich in zwei Stunden heimkomm, kriegst du Treff, dann schlag ich dir die Läufe ab. Bitte, bitte, lieber Gott, flehte ich kniend, gib, daß sie stirbt. Wie oft habe ich ihr den Tod gewünscht, der dann zu früh kam. Ich war das besterzogene Kind in der Verwandtschaft, Mund halten und sitzen bleiben, nicht dreinreden, still und alleine spielen, niemanden belästigen; lehn dich doch nicht an mich an, kannst du nicht allein sitzen, Anlehnungsbedürfnis ist Schwäche. Sie erlaubte sich keine Schwäche. Ich wagte es nicht, sie zu hassen. Ich konnte es mir nicht leisten, sie zu hassen, sie war der einzige Mensch, der mich liebte. Danke, liebe Mama, mußte ich sagen, wenn sie vom Schlagen erschöpft war und sich schwer atmend niedersetzte. Manchmal ließ sie sich der Länge nach auf den Boden fallen, und ich bekam Angst um sie, hoffte, sie sei nicht ohnmächtig geworden von der schweren Arbeit der Züchtigung, ich fühlte mich schuldig, ihr soviel Kummer zu bereiten. Nachher hatte ich rote Wülste auf Beinen und Hüften, die wurden blutunterlaufen, dann grün und blau, und sie schrieb mir eine Entschuldigung fürs Turnen, damit niemand Fragen stellen konnte. Es gab viele Gründe, gezüchtigt zu werden, einen Befehl mit Nein oder Warum zu beantworten, eine halbe Stunde zu spät von der Schule heimzukommen, in der Kirche mit anderen Kindern zu flüstern oder zu kichern, im Schönschreibheft unter die Zeile zu geraten und f mit k zu verwechseln, eine Rüge von der Lehrerin, ein Befriedigend auf die Schularbeit« (S.7-9).

Dieser Text drückt vieles aus, das auch wissenschaftlich im Zusammenhang mit körperlicher Mißhandlung bedeutsam ist, z.B. Schuldgefühle von Mißhandelten.

Definitionen von Mißbrauch und Mißhandlung

Es folgen Beschreibungen der Begriffe körperliche Mißhandlung und sexueller Mißbrauch. Der Kinderarzt Kempe machte 1962 auf das Phänomen der Kindesmißhandlung aufmerksam und schuf den Begriff des »Battered Child Syndrome«. In den darauffolgenden Jahren stieg das Interesse an dieser Thematik stark an und verlagerte sich unter dem Einfluß der Frauenbewegung auf eine spezielle Form der Mißhandlung, den sexuellen Mißbrauch. Begriffsbeschreibungen von Mißhandlung und Mißbrauch unterscheiden sich vor allem darin, ob der Schwerpunkt nur auf die Handlung gelegt wird oder eher bestehende Beziehungen zu Erziehungspersonen in ihrer Bedeutung für Traumatisierungen hervorgehoben werden.

Der Kinder- und Jugendpsychiater Martinius (1989) stellt Kindesmißhandlung in einen größeren Zusammenhang und gibt folgende Beschreibung: »Kindesmißhandlung ist ungesteuertes Strafen und ein weder inhaltlich noch zeitlich isolierbares Ereignis, sondern ein Vorgang innerhalb dessen die körperliche Mißhandlung den zwar kennzeichnenden, aber eben doch nur einen Schritt darstellt. Dieser Schritt ist gewaltsam, herausragend und wegen der durch ihn erzeugten körperlichen Schäden mehr oder weniger oft Anlaß für seine Entdeckung. Deshalb wird gewöhnlich auch der Begriff der Kindesmißhandlung mit dem Akt der Körperverletzung in Verbindung gebracht. Körperliche Mißhandlung ereignet sich jedoch als Prozeß aufgrund vorausgegangener persönlicher und innerfamiliärer Entwicklungen, Belastungen und Verletzungen in bestimmten Situationen mit langanhaltenden Reaktionen und erneuten Verletzungen« (S.92-93).

Die Schwierigkeit sexuellen Mißbrauch einzugrenzen wird etwa in der Definition von Fegert (1989) deutlich: »Sexueller Mißbrauch ist ein traumatisches Erlebnis, das auch mit konkreten körperlichen Traumata verbunden sein kann und psychische Sofort-, Früh- oder Spätfolgen zeitigen kann. Zu diesen psychischen Folgen können eine große Zahl von Symptomen gehören, wobei eine lineare Kausalität (sexueller Mißbrauch-Krankheitsbild) – bei aller Evidenz – wissenschaftlich oft nicht aufzuzeigen sein wird« (S.69).

Zusammenhang zwischen Mißhandlung und Bindungsforschung

Insgesamt konnten viele Bindungsforscher (z.B. Main et al. 1984, Crittenden 1988) nachweisen, daß bei Kindern, die körperlich mißhandelt oder vernachlässigt wurden, eine unsichere Bindung (Vermeidung, Widerstand oder Desorganisation) vorherrscht (siehe auch Dornes 1996). Aus unerklärlichen Gründen wurden jedoch keine entsprechenden Untersuchungen an Stichproben sexuell mißbrauchter Kinder durchgeführt. Dieses obwohl von Alexander (1992) angeführt wird, daß die Bindungstheorie nützliches Hintergrundwissen für ein besseres Verständnis der langfristigen Konsequenzen von sexuellem Mißbrauch liefert. Leitgedanken der Autorin sind dabei, daß sexueller Mißbrauch mit einer unsicheren oder desorganisierten Bindung zu mindestens einem Elternteil einhergeht. Nach Alexander (1992) läßt sich besonders der ablehnende Bindungsstil auf Mißbrauchsfamilien übertragen. Es ist naheliegend zu vermuten, daß z.b. Mütter bzw. der nicht-mißbrauchende Elternteil, aufgrund eigener Erfahrungen von Ablehnung, eine vermeidende Bindung entwickelt haben. Entsprechend neigen sie weniger dazu, relevante Informationen über den Mißbrauch zu verfolgen. Ein Kind, das einen vermeidenden Bindungsstil entwickelt hat, weil es abgelehnt wurde, wird weniger in der Lage sein, sich selber zu verteidigen oder Hilfe zu suchen.

In einem Artikel zu »Psychoanalyse und Kindesmißhandlung« geht auch Steele (1994) auf die Parallele zwischen körperlicher Mißhandlung und sexuellem Mißbrauch ein. Es sind nicht nur die körperlichen Verletzungen (Schnitte, blaue Flecken oder Frakturen), die zu psychischen Schäden führen, sondern der Mangel an Schutz und das Ausmaß an Hilflosigkeit und Angst, das die Psyche überwältigt, wenn der Beschützer zum Angreifer wird. Diese Angst und Hilflosigkeit werden ebenso beim sexuellen Mißbrauch erlebt.

Besonders in klinischen Studien ergab sich immer wieder, daß mißhandelte Kinder zu mißhandelnden Eltern heranwachsen (z.B. Steele and Pollock 1968). Herrenkohl et al. (1983) fanden, daß 47% der Eltern, die als Kinder mißhandelt wurden, ihre eigenen Kinder mißhandeln. Auf die intergenerationale Weitergabe der Mißhandlung wird häufig in der wissenschaftlichen Literatur eingegangen. Bei theoretischen Erklärungsmodellen muß aber auch der Anteil an Eltern, die als Kinder mißhandelt wurden, jedoch ihre eigenen Kinder nicht mißhandeln, berücksichtigt werden, denn Mißhandlung führt nicht zwangsläufig zu Mißhandlung. Im Rahmen der Bindungstheorie wurden die Unterschiede dieser beiden Elterngruppen mit deren entsprechenden »internal working models« beschrieben. V.a. befaßte sich die Bindungsforschung mit dem unterschiedlichen Ein- bzw. Umgehen mißhandelnder Mütter einerseits und unauffälliger Mütter andererseits mit ihren Kindern.

Einige Anmerkungen zur Bindungstheorie

Bowlby (1975) entwickelte die Bindungstheorie im Sinne eines umfassenden Erklärungsmodells für die Ursprünge psychopathologischer

Störungen bei Kindern und Erwachsenen. Er beschäftigte sich mit der Bedeutung der spezifischen Bindung des Kindes an seine Bezugsperson und deren Konsequenzen für die Persönlichkeitsentwicklung. Ursprünglich psychoanalytisch ausgerichtet, wendete Bowlby vor allem ethologische und systemtheoretische Konzepte an, die das Bindungsverhalten erklären. Unter Bindungsverhalten versteht man Verhalten, das einer Suche und Aufrechterhaltung von Nähe dient und sich auf die Bindungsperson (Mutter resp. Vater) organisiert. Bindungsverhalten wird in Trennungs- und Gefahrensituationen ausgelöst und erlischt wenn ein sicherer Zustand (Schutz durch die Bindungsperson) erreicht ist, in dem sich das Kind unbeeinträchtigt anderen Aktivitäten z.b. dem Erkunden der Umgebung zuwenden kann. Das Bindungssystem wird in der frühen Kindheit in der Dyade deutlich: einerseits das Bindungsverhalten des Kindes, andererseits die Feinfühligkeit der Mutter.

Als innere Repräsentanz dieser früh gesammelten Bindungserfahrungen bezeichnet Bowlby das »internal working model« (innere Arbeitsmodell), das Vorstellungen von sich selbst, von Bindungspersonen und von der Beziehung zu ihnen beinhaltet. Die wichtigste Funktion dieser inneren Arbeitsmodelle ist nach Bowlby (1975), Ereignisse der realen Welt vorwegzudenken, um so das Individuum in die Lage zu versetzen, sein Verhalten mit Einsicht vorausschauend zu planen.

Die wesentlichen Unterschiede der Modelle aller Individuen lassen sich nach Main et al. (1985) in einige zentrale Kategorien zusammenfassen. Die Möglichkeiten der Bindungsperson, auf ein Nähe-Erhalten zu reagieren, sind begrenzt. Sie kann dieser Absicht möglichst gut entsprechen, was zu einer sicheren Bindung führt. Sie kann das Nähe-Suchen oft zurückweisen, was zu einer unsicher-vermeidenden Bindung führt. Oder sie kann für das Kind nicht vorhersagbar, inkonsistent auf den Wunsch nach Nähe reagieren, was zu einer unsicher-ambivalenten Bindung führt. Wenn die Bindungsperson in eigenen bindungsrelevanten, unverarbeiteten Problemen gefangen ist, bleibt das Bindungsverhalten des Kindes länger desorganisiert (Fremmer-Bombik und Grossmann, 1994).

Bindungsforschung bei Familien mit Mißhandlung

George und Main (1979) untersuchten 20 benachteiligte Kinder, die einer Risikogruppe für Mißhandlung – darunter verstanden die Autorinnen schlechte soziale Bedingungen – entstammten (10 davon waren körperlich Mißhandelte). Die Kinder waren ein bis drei Jahre alt und wurden im Umgang mit Gleichaltrigen und Erziehern im Kinderhort beobachtet. Bei mißhandelten Kindern fiel ein besonders quälendes aggressives Verhalten gegenüber Gleichaltrigen und Erziehern auf. Ebenso wurde ein deutlich stärker vermeidendes Verhalten beobachtet sobald sich ihnen jemand freundlich zuwandte insbesondere den Eltern gegenüber. Besonders auffällig waren weiter ein gleichzeitiges Annäherungs- und Vermeidungsverhalten (z.B. mit abgewandtem Kopf auf ein Elternteil zukrabbeln). Darüberhinaus wurden die Reaktionen der Kinder auf verzweifelte, weinende Gleichaltrige untersucht. Dabei zeigte keines der mißhandelten Kinder ein betroffenes oder trauriges Verhalten im Vergleich zu der Hälfte der Kinder, die nicht mißhandelt wurden. Mißhandelte Kinder reagierten darauf mit Angst, Ärger oder Aggression. Diesbezüglich entstand die Frage, inwieweit es sich um ein ähnliches Verhalten bei den Eltern handeln könnte.

In weiteren Untersuchungen zur Interaktion zwischen Mutter und Kind in normalen Stichproben bemerkten Main et al. (1984) die Unterschiede in ablehnender Reaktion auf körperlichen Kontakt mit dem Kind und/oder die Unterschiede in der Häufigkeit von aktiver Ablehnung der kindlichen Kontaktsuche. Weiter unterschieden sich die Mütter in dem Ausmaß von ausgedrückten Emotionen, in der Häufigkeit und dem Ausmaß an ärgerlichem oder ängstigendem Verhalten dem Kind gegenüber und in der »harten Handhabung« des Kindes. Dieses ablehnende Verhalten dem Kind gegenüber korrelierte mit einem vermeidenden Verhalten bei den Kindern. Da schon in normalen Stichproben mütterliche Ablehnung Konsequenzen auf die Entwicklung von Feindseligkeit, auf das vermeidende Verhalten auch bei positiver Zuwendung durch andere und auf das Ausmaß an Betroffenheit beim Anblick von Leid bei anderen zu haben schien, schlugen Main et al. (1984) ein Kontinuum vor. Dieses reicht von normaler Ablehnung von kindlichem Bindungsverhalten bis hin zu Verhaltensweisen, die bei mißhandelnden Eltern beobachtet werden können.

Anfang der 80er Jahre untersuchten Main et al. (1984) 30 Mütter mit dem Adult Attachment Interview, die fünf Jahre zuvor mit ihren Kindern in der »Fremden Situation« beobachtet worden waren. Die »Fremde Situation« ist eine von Ainsworth et al. (1969) entwickelte Methode der Laborbeobachtung, um das Zusammenspiel von Bindungs- und Erkundungsverhalten von Ein- bis Zweijährigen unter verschiedenen Belastungsbedingungen (Trennung von der Bindungsperson und Erscheinen einer fremden Person) zu untersuchen. Das von Main et al.(1985) entwickelte AAI ist ein Verfahren zur Erfassung von Bindungsstilen bei Erwachsenen. Es wird nach einer Beschreibung und Bewertung der frühen Beziehung zu beiden Eltern gefragt. Die Versuchspersonen sollen dazu fünf Adjektive nennen, die ihre Beziehung zu jedem Elternteil in der Kindheit beschreiben und sie werden nach Erinnerungen gefragt, die diese Adjektive belegen. Zusätzlich soll beschrieben werden, welchem Elternteil sie sich näher gefühlt haben, ob sie zurückgewiesen wurden, ob die Eltern gedroht haben, warum diese sich so verhalten haben und ob diese Erfahrungen die Entwicklung ihrer Persönlichkeit beeinflußt haben.

Die Bindungsrepräsentanzen von Erwachsenen werden in vier Bindungsklassifikationen unterteilt, die konzeptuell und empirisch der Bindungsqualität in der Kindheit entsprechen. Befragte werden als sicher-autonom eingestuft, wenn Bindungsbeziehungen wertgeschätzt und bestimmte Beziehungen kohärent und objektiv dargestellt werden. Als unsicher-distanziert wird eine Beziehung eingeschätzt, wenn Auswirkungen bindungsrelevanter Erfahrungen bestritten oder abgewertet werden, zum Beispiel Eltern als nahezu perfekt beschrieben werden und gleichzeitig wenig Erinnerungen vorliegen. Als unsicher-verwickelt wird eine Beziehung beurteilt, wenn die Befragten entweder aktiv und ärgerlich oder passiv mit den vergangenen Beziehungen verstrickt sind und unfähig erscheinen, davon loszulassen. (Main et al. 1984)

Main et al. (1984) fanden in ihrer Studie deutliche Zusammenhänge zwischen der Bindungsrepräsentation der Eltern im Erwachsenen-Interview und der Klassifikation des Kindes, wie sie fünf Jahre zuvor in der »Fremden Situation« erhoben worden war. Das heißt, daß sicher-autonome Eltern eher sicher gebundene Kinder hatten und unsicher-distanzierte oder unsicher-verwickelte Eltern eher unsicher-vermeidende bzw. unsicher-ambivalente Kinder. Mütter, die darauf bestanden, daß sie sich nicht an ihre Kindheit erinnern können, wurden von ihren Kindern eher gemieden. Bei Müttern, die wiederum ihre eigenen ablehnenden Mütter idealisierten, trat ebenfalls eher Vermeidungsverhalten bei den Kindern auf. Aber wenn Mütter ihren Ärger ihren Müttern gegenüber ausdrüken konnten und kohärent in bezug auf ihre Gefühle und Bindungserfahrungen wirkten, so trat bei den Kindern weniger Vermeidungsverhalten auf.

Eltern von desorganisierten/desorientierten Kindern fielen dadurch auf, daß bei der Schilderung traumatischer Ereignisse (meist Verluste) in den Interviews kurze, von ihnen unbemerkte Fehler auftraten. Diese Eltern wurden der Bindungskategorie unverarbeitet/traumatisiert zugeordnet (diese Bindungskategorie entspricht der Bindungskategorie desorganisiert/desorientiert bei Kindern). Die Kategorie traf für Personen zu, bei denen es Anzeichen für gedankliche Desorganisation und Desorientierung während der Schilderung von potentiell traumatisierenden Ereignissen gibt. Dies kann der Verlust einer wichtigen Person aber auch die Erfahrung von körperlicher Mißhandlung oder sexuellem Mißbrauch sein. Diese Fehler könnten auf einen Zustandswechsel hindeuten, bei dem die Person in einen spezifischen abgespaltenen mentalen Zustand übergeht, der eine traumatische Erfahrung beinhaltet. Solche Zustandswechsel, die auf plötzlichen Einschüben dissoziativer Erinnerungen beruhen, können sich in ängstlichem oder ängstigendem Verhalten des Elternteils ausdrücken und somit die Verbindung zwischen dieser Bindungskategorie der Eltern und dem desorganisierten Verhalten des Kindes darstellen (Main 1995).

Um auf die Weitergabe von mißhandelndem Verhalten zurückzukommen, so scheint dies nach Main et al. (1984) etwas mit dem Verschluß von Erinnerungen zu tun zu haben. Auch wenn jemand Zugang zu traumatischen Erlebnissen in der Kindheit hat, kann er/sie die schmerzhaften Gefühle, die mit dieser Erinnerung verbunden sind, immer noch unterdrücken. So lange besteht die Gefahr, daß eine Identifikation mit dem Aggressor stattfindet.

Bei einigen abgelehnten und/oder mißhandelten Individuen scheint jedoch eine Veränderung der inneren Arbeitsmodelle des Selbst in Bezug auf die frühe Eltern-Kind-Beziehung stattzufinden. Hierdurch werden Verzerrungen verringert. In diesem Fall scheint die Wiederholung der Mißhandlung weniger wahrscheinlich. Diese Veränderung des Repräsentationsmodells kann im Rahmen von Beratung, Therapie oder als Ergebnis einer neuen Umgebung und einer neuen Beziehung stattfinden (Main et al. 1984).

Crittenden (1988), die sich v.a. mit den Bindungsstilen und inneren Arbeitsmodellen von mißhandelnden Müttern und deren Kindern beschäftigte, stellte ebenfalls Unterschiede der Mütter im Eingehen auf ihre Kinder fest (Durchschnittsalter der Kinder: zwei Jahre). Sie unterscheidet zwischen vernachlässigenden, mißhandelnden, vernachlässigenden und mißhandelnden, grenzwertig mißhandelnden und nicht mißhandelnden Müttern. Mütter, die ihre Kinder adäquat behandelten, gingen am sensibelsten mit den Signalen ihrer Kinder um, wohingegen mißhandelnde Mütter das kindliche Verhalten am stärksten kontrollierten und vernachlässigende Mütter am wenigsten auf kindliche Signale und Verhalten reagierten. Mißhandelnde und vernachlässigende Mütter waren stark kontrollierend, wenig bezogen und wenig sensibel (Crittenden 1988).

Crittenden beobachtete weiter, daß mißhandelnde Mütter am stärksten versuchten, eine erfolgreiche Interaktion herzustellen und ihre Kinder am frustriertesten wirkten. Diese Mütter zeigten ein für Kinder angemessenes Verhalten, aber sie verhielten sich nicht reziprok. Sie wirkten, als planten sie ihr Verhalten, ohne sich dabei auf das Kind zu beziehen. Die Kinder reagierten häufig erstaunt, wurden bei Beschäftigungen unterbrochen oder aufgefordert, Dinge auszuführen, die eigentlich noch zu schwierig für sie waren. Sie reagierten mit Ärger, mimischer Aversion, Verweigerung oder Widerstand. Anstatt ihr Verhalten entsprechend den kindlichen Bedürfnisse zu modifizieren, fahren mißhandelnde Mütter mit ihren ursprünglichen Plänen fort als hätten sie die kindlichen Signale nicht wahrgenommen. Man könnte annehmen, daß sie ärgerlich auf ihre Kinder waren, da diese nicht ihrem genauen Plan einer Interaktion entsprochen hatten. Die beiderseitige Frustration von Mutter und Kind entwickelte sich so zu einem Interaktionsmuster (Crittenden 1988).

Zusammenfassend kann bemerkt werden, daß in zahlreichen Studien zum Bindungsverhalten in Familien, in denen es zu Mißhandlung kommt, bei den Kindern und den Eltern tendentiell ein anderes Bindungsverhalten beziehungsweise andere Bindungskategorien gefunden werden konnten als in Familien ohne Mißhandlungserfahrungen.

Abschließend soll noch erwähnt werden, daß immer wieder die Bindung zwischen mißhandelnden Müttern und ihren Kindern untersucht wurde und da andere Risikofaktoren nicht berücksichtigt wurden die Gefahr des »blaming the mother« besteht. Van IJzendoorn (1995) bemängelt zum Beispiel, daß die Rolle des Vaters im Rahmen der kindlichen Bindung zu wenig untersucht wurde. Seit Anfang der 90er Jahre gibt es vermehrt Studien zum Bindungsstil von Vätern und Kindern (z.B. Cohn, Cowan et al. 1992). Auf explizit mißbrauchendes oder mißhandelndes Verhalten ist dabei noch nicht eingegangen worden.

Literatur

Ainsworth, M. D.; Bell, C. M.; Stayton, D. J. (1969): Individual Differences in Strange Situation Behavior of One Year Olds. In: H. R. Schaffer (Ed.): The Origin of Human Social Relations, London, Academic Press, 17-57.
Alexander, P. C. (1992): Application of attachment theory to the study of sexual abuse. Journal of Consulting and Clinical Psychology, 60, 2, 185-195.
Bowlby, J. (1975): Bindung. Frankfurt aM, Fischer.
Cohn, D. A.; Cowan, P. A.; Cowan, C. P.; Pearson, J.(1992):Mothers' and fathers' working models of childhood attachment relationships, parenting styles, and child behavior. Development and Psychopathology, 4, 417-431.
Crittenden, P. M. (1988): Distorted patterns of relationship in maltreating families: The role of internal representation models. Journal of Reproductive and Infant Psychology, 6, 183-199.
Dornes, M. (1996): Vernachlässigung und Mißhandlung aus der Sicht der Bindungstheorie. In: U.T.Egle, S.O.Hoffmann, P.Joraschky (Hrsg.): Sexueller Mißbrauch, Mißhandlung, Vernachlässigung. Stuttgart, New York, Schattauer, 65-78.
Fegert,J. (1989): Diagnostik und klinisches Vorgehen bei Verdacht auf sexuellen Mißbrauch bei Mädchen und Jungen. In: I.Walter (Hrsg.): Sexueller Mißbrauch im Kindesalter. Schriftenreihe der Gesellschaft für Sexualerziehung und Sexualmedizin Baden-Württemberg e.V.. Bd.4, Heidelberg, Ed. Schindele.
Fremmer-Bombik, E.; Grossmann, K. E. (1994): Über die lebenslange Bedeutung früher Bindungserfahrungen. In: H. G. Petzold (Hrsg.): Frühe Schädigungen – Späte Folgen?: Psychotherapie und Babyforschung, Bd. 1. Paderborn, Jungfermann, 83-110
George, C.; Main, M. (1979): Social interactions of young abused children: Approach, avoidance and aggression. Child Development, 50, 306-318.
Herrenkohl, R. C.; Herrenkohl, E. C.; Egolf, B. P. (1983): Circumstances surrounding the occurrence of child maltreatment. Journal of Consulting and Clinical Psychology, 51, 3, 424-431.
Main, M.; Goldwyn, R. (1984): Predicting rejection of her infant from mother's representation of her own experience: Implications for the abused-abusing intergenerational cycle. Child Abuse and Neglect, 8, 203-217.
Main, M.; Goldwyn, R. (1985): Adult attachment classification rating systems. Zitiert nach Fremmer-Bombik, E. (1995): Innere Arbeitsmodelle von Bindung. In: G. Spangler and P. Zimmermann (Hrsg.): Die Bindungstheorie. Grundlagen, Forschung und Anwendung. Stuttgart, Klett-Cotta, 109-119.
Main, M. (1995): Desorganisation im Bindungsverhalten. In: G.Spangler; P.Zimmermann (Hrsg.): Die Bindungstheorie. Grundlagen, Forschung und Anwendung. Stuttgart, Klett-Cotta, 120-139.
Martinius, J. (1989): Persönlichkeitsentwicklung mißhandelter Kinder. In: I.Retzlaff (Hrsg.): Gewalt gegen Kinder – Mißhandlung und sexueller Mißbrauch Minderjähriger. Neckarsulm, Jungjohann Verlagsgesellschaft, 92-93.
Mitgutsch, A. (1985): Die Züchtigung. München, dtv.
Steele, B. F. (1994): Psychoanalysis and the maltreatment of children. Journal of the American Psychoanalytic Association, 42, 1001-1025

Steele, B. F.; Pollock, C. B. (1968): A psychiatric study of parents who abuse infants and small children. In: R. E. Helfer; C. H. Kempe (Ed.): The battered Child. Chicago; University of Chicago Press, 103-147.

Van IJzendoorn, M. H. (1995): Adult attachment representations, parental responsiveness, and infant attachment: A meta-analysis on the predictive validity of the adult attachment interview. Psychological Bulletin, 117, 3, 387-403.

Bedeutung der Familienstruktur für die Langzeitfolgen sexuellen Mißbrauchs

Johann F. Kinzl, Wilfried Biebl

1. Einleitung

Zahlreiche Untersuchungen sind bei den verschiedensten psychischen Störungen durchgeführt worden, die – fast – durchgehend hohe Prävalenzraten von sexuellen Mißbrauchserfahrungen in der Kindheit und Jugend bei den einzelnen Störungen aufzeigten. Dies führte dazu, daß sexueller Mißbrauch sowohl in spezifischer als auch unspezifischer Weise als Vulnerabilitätsfaktor angesehen wurde, im späteren Leben vor allem in Belastungssituationen, die direkt oder indirekt in Zusammenhang mit der sexuellen Mißbrauchserfahrung stehen, an einer psychischen Störung zu erkranken.

Beitchman et al. (1992) faßten in einem Überblicksartikel die Ergebnisse bezüglich der Langzeitfolgen sexuellen Mißbrauchs zusammen. Im Vergleich zu Frauen ohne sexuelle Mißbrauchserfahrungen zeigten mißbrauchte Frauen eher sexuelle Funktionsstörungen, homosexuelle Erfahrungen in der Adoleszenz und im Erwachsenenalter, Anzeichen von Furcht und Angst, depressive Symptome, wiederholte sexuelle Mißbrauchserfahrungen und Suizidverhalten, besonders wenn sie Macht oder Gewalt ausgesetzt waren.

Auch wenn es wahrscheinlich kein typisches sexuelles Mißbrauchsyndrom gibt, gibt es wenig Zweifel daran, daß besonders anhaltende und wiederholte sexuelle Traumatisierungen wenigstens einen Beitrag dazu leisten, im späteren Leben an einer psychischen Störung zu erkranken. Kendall-Tackett et al.(1993) wiesen in einem Überblicksartikel von 45 Studien darauf hin, daß sexuell mißbrauchte Kinder mehr psychische Symptome (vor allem Angst, PTSD, Verhaltensstörungen) zeigten als nichtmißbrauchte, wobei der sexuelle Mißbrauch 15-45% der Varianz erklären konnte. Bei einer eigenen Untersuchung psychiatrischer Patientinnen bezüglich der Bedeutung sexueller Mißbrauchserfahrungen zeigte sich kein typisches Inzestsyndrom (vgl. Kinzl et al. 1991). Als wesentliches Leitsymptom stellte sich selbstschädigendes Verhalten in verschiedenster Form heraus.

In den letzten Jahren sind aber zahlreiche Arbeiten erschienen, die zunehmend Kritik an den vereinfachenden Ursache-Wirkungs-Untersuchungen geübt haben. Dabei wird vor allem darauf hingewiesen, daß Menschen mit psychischen Problemen im Erwachsenenalter dazu neigen, eine Erklärung für ihr Problem zu finden (»effort after meaning«) (Tennant 1983), und den Ereignissen in der Vergangenheit, besonders Mißbrauchserlebnissen, eine höhere Bedeutung beimessen als Menschen ohne wesentliche psychische Probleme.

Viele Forscher konnten zeigen, daß ohne Berücksichtigung anderer traumatischer Kindheitserfahrungen und anderer intervenierender Variablen, die im Laufe der Kindheit und Jugend auf den Heranwachsenden einwirken, Kausalitäten hergestellt werden können, die in dieser Form unzulässig sind. So sind auch zunehmend wissenschaftliche Arbeiten erschienen, die neben der sexuellen Traumatisierung ein besonderes Augenmerk auf andere Formen von Mißhandlungen, besonders körperliche Gewalt, und die familiären Aufwuchsbedingungen, besonders die Beziehungserfahrungen mit den Eltern, legten. Die Untersuchungen zeigten, daß die Folgen sexueller Mißbrauchserfahrungen schwer zu trennen sind von denen emotionaler Vernachlässigung und körperlichen Gewalt (vgl. Brière u. Runtz 1987), und auch dem dysfunktionalen familiären Hintergrund, der meistens gleichzeitig besteht (vgl. Alexander u. Lupfer 1987). Viele Untersucher weisen darauf hin, daß einerseits die negativen langdauernden Beziehungserfahrungen mit den wichtigsten Bezugspersonen eine höhere Bedeutung für spätere psychische Störungen haben als sexuelle Mißbrauchserlebnisse (vgl. Fromuth 1986, Cole u. Putnam 1992, Kinzl et al. 1994), und andererseits bestimmte Familienvariablen für eine größere Varianz an psychischen Störungen verantwortlich sind als mißbrauchsspezifische Faktoren (vgl. Gold 1986, Conte u. Schuerman 1987, Wyatt u. Mickey 1987). Alexander (1992) fand gehäuft ein unsicheres Bindungsmuster in Familien, in denen sexueller Mißbrauch stattfand, und meinte, daß die Langzeitfolgen eher den unsicheren Bindungserfahrungen zuzuordnen und weniger spezifisch für den sexuellen Mißbrauch sind. Dabei bleibt aber aus den Untersuchungen unklar, welche Formen dysfunktionaler Familienstrukturen einen besonders pathogenen Langzeiteffekt haben.

Ziel unserer Untersuchungen an einer nichtklinischen Studentenpopulation war es, die Bedeutung sexuellen Mißbrauchs, körperlicher Mißhandlungen und einer dysfunktionalen Familienstruktur in der Kindheit und Jugend für bestimmte psychische Störungen im Erwachsenenalter zu erheben.

2. Methodik

1993 und 1994 führten wir Fragebogenuntersuchungen bei Studentinnen und Studenten der Universität Innsbruck durch. Als Ziel der Studie wurde den ProbandInnen mitgeteilt, die mögliche Bedeutung positiver und negativer intra- und extrafamiliärer Kindheitserfahrungen für das spätere Beziehungsverhalten, die soziale Kompetenz, das Sexualverhalten, Eßverhalten und Alkoholkonsum erfassen zu wollen. Die Rücklaufquote an vollständig ausgefüllten Fragebögen lag bei den Studentinnen bei 58% (n=202) und bei den Studenten bei 66% (n=301). Das Durchschnittsalter der Frauen war 22,8 Jahre (Bereich 18-30 Jahre), das der Männer 22,6 Jahre (Bereich 18-30 Jahre). Auf Grund der Anonymität der Untersuchten kann keine Aussage über diejenigen Personen gemacht werden, die die Fragebögen nicht retournierten.

Folgende Bereiche wurden mit Hilfe verschiedener psychometrischer Instrumente erfaßt:

Familiärer Hintergrund

Die Erfassung der familiären Beziehungserfahrungen in der Kindheit und Jugend erfolgte mit Hilfe des Biographischen Inventars zur Erfassung von Verhaltensstörungen (BIV) (Jäger et al. 1976). Der BIV ist ein mehrdimensionaler Selbsteinschätzungsfragebogen, der mit Hilfe von 97 Items frühe Beziehungserfahrungen, Persönlichkeitscharakteristika und die Bewältigung der augenblicklichen Lebenssituation mißt. Zur Einschätzung des Familienklimas in der Kindheit und Jugend dienen die beiden Skalen »Familie« (15 Items) und »Erziehung« (20 Items). Ein hoher Punktwert auf beiden Skalen bedeutet negative familiäre Beziehungserfahrungen i.S.eines familiären Defizienzsyndroms, ein niedriger Punktwert dagegen ein positives, förderliches Familienklima.

Sexueller Mißbrauch

Die Erhebung sexueller Mißbrauchserfahrungen erfolgte mit Hilfe eines Fragebogens, der auf früheren Fragebögen des sexuellen Mißbrauchs aufbaut (vgl. Russell 1986, Finkelhor 1990). Dabei erhoben wir sowohl sexuelle Mißbrauchserfahrungen, die den strengen als auch den weitreichenden Definitionskriterien entsprachen.

Folgende Kriterien mußten für einen schweren sexuellen Mißbrauch erfüllt sein:
- vor dem 18.Lebensjahr
- der Täter war mehr als 5 Jahre älter als das Opfer und/oder der Mißbrauch war ungewollt
- es kam zu einem körperlichen sexuellen Kontakt oder zumindest zu einem massiven Versuch
- das Opfer erlitt eine erhebliche psychische Beeinträchtigung
- der sexuelle Mißbrauch ereignete sich mehr als 1x oder ein einmaliger Vorfall war längerdauernd.

Körperlicher Mißbrauch

Dabei wurden die Probanden nach der Art und Häufigkeit der körperlichen Bestrafung vor allem durch die Eltern befragt, aber auch bezüglich körperlicher Gewalt unter den Eltern.

Eßstörungen

Zur Erhebung der Eßstörungen verwendeten wir den Eating Disorder Inventory (EDI) (vgl. Garner et al.1983). Dieses psychometrische Instrument wird als ausreichend valide angesehen, im Rahmen epidemiologischer Untersuchungen, eßgestörtes Verhalten zu erfassen. Personen haben nach Wear und Pratz (1987) ein hohes Risiko für eine Eßstörung, wenn 1) der Wert auf der EDI-Subskala »Drang nach Dünnsein« größer ist als 5, und wenn 2) entweder der Wert auf der EDI-Subskala »Bulimie« größer ist als 2 oder der Wert auf der Subskala »Unzufriedenheit mit dem Körper« größer ist als 10.

Sexualverhalten und sexuelle Funktionsstörungen

Dazu verwendeten wir einen modifizierten Fragebogen zur Sexualität und Partnerschaft (vgl. Zimmer 1989). Die Erfassung der sexuellen Funktionsstörungen orientierte sich an den entsprechenden DSM-IV-Diagnosekriterien.

Alkoholmißbrauch

Die Erhebung des Alkoholkonsums erfolgte mit Hilfe eines leicht modifizierten Fragebogens von McEwan (1992). Die Einteilung in »Abstinente«, leichte oder Gelegenheitskonsumierer« und »harte Konsumierer« erfolgte nach der konsumierten Alkoholmenge, orientiert an dem Klassifikationsschema des »Royal College of Psychiatrists« (1986).

Neurotisches Syndrom

Auch dazu verwendeten wir den BIV und zwar die Skalen Ich-Stärke (10 Items), Soziale Lage (10 Items), Neurotizismus (10 Items) und Psychophysische Konstitution (12 Items).

3. Ergebnisse

Von den 202 untersuchten Frauen und den 301 Männern gaben 44 (21,8%) bzw. 12 (4%) einen oder mehrere schwerwiegende sexuelle Mißbrauchserfahrungen in der Kindheit oder Jugend an, wobei die Mißbrauchserfahrungen der Frauen vor allem intrafamiliäre, die der Männer etwa gleich viele intra- wie außerfamiliäre waren.

Das Familienklima in der Kindheit und Jugend wurde von 85 (42%) Frauen und von 147 (49%) Männern als positiv bewertet, d.h. es bestand eine gute Interaktion und Kommunikation unter den Eltern und zu den Kindern und ein insgesamt sehr förderliches Erziehungsverhalten. 66 (32,6%) weibliche und 79 (26%) männliche Probanden stuften das Familienklima als negativ i.S.eines familiären Defizienzsyndroms ein, d.h. mangelnde Interaktion zwischen den Eltern, mangelnde Stimulierung durch die Familie in Kindheit und Jugend. 51 (25%) Frauen und 75 (25%) Männer schätzten die familiären Beziehungserfahrungen weder als positiv noch als negativ ein.

Die Ergebnisse, die z.T. umfassend in früheren Arbeiten dargestellt worden sind (vgl. Kinzl et al. 1991, 1992, 1994, 1995, 1996) lassen sich folgendermaßen zusammenfassen:

Frauen

Die Probandinnen, die schwere sexuelle Mißbrauchserfahrungen angaben, gaben signifikant häufiger verschiedene sexuelle Funktionsstörungen, vor allem eine Störung des sexuellen Verlangens, der sexuellen Erregung und des Orgasmus sowie ein neurotisches Syndrom an als Frauen ohne sexuelle Mißbrauchserfahrungen, während zwischen beiden Gruppen keine statistisch signifikanten Unterschiede bei den Eßstörungen bestanden.

Die Frauen, die das Familienklima als defizitär einstuften, hatten auch statistisch signifikant häufiger Störungen in allen untersuchten psychischen Bereichen (häufiger sexuelle Funktionsstörungen, Eßstörungen, ein neurotisches Syndrom) als Frauen mit positiven familiären Beziehungserfahrungen.

Frauen, die sowohl sexuelle Mißbrauchserfahrungen und ein negatives Familienklima angaben, zeigten die höchsten Prävalenzraten bei den sexuellen Funktionsstörungen und beim neurotischen Syndrom; dagegen hatten Frauen mit sexuellen Mißbrauchserlebnissen bei positiven familiären Beziehungserfahrungen nur häufiger sexuelle Funktionstörungen als Frauen ohne sexuelle Mißbrauchserlebnisse und positivem Familienklima, dagegen unterschieden sie sich nicht in den übrigen untersuchten Bereichen.

Frauen ohne sexuelle Mißbrauchserfahrungen und einem förderlichen Familienklima zeigten durchgehend die geringsten psychischen Auffälligkeiten.

Männer

Die Probanden, die schwere sexuelle Mißbrauchserfahrungen in der Kindheit angaben, unterschieden sich weder bei den Eßstörungen, den Sexualstörungen, dem neurotischen Syndrom noch bei dem Alkoholkonsum von den Männern ohne sexuelle Mißbrauchserfahrungen.

Die Männer, die schwere körperliche Mißbrauchserfahrungen erlitten, wiesen ebenso wie die Männer, die ein defizitäres Familienklima erlebten, statistisch signifikant häufiger eine der oben erwähnten psychischen Störungen auf als Männer ohne diese negativen Kindheiterfahrungen.

Von den 301 Männern wiesen 88 (29,2%) wenigstens eines der untersuchten psychischen Symptome auf. Dabei stieg die Wahrscheinlichkeit, eine oder mehrere dieser Störungen im späteren Leben zu entwickeln, auf 77%, wenn die Betroffenen in einem defizitären Familienklima aufwuchsen und gleichzeitig ausgeprägte körperliche Gewalt erlebten; dagegen kam den sexuellen Mißbrauchserfahrungen keine wesentliche Bedeutung zu.

4. Diskussion

Bei der Beurteilung der Ergebnisse sind wir uns der Problematik der Reliabilität von Selbsteinschätzungen besonders bei den von uns untersuchten sensiblen Bereichen wie sexueller und körperlicher Mißbrauch, Alkoholkonsum und Sexualverhalten bewußt. Auch sind wir uns klar, daß es mit Hilfe stark reduktionistischer Untersuchungen nur bedingt möglich ist, die genaue pathogene und salutogene Bedeutung der komplex interagierenden Faktoren, die im Laufe der Entwicklung auf uns einwirken, zu verstehen, solange keine sauber durchgeführten Langzeitstudien bei den sexuell Mißbrauchten bestehen.

Auf Grund des häufigen Zusammentreffens verschiedener psychoneurotischer bzw. psychosomatischer Störungen und sexueller Mißbrauchserfahrungen sind wir oft zu schnell bereit, einfache Ursache-Wirkungs-Beziehungen herzustellen und auch alle psychodynamischen Erklärungsmuster zu akzeptieren (»effort after meaning«), die helfen, die psychische Störung zu erklären, ohne die Plausibilität anderer Erklärungsmuster zu überprüfen.

Wie die meisten menschlichen Verhaltensweisen scheinen sowohl die Bedingungen für als auch die Folgen von sexuellem Mißbrauch multifaktoriell verursacht zu sein. Von diesem Standpunkt aus, daß ein Ereignis durch viele Faktoren bedingt ist, die aber oft nicht unabhängig voneinander sondern mehr oder weniger eng untereinander verknüpft sind, wäre es überraschend, eine einzige plausible Erklärung für ein Verhalten zu finden. Trotzdem ist anzunehmen, daß nicht alle Faktoren bei den verschiedenen Personen gleich viel zur Erklärung eines Störungsbildes beitragen, und es sollte in weiteren Untersuchungen versucht werden, den Beitrag, den die einzelnen Faktoren (z.B. sexueller Mißbrauch, körperliche Mißhandlung) leisten, zu erfassen.

Die Ergebnisse unserer Studien zeigen, daß Untersuchungen bezüglich der Langzeitfolgen sexueller Mißbrauchserfahrungen ohne Einbeziehung anderer positiver oder negativer Erfahrungen vor, während und nach dem sexuellen Mißbrauch nur eine bedingte Aussagekraft haben. Unsere Resultate stehen im Einklang mit denen anderer Forscher (vgl. Fromuth 1986, Finkelhor 1990, Alexander 1992), daß langdauernden negativen familiären Beziehungserfahrungen i.S. einer chronischen Belastung eine hohe Bedeutung für spätere psychische Probleme zukommt. Auch Kagan und Zentner (1996) konnten zeigen, daß frühe negative Aufwuchsbedingungen die Wahrscheinlichkeit für eine spätere psychische Störung nur dann erhöhen, wenn das negative Umfeld andauerte. Dagegen scheinen positive familiäre Beziehungserfahrungen verbunden mit einem hohen Ausmaß an emotionaler Unterstützung eine wichtige Schutzfunktion bezüglich der negativen Folgen von sexuellem Mißbrauch zu haben. So fand Finkelhor (1990), daß etwa ein Drittel der sexuell mißbrauchten Kinder keine negativen Spätfolgen zeigten, und meinte, daß bei diesen symptomfreien Kindern weniger die weniger schweren und kürzerdauernden sexuellen Mißbrauchserlebnisse bedeutsam waren, sondern vielmehr die positiven Beziehungserfahrungen vor und nach dem sexuellen Mißbrauch eine sichere Basis (vgl. Bowlby 1989) darstellten. Auch Coopersmith (1976) konnte aufzeigen, wie problematische familiäre Aufwuchsbedingungen, die durch Zurückweisung, Isolation,, mangelhafte Berücksichtigung der kindlichen Bedürfnisse, Unsicherheit, fehlende Unterstützung und Mangel an Ermutigung gekennzeichnet sind, die Entwicklung eines labilen Selbstwertgefühls und einer Ich-Schwäche begünstigen. Diese Ich-Schwäche als Folge der langdauernden negativen Beziehungserfahrungen stellt wahrscheinlich die Basis dafür dar, daß die Betroffenen später vor allem in Belastungssituationen vermehrt mit psychischen Störungen reagieren.

Aus den Ergebnissen unserer Studien und denen mehrerer anderer Forscher können zusammenfassend folgende Schlüsse gezogen werden:
- schwere und wiederholte sexuelle Mißbrauchserfahrungen werden gehäuft bei Personen mit psychischen Störungen gefunden
- sexuelle Mißbrauchserfahrungen sind eher als unspezifische und weniger als spezifische Stressoren anzusehen, die die Vulnerabilität

erhöhen, in einer belastenden oder überfordernden Lebenssituation mit einer psychischen Störung zu reagieren
- der sexuelle Mißbrauch ist nur einer von vielen psychosozialen Risikofaktoren in einem bio-psycho-sozialen Ätiologiemodell von psychischen Störungen
- schwere körperliche Mißhandlungen haben eine hohe traumatische Wirkung
- langfristig haben die langdauernden instabilen familiären Beziehungserfahrungen eine besonders hohe Bedeutung als Vulnerabilitätsfaktor für spätere psychische Störungen
- positive innerfamiliäre – und wahrscheinlich auch außerfamiliäre – Beziehungserfahrungen scheinen einen hohen Puffereffekt für die negativen Folgen nach sexuellen Mißbrauchserfahrungen zu haben
- sexuelle Mißbrauchserfahrungen entfalten besonders dann ihre destruktive Wirkung, wenn der (die) Betroffene in einem Familienklima aufwächst, das als unsichere Basis für eine gesunde Entwicklung angesehen werden muß.

Literatur

Alexander, P.; Lupfer, S. (1987): Family characteristics and long-term consequences associated with sexual abuse. Archives of Sexual Behavior 16, 235-245.
Alexander, P: (1992): Application of attachment theory to the study of sexual abuse. Journal of Consulting and Clinical Psychology 60, 185-195.
Beitchman, J.; Zucker, K.; DaCosta, G.; Akman, D.; Cassivia, E. (1992): A review of the long-term effects of child sexual abuse. Child Abuse and Neglect 16, 101-118.
Bowlby, J. (1989): A secure base. London, Tavistock/Routledge.
Brière, J., Runtz, M. (1987): Post-sexual abuse trauma: Data and implications for clinical practice. Journal of Interpersonal Violence 2, 367-379.
Cole, P., Putnam, F. (1992): Effect of incest on self and social functioning: A developmental psychopathology perspective. Journal of Consulting and Clinical Psychology 60, 174-184.
Conte, J., Schuerman, J. (1987): The effects of sexual abuse on children: A multidimensional view. Journal of Interpersonal Violence 2, 380-390.
Coopersmith, S. (1967): The antecedents of self-esteem. San Francisco, Freeman.
Finkelhor, D. (1990): Early and long-term effects of child sexual abuse: An update. Professional Psychology: Research and Practice 21, 325-330.
Fromuth, M. (1986): The relationship of childhood sexual abuse with later psychological and sexual adjustment in a sample of college women. Child Abuse and Neglect 10, 5-15.

Garner, D., Olmsted, M., Polivy, J. (1983): Development and validation of a multidimensional Eating Disorder Inventory for anorexia nervosa and bulimia. International Journal of Eating Disorders 2, 15-34.
Gold, E. (1986): Long-term effects of sexual victimization in childhood: An attributional approach. Journal of Consulting and Clinical Psychology 54, 471-475.
Jäger, R., Lischer, S., Münster, B., Ritz, B.(1976): Biographisches Inventar zur Diagnose von Verhaltensstörungen. Göttingen, Verlag für Psychologie, Hogrefe.
Kagan, J., Zentner, M. (1996): Early childhood predictors of adult psychopathology. Harvard Review of Psychiatry 3, 341-350.
Kendall-Tackett, K., Meyer-Williams, L., Finkelhor, D.(1993): Impact of sexual abuse on children: A review and synthesis of recent empirical studies. Psychological Bulletin 113, 164-180.
Kinzl, J., Biebl, W., Hinterhuber, H.(1991): Die Bedeutung von Inzesterlebnissen für die Entstehung psychiatrischer und psychosomatischer Erkrankungen. Nervenarzt 62, 565-569.
Kinzl, J., Biebl, W. (1992): Long-term effects of incest: Life events triggering mental disorders in female patients with sexual abuse in childhood. Child Abuse and Neglect 16, 567-573.
Kinzl, J., Traweger, C., Günther, V., Biebl, W. (1994): Family background and sexual abuse associated with eating disorders. American Journal of Psychiatry 151, 1127-1131.
Kinzl, J., Traweger, C., Biebl, W. (1995): Sexual dysfunctions: Relationship to chidhood sexual abuse and early family experiences in a nonclinical sample. Child Abuse and Neglect 19, 785-792.
Kinzl, J., Mangweth, B., Traweger, C., Biebl, W. (1996): Sexual dysfunction in males: Significance of adverse childhood experiences. Child Abuse and Neglect 20, 759-766.
McEwan, R., McCallum, A., Bhopal, R., Madhok, R. (1992): Sex and the risk of HIV infection: the role of alcohol. British Journal of Addiction 87, 577-584.
Royal College of Psychiatrists (1986): Alcohol: Our favourite drug. London, Tavistock.
Russell, D: (1986): The secret trauma. Incest in the lives of girls and women. New York, Basic Books.
Tennant, C. (1983): Life events and psychological morbidity: the evidence of prospective studies. Psychological Medicine 13, 483-486.
Wear, R., Pratz, O. (1987): Test-retest reliability for the Eating Disorder Inventory. International Journal of Eating Disorders 6, 767-769.
Wyatt, G., Mickey M. (1987): Amelioreting the effects of child sexual abuse: An exploratory study of support by parents and others. Journal of Interpersonal Violence 2, 403-404.
Zimmer, D. (1989): Fragebogen zu Sexualität und Partnerschaft.Tübingen, Deutsche Gesellschaft für Verhaltenstherapie.

Zur Sexualität junger Erwachsener mit Mißbrauchs- und Mißhandlungserfahrungen

Hertha Richter-Appelt

1. Einleitung

Obwohl es sich bei sexuellem Mißbrauch um eine Traumatisierung im Bereich der Sexualität handelt und kein Zweifel darüber besteht, daß es danach zu einer Störung der psychosexuellen Entwicklung kommen kann, gibt es erstaunlich wenige Untersuchungen, die sich direkt mit den Auswirkungen auf die Sexualität beschäftigen. Eine Ausnahme stellt die immer wieder gemachte Feststellung dar, Sexualstraftäter seien als Kind Opfer sexueller Übergriffe gewesen – ein Aspekt auf den hier nicht näher eingegangen werden soll (vgl. dazu Berner 1997, in diesem Buch).

Auch in dem neuesten sehr umfangreichen Buch von Egle et al. (1997) wurde Sexualität verschiedentlich am Rande erwähnt, aber nicht als ein wesentlicher Störungsbereich getrennt behandelt. Es erscheint einerseits durchaus sinnvoll, Sexualität nicht isoliert zu betrachten, andererseits entspricht dies nicht unserer klinischen Erfahrung. Wurden früher oft Patienten an die Abteilung für Sexualforschung überwiesen (auch aus laufenden Psychotherapien), wenn Sexualität als Thema auftauchte, ist dies in letzter Zeit in zunehmendem Maße der Fall, wenn sexueller Mißbrauch Erwähnung findet.

Schon früh wurde darauf hingewiesen, daß einige Frauen, die in der Kindheit sexuell mißbraucht worden waren, bereits in der Kindheit ein sexualisiertes Verhalten zeigten, später zur Prostitution, Promiskuität neigen, andere wieder jede Form von Sexualität meiden oder Probleme im Zusammenhang mit ihrer Geschlechtsidentität haben (vgl. Beitchman et al. 1991 und Beitchman et al. 1992).

Cosentino et al. (1995) untersuchten das Sexualverhalten von Kindern mit sexuellen Mißbrauchserfahrungen. Neben nichtsexuellen Symptomen zeigten diese vermehrte Masturbation in Anwesenheit anderer, übermäßige Beschäftigung mit Sexualität, sexuelle Aggressionen und Aufforderungen zu sexuellen Handlungen.

Bereits 1961 beschäftigte sich Stourzh in ihrer Arbeit zur Anorgasmie der Frau mit der Bedeutung von Inzesterfahrungen für das Orgasmuserleben. Die Schlußfolgerung war, daß sexueller Mißbrauch an einer späteren Anorgasmie Schuld sein kann, aber sicherlich nicht absolut orgasmushemmend wirkt. Auch hätte von 13 Frauen nur eine einzige eine Anorgasmie bei dem Vorfall des Mißbrauchs beschrieben, d.h. die anderen Frauen sollen einen Orgasmus während des ungewollten Geschlechtsverkehrs gehabt haben. Allerdings handelte es sich dabei nicht um sexuellen Mißbrauch im Kleinkindalter. Dieses Ergebnis widerspricht der unter Psychotherapeuten weit verbreiteten Auffassung, der Orgasmus der Frau habe in jedem Fall etwas mit der Qualität der Beziehung zu tun, ohne zwischen physiologischen und psychologischen Aspekten zu unterscheiden.

Finkelhor und Browne (1985) beschrieben verschiedene Mechanismen, wie sexueller Mißbrauch sich auf die spätere Sexualität auswirken könnte. Einerseits können spätere sexuelle Erfahrungen auch mit rücksichtsvollen und einfühlsamen Sexualpartnern traumatisch erlebt werden, wenn jede Form von Sexualität negative Erinnerungen wachruft, v. a. wenn der Mißbrauch mit Ekel verbunden war. Andererseits wurde immer wieder beobachtet, daß gerade die mißbrauchende Person diejenige ist, die dem Kind »liebevolle« Zuwendung schenkt. Das Kind lernt, über sexuelle Handlungen Zuwendung zu erhalten, Sexualität zu funktionalisieren in Beziehungen. In diesem Fall werden später sexuelle Situationen keineswegs gemieden, ja sogar gesucht, jedoch nicht mit dem Ziel, eine Beziehung einzugehen. Sie werden allerdings auch nicht befriedigend erlebt. Nicht selten suchen sexuell mißbrauchte Frauen nach Partnern, die die Vergehen wieder gut machen sollen. Gerade nach innerfamiliärem sexuellem Mißbrauch werden oft früh Partnerschaften geschlossen, um der familiären Atmosphäre zu entfliehen. Brière (1993) meinte, daß Frauen häufig auf diesem Weg Nähe und Geborgenheit suchen.

Im Zusammenhang mit der Sexualität wurde vor allem nach sexuellen Funktionsstörungen bei sexuell mißbrauchten Frauen und Männern gefragt. Die Ergebnisse dazu sind widersprüchlich. Silverstein (1989) berichtete von einer besonderen Häufung sexuellen Mißbrauchs unter vaginistischen Frauen. Während etwa Fromuth (1986) und Greenwald et al. (1990) in nicht klinischen Stichproben hinsichtlich der Häufigkeit sexueller Funktionsstörungen keine Zunahme bei Frauen nach sexuellem Mißbrauch fanden, berichteten Kinzl et al. (1997) von hochsignifikanten Unterschieden zwischen Frauen mit und ohne Mißbrauch, nicht aber bei Männern.

Finkelhor et al. (1990) fanden, daß Opfer von sexuellem Mißbrauch sich häufiger scheiden lassen und mit ihren Partnerbeziehungen weniger zufrieden waren als nicht mißbrauchte Frauen. Die Autoren betonten in der Interpretation ihrer Ergebnisse allerdings, daß nicht sicher sei, worauf dies zurückzuführen seien, ob auf allgemeine Beziehungsprobleme oder Probleme im Bereich der Sexualität.

Eine Reihe von Arbeiten weisen auf die Häufung sexueller Mißbrauchserfahrungen unter Patienten mit Transsexualität oder einer Geschlechtsidentitätsstörung hin (z.B. Zucker und Kuksis 1990). Der Mißbrauch darf allerdings auch hier nicht als ursächlich für diese schwerwiegenden Störungen angesehen werden (Richter-Appelt und Renter 1995).

2. Die Hamburger Studie[1]

In der Hamburger Studie zu sexuellen Traumatisierungen und körperlichen Mißhandlungen (Richter-Appelt 1995) wurde an einer nicht-klinischen Stichprobe junger Erwachsener untersucht, inwiefern Adoleszente, die in der Kindheit körperliche und/oder sexuelle Mißhandlungen erfahren haben, sich untereinander, vor allem aber von hinsichtlich Mißbrauch und Mißhandlung unauffälligen Kontrollpersonen unterscheiden. Neben der Überprüfung von Gruppenunterschieden war das Hauptanliegen der Untersuchung zu testen, welche Zusammenhänge bei Berücksichtigung mehrerer Variablen einen signifikanten Beitrag zur statistischen Vorhersage von körperlicher Mißhandlung und sexuellem Mißbrauch leisten. Diese multivariaten Analysen wurden an anderer Stelle ausführlich dargestellt (Richter-Appelt und Tiefensee 1996 a und b, Tiefensee 1997).

Die vorliegende Untersuchung beschäftigte sich unter anderem mit folgenden Aspekten der Sexualität nach sexuellem Mißbrauch

und/oder körperlichen Mißhandlungen in der Kindheit, die in bisherigen Studien zu wenig Beachtung fanden:
- Körperliche (nicht sexuelle) Zuwendung durch die Eltern
- Masturbationserfahrungen und deren Bewertung
- Heterosexuelle Erfahrungen
- Homosexuelle Erfahrungen
- Zufriedenheit mit der gegenwärtigen Sexualität
- Bewertung der Sexualität in der letzten Beziehung
- Allgemeine Bewertung der Sexualität

2.1 Stichprobe

Anfang 1993 wurden von Projektmitarbeiterinnen und Projektmitarbeitern 3000 Fragebögen vorwiegend an Studentinnen und Studenten verschiedener Hamburger Hochschulen verteilt. Insgesamt kamen 1085 Fragebögen zurück, von denen 1068 in die Auswertung eingehen konnten, 616 von Frauen und 452 von Männern. Das Durchschnittsalter der Gesamtstichprobe betrug 24,6 Jahre (SD=3,6), das der Männer 24,4 (SD=3,2). Ungefähr drei Viertel aller Befragten waren Studentinnen und Studenten, 90 % hatten ein Abitur als Schulabschluß. 61 % der Frauen und 60 % der Männer lebten in einer festen Partnerschaft, 9 % der Frauen und 5 % der Männer hatten mindestens ein Kind.

Mit Hilfe eines festgelegten Kriterienkatalogs wurden die untersuchten Personen an Hand der Angaben in dem unten beschriebenen Fragebogen verschiedenen Gruppen zugeordnet. Dabei fanden folgende Aspekte Berücksichtigung: Es ist mindestens eine sexuelle Handlung bzw. Situation angegeben, bei der es zu einer körperlichen Berührung entweder mit einem Erwachsenen, einem Jugendlichen oder einem Kind kam; die Handlung wurde unter Druck oder Gewalt gegen den Willen der Befragten durchgeführt; sie fand vor dem 12. Lebensjahr des oder der Befragten statt. Die in der Literatur immer wieder angeführte Altersdifferenz von fünf Jahren zwischen Täter und Opfer erschien uns nicht sinnvoll, da auch unter Gleichaltrigen sexuell traumatisierende Handlungen vorkommen können. Auf Unterschiede zwischen Mißbrauch durch Kinder oder Erwachsene wurde an anderer Stelle ausführlich eingegangen (Richter-Appelt und Tiefensee 1996 a). Da relativ viele Frauen zwar keine Mißbrauchssituation angaben, wohl aber eine globale Frage, ob sie sexuell mißbraucht worden seien, bejahten, wurden diese für einige Auswertungen einer eigenen Gruppe zugeordnet. In dieser Arbeit werden beide Gruppen zusammengefaßt.

Auch für die körperlichen Mißhandlungen wurde ein Kriterienkatalog erstellt. Leichtere Mißhandlungsformen (z.b. Ohrfeigen) mußten häufig angegeben worden sein, um als körperlich mißhandelt eingestuft zu werden; schwerere Mißhandlungsformen (z.b. Prügel) manchmal, noch schwerwiegendere Mißhandlungen mindestens einmal.

An Hand dieser Kriterien wurden die untersuchten Personen den Gruppen der in der Kindheit (d.h. vor dem 12. Lebensjahr) sexuell Mißbrauchten und körperlich Mißhandelten (12% der Frauen und 2% der Männer) bzw. der Gruppe der nur sexuell Mißbrauchten (11% der Frauen und 2% der Männer) und der nur körperlich Mißhandelten (16% der Frauen und 12% der Männer) zugeordnet. Insgesamt waren also 23% der Frauen und 4% der Männer als sexuell mißbraucht bezeichnet worden und 28% der Frauen sowie 14% der Männer als körperlich mißhandelt. Aus auswertungsökonomischen Gründen wurden die Teilstichproben der hinsichtlich Mißbrauch und Mißhandlung unauffälligen Personen für die weitere statistische Auswertung nach dem Zufallsprinzip auf 209 Frauen und 80 Männer reduziert. Eine ausführliche Beschreibung der angegebenen Mißbrauchshandlungen und der Beziehung des Kindes zum Täter befindet sich bei Richter-Appelt und Tiefensee (1996 a).

2.2 Untersuchungsinstrument

Für die Studie wurde ein umfangreicher Fragebogen entwickelt, der neben demographischen Daten sexuelle Erfahrungen und körperliche Umgangsformen sowie Aspekte der sozialen und familiären Situation, aber auch der Partnerbeziehung der Eltern (bzw. der Elternfiguren) und der Beziehung der Eltern zum Kind erfaßt. Außerdem wurden Probleme und Krankheiten im Jugend- und Erwachsenenalter erhoben und schließlich noch die oben angegeben Aspekte der Sexualität im Jugend- und Erwachsenenalter.

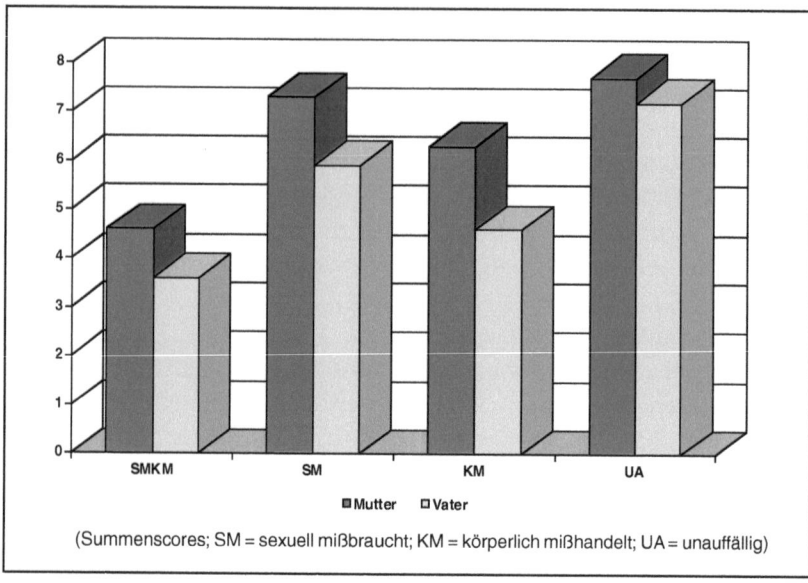

Abbildung 1: Angaben der Frauen zur körperlichen Zuwendung durch Mutter und Vater

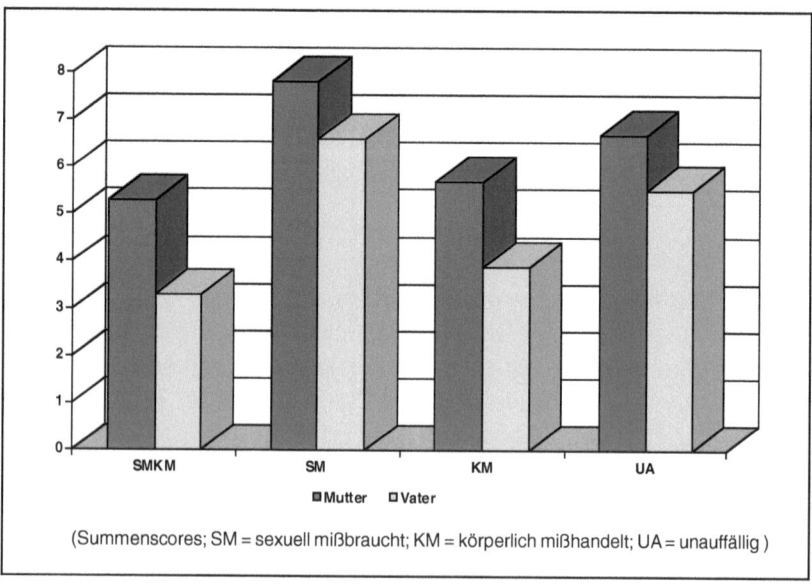

Abbildung 2: Angaben der Männer zur körperlichen Zuwendung durch Mutter und Vater

3. Ergebnisse

Der besseren Lesbarkeit halber werden hier keine Zahlen, Prüfgrößen und Signifikanzniveaus genannt. Unterschiede, die hier als bedeutsam beschrieben werden, sind auch statistisch signifikant. Detailergebnisse finden sich bei Richter-Appelt (1995).

4.1 Körperliche nicht sexuelle Zuwendung durch die Eltern

Immer wieder wurde behauptet, Kinder, die wenig körperlichen Kontakt zu ihren Eltern haben, seien besonders gefährdet, sexuell mißbraucht zu werden. Die Ergebnisse der vorliegenden Untersuchung machen deutlich, daß dies zwar für die sexuell mißbrauchten und körperlich mißhandelten Frauen wie auch Männer zutrifft, keineswegs jedoch für nur sexuell mißbrauchte (vgl. Abb. 1 und 2). Bei den Männern fällt sogar auf, daß die sexuell mißbrauchten in der Kindheit mehr körperliche Zuwendung erhielten – vor allem von der Mutter – als die hinsichtlich Mißbrauch und Mißhandlung unauffälligen Kontrollpersonen. Die Angaben auf Abbildung 1 und 2 wurden als Summenscore aus verschiedenen Formen des körperlichen Umgangs berechnet.

4.2 Erfahrungen mit der Masturbation und deren Bewertung

Ausgehend von der Annahme, daß positive und negative Bewertungen der Masturbation sich keineswegs auf einem linearen Kontinuum befinden, wurde getrennt danach gefragt. Fast alle Frauen und Männer gaben Masturbationserfahrungen an (vgl. Abb. 3 und 4). Bei den Frauen bewerteten die nur sexuell mißbrauchten die Masturbation mit Abstand am positivsten, die unauffälligen am wenigsten positiv. Hinsichtlich der negativen Bewertung gab es weniger Unterschiede. Bei den Männern hingegen werteten vor allem die nur körperlich mißhandelten die Masturbation am seltensten als positiv.

4.3 Heterosexuelle Erfahrungen

Alle Frauen, die nur sexuell mißbraucht worden waren, gaben an, sexuelle Erfahrungen mit mindestens einem Mann gehabt zu haben, die

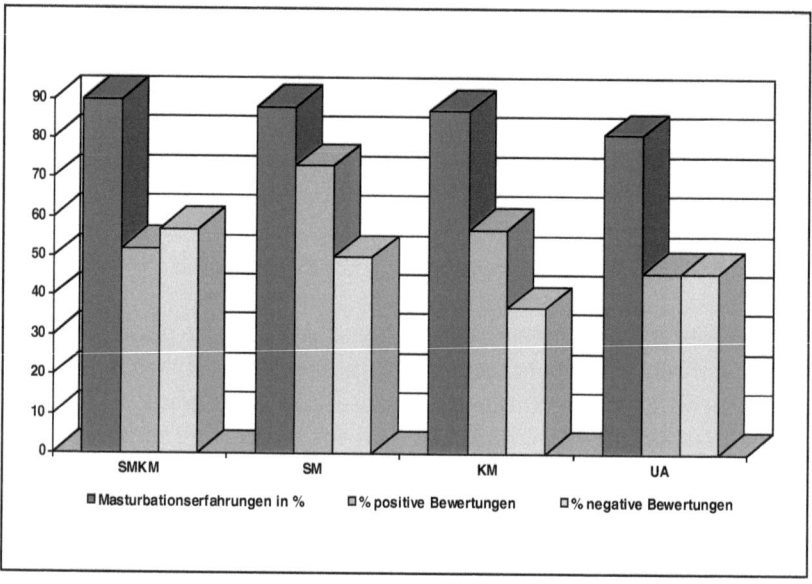

Abbildung 3: Masturbationserfahrungen der Frauen und deren Bewertung

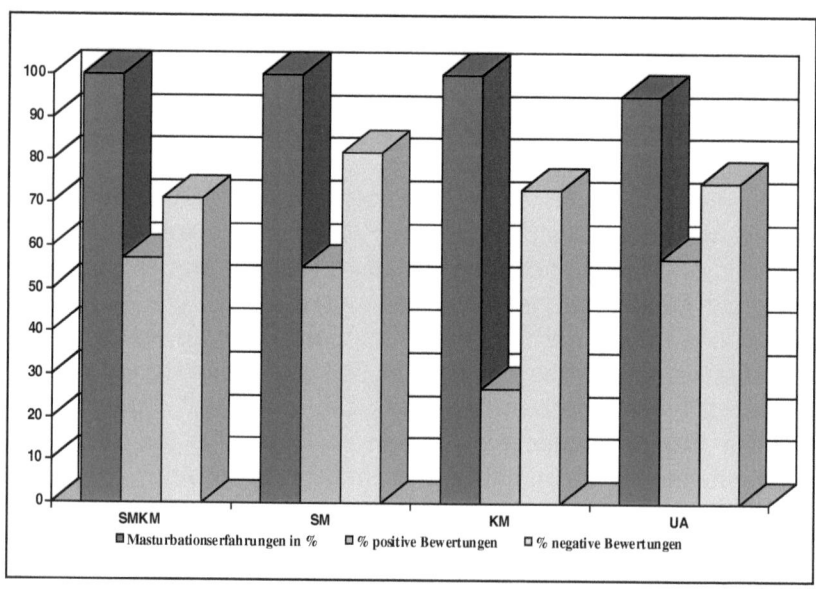

Abbildung 4: Masturbationserfahrungen der Männer und deren Bewertung

ZUR SEXUALITÄT MIT MIßBRAUCHS- UND MIßHANDLUNGSERFAHRUNG

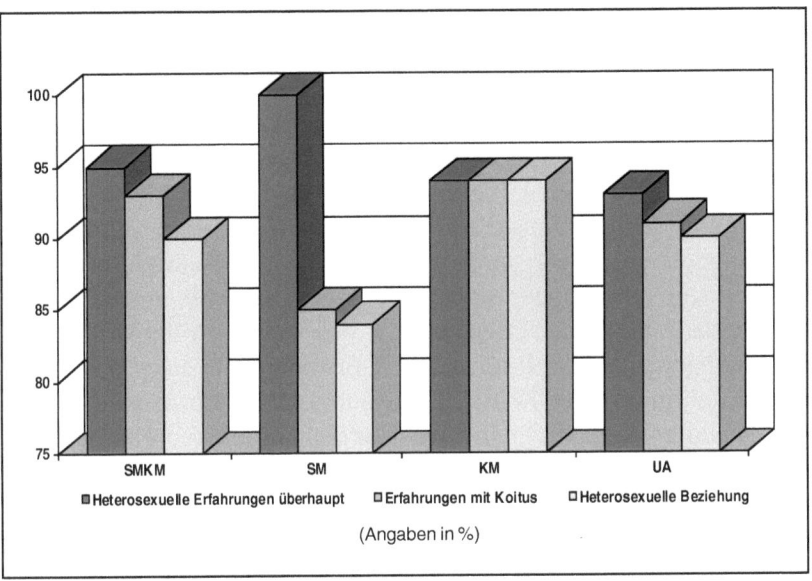

Abbildung 5: Heterosexuelle Erfahrungen der Frauen und differenziert nach Koitus und Beziehung

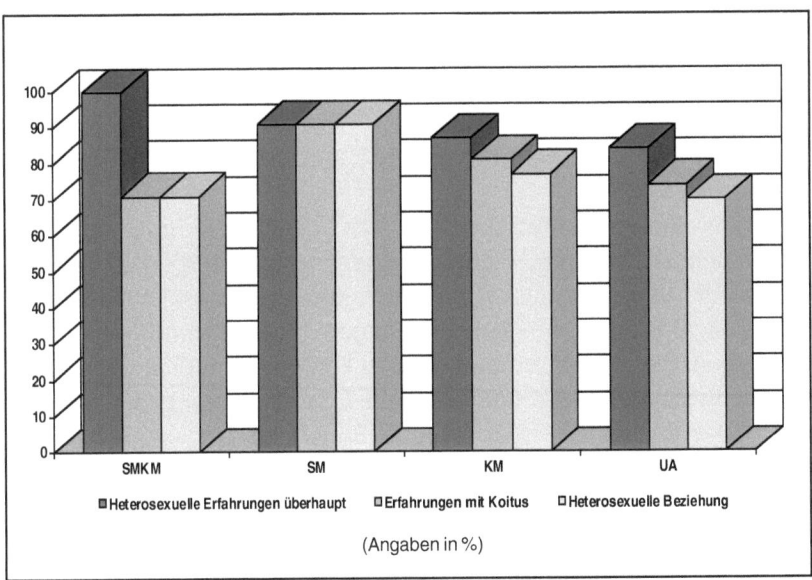

Abbildung 6: Heterosexuelle Erfahrungen der Männer und differenziert nach Koitus und Beziehung

anderen Gruppen liegen zwischen 90% und 95%. Von den Männern hingegen geben alle Männer, die mißbraucht und mißhandelt worden waren, an, sexuelle Erfahrungen wenigstens mit einer Frau gehabt zu haben, die anderen Gruppen liegen zwischen 80% und 90% (vgl. Abb. 5 und 6). Betrachtet man dies genauer, so fällt auf daß 15% der nur sexuell mißbrauchten Frauen allerdings bisher keinen Geschlechtsverkehr mit einem Mann hatten, die Frauen dieser Gruppe im Vergleich zu allen anderen Gruppen auch am seltensten bisher heterosexuelle Beziehungen eingegangen waren. Sexuell mißbrauchte und körperlich mißhandelte hingegen unterscheiden sich kaum von der Gruppe der unauffälligen und der nur körperlich mißhandelten Frauen hinsichtlich ihrer Erfahrungen mit Koitus. Die Häufigkeit heterosexueller Beziehungen unterscheidet sich in allen Gruppen nur unwesentlich von den Koituserfahrungen.

Bei den Männern fällt auf, daß die Gruppe der nur sexuell mißbrauchten – anders als bei den Frauen – hinsichtlich der Häufigkeit von Koituserfahrungen und heterosexuellen Beziehungen an der Spitze liegt. In beiden Bereichen unterscheiden sie sich am deutlichsten von den sexuell mißbrauchten und körperlich mißhandelten, die am wenigsten Erfahrungen angaben. Nur sexuell mißbrauchte Frauen geben somit am seltensten Koituserfahrung an, nur sexuell mißbrauchte Männer am häufigsten.

4.4 Homosexuelle Erfahrungen

Bei den Frauen unterscheiden sich diejenigen mit sexuellen Mißbrauchserfahrungen, unabhängig davon, ob sie körperlich mißhandelt worden waren, von nur körperlich mißhandelten und unauffälligen Frauen signifikant (Abb.7) Bei den Männern hingegen sind es vor allem diejenigen, die sexuell mißbraucht und körperlich mißhandelt worden waren, die zu drei Viertel homosexuelle Erfahrungen angeben und fast zur Hälfte auch eine homosexuelle Beziehung eingegangen waren (Abb.8). Allerdings muß hier noch einmal auf die kleinen Stichprobengrößen hingewiesen werden.

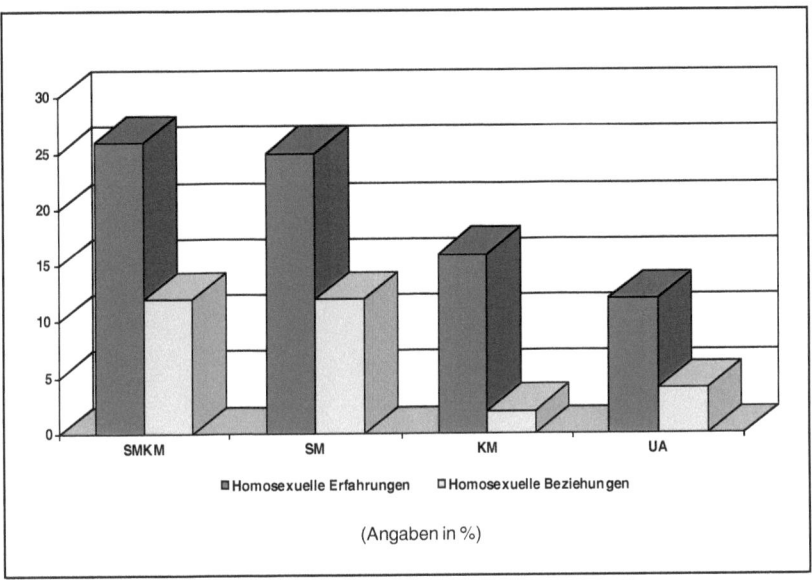

Abbildung 7: Homosexuelle Erfahrungen und Beziehungen der Frauen

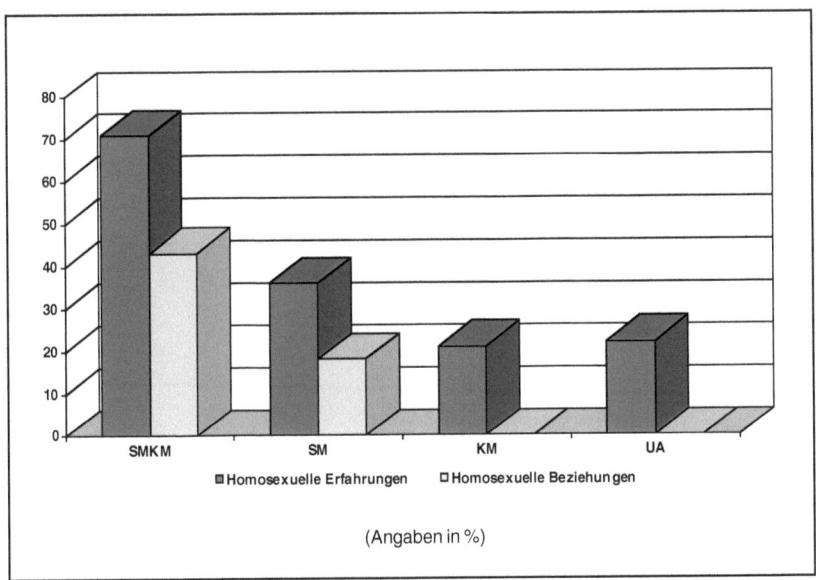

Abbildung 8: Homosexuelle Erfahrungen und Beziehungen der Männer

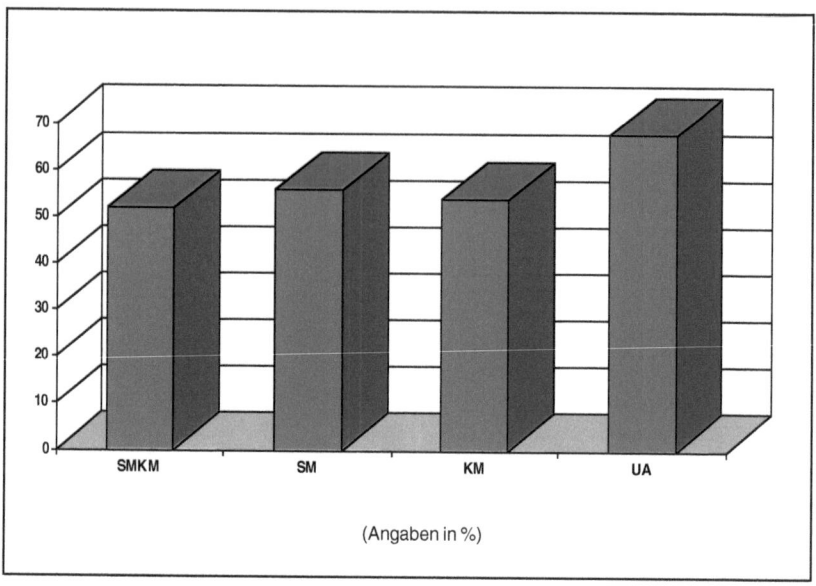

Abbildung 9: Zufriedenheit der Frauen mit der gegenwärtigen Sexualität

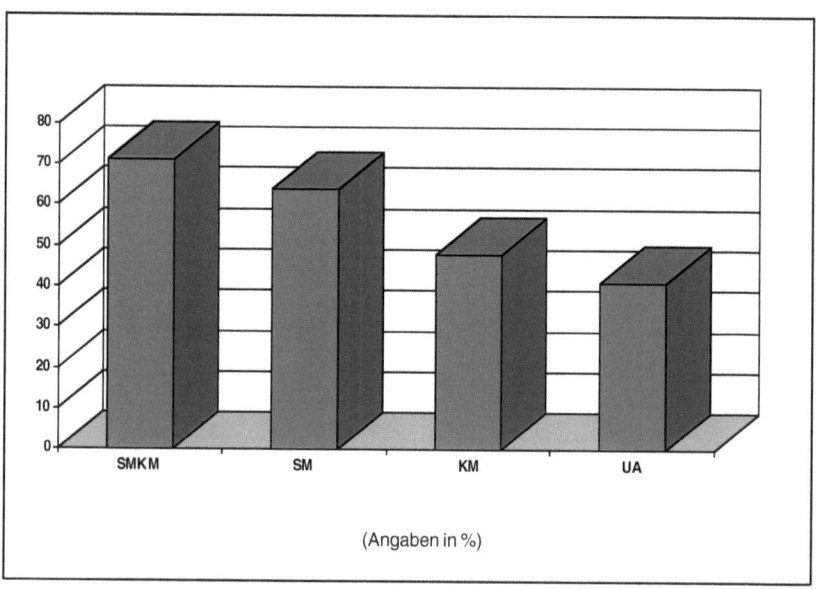

Abbildung 10: Zufriedenheit der Männer mit der gegenwärtigen Sexualität

4.5 Zufriedenheit mit der gegenwärtigen Sexualität

Während bei den Frauen diejenigen, die hinsichtlich Mißbrauch und Mißhandlung unauffällig waren, mit ihrer gegenwärtigen Sexualität signifikant zufriedener sind als die anderen Gruppen, unterscheiden sich die Gruppen der Männer nicht signifikant. Dennoch fällt hier auf, daß die Männer mit Mißbrauchs- und Mißhandlungserfahrungen den höchsten Wert in dieser Variable erlangen, also sich am zufriedensten schildern, die nur körperlich mißhandelten am wenigsten zufrieden (Abb.9 und 10).

4.6 Bewertung der Sexualität in der letzten Beziehung

Die Frauen unterscheiden sich in der positiven Bewertung der Sexualität in der letzten Beziehung nicht signifikant, jedoch sehr deutlich hinsichtlich der negativen Bewertung. Alle drei Mißbrauchs- und/oder Mißhandlungsgruppen unterscheiden sich hochsignifikant von der Gruppe der Unauffälligen, die die Sexualität in ihrer letzten Beziehung am seltensten negativ bewerten (Abb.11). Bei den Männern hingegen unterscheiden sich die mißbrauchten und mißhandelten Männer signifikant von allen anderen Gruppen insofern, als sie ihre letzte Beziehung am häufigsten negativ bewerten. Interessanterweise liegt allerdings auch die positive Bewertung der Sexualität in dieser Gruppe am höchsten. Bei den nur sexuell mißbrauchten Männern ist die Diskrepanz zwischen der positiven Bewertung und der negativen Bewertung am größten. Die negative Bewertung liegt am niedrigsten von allen Gruppen, die positive Bewertung an zweiter Stelle (Abb.12).

4.7 Allgemeine Bewertung der Sexualität

In der globalen Bewertung der Sexualität unterscheiden sich die sexuell mißbrauchten und körperlich mißhandelten Frauen am deutlichsten von den unauffälligen. Während die unauffälligen die Sexualität allgemein als positiv bewerten und mit der negativen Bewertung am niedrigsten liegen, ist dies bei den mehrfach mißbrauchten umgekehrt. Sie bewerten die Sexualität mit Abstand am negativsten und am wenigsten positiv (Abb.13). Bei den Männern schneidet die Sexualität wieder bei den nur körperlich mißhandelten am schlechtesten ab, sie haben die

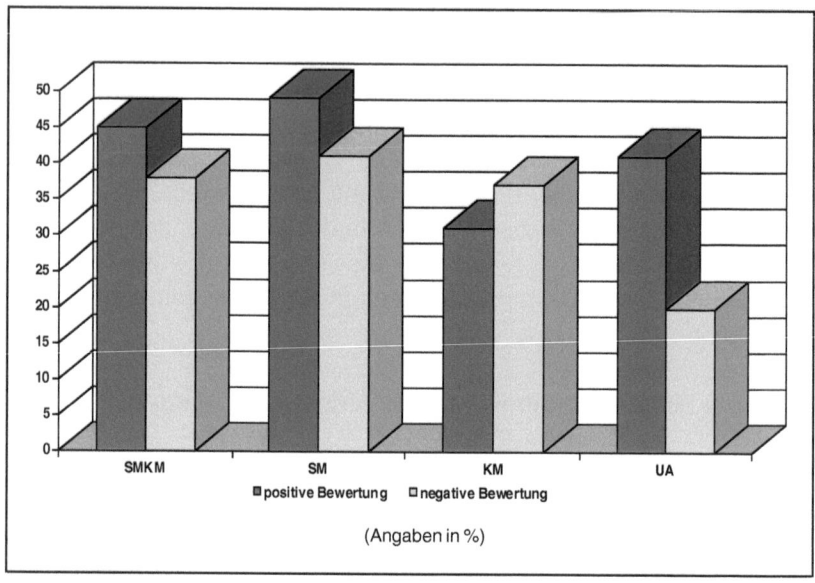

Abbildung 11: Bewertung der Frauen der Sexualität in der letzten Beziehung

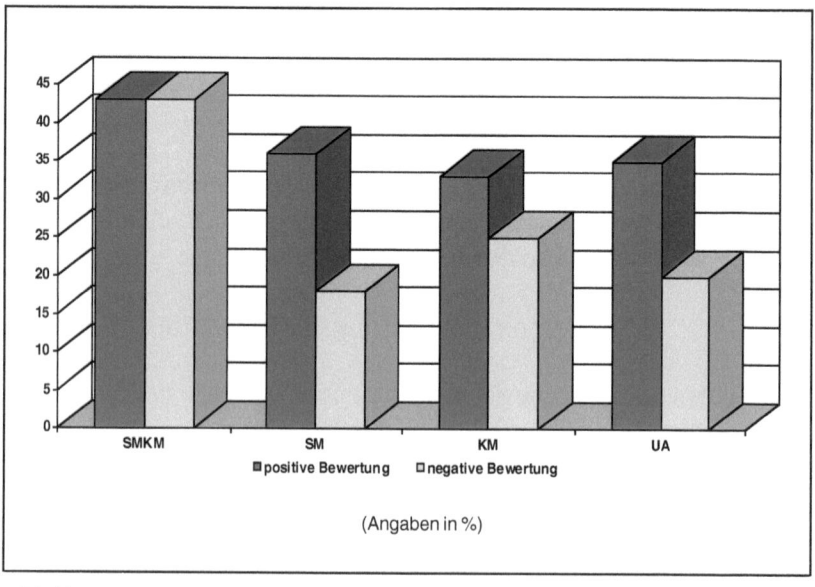

Abbildung 12: Bewertung der Männer der Sexualität in der letzten Beziehung

ZUR SEXUALITÄT MIT MIßBRAUCHS- UND MIßHANDLUNGSERFAHRUNG

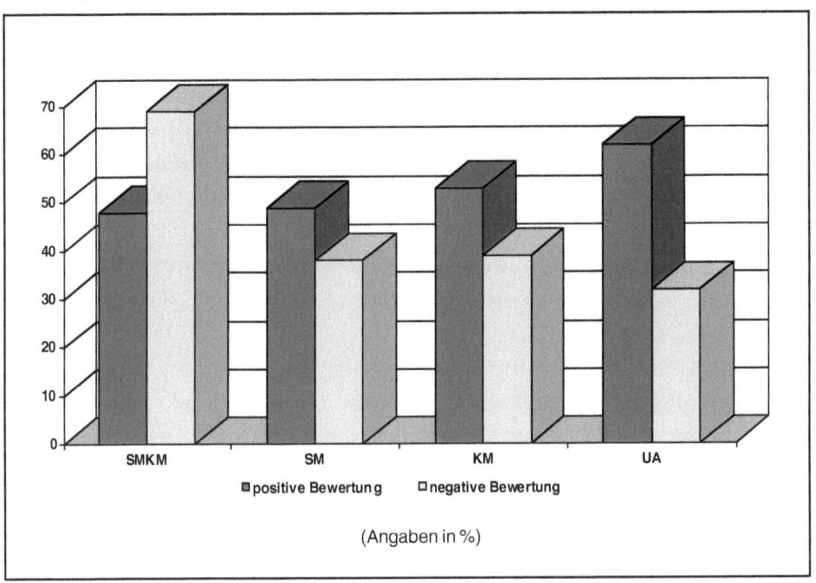

Abbildung 13: Allgemeine Bewertung der Sexualität durch die Frauen

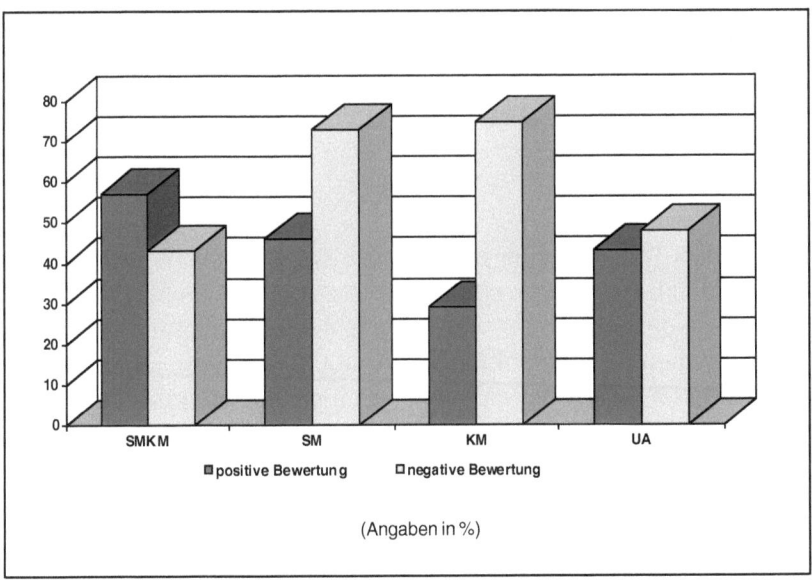

Abbildung 14: Allgemeine Bewertung der Sexualität durch die Männer

höchsten Werte in der negativen Bewertung, die niedrigsten in der positiven (Abb. 14). Ähnlich – wenn auch weniger extrem – sieht es bei den nur sexuell mißbrauchten Männern aus. Interessanterweise liegen hier im Gegensatz zu den Frauen die körperlich mißhandelten und sexuell mißbrauchten in der positiven Bewertung der Sexualität an der Spitze, bei den Frauen traf dies für die negative Bewertung zu.

4.8 Zusammenhänge zwischen Merkmalen des sexuellen Mißbrauchs und Erfahrungen mit der Sexualität bei den Frauen

Es besteht keinerlei Zusammenhang zwischen den oben dargestellten Variablen und dem angegebenen Alter bei Mißbrauch (allerdings wurde nur zwischen Kleinkindalter und Grundschulalter unterschieden). Vielmehr scheint die Unterscheidung zwischen inner- und extrafamiliärem Mißbrauch hier einen besonderen Beitrag zu leisten (vgl. dazu auch Tiefensee 1997, in diesem Buch). Eine enge Beziehung zum Täter korreliert besonders hoch mit einer negativen Bewertung der Sexualität und der Häufigkeit heterosexueller Erfahrungen.

Dauer bzw. Häufigkeit des Mißbrauchs korrelieren hochsignifikant mit der negativen Bewertung der Sexualität, dem Vorkommen heterosexueller Erfahrungen und signifikant mit der Zufriedenheit mit der gegenwärtigen Sexualität, homosexuellen Erfahrungen und der negativen Bewertung der Sexualität in der letzten Beziehung.

5. Diskussion

Bei all den Einschränkungen, die man bei Untersuchungen mittels weniger durch Fragebogen erhobener Daten machen muß, erlauben die Ergebnisse dennoch so manche festgefahrene Behauptungen in Frage zu stellen, neu zu überdenken. Die Behauptung, Kinder seien deshalb so anfällig für sexuellen Mißbrauch, weil sie so wenig Körperkontakt mit ihren Eltern erfahren hätten, kann in dieser einfachen Form nicht weiter bestehen bleiben. Es scheint sehr wohl so zu sein, daß Kinder, die mißbraucht und mißhandelt werden, besonders empfänglich sein dürften für »liebevolle« körperliche Berührungen durch Erwachsene und oft gar nicht merken, wenn derartige Berührungen in sexualisiertes Verhalten und sexuelle Übergriffe übergehen. Vielleicht sind es gerade diese Kinder, die u.a. für pädophile Kontakte so empfänglich sind, da sie nicht gelernt haben, welche Körperempfindungen für ihre Entwicklung altersadäquat sind. Und damit wäre erklärbar, warum sie bei Erwachsenen das Gefühl hervorrufen, sie hätten die Kontakte – auch die sexuellen – doch gewollt. Anders dürfte es bei nur sexuell mißbrauchten Kindern sein. Bei ihnen können wir vermuten, daß sie zwar viel Körperkontakt mit den Eltern hatten, aber dennoch für sexuellen Körperkontakt mit Fremden anfällig sind. Dies dürfte vor allem von der Qualität des Körperkontaktes zu den engen Bezugspersonen abhängen. Viel Körperkontakt kann heißen, daß ab einem bestimmten Alter ein Elternteil und das Kind aufeinander zugehen und es zu einem liebevollen Austausch von körperlicher Zuneigung unter Respektieren und Anerkennung von Grenzen kommt. Es könnte aber auch heißen, daß das Kind als Ersatzpartner dem Elternteil die körperliche Wärme geben soll, die dieser nicht von einem anderen erwachsenen Partner erhält. In diesem Fall wird das Zugehen eines fremden Erwachsenen auf das Kind von diesem nicht als etwas Besonderes erlebt und die Übergänge zu sexuellen Übergriffen können dann erst zu spät als solche erkannt werden.

Die Auseinandersetzung mit Weiblichkeit und weiblicher Sexualität in den letzten Jahrzehnten, hat sicherlich dazu geführt, daß Frauen heute selbstbewußter, autonomer mit ihrem Körper umgehen als Frauen früherer Generationen. Dem männlichen Körper hingegen wurde nur wenig Beachtung geschenkt. So ist es nicht verwunderlich, daß Frauen Selbstbefriedigung – auch wenn sie von diesen immer noch seltener praktiziert wird – sehr viel positiver bewerten als Männer. Jedoch vor allem Frauen, die nur sexuell mißbraucht worden sind, bewerten ihre Masturbation besonders positiv. Immer wieder wurde beschrieben, daß sexueller Mißbrauch zu einer intensiveren Beschäftigung mit Sexualität, zu einer Überstimulierung führen kann. Dies dürfte sich in einer positiveren Bewertung der Masturbation und vermehrten Zuwendung zu Frauen als Sexualpartnerin widerspiegeln. Bei den Männern hingegen findet man vor allem bei den nur körperlich mißhandelten eine negative Bewertung der Masturbation, bei nur sexuell mißbrauchten jedoch weniger Erfahrungen mit Koitus und heterosexuellen Beziehungen.

Sowohl bei den Männern als auch bei den Frauen findet man eine deutliche Häufung von homosexuellen Erfahrungen und Beziehungen unter denjenigen, die sexuell mißbraucht und körperlich mißhandelt worden waren oder nur sexuell mißbraucht wurden. Man könnte vermuten, eine sexuelle Mißbrauchserfahrung führe zu einem größeren Interesse an homosexuellen Erfahrungen. Es könnte aber auch sein, daß Kinder mit homosexuellen Neigungen für sexuelle Übergriffe anfälliger sind.

Wiederholt wurde kritisiert, Untersuchungen zur Sexualität nach sexuellen Übergriffen seien so schwer in ihrer Bedeutung einzuschätzen, da keine Daten von Kontrollgruppen vorliegen. Die vorgestellte Untersuchung bezog einerseits zusätzlich die Bedeutung körperlicher Mißhandlungen mit ein und erlaubt außerdem den Vergleich mit hinsichtlich Mißbrauch und Mißhandlung unauffälligen Kontrollpersonen. Weitere Untersuchungen sind nötig, um die hier beobachteten Phänomäne in ihrer Komplexität zu verstehen.

Anmerkungen

[1] Die Pilotstudie zu dieser umfangreichen Untersuchung wurde von der Charles Hosie-Stiftung, Hamburg, finanziert, die Hauptstudie von der Deutschen Forschungsgemeinschaft gefördert (Projekt Ri- 558/1 - 3). Mitarbeiterinnen und Mitarbeiter des Projekts waren die Diplompsychologinnen Charlotte Becker, Christine Gaenslen-Jordan, Jutta Kolb, Ruth Ladendorf und Natascha Wehnert-Franke. Als studentische Hilfskräfte wirkten mit: Eberhard Binder, Stephan Kawski und Gunnar Pihl. Unser besonderer Dank gilt Herrn W. Nagl (Universität Konstanz), der die statistische Auswertung des Projektes beratend begleitete.

Literatur

Beitchman, J.; Zucker, K.; Hood, J.; DaCosta, G.; Akman, D. (1991): A review of the short-term effects of child sexual abuse. Child Abuse and Neglect 15, 537-556.
Beitchman, J.; Zucker, K.; Hood,J.; Dacosta, G.; Akman, D.; Cassavia, E. (1992): A review of the long-term effects of child sexual abuse. Child Abuse and Neglect 16, 101-118.
Berner, W. (1997): Sexueller Mißbrauch, Pädophilie und die Möglichkeiten therapeutischer Beeinflussung. In diesem Buch.
Brière, J. (1993): Child sexual abuse trauma. Newbury Park: California, Sage Publications.

Cosentino, C.; Meyer-Bahlburg, H.; Alpert, J.; Weinberg, S.; Gaines, R. (1995): Sexual behavior problems and psychopathology symptoms in sexually abused girls. Journal of the American Academy of Child and Adolescent Psychiatry 34, 8, 1033- 1042.
Egle, U.,Hoffmann, S.O, Joraschky, P. (1997): Sexueller Mißbrauch, Mißhandlung, Vernachlässigung. Stuttgart, Schattauer.
Finkelhor, D.; Browne, A. (1985): The traumatic impact of child sexual abuse: a conceptualization. American Journal of Orthopsychiatry 55, 530-541.
Finkelhor, D.; Hotaling, G.; Lewis, I.; Smith, C. (1990): Sexual abuse in a national survey of adult men and women: prevalence, characteristics and risk factors. Cild Abuse and Neglect 14, 19-28.
Fromuth, M. (1986): The relationship of childhood sexual abuse with later psychological and sexual adjustment in a sample of college women. Child Abuse and Neglect 10, 5-15.
Greenwald, E.; Leitenberg,H.; Cado, S.; Tarran, M. (1990): Childhood sexual abuse: long term effects on psychological and sexual functioning in a nonclinical and nonstudent sample with adult women. Child Abuse and Neglect 14, 503- 513.
Kinzl, J.; Mangweth, B.; Traweger, C.; Biebl, W. (1997): Sexuelle Funktionsstörungen bei Männern und Frauen: Bedeutung eines dysfunktionalen Familienklimas und sexuellen Mißbrauchs. Psychotherapie, Psychosomatik, medizinische Psychologie 47, 41-45.
Richter-Appelt, H. (1995): Körperliche Mißhandlungen und sexuelle Traumatisierungen aus der Sicht junger Erwachsener. Forschungsbericht für die Deutsche Forschungsgemeinschaft, Hamburg.
Richter-Appelt, H.; Renter, K. (1995): The relevance of sexual and/or physical abuse in the treatment of transsexual patients. Vortrag auf dem XIV. Harry Benjamin International Gender Dysphoria Symposium, Kloster Irrsee.
Richter-Appelt, H.; Tiefensee, J. (1996a): Soziale und familiäre Gegebenheiten bei körperlichen Mißhandlungen und sexuellen Mißbrauchserfahrungen in der Kindheit aus der Sicht junger Erwachsener (Teil I). Psychotherapie, Psychosomatik, medizinische Psychologie 46, 367-378.
Richter-Appelt, H.; Tiefensee, J. (1996b): Die Partnerbeziehung der Eltern und die Eltern-Kind Beziehung bei körperlichen Mißhandlungen und sexuellen Mißbrauchserfahrungen in der Kindheit aus der Sicht junger Erwachsener (Teil II). Psychotherapie, Psychosomatik, medizinische Psychologie 46, 405-418.
Silverstein, J. (1989): Origins of psychogenic vaginism. Psychotherapy, Psychosomatic 52, 197-204.
Stourzh, H. (1961): Die Anorgasmie der Frau. Beiträge zur Sexualforschung 23. Stuttgart, Enke.
Tiefensee, J. (1997): Die Bedeutung spezifischer Aspekte der Eltern-Kind Beziehung für autoaggressive Verhaltensweisen in Familien mit intra- und extrafamiliärem Mißbrauch. In diesem Buch.
Tiefensee, J. (1997): Der Einfluß verschiedener Aspekte der Eltern-Kind-Beziehung auf die Entwicklung von Störungen nach intra- vs. extrafamiliärem Mißbrauch bei Frauen. Dissertation der Universität Hamburg.
Zucker, K.; Kuksis, M. (1990): Gender dysphoria and sexual abuse: a case report. Child Abuse and Neglect 14, 2, 281-283.

Die Bedeutung spezifischer Aspekte der Eltern-Kind-Beziehung für autoaggressive Verhaltensweisen in Familien mit intra- und extrafamiliärem Mißbrauch

Jutta Tiefensee

1. Einleitung

Seit langem ist »sexueller Mißbrauch« ein aktuelles Thema in der Forschung gleichermaßen wie in der klinischen Praxis, den Medien und der Öffentlichkeit. Nachdem anfänglich sexueller Mißbrauch zumeist als isoliertes Ereignis herausgestellt und auf seine Bedeutung und die Folgen für die spätere Entwicklung fokussiert wurde, rücken zunehmend wichtige Kontextvariablen dieses herausragenden Erlebnisses mit in den Betrachtungsraum (vgl. z.B. Alexander 1992; Engfer 1992 und 1993; Kinzl et al. 1995; Martinius und Frank 1990; Richter-Appelt 1995).

Eine dieser zentralen Kontextdimensionen ist die Familie, insbesondere der elterliche Umgang mit dem Kind. Dabei ist häufig zweierlei auffällig. Zum einen wird bei der Betrachtung der Eltern-Kind-Beziehung und der spezifischen Verhaltensweisen zwischen Eltern und Kind zumeist die potenzierende Funktion inadäquaten elterlichen Verhaltens hinsichtlich der Entwicklung späterer Probleme und Beschwerden betont. Zum anderen beschränken sich Studien, sofern diesbezüglich überhaupt eine Differenzierung vorgenommen wird, in der Regel auf Inzest, d. h. auf Mißbrauch innerhalb der Kernfamilie.

Auch in der vorliegenden Arbeit soll die Bedeutung des elterlichen Umgangs mit dem Kind für die Problementwicklung nach Mißbrauch beleuchtet werden. Allerdings liegt hier der Schwerpunkt weniger auf der Beurteilung der potenzierenden als vielmehr der kompensierenden Potentiale der Eltern. Zudem wurde der Mißbrauch dahingehend differenziert, ob es sich um intra- oder extrafamiliären Mißbrauch handelt. Diese Unterscheidung wurde vor allem deshalb als unerläßlich betrachtet, da die Familie als Untersuchungseinheit im Mittelpunkt steht. Ob der Täter aus der Familie stammt oder sich außerhalb des Familiensystems befindet, ist damit ein zwingend notwendiges Differenzierungskriterium. Als »Probleme« werden in der vorliegenden Arbeit autoaggressive Rekationen fokussiert, die häufig mit Mißbrauch in Verbindung gebracht werden, wie Selbstverletzungen, Selbstmordgedanken und Selbstmordversuche (vgl. z.B. Bagley u. Ramsey 1986; Beitchman et al. 1992; Briere & Runtz 1988; Draijer 1990).

Zusammenfassend soll die hier vorgestellte Untersuchung einen Beitrag zur Beantwortung folgender Fragestellungen leisten:
1. Welche Rolle spielt der elterliche Umgang mit dem Kind für die Entwicklung von autoaggressiven Reaktionen nach sexuellem Mißbrauch, bzw. kann ein bestimmter elterlicher Umgang mit dem Kind das Risiko einer Problementwicklung nach Mißbrauch verringern?
2. Falls sich kompensierende Möglichkeiten hinsichtlich des elterlichen Verhaltens zeigen, gilt dies sowohl bei extra- als auch bei intrafamiliärem Mißbrauch?

Dabei handelt es sich bei der vorliegenden Untersuchung ausschließlich um weibliche Opfer.

2. Methode

Im Rahmen eines Forschungsprojektes – finanziert von der Deutschen Forschungsgemeinschaft (Leitung Frau PD Dr. Hertha Richter-Appelt[1]) – wurde 1993 eine Untersuchung zum Thema »Körperliche Mißhandlungen und sexuelle Traumatisierungen in der Kindheit aus der Sicht junger Erwachsener« durchgeführt. Das hier zugrundeliegende Datenmaterial stammt aus dieser Fragebogenstudie, die 1995 abgeschlossen und ausführlich an anderer Stelle vorgestellt wurde (siehe hierzu z.B. Richter-Appelt 1995, Richter-Appelt & Tiefensee 1996a und b). Hier wird daher nur auf die für die vorliegenden Fragestellungen relevanten Bereiche der Untersuchung eingegangen.

2.1 Die Stichprobe

An den verschiedenen Hamburger Hochschulen wurden von Projektmitarbeitern und -mitarbeiterinnen insgesamt 3000 Fragebogen verteilt. Davon wurden 1085 Fragebogen zurückgegeben, von denen 1068 auswertbar waren, 616 von Frauen und 452 von Männern. Für die vorliegende Fragestellung war eine Beschränkung auf die Frauenstichprobe notwendig, da lediglich hier die Fallzahlen für Mißbrauch ausreichend groß waren, um eine weitere Differenzierung in intra- und extrafamiliären Mißbrauch vorzunehmen. Zudem wurde die Stichprobe noch dahingehend reduziert, daß nur die Fragebogen berücksichtigt werden konnten, deren Angaben gerade hinsichtlich der Täter entsprechende Informationen enthielten. Damit wurde z.B. die ganze Gruppe der Frauen a priori herausgenommen, die sich selbst als mißbraucht bezeichneten, jedoch keinerlei Angaben zu einer mißbräuchlichen Erfahrung machten (n = 76).

Auf der Grundlage dieser Einschränkungen und einer zusätzlichen auswertungsökonomischen (zufälligen) Begrenzung der Eingabe der bezüglich Mißbrauch unauffälligen Frauen, resultierte eine Stichprobe von n = 375 Frauen (Altersdurchschnitt: 24,4; Standardabweichung s = 3,3).

2.2 Operationalisierung von Mißbrauch und Differenzierung in intra- und extrafamilär

Hinsichtlich sexuellen Mißbrauchs gibt es eine Vielzahl von Definitionen (vgl. z.B. Finkelhor 1979; Remschmid 1986; Martinius u. Frank 1990; Wenninger 1994, Richter-Appelt 1995) und daraus abgeleiteten Operationalisierungen. Aspekte, die in diese Definitionen von Mißbrauch immer wieder einfließen sind:

1. Die sexuelle Handlung
2. Das Ausüben von Druck oder Gewalt
3. Das Alter des Opfers
4. Die Abhängigkeitsbeziehung

Für die vorliegende Untersuchung wurden für eine Zuordnung zur Gruppe der sexuell mißbrauchten Frauen zwei Informationsquellen berücksichtigt. Zum einen war dies die Selbsteinschätzung der Frauen. Zum anderen wurden die umfassenden Angaben der Frauen einem Expertenrating unterzogen, das die oben aufgeführten Aspekte berücksichtigte.(Für eine genauere Ausführung siehe Richter-Appelt 1997, in diesem Buch).

In einem zweiten Schritt wurden die als mißbraucht eingestuften Frauen noch weiter dahingehend gruppiert, wer der Täter war. Dabei wurden – wie in Tabelle 1 dargestellt – drei Kategorien hinsichtlich des Mißbrauchs gebildet. Frauen, die keinen Mißbrauch erlebt haben, bzw. keine solche Erfahrung angaben, bildeten die Gruppe »kein Mißbrauch« (UA = unauffällig). Im folgenden werden, auch wenn von allen 4 Gruppen die Rede ist, die drei Gruppen der mißbrauchten Frauen und die Gruppe der bezüglich Mißbrauch unauffälligen kurz als Mißbrauchsgruppen bezeichnet. Tabelle 1 enthält die Häufigkeiten der 4 Gruppen.

Mißbrauch	Häufigkeit	
	n	%
intrafamiliär (Vater, Stiefvater, Bruder)	11	2,9
bekannt/verwandt (Freund der Eltern, Onkel)	46	12,3
fremd	10	2,7
kein Mißbrauch (UA)	308	82,1

Tabelle 1: Häufigkeiten in den verschiedenen Mißbrauchsgruppen

2.3 Die relevanten Fragebogenteile

Für die vorliegende Untersuchung wurden aus dem umfangreichen Fragebogen neben den Abschnitten, die die sexuellen Erfahrungen erfassen, die Teilbereiche herausgegriffen, die einerseits den elterlichen Umgang mit dem Kind und andererseits das Vorhandensein spezifischer Beschwerden und Auffälligkeiten nach dem 12. Lebensjahr thematisieren. Abbildung 1 gibt einer Überblick über die Themenbereiche des gesamten Fragebogens und die hier ausgewählten (grau unterlegten) Aspekte (vgl. auch Richter-Appelt 1997, in diesem Buch).

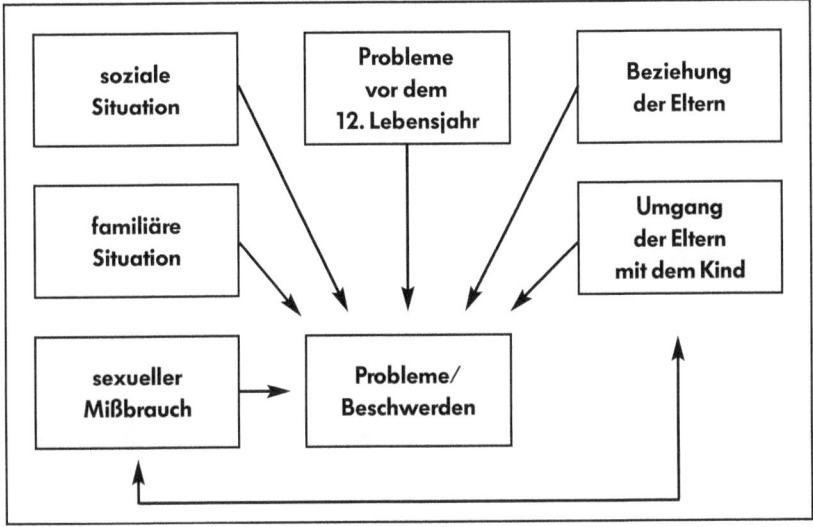

Abbildung 1 : Variablenblöcke der Hamburger Studie zum »Umgang mit Körper und Sexualität«

2.4 Aufbereitung der Items zum Umgang der Eltern mit dem Kind und Auswahl spezifischer Probleme nach dem 12. Lebensjahr

Insgesamt beinhaltet der Fragebogen ca. 60 Items zum Umgang der Eltern mit dem Kind. Bei diesen Items wurden jeweils getrennt für die Mutter und den Vater auf einer 4-stufigen Skala retrospekitve Einschätzungen hinsichtlich des Zutreffens bzw. Nicht-Zutreffens spezifischer Verhaltensweisen der Eltern erfragt. Lebten die Kinder nicht mit beiden Elternteilen zusammen wurde diese Einschätzung für die elterlichen Ersatzfiguren (soweit vorhanden) erbeten. Diese ca. 60 Items umfassen den Fragebogen von Parker et al. (1979) zum elterlichen Erziehungsverhalten sowie weitere konkrete Fragen zum Belohnungs- und Bestrafungsverhalten der Eltern. Um übergeordnete Dimensionen elterlichen Beziehungsverhaltens beschreiben zu können, wurden diese Items – für Mutter und Vater getrennt – faktorenanalytisch (Hauptkomponentenanalyse mit anschließender Varimaxrotation) gruppiert. Die Faktorenlösungen für Mutter und Vater waren mit Ausnahme eines Items deckungsgleich, so daß hier keine Unterschiede in der Interpretation berücksichtigt werden müssen. Es ergaben sich jeweils vier Faktoren,

Skalen	exemplarische Items
1. Fürsorge/ Ablehnung (bipolar)	• Er/Sie verstand meine Probleme und Sorgen • Er/Sie gab mir das Gefühl, nicht erwünscht zu sein
2. Autonomie/ Overprotection (bipolar)	• Er/Sie ließ mich Dinge machen, die ich wollte • Er/Sie versuchte alles, was ich tat, zu kontrollieren
3. Demütigende Bestrafungsweisen (unipolar)	• Er/Sie schlug mich • Er/Sie erzählte in meinem Beisein anderen davon
4. materielle Belohnung (unipolar)	• Er/Sie schenkte mir Geld, Spielzeug o.ä. • Er/Sie erfüllte mir besondere Wünsche

Tabelle 2: Skalen des Beziehungsverhaltens zwischen Eltern und Kind

die gemeinsam je 43% der Varianz erklären. In Tabelle 2 sind die Faktoren zusammengestellt und durch exemplarische Items illustriert.

Mit Hilfe dieser Skalen (Fürsorge/Ablehnung, Autonomie/Overprotection; demütigende Bestrafungsweisen; materielle Belohnung) wurde der elterliche Umgang mit dem Kind beschrieben.

Hinsichtlich der Vielzahl mittels dieses Fragebogens erhobenen Störungen und Probleme nach dem 12. Lebensjahr wurden folgende autoaggressive Verhaltensweisen herausgegriffen:
• Selbstverletzungen
• Selbstmordversuche
• Selbstmordgedanken

Hier wurden die Teilnehmerinnen gefragt, inwieweit die genannten Probleme auf sie nach dem 12. Lebensjahr zutrafen.

2.5 Die Auswertung

Zur Beantwortung der Frage, inwieweit die Auftretenswahrscheinlichkeit von autoaggressiven Reaktionen nach sexuellen Mißbrauchserlebnissen – differenziert in intra- und extrafamilären Mißbrauch – durch das elterliche Beziehungsverhalten beeinflußt werden kann, wurde auf logistische Regressionen zurückgegriffen (für eine ausführliche Beschreibung siehe Hosmer & Lemeshow 1989). Dies liegt zum einen darin begründet, daß es sich hier bei den abhängigen Variablen (den autoaggressiven Reaktionen) um dichotome Items handelt und die logistische Regression explizit für solche Fragestellungen konzipiert ist; zum anderen darin, daß sich dieses Verfahren gerade auch bei kleinen (Teil-) Stichproben als besonders geeignet erwiesen hat (vgl. Benedict 1993).

In den Modellen wurden die Interaktionen zwischen Mißbrauch und Beziehungsverhalten dann mit berücksichtigt, wenn die zugehörigen p-Werte ≤ .10 waren. War dies nicht der Fall, wurde das Modell erneut ohne die Interaktion berechnet.

3. Ergebnisse

3.1 Häufigkeit von autoaggressiven Reaktionen

Die folgende Abbildung 2 gibt zunächst einen Eindruck über die Häufigkeit von autoaggressiven Verhaltensweisen in den vier verschiedenen Gruppen.

Hinsichtlich der Häufigkeit aller drei Verhaltensweisen gibt es signifikante Unterschiede zwischen den verschiedenen (Mißbrauchs-)Gruppen (Selbstverletzungen : Chi^2 = 21.44 p ≤ 0.01; Selbstmordversuche:

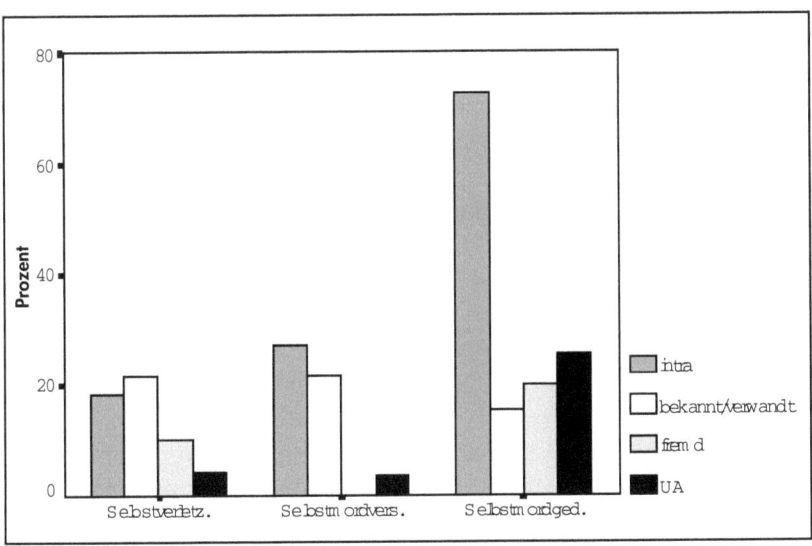

Abbildung 2: Häufigkeit autoaggressiven Verhaltens in den einzelnen Gruppen in %

Chi² = 20.82, p ≤ 0.01; Selbstmordgedanken; Chi² = 25.58 p ≤ 0.01). Allerdings unterscheiden sich nicht alle Mißbrauchsgruppen gleichermaßen von der Gruppe der Unauffälligen. Selbstmordversuche und Selbstverletzungen beispielsweise scheinen lediglich bei den intrafamiliär und durch Bekannte oder Verwandte mißbrauchten Frauen häufiger zu sein als bei den bezüglich Mißbrauch unauffälligen, nicht aber bei den durch Fremde mißbrauchten. Auffallend ist die extrem große Häufigkeit von Selbstmordgedanken in der Gruppe der intrafamiliär mißbrauchten Frauen.

3.2 Multivariate Ergebnisse

Zur Beurteilung der Frage, inwieweit das elterliche Verhalten einen Beitrag leisten kann, die statistische Wahrscheinlichkeit autoaggressiver Reaktionen zu reduzieren, werden nachfolgend die Ergebnisse der logistischen Regressionen für die drei ausgewählten Verhaltensweisen vorgestellt. Für die Ergebnisdarstellung wurde hier eine graphische Aufbereitung gewählt, da diese die Ergebnisse anschaulicher präsentiert als dies – vor allem bei gleichzeitiger Berücksichtigung der Interaktionen – anhand der Modellparameter möglich wäre. In den Graphiken ist die Berücksichtigung der Interaktionen daran zu erkennen, ob die Kurven sich überschneiden (Interaktion berücksichtigt) oder einen parallelen Verlauf zeigen (Interaktion nicht signifikant). Mißbrauchsgruppen, die sich signifikant von der Gruppe der bezüglich Mißbrauch unauffälligen unterscheiden, sind durch fettgedruckte Kurven gekennzeichnet.

3.2.1 Selbstverletzungen

Hinsichtlich der Vorhersage von Selbstverletzungen leisteten zusätzlich zum Mißbrauch das Fürsorgeverhalten der Mutter sowie das Ausmaß an materieller Belohnung durch die Mutter einen signifikanten Beitrag. Abbildung 3 stellt zunächst die Ergebnisse hinsichtlich des Fürsorgeverhaltens dar.

Es zeigt sich, daß die Wahrscheinlichkeit von Selbstverletzungen mit zunehmender Fürsorglichkeit der Mutter deutlich abnimmt und zwar in allen Gruppen. Analog nimmt die Wahrscheinlichkeit von Selbstverletzungen auch bei zunehmender materieller Belohnung durch die Mutter ab (siehe Abbildung 4).

DIE BEDEUTUNG SPEZIFISCHER ASPEKTE DER ELTERN-KIND-BEZIEHUNG

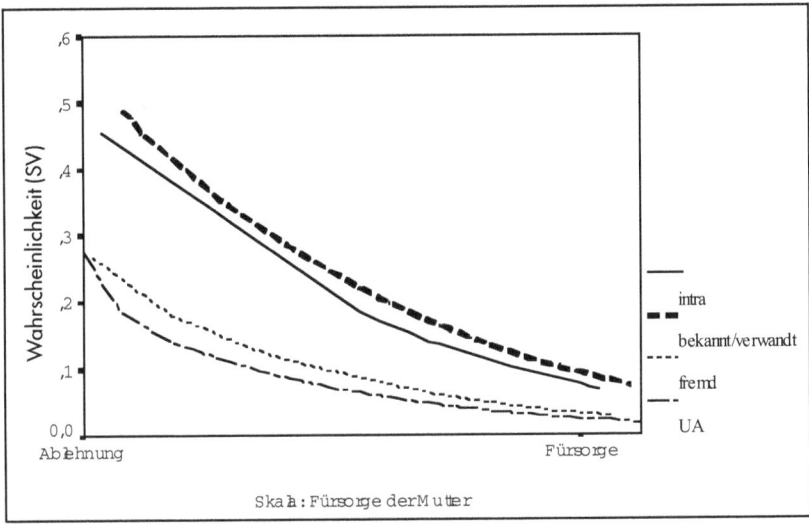

Abbildung 3: Der Einfluß des Fürsorgeverhaltens der Mutter auf die Wahrscheinlichkeit von Selbstverletzungen (SV) bei gleichzeitiger Berücksichtigung des Bekanntheitsgrades des Täters

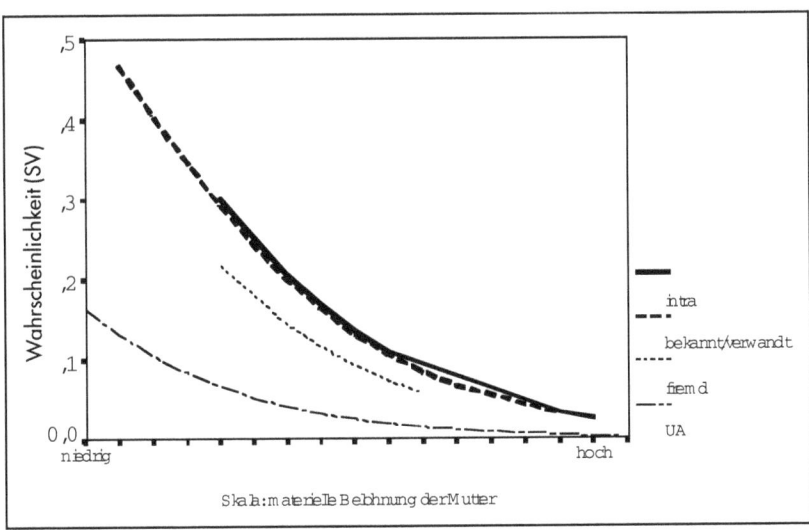

Abbildung 4: Der Einfluß der materiellen Belohnung durch die Mutter auf die Wahrscheinlichkeit von Selbstverletzungen (SV) bei gleichzeitiger Berücksichtigung des Bekanntheitsgrades des Täters. (Die unterschiedliche Länge der Kurven ist durch die Variation der Werte in den Gruppen zu erklären.)

211

Auch hier wird deutlich, daß mit zunehmender materieller Aufmerksamkeit die Wahrscheinlichkeit von Selbstverletzungen sukzessive in allen Gruppen zurückgeht. Ebenso ist ersichtlich, daß unabhängig vom Verhalten der Mutter die Wahrscheinlichkeit für Selbstverletzungen bei »intrafamiliär«- und »bekannt/verwandt«-Mißbrauchten am größten ist. Die Interaktionen zwischen Beziehungsverhalten und Mißbrauch waren hier beide Male nicht signifikant.

3.2.2 Selbstmordgedanken

Die Berechnungen zur Vorhersage von Selbstmordgedanken lieferten die meisten signifikanten Ergebnisse hinsichtlich des elterlichen Beziehungsverhaltens. Hier erwiesen sich die Autonomiegewährung durch die Mutter ebenso wie durch den Vater, die materielle Belohnung durch die Mutter und vor allem auch die Strafintensität der Mutter als signifikante Einflußfaktoren. Wie die überschneidenden Kurvenverläufe zeigen, wurden hier in allen Fällen die Interaktionen berücksichtigt. Abbildung 5 und 6 stellen zunächst die Ergebnisse hinsichtlich der Autonomiegewährung beider Elternteile dar.

Sowohl hinsichtlich der Mutter als auch des Vaters zeigt sich, daß in den beiden Mißbrauchsgruppen, in denen der Täter den Opfern bekannt war (intrafamiliär und bekannt/verwandt) die Wahrscheinlichkeit für Selbstmordgedanken von nahezu 1 bei stark überkontrollierendem Verhalten auf das Niveau von ca. 0.15 bei der Unauffälligen-Gruppe sinken kann, wenn die Eltern dem Kind ein hohes Ausmaß an Autonomie gewähren (statistisch signifikant ist jedoch lediglich der Unterschied zwischen den Kategorien »bekannt/verwandt« und »unauffällig«). Die »fremd«-Mißbrauchten dagegen zeigen sich relativ unabhängig von der Skala Autonomiegewährung.

Abbildung 7 zeigt, daß mit der materiellen Belohnung durch die Mutter wiederum lediglich in der Gruppe der »bekannt/verwandt«-Mißbrauchten die Wahrscheinlichkeit von Selbstmordgedanken statistisch signifikant beeinflußt werden kann.

Die vielleicht eindrücklichsten Ergebnisse liefert der Zusammenhang zwischen der Strafintensität durch die Mutter und der Wahrscheinlichkeit von Selbstmordgedanken (Abbildung 8).

In allen drei Mißbrauchsgruppen ist die Wahrscheinlichkeit von Selbstmordgedanken bei hoher Strafintensität nahezu 1. Mit abneh-

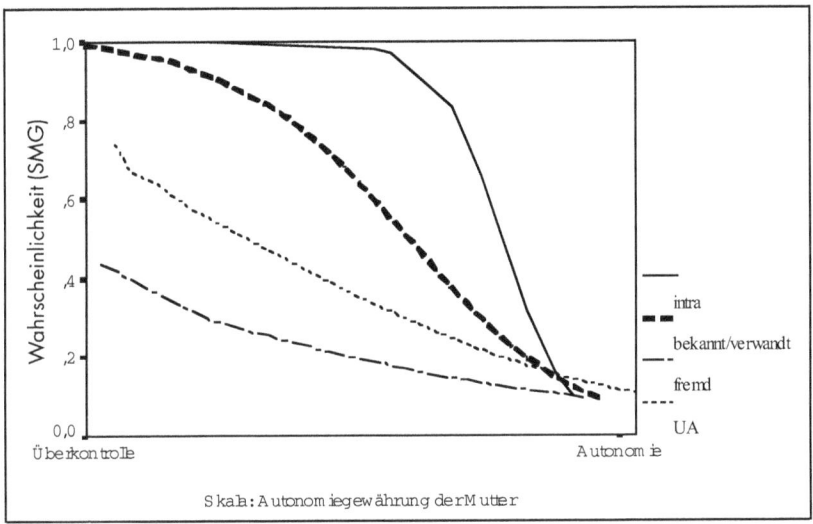

Abbildung 5: Der Einfluß der Autonomiegewährung durch die Mutter auf die Wahrscheinlichkeit von Selbstmordgedanken (SMG) bei gleichzeitiger Berücksichtigung des Bekanntheitsgrades des Täters

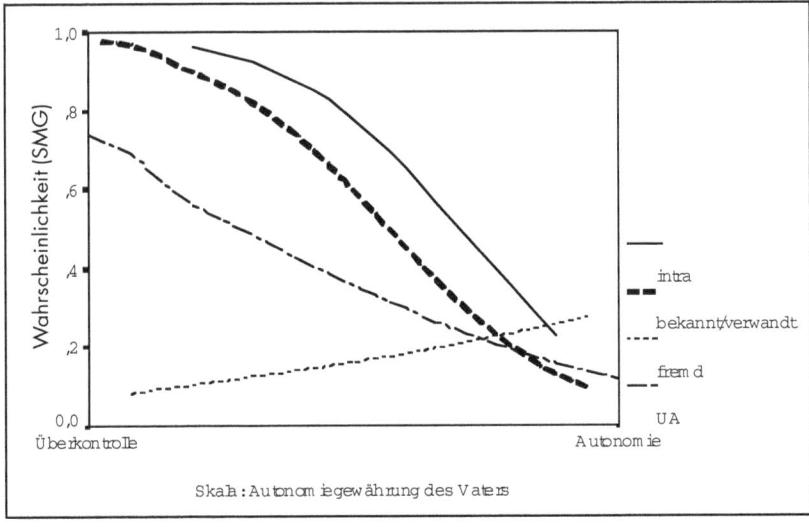

Abbildung 6: Der Einfluß der Autonomiegewährung durch den Vater auf die Wahrscheinlichkeit von Selbstmordgedanken (SMG) bei gleichzeitiger Berücksichtigung des Bekanntheitsgrades des Täters

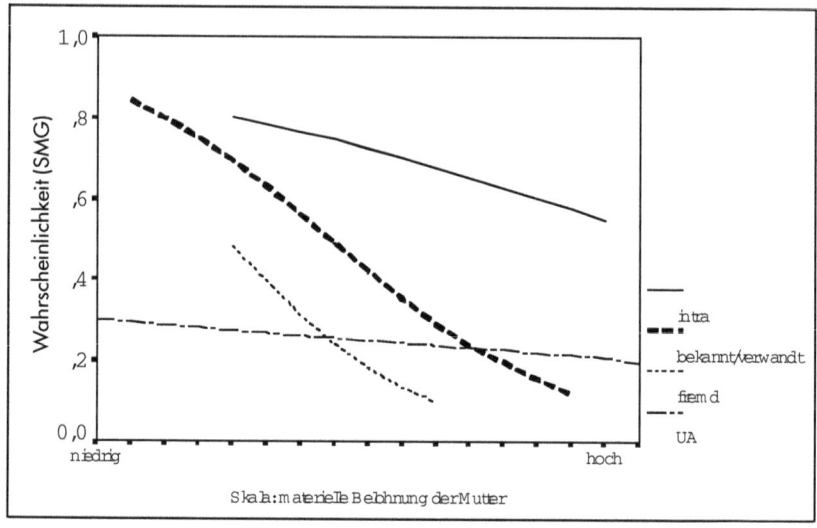

Abbildung 7: Der Einfluß der materiellen Belohnung durch die Mutter auf die Wahrscheinlichkeit von Selbstmordgedanken (SMG) bei gleichzeitiger Berücksichtigung des Bekanntheitsgrades des Täters

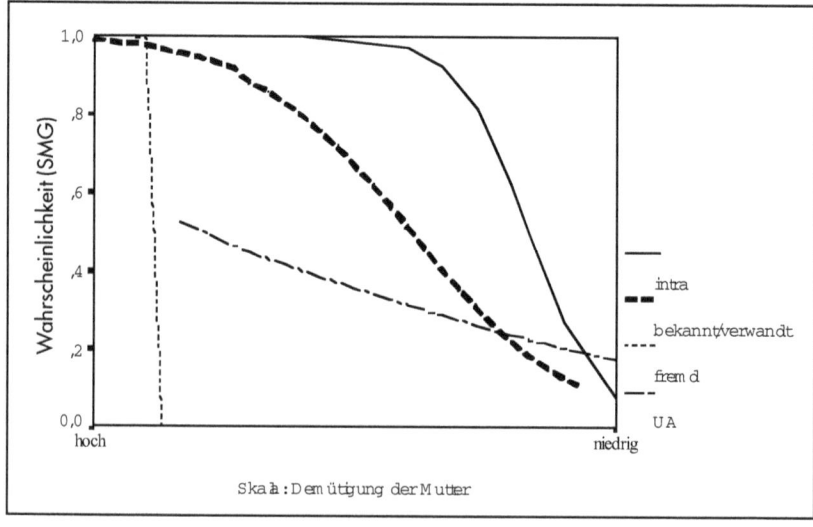

Abbildung 8: Der Einfluß der Strafintensität der Mutter auf die Wahrscheinlichkeit von Selbstmordgedanken (SMG) bei gleichzeitiger Berücksichtigung des Bekanntheitsgrades des Täters

mendem demütigendem Strafverhalten reduziert sich diese Wahrscheinlichkeit drastisch. In der Gruppe der »fremd«-Mißbrauchten ist diese Reduktion bereits bei leicht verringerter Strafintensität zu beobachten, in den anderen Gruppen erfolgt der »Knick« später gleichwohl aber genauso deutlich. Allerdings sind auch hier wiederum die Ergebnisse lediglich bezüglich der Gruppe »bekannt/verwandt« statistisch signifikant (die Tatsache, daß die Ergebnisse bezüglich der intrafamiliär mißbrauchten Gruppe nicht signifikant sind (trotz zum Teil sehr großer β-Werte) liegt u.a. in den relativ großen Standardfehlern begründet).

3.2.3 Selbstmordversuche

Die wenigen signifikanten Ergebnisse hinsichtlich der Vorhersage von Selbstmordversuchen sind in deutlichem Kontrast zu den vielen bei Betrachtung der Selbstmordgedanken als abhängige Variable. Abbildung 9 zeigt die Wahrscheinlichkeit von Selbstmordversuchen in Abhängigkeit von der Zugehörigkeit zu den verschiedenen (Mißbrauchs-)Gruppen. Keine der elterlichen Erziehungsweisen erwies

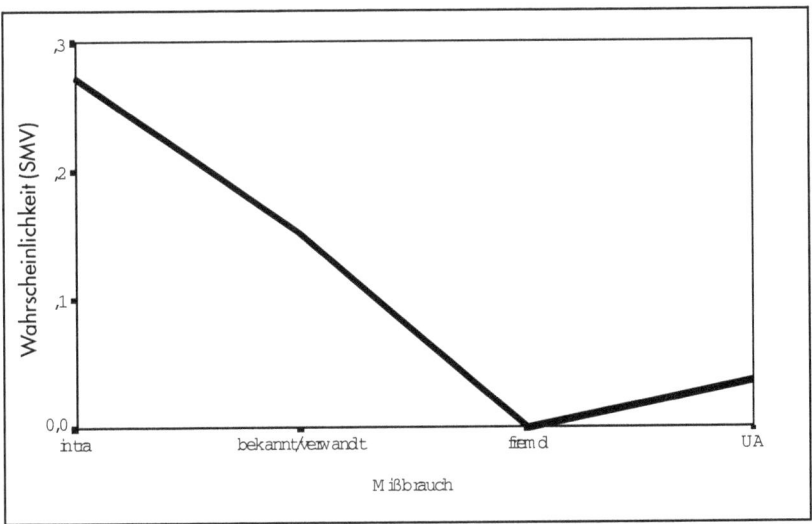

Abbildung 9: Der Einfluß der Strafintensität der Mutter auf die Wahrscheinlichkeit von Selbstmordversuchen (SMV) bei gleichzeitiger Berücksichtigung des Bekanntheitsgrades des Täters

sich hinsichtlich der Wahrscheinlichkeit von Selbstmordversuchen als signifikant beeinflussende Größe. Damit bleibt der Zusammenhang zwischen Bekanntheitsgrad zum Täter und Selbstmordversuchen der einzig signifikante.

4. Zusammenfassung der Ergebnisse und Schlußfolgerungen

Wie die unter 3. dargestellten Ergebnisse zum Teil recht eindrücklich zeigen, ist der elterliche Umgang mit dem Kind eine wichtige Dimension hinsichtlich der Reduzierung des Risikos von Selbstverletzungen und Selbstmordgedanken nach Mißbrauchserlebnissen. Auf das Risiko von Selbstmordversuchen scheinen die Eltern dagegen keinen Einfluß zu haben. Es wäre sicherlich hilfreich und notwendig die ganz spezifischen Erfahrungen dieser Gruppe von Frauen zu betrachten, um auch hier mögliche Wege zur Prävention ermitteln zu können. Offensichtlich scheint es sich aber bei Selbstmordversuchen um eine andere Qualität von Verhalten zu handeln als dies bei Selbstmordgedanken oder Selbstverletzungen der Fall ist. Eine Vermutung zur Erklärung dieser Ergebnisse könnte lauten, daß Eltern von Töchtern, die Selbstmordversuche unternehmen, sich sehr ähnlich verhalten und deshalb keine Unterschiede oder Einflußmöglichkeiten ermittelt werden konnten. Eine weitere Vermutung wäre, daß Mißbrauchsopfer, die Suizidversuche machten, so schwere Traumatisierungen erlebt haben, daß von den Eltern keine Unterstützung mehr angenommen werden konnte. Die Abhängigkeit der Wahrscheinlichkeit von Selbstmordversuchen vom Schweregrad der sexuellen Traumatisierung wurde beispielsweise auch bei Mullen (1993) konstatiert. Dort wurde gezeigt, daß die Häufigkeit von Selbstmordversuchen bei Personen mit Mißbrauchserlebnissen (vor dem 16. Lebensjahr) 20 mal größer ist als in der Normalbevölkerung. Diese Häufigkeit steigt auf das 74-fache im Vergleich zur Normalbevölkerung, wenn es sich um einen Mißbrauch mit Koitus handelt, was als ein Kriterium des Schweregrads gewertet werden kann. Allerdings wird hier gerade auch der Stellenwert des familiären Umfelds und des Erziehungsstils betont (vgl. hierzu auch Gould et al.1996). Möglicherweise ist es die Kombination von nichtsupportivem elterlichem Verhalten und der Schwere der sexuellen Traumatisierung, die zu so massiven selbstschädigenden Reaktionen führt, die wiederum gerade bei den beiden Mißbrauchsgruppen »intrafamiliär« und »bekannt/verwandt« häufiger anzutreffen ist (vgl. Beitchman et al. 1992).

Als zweites Ergebnis bleibt festzuhalten, daß durchweg Mädchen, die von fremden Männern mißbraucht wurden im Vergleich zu der bezüglich Mißbrauch unauffälligen Gruppe kein erhöhtes Risiko für autoaggressive Reaktionen zeigen. Welche Probleme diese Gruppe von Mißbrauchsopfern erlebt – oder ob überhaupt Auffälligkeiten überzufällig häufig auftreten, bleibt damit auf der Grundlage dieses Ergebnisausschnittes eine offene Frage. Interessant wäre in diesem Zusammenhang sicherlich zu prüfen, ob Mädchen, die von fremden Menschen sexuelle Gewalt erfahren haben, eher aggressiv gegen andere Personen reagieren als gegen sich selbst.

Als weiteres Ergebnis zeigt sich, daß die Mutter für die Prävention von autoaggressiven Verhaltensweisen die wichtigere Person zu sein scheint. Lediglich hinsichtlich der Wahrscheinlichkeit von Selbstmordgedanken war – und hier auch wiederum lediglich bezüglich einer Skala – das Verhalten des Vaters eine signifikante Einflußgröße. Dies ist aber auch vor dem Hintergrund zu sehen, daß hier die Täter ausschließlich Männer waren.

Grundsätzlich muß allerdings kritisch angemerkt werden, daß die Teilstichproben bezogen auf die einzelnen Mißbrauchsgruppen vor allem bezüglich der Kategorien »intrafamiliär« und »fremd« recht klein sind, um von gesicherten Aussagen zu sprechen. Die hier vorgestellten Ergebnisse sind damit zumindest teilweise eher hypothesengenerierend zu interpretieren, wenngleich sicherlich Tendenzen aufgezeigt werden können.

Eine solche deutliche und wichtige Tendenz ist hier, daß sowohl hinsichtlich extrafamiliärem Mißbrauch (durch bekannte oder verwandte Personen) als auch hinsichtlich intrafamiliärem Mißbrauch das elterliche (oder zumindest das mütterliche) Beziehungsverhalten einen z.T. hochsignifikanten kompensierenden Einfluß auf die Problementwicklung bezüglich der hier ausgewählten Störungen aufweist; ein Aspekt, der in Präventionsprogrammen Berücksichtigung finden sollte.

Anmerkungen

¹ Die Pilotstudie zu dieser umfangreichen Untersuchung wurde von der Charles Hosie-Stiftung, Hamburg, finanziert, die Hauptstudie von der Deutschen Forschungsgemeinschaft gefördert (Projekt Ri- 558/1 - 3). Mitarbeiterinnen und Mitarbeiter des Projekts waren die Diplompsychologinnen Charlotte Becker, Christine Gaenslen-Jordan, Jutta Kolb, Ruth Ladendorf und Natascha Wehnert-Franke. Als studentische Hilfskräfte wirkten mit: Eberhard Binder, Staphan Kawski und Gunnar Pihl. Unser besonderer Dank gilt Herrn W. Nagl (Universität Konstanz), der die statistische Auswertung des Projektes beratend begleitete.

Literatur

Alexander, P. C. (1992): Application of attachment theory to the study of sexual abuse. Journal of Consulting and Clinical Psychology 60, 185-195.

Bagley, C. and Ramsey, R. (1986): Sexual abuse in childhood: Psychosocial outcomes and implications for social work practice. Social Work and Human Sexuality 6, 33-47.

Beitchman, J. H.; Zucker, K. J.; Hood, J. E.; daCosta, G. A.; Akman, D. and Cassavia, E. A. (1992): A review of the long-term effects of child sexual abuse. Child Abuse and Neglect 16, 101-118.

Benedict, L. L. and Zautra, A. A. (1993): Family enviromental characteristics as risk factors for childhood sexual abuse. Journal of Clinical Child Psychology 22 (3), 365-374.

Brière, J. and Runtz, M., (1988): Symptomatology associated with childhood sexual victimization in a nonclinical adult sample. Child Abuse and Neglect 12, 51-59.

Draijer, N. (1990): Die Rolle sexuellen Mißbrauchs und körperlicher Mißhandlung in der Ätiologie psychischer Störungen bei Frauen. In: Martinius, J. und Frank, R. (Hg.): Vernachlässigung, Mißbrauch und Mißhandlung von Kindern. Bern, Huber, 128-142.

Engfer, A. (1992): Kindesmißhandlung und sexueller Mißbrauch. Zeitschrift für Pädagogische Psychologie 6 (3), 165-174.

Engfer, A. (1993): Kindesmißhandlung und sexueller Mißbrauch. In: Markefka, M. und Nauck, B. (Hg.): Handbuch der Kindheitsforschung. Neuwied, Luchterhand, 617-629.

Finkelhor, D. (1979): Sexually victimized children. New York, Free Press.

Gould, M. D.; Fisher, P.; Parides, M.; Flory, M. and Shaffer, D. (1996): Psychosocial risk factors of child and adolescent completed suicide. Archives of General Psychiatry 53, 1155-1162.

Hosmer, D. and Lemeshow, St. (1989): Applied logistic regression. New York, Wiley.

Kinzl, J. F.; Traweger, C. und Biebl, W. (1995): Family background and sexual abuse associated with somatization. Psychotherapy and Psychosomatics 64 (2), 82-87.

Martinius, J. und Frank, R. (Hrsg.), (1990): Vernachlässigung, Mißbrauch und Mißhandlung von Kindern. Erkennen, Bewußtmachen, Helfen. Bern, Huber.
Mullen, P. E.; Martin, J. L.; Anderson, J. C.; Romans, S. E. and Herbison, G. P. (1993): Childhood sexual abuse and mental health in adult life. British Journal of Psychiatry 163, 721-732.
Parker, G.; Tupling, H. and Brown, L. B. (1979): A Parental Bonding Instrument. British Journal of Medical Psychology 52, 1-10.
Remschmidt, H. (1986): Körperliche Kindesmißhandlung. Psychiatrie für die Praxis, Münchner Medizinische Wochenschrift 128 (4), 33-35.
Richter-Appelt, H. (1995): Körperliche Mißhandlungen und sexuelle Traumatisierungen in der Kindheit aus der Sicht junger Erwachsener. Abschlußbericht für die Deutsche Forschungsgemeinschaft. Hamburg.
Richter-Appelt, H. (1997): Zur Sexualität junger Erwachsener mit Mißbrauchs- und Mißhandlungserfahrungen. In diesem Buch.
Richter-Appelt, H. und Tiefensee, J. (1996a): Soziale und familiäre Gegebenheiten bei körperlichen Mißhandlungen und sexuellen Mißbrauchserfahrungen in der Kindheit aus der Sicht junger Erwachsener. Ausgewählte Ergebnisse der Hamburger Studie (Teil I). Psychotherapie, Psychosomatik und Medizinische Psychologie 46 (11), 367-378.
Richter-Appelt, H.und Tiefensee, J. (1996b): Die Partnerbeziehung der Eltern und die Eltern-Kind-Beziehung bei körperlichen Mißhandlungen und sexuellen Mißbrauchserfahrungen in der Kindheit aus der Sicht junger Erwachsener. Ausgewählte Ergebnisse der Hamburger Studie (Teil II). Psychotherapie, Psychosomatik und Medizinische Psychologie 46 (12), 405-418.
Wenninger, K. (1994): Langzeitfolgen sexuellen Kindesmißbrauchs: dysfunktionale Kognitionen, psychophysiologische Reagibilität und ihr Zusammenhang mit der Symptomatik. Göttingen, Cullier.

Prävention von sexuellem Mißbrauch in der Schule: Ergebnisse einer Befragung Hamburger Grundschullehrerinnen und -lehrer

Hertha Richter-Appelt, Anja Lauschke

1. Einleitung

Als ein vielversprechender Versuch der Verhinderung des sexuellen Mißbrauchs von Kindern werden in den USA, aber in zunehmendem Maß auch im deutschen Sprachraum Präventionsprogramme angesehen. Erste Programme entstanden in den USA in den späten 70er Jahren zunächst von engagierten ehrenamtlichen Mitarbeitern und Mitarbeiterinnen mit Hilfe privater Geldgeber. Sie wurden bald zu einem etablierten und öffentlich geförderten Bereich der Pädagogik. Seit 1980 steuern staatliche Stellen Gelder zur Entwicklung und Durchführung der Programmme bei (Nelson und Clark 1986). Innerhalb kurzer Zeit fand eine enorme Ausbreitung schulischer Präventionsprogramme statt. Bereits 1986 wurde die Gesamtzahl der in den USA erhältlichen Präventionsmaterialien auf 40 Theaterstücke, mehrere 100 Malbücher sowie 400-500 Curricula geschätzt. Nach Conte et al. (1986) lassen sich die Bestandteile der gängigsten Präventionsprogramme folgendermaßen zusammenfassen: Nein-sagen-Können, Unterscheidung zwischen guten und schlechten Berührungen bzw. Gefühlen, Umgang mit Geheimnissen, Bestimmungsrecht über den eigenen Körper, Vertrauen auf die eigene Intuition und Informationen über Unterstützungssysteme. Eine kritische Auseinandersetzung mit Präventionsprogrammen findet man bei Wehnert-Franke et al. (1992), Harten (1995) und Lohaus und Trautner (1997).

Bisher sind uns keine umfangreichen Untersuchungen darüber bekannt, inwieweit auch in deutschen Schulen Präventionsarbeit zum Thema sexueller Mißbrauch geleistet wird und schon gar nicht eine Evaluation dieser Arbeit. Von Politikern wird in letzter Zeit nun auch in Deutschland in zunehmendem Maße Prävention von sexuellem Mißbrauch gefordert, es fehlen aber ausgearbeitet Konzepte. Aufgabe dieser Studie war es exemplarisch die Situation für Hamburger Grundschulen zu erheben.

Prävention kann in primäre, sekundäre und tertiäre unterteilt werden (Caplan 1964). Primäre Prävention soll das Vorkommen sexuellen Mißbrauchs von vornherein unterbinden. Hierzu zählen alle Maßnahmen, die geeignet sind, Inzidenzraten in verschiedenen Populationen zu senken. Dies kann aber nicht heißen, wie Harten (1995) meint, daß es eine Kindheit ohne sexuelle Irritationen geben kann und unangenehme sexuelle Erfahrungen in der Kindheit aus der Welt geschafft werden sollen. Sekundäre Prävention soll einen bereits geschehenen oder fortdauernden Mißbrauch aufdecken bzw. verhindern und bei vorliegendem Mißbrauch Unterstützung anbieten. Sie richtet sich vornehmlich an die »Opfer«. Tertiäre Prävention versucht durch Behandlungen von Tätern und Opfern zukünftigen sexuellen Mißbrauch vorzubeugen. Die Schule kann sich an der primären und sekundären Prävention beteiligen, nicht an der tertiären.

2. Beschreibung ausgewählter deutschsprachiger Präventionsmaterialien

Die Bandbreite der deutschsprachigen Präventionsmaßnahmen, die in der Grundschule durchgeführt werden können, reicht von fertig ausgearbeiteten Präventionsprogrammen bis hin zu Bilderbüchern oder Theaterstücken. Die Ansätze sind sehr unterschiedlich. Nur selten gibt es eine umfassende theoretische Begründung. Alle Programme richten sich an die Kinder als potentielle oder tatsächliche Opfer. Im Folgenden sollen die bekanntesten deutschsprachige Präventionsmaßnahmen exemplarisch dargestellt werden (vgl. auch Lauschke 1997).

»Ich sag' nein« von Braun (1989)

Hinter dem Titel »Ich sag' nein« verbirgt sich eine lose Sammlung von Arbeitsmaterialien, aus denen die Lehrerinnen und Pädagoginnen frei nach den Erfordernissen der jeweiligen Situation auswählen können. Einleitend gibt es einen Theorieteil mit Fakten zum sexuellen Mißbrauch. Der Praxisteil mit Anleitungen zum Rollenspiel, Liedtexten, Kurzgeschichten und weiteren Buch- und Spielempfehlungen macht den Hauptteil aus. Die Mappe soll dazu beitragen, eine Erziehungshaltung gegen sexuellen Mißbrauch aufzubauen, indem die Inhalte in Form eines Spiralcurriculums immer wieder aufgegriffen werden.

Kinder sind Realisten (Grube und Wienecke 1991)

Dieses Präventionsprogramm vom Deutschen Kinderschutzbund/Landesverband Hamburg e.V. ist ein Praxisbericht über ein Modellprojekt in einer Hamburger Grundschulklasse. Auf der Grundlage der englischen KIDSCAPE-Materialien (vgl. Wehnert 1992) haben die Autoren ein Präventionsprogramm mit einem Umfang von fünf Unterrichtseinheiten für eine zweite Klasse entwickelt. Das Projekt teilt sich in vier Bereiche: Arbeit mit den Lehrerinnen und Lehrern, Arbeit mit den Eltern, Arbeit mit den Kindern und Zusammenarbeit mit anderen Institutionen (für evtl. Aufdeckung von sexuellem Mißbrauch). Die fünf Unterrichtseinheiten umfassen folgende Themenbereiche: Sich sicher/unsicher Fühlen; Verlorengehen; Reagieren bei Angegriffenwerden; Verhalten gegenüber Fremden; gute, schlechte verwirrende Gefühle; gute und schlechte Geheimnisse. Die Autoren kommen zu dem Schluß, daß Präventionsarbeit immer in Zusammenarbeit – oder nur mit – Erwachsenen stattfinden sollte. Leider ist dieser Modellprojektbericht nicht klar strukturiert und bei theoretischen Ausführungen fehlen oft Quellenangaben.

Konzept von Zündfunke e.V. (1993)

Zündfunke ist ein Verein in Hamburg-Othmarschen zur Prävention von und Intervention bei sexuellem Mißbrauch an Kindern und Frauen mit zugehöriger Beratungsstelle. Er hat bereits Präventionsprogramme mit Kindern im Alter von 3 bis 14 Jahren durchgeführt. Veranstaltungsorte waren Schulen, Kindertagesstätten, Schülerläden und Frauenhäuser. Das jeweilige Programm findet je nach Alter der Kinder in einem Umfang von 1 bis 5 Tagen, das heißt 2 bis 10 Stunden statt und wird von zwei Mitarbeiterinnen durchgeführt. Die Gruppenleiterinnen oder Lehrerinnen sind während der Durchführung nicht anwesend, wodurch laut Verfasserinnen ein kontrollfreier Raum gewährt werden soll, in dem die Kinder ohne Angst über ihre Gedanken, Ängste oder Erfahrungen sprechen können. Die Inhalte oder Methoden werden auf den Entwicklungsstand und die Bedürfnisse der jeweiligen Kindergruppen abgestimmt. Das Konzept ist vor allem eine theoretische Abhandlung, die keine konkreten Beispiele für die Durchführung aufzeigt.

Das Familienalbum (Deinert 1983)

Es handelt sich um ein Theaterstück, das vom Fundus-Theater aufgeführt wird, aber auch ein Bilderbuch. Anhand einer Mäusefamilie (Mutter, Vater, zwei Töchter und Onkel) und einem Kater wird eine Mißbrauchssituation dargestellt. Sehr einfühlsam werden die unterschiedlichen Gefühle des Mäusemädchens aufgezeigt. Das Familienalbum wird als Präventionsprogramm angesehen, da es nach dem Theaterbesuch die Möglichkeit gibt, mit den Puppenspielerinnen über das Stück zu sprechen und mit Hilfe des Bilderbuches im Unterricht das Stück nach- bzw. vorzubereiten.

3. Untersuchung an Hamburger Grundschulen

3.1 Methode

Für die Untersuchung wurde von den Autorinnen ein Fragebogen entwickelt, der in die drei Themenbereiche: Sexualität/Sexualkundeunterricht, sexueller Mißbrauch und Prävention von sexuellem Mißbrauch unterteilt ist. Er richtet sich an die Klassenlehrerinnen und -lehrer Hamburger Grundschulen der Klassenstufen eins bis vier.

Nach Genehmigung der Untersuchung durch die Hamburger Schulbehörde wurden nach Absprache mit den jeweiligen Schulleiterinnen und Schulleitern aus 54 Hamburger Stadtteilen im Herbst 1995 insgesamt 602 Fragebögen verteilt, wovon 44,9% zurück kamen. Hiervon konnten 253 Fragebögen in die Auswertung eingehen.

3.2 Stichprobenbeschreibung

Es haben 235 Lehrerinnen und 18 Lehrer an der Befragung teilgenommen. Das Durchschnittsalter liegt bei 46 Jahren, was ungefähr dem Durchschnittsalter Hamburger Grundschullehrer entspricht.

4. Ergebnisse

4.1 Vorkommen von sexuellem Mißbrauch

Immerhin 61 Lehrerinnen und Lehrern (24,5 % der Stichprobe) ist mindestens ein Mißbrauchsfall innerhalb der letzten vier Jahre bekannt geworden. Es handelt sich dabei um 76 Fälle sexuellen Mißbrauchs an Mädchen und 27 Fälle an Jungen, also insgesamt an 103 Kindern. Drei Viertel der Lehrerinnen und Lehrer ist kein Fall sexuellen Mißbrauchs bekannt geworden.

4.2 Vermutung von sexuellem Mißbrauch

108 Lehrerinnen und Lehrer (44,8 %) gaben an, sexuellen Mißbrauch schon einmal bei einer ihrer Schülerinnen oder einem Schüler vermutet zu haben, und zwar bei 130 Mädchen und bei 29 Jungen. Insgesamt sind dies 159 Kinder. Festzustellen ist, daß signifikant weniger Männer sexuellen Mißbrauch bei ihren Schülerinnen und Schülern vermuten ($p < 0,05$). Diejenigen Lehrerinnen und Lehrer, denen ein Fall von sexuellem Mißbrauch bekannt geworden war, vermuteten auch hochsignifikant häufiger sexuellen Mißbrauch bei einer ihrer Schülerinnen oder einem ihrer Schüler ($p < 0,001$).

4.3 Reaktionen auf Aufdeckung eines Falles

In den meisten Fällen haben die 61 Lehrerinnen und Lehrer nach Aufdeckung eines Falles mit dem Kind oder der Mutter (32,7 % bzw. 29,1 %) gesprochen, oder sich an eine Beratungsstelle (27,3 %) gewandt. Nur in 7,3 % der Fälle erfolgte ein Gespräch mit der Schulleitung bzw. mit den Eltern und in 3,6 % mit der Klasse.

4.4 Fortbildung und Wahrnehmung betroffener Kinder

Es wurde untersucht, ob Lehrerinnen und Lehrern, die Aus- und Fortbildungsveranstaltungen zum Thema besucht haben, mehr Fälle sexuellen Mißbrauchs bekannt werden bzw. sie häufiger vermuten. Darüber hinaus wurde untersucht, ob diese Lehrerinnen und Lehrer das Thema auch im Unterricht häufiger aufgreifen. Von den 253 Lehrerinnen und Lehrern haben während des Studiums oder der Referendariatszeit 89 (35,3%) an einem Seminar zum Thema »Sexualität« teilgenommen und 19 (7,5%) an einem Seminar zum Thema »sexueller Mißbrauch«. Fortbildungsveranstaltungen nach dem zweiten Staatsexamen zum Thema »Sexualität« besuchten 49 (19,4%) Lehrerinnen und Lehrer und zum Thema »sexueller Mißbrauch« 40 (15,9%). Keiner der befragten Männer hatte eine Fortbildung zum Thema sexueller Mißbrauch besucht.

Auffallend ist nun, daß den Lehrerinnen, die eine Fortbildungsveranstaltung zum Thema »sexueller Mißbrauch« besucht haben, weitaus häufiger Fälle sexuellen Mißbrauchs bekannt wurden ($p < 0,05$) und sie auch mehr Fälle vermuteten ($p < 0,001$). Bei diesen Ergebnissen ist nicht berücksichtigt worden, ob vielleicht Lehrer erst dann eine Fortbildungsveranstaltung besuchen, wenn sie in der Schule mit dem Thema konfrontiert wurden. Es läßt sich daher daraus nicht schlußfolgern, daß sich durch mehr Fortbildung zum Thema sexueller Mißbrauch ein Ziel der sekundären Prävention, nämlich das möglichst frühzeitige Aufdecken effektiver erreichen läßt. Darüber hinaus haben die Lehrerinnen und Lehrer, denen Fälle von sexuellem Mißbrauch bekannt geworden sind, das Thema hochsignifikant häufiger im Unterricht behandelt als die anderen ($p < 0,001$). Dies ist auch der Fall bei den Lehrerinnen und Lehrern, die sexuellen Mißbrauch vermuteten ($p < 0,001$). Ausschlaggebend für eine Thematisierung sexuellen Mißbrauchs im Unterricht ist aber nicht der Besuch einer Fortbildung zum Thema, sondern daß den Lehrerinnen und Lehrern Fälle von sexuellem Mißbrauch bekannt wurden oder sie Fälle vermuteten.

4.5 Unterricht zum Thema sexueller Mißbrauch

Von den 253 befragten Lehrerinnen und Lehrern gaben 49,4% an, in den letzten vier Jahren das Thema »sexueller Mißbrauch« in einer Klasse behandelt zu haben (Zu weiteren Auseinandersetzungen mit dem Thema Sexualität im Sexualkundeunterricht oder außerhalb der Unterrichtsstunden siehe Lauschke 1997). Die meisten Unterrichtsstunden wurden in der 3. Klasse erteilt. 21 Lehrerinnen und Lehrer erteilten hier insgesamt 62 Unterrichtsstunden. Im Durchschnitt wurden 2 bis 4 Stunden pro Klassenstufe zum Thema sexueller Mißbrauch erteilt. Die häufigsten Schwerpunktthemen waren dabei »Nein sagen« (29 mal), »Mit Fremden mitgehen« (12 mal), »Gefühle zeigen« (12 mal), »Gute und schlechte Geheimnisse« (11 mal), »Umgang mit Berührungen« (8 mal). Darüber, was Lehrerinnen und Lehrer im einzelnen unter dem jeweiligen Schwerpunktthema gemacht haben, läßt sich hier keine Aussage machen. Die Qualität der geleisteten Arbeit ließ sich mittels dieses Fragebogens auch nicht beurteilen. Anlässe für die Thematisierung von sexuellem Mißbrauch waren meist die Vermutung eines Mißbrauchfalles in der Klasse oder ein Mißbrauchfall in der Schule. Es ergab sich, daß immerhin 42 mal ein konkreter Fall Anlaß für eine Unterrichtseinheit zu diesem Thema war.

4.6 Präventionsarbeit mit den Eltern

Eine weitere Frage war, ob die Lehrerinnen und Lehrer in Zusammenhang mit der Präventionsarbeit auch die Eltern einbezogen hatten. Von 30 Lehrerinnen und Lehrern, die es bejahten, führten 71,9% Elternabende durch, zu denen zum Teil auch Expertinnen und Experten geladen wurden (37,5%) oder führten Einzelgespräche mit den Eltern (21,9%).

4.7 Auswirkungen der Präventionsarbeit aus der Sicht der Lehrer

Als nächstes wurde danach gefragt, wie sich die Präventionsarbeit nach Einschätzung der Lehrerinnen und Lehrer auf die Kinder ausgewirkt habe. Von den 68 Lehrerinnen und Lehrern, die diese Frage beantwortet hatten, gaben 70,6% an, die Kinder hätten danach selbstbewußter und stärker gewirkt, 39,7% gaben an, es hätte den Kindern Spaß gemacht und 7,4%, die Kinder seien verwirrt gewesen. Insgesamt wurde dabei nur ein Mißbrauchsfall aufgedeckt.

4.8 Bekanntheit und Einsatz von Präventionsmaßnahmen

Mehr als der Hälfte der befragten Lehrerinnen und Lehrer sind die existierenden Präventionsmaßnahmen nicht bekannt. 90 (37,7%) Lehrerinnen und Lehrern ist die Arbeitsmappe »Ich sag' nein« bekannt, 25 (11,4%) » Kinder sind Realisten« vom Kinderschutzbund, 27 (12,3%) das Konzept von Zündfunke und 4 (1,8%) das Familienalbum. Einige weitere Präventionsmaßnahmen waren nur weniger als 10% der Lehrer bekannt. Die Präventionsmaßnahmen wurden von den Lehrerinnen und Lehrern alle gut bis mittel beurteilt. 23,6% der befragten Lehrerinnen und Lehrer der gesamten Stichprobe gaben an, daß Präventionsprogramme zum Schutz vor sexuellem Mißbrauch schon einmal auf einer Konferenz an ihrer Schule thematisiert wurde. 61 (25,4%) verneinten dies und 27 (11%) waren sich diesbezüglich unsicher.

4.9 Informationsbedarf von Lehrerinnen und Lehrern

Viele Lehrer äußerten den Wunsch, mehr über das Thema zu erfahren, und zwar v.a. in Fortbildungsveranstaltungen (64,8%) oder pädagogischen Jahreskonferenzen (55,7%). Andererseits werden Fortbildungsveranstaltungen des Instituts für Lehrerfortbildung in Hamburg nur sehr spärlich besucht, wie eine im September 1996 von der Abteilung für Sexualforschung in Zusammenarbeit mit dem Institut für Lehrerfortbildung durchgeführte Fortbildung zeigte. Gerade weil die Bedeutung von Fortbildungsveranstaltungen für die Prävention von sexuellem Mißbrauch so groß ist, müßten hier neue Konzepte der Fortbildung erarbeitet werden.

5. Abschließende Diskussion

Die Schule spielt für die Prävention von sexuellem Mißbrauch neben der Familie sicherlich eine ganz entscheidende Rolle. Verläuft der Schulbesuch positiv, wird das Kind hier seine engsten Bezugspersonen außerhalb der Familie finden. Die dargestellte Untersuchung hat gezeigt, daß sich mit dem Thema sexueller Mißbrauch nicht nur die Medien auseinandersetzen müssen, sondern dieses oft auch als Problem für Lehrer und Schüler auftaucht und daher dringend Konzepte für den Umgang mit diesem Thema entwickelt und evaluiert werden sollten.

Sexualpädagogik sollte die Förderung der psychosexuellen Entwicklung beinhalten, wozu auch der Schutz vor sexuellen Übergriffen gehört. Dies ist sicherlich eine schwierigere Aufgabe als es bei Durchsicht der Präventionsmaßnahmen erscheinen mag. Kinder sollen nämlich nicht lernen, nein zu sagen, wenn sie etwas nicht wollen – wie es in vielen Programmen propagiert wird – sondern dann nein zu sagen, wenn ein Erwachsener sich nicht richtig verhält. Das heißt aber, sie sollen lernen, in einer bestimmten Situation zu entscheiden, ob sie gehorchen, mitmachen oder sich wehren sollen. Sich dabei auf die eigenen Gefühle zu verlassen setzt voraus, daß in angemessenen Situationen gute Gefühle auftreten und unangemessenen Situationen schlechte. Aber entspricht dies der Realität oder müssen wir, wie Harten (1995) meint, hier von einer »pädagogischen Illusion« sprechen, die kindliche Allmachtsphantasien verstärkt, die an der Realität zerbrechen müssen. Geheimnisse zu offenbaren setzt wiederum voraus, daß ein Kind eine Person zur Verfügung hat, der es sich anvertrauen kann und möchte. Es entspricht nicht der Realität, daß der Lehrer immer eine derartige Person für das Kind darstellt, aber auch nicht »eingeflogene« Spezialisten. Die Schwierigkeit für ein Kind, die richtige Person zu finden, der es sich anvertrauen kann, ist nicht zu unterschätzen.

Vor allem muß aber auch vor der vorschnellen Vermutung von sexuellem Mißbrauch gewarnt werden, wodurch ein Kind und eine ganze Familie schwer traumatisiert werden könnte. Die Annahme, man müsse jedes mißbrauchte Kind erkennen, rechtfertigt nicht alle Kinder zu verunsichern. Besonders behutsam muß mit dem innerfamiliären Mißbrauch umgegangen werden. Immer wieder wird zur Zeit behauptet, der sexuelle Mißbrauch spiele sich vor allem in der Familie ab. Derartige Feststellungen beruhen auf Verallgemeinerungen aus der Kriminalstatistik. Es wird immer wieder argumentiert, gerade innerfamiliärer Mißbrauch werde nicht angezeigt und sei daher meist unterschätzt. Wir müssen uns jedoch bewußt sein, daß es sich dabei um eine Vermutung und nicht um einen bewiesenen Tatbestand handelt (vgl. Richter-Appelt und Tiefensee 1996). Kinder vor den Erwachsenen der eigenen Familie grundsätzlich zu warnen, heißt den Kindern zu vermitteln, den Bezugspersonen zu mißtrauen, bei denen sie sich am aufgehobensten fühlen sollten.

Präventionsarbeit muß bei den Erwachsenen beginnen. Bedenkt man, daß in unserer Untersuchung 24,5% der Lehrerinnen und Lehrer mindestens ein Fall von sexuellem Mißbrauch bekannt wurde, weniger als 10% jedoch jemals an einer Fortbildung zu diesem Thema teilgenommen haben, wird deutlich, daß der erste Schritt schulischer Präventionsarbeit nicht Programme für Kinder darstellen sollte, sondern eine intensivere Auseinandersetzung der Lehrerschaft mit diesem Thema, wofür allerdings noch Konzepte erarbeitet werden müssen. Zuletzt soll noch ein besonders »heißes Eisen« angesprochen werden, auf das wir in der vorliegenden Untersuchung nicht eingegangen sind, der sexuelle Mißbrauch durch Lehrer. Nicht nur Fremde und Familienangehörige können für Kinder zur Gefahr werden. Auch für diesen Fall müssen Überlegungen angestellt werden, wie damit umgegangen werden kann.

Literatur

Braun, G. (1989): Ich sag'nein. Arbeitsmaterialien gegen sexuellen Mißbrauch an Mädchen und Jungen. Müllheim, Verlag an der Ruhr.
Caplan, G. (1964): Principles of preventive psychiatry. New York, Basic books.
Conte, J. (1986): Sexual abuse and the family: a critical analysis. In: Trepper, T.; Barrett, M. (eds): Treating incest: a multiple system perspective. New York, Harworth, 113-126.
Deinert, S.; Krieg, T. (1983): Das Familienalbum. Oldenburg, Lappan.
Grube, I.; Wienecke, H. (1991): Kinder sind Realisten. Kinderschutzzentrum Hamburg.
Harten, H.-C. (1995): Sexualität, Mißbrauch, Gewalt. Das Geschlechterverhältnis und die Sexualisierung von Aggressionen. Opladen, Westdeutscher Verlag.
Lauschke, A. (1997): Prävention sexuellen Mißbrauchs von Kindern: Ergebnisse einer Befragung von Hamburger Grundschullehrerinnen und -lehrern. Unveröffentl. Diplomarbeit der Universität Hamburg.
Lohaus, A.; Trautner, H. (1997): Präventionsprogramme und ihre Wirksamkeit zur Verhinderung sexuellen Mißbrauchs. In: Egle,U.; Hoffmann, S.O.; Joraschky P. (Hrsg.): Sexueller Mißbrauch, Mißhandlung, Vernachlässigung. Stuttgart, Schattauer.
Nelson, M.; Clark, K. (eds, 1986): The educator's guide to preventing child sexual abuse. Santa Cruz, Network publications.
Richter-Appelt, H.; Tiefensee, J. (1996): Soziale und familiäre Gegebenheiten bei körperlichen Mißhandlungen und sexuellen Mißbrauchserfahrungen in der Kindheit aus der Sicht junger Erwachsener (Teil I). Psychotherapie, Psychosomatik, medizinische Psychologie 46, 367-378.

Wehnert, N. (1990): Der Umgang mit dem Thema innerfamiliärer sexueller Mißbrauch von Kindern in der Schule – Ergebnisse einer Befragung von Lehrerinnen und Lehrern. Unveröffentl. Diplomarbeit der Universität Hamburg.

Wehnert-Franke, N.; Richter-Appelt, H.; Gaenslen-Jordan, C. (1992): Wie präventiv sind Präventionsprogramme zum sexuellen Mißbrauch von Kindern? Kritische Überlegungen zu schulischen Präventionsmodellen in den USA. Zeitschrift für Sexualforschung 5, 41-55.

Zündfunke e.V. (1993): Zielgruppenorientierte Präventionsmöglichkeiten für Kinder zum Thema sexueller Mißbrauch. Hamburg, Zündfunke e.V.

WIENER KLINISCHE RUNDSCHAU.

Organ für die gesammte praktische Heilkunde

sowie für die

Interessen des ärztlichen Standes

unter Mitwirkung der Professoren

Baccelli (Rom), **Bassini** (Padua), **Bernheim** (Nancy), **Buchanan** (Glasgow), **Crocq** (Brüssel), **Fraser** (Edinburgh), **de Giovanni** (Padua), **Heryng** (Warschau), Docent **Heymann** (Berlin), **Huchard** (Paris), **Ladame** (Genf), **Leichtenstern** (Köln), **Morselli** (Genua), **Murri** (Bologna), **Oertel** (München), **Rosenbach** (Breslau), **Thiry** (Brüssel)

redigirt von

Privatdocent Dr. HEINRICH PASCHKIŚ.

Verlagseigenthum von ALFRED HÖLDER, k. u. k. Hof- und Universitäts-Buchhändler in Wien, I., Rothenthurmstrasse 15.

X. Jahrgang.   **Wien, 31. Mai 1896.**   **Nr. 22.**

INHALT: Originalartikel, Berichte aus Kliniken und Spitälern. Zur Aetiologie der Hysterie. Von Dr. Sigm. Freud. — Die Prognose der Tuberculose des Auges. Von Prof. Dr. L. v. Wecker. — Ueber den Werth der Serumtherapie bei Diphtheritis. Von Dr. Sigmund v. Gerlóczy. (Fortsetzung.) — Aus der k. k. böhmischen chirurgischen Klinik des Prof. Dr. Maydl in Prag. Casuistischer Beitrag zur Magenchirurgie. Von Dr. O. Kukula. (Fortsetzung.) **Verhandlungen wissenschaftlicher Vereine.** Wiener medicinischer Club. — Königl. Verein der Aerzte in Budapest. — XIV. Congress für innere Medicin in Wiesbaden. — Oesterreichische otologische Gesellschaft. **Kritische Besprechungen und literarische Anzeigen.** Vossius: Sammlung zwangloser Abhandlungen aus dem Gebiete der Augenheilkunde. — Albert und Kolisko: Beiträge zur Kenntniss der Osteomyelitis. — Urban: Lehrbuch der kleinen Chirurgie für Praktiker und Aerzte. — Festschrift zur Feier des 80jährigen Stiftungsfestes des ärztlichen Vereines zu Hamburg. — Neisser: Stereoskopischer medicinischer Atlas. — Bollinger: Atlas und Grundriss der pathologischen Anatomie. — Jaruntowsky: Die geschlossenen Heilanstalten für Lungenkranke. — Avellis: Die Behandlung des Schluckwehs. — Ruedi: Klinische Beiträge zur Flammenlachographie. — Langguth: Milchsäure im Mageninhalte. — Maybaum: Oesophagusdilatation. — Marschner: Erkrankungen des Nervensystems. — Pichler: Pneumonie und Typhus. — Scherer: Zooid- und Oekoidbildung. — Chiari: Selbstverdauung des menschlichen Pankreas. — Maack: Schreibstörungen. — Ellis: Conträre Sexualempfindung. — Holst: Hämolum bromatum Koberti. — Barbó: Tetanie. — Salomonsohn: Gesichtsfelderdämung. -- Thomsen: Paralyse. — Aievoli: Aristol. — Prevost: Coronillin. — Binet: Sulfo-methaemoglobinspectrum. **Tagesnachrichten und Notizen.**

Originalartikel, Berichte aus Kliniken und Spitälern.

Zur Aetiologie der Hysterie.*)

Von

Dr. Sigm. Freud.

Meine Herren! Wenn wir daran gehen, uns eine Meinung über die Verursachung eines krankhaften Zustandes wie die Hysterie zu bilden, betreten wir zunächst den Weg der anamnestischen Forschung, indem wir den Kranken oder dessen Umgebung in's Verhör darüber nehmen, auf welche schädlichen Einflüsse sie selbst die Erkrankung an einem neurotischen Symptomen zurückführen. Was wir so in Erfahrung bringen, ist selbstverständlich durch alle jene Momente verfälscht, die einen Kranken die Erkenntniss des eigenen Zustandes zu verhüllen pflegen, durch seinen Mangel an wissenschaftlichem Verständniss für ätiologische Wirkungen, durch den Fehlschluss des post hoc, ergo propter hoc, durch die Unlust, gewisser Noxen und Traumen zu gedenken oder ihrer Erwähnung zu thun. Wir halten darum bei solcher anamnestischer Forschung an dem Vorsatze fest, den Glauben der Kranken nicht ohne eingehende kritische Prüfung zu dem unserigen zu machen, nicht zuzulassen, dass die Patienten uns unsere wissenschaftliche Meinung über die Aetiologie der Neurose zurechtmachen. Wenn wir einerseits gewisse constant wiederkehrende Angaben anerkennen wie die, dass der hysterische Zustand eine lang andauernde Nachwirkung einer einmal erfolgten Gemüthsbewegung sei, so haben wir andererseits in die Aetiologie der Hysterie im Moment eingeführt, welches der Kranke selbst niemals vorbringt und nur ungern gelten lässt, die hereditäre Veranlagung von Seite der Erzeuger. Sie wissen, dass nach der Meinung der einflussreichen Schule Charcot's

*) Ausführung nach einem Vortrage im Verein für Psychiatrie und Neurologie in Wien am 2. Mai 1896.

die Heredität allein als wirkliche Ursache der Hysterie Anerkennung verdient, während alle anderen Schädlichkeiten verschiedenartigster Natur und Intensität nur die Rolle von Gelegenheitsursachen, von «Agents provocateurs» spielen sollen.

Sie werden mir ohne Weiteres zugeben, dass es wünschenswerth wäre, es gäbe einen zweiten Weg, zur Aetiologie der Hysterie zu gelangen, auf welchem man sich unabhängiger von den Angaben der Kranken wüsste. Der Dermatolog z. B. weiss ein Geschwür als luetisch zu erkennen nach der Beschaffenheit der Ränder, des Belags, des Umrisses, ohne dass ihn der Einspruch des Patienten, der eine Infectionsquelle leugnet, daran irre machtte. Der Gerichtsarzt versteht es, die Verursachung einer Verletzung aufzuklären, selbst wenn er auf die Mittheilungen des Verletzten verzichten muss. Es besteht nun eine solche Möglichkeit, von den Symptomen aus zur Kenntniss der Ursachen vorzudringen, auch für die Hysterie. Das Verhältniss der Methode aber, deren man sich hiefür zu bedienen hat, zur älteren Methode der anamnestischen Erhebung möchte ich Ihnen in einem Gleichnisse darstellen, welches einen auf anderem Arbeitsgebiete thatsächlich erfolgten Fortschritt zum Inhalt hat.

Nehmen Sie an, ein reisender Forscher käme in eine wenig bekannte Gegend, in der sein Interesse von Trümmerfeld mit Mauerresten, Bruchstücken von Säulen, von Tafeln mit verwischten und unlesbaren Schriftzeichen sein Interesse erweckte. Er kann sich damit begnügen, zu beschauen, was frei zu Tage liegt, dann die in der Nähe hausenden, etwa halbbarbarischen Einwohner ausfragen, was ihnen die Tradition über die Geschichte und Bedeutung jener monumentalen Reste kund gegeben habe, ihre Auskünfte aufzeichnen und — weiterreisen. Er kann aber auch anders vorgehen; er kann Hacken, Schaufeln und Spaten mitgebracht haben, die Anwohner für die Arbeit mit diesen Werkzeugen bestimmen, mit ihnen das Trümmerfeld in Angriff nehmen, den Schutt wegschaffen und von den sichtbaren Resten aus das Vergrabene aufdecken.

Lohnt der Erfolg seine Arbeit, so erläutern die Funde sich selbst; die Mauerreste gehören zur Umwallung eines Palastes oder Schatzhauses, aus den Säulentrümmern ergänzt sich ein Tempel, die zahlreich gefundenen, im glücklichen Fall bilinguen Inschriften enthüllen ein Alphabet und eine Sprache, und deren Entzifferung und Uebersetzung ergibt ungeahnte Aufschlüsse über die Ereignisse der Vorzeit, zu deren Gedächtniss jene Monumente erbaut worden sind. **Saxa loquuntur!**

Will man in annähernd ähnlicher Weise die Symptome einer Hysterie als Zeugen für die Entstehungsgeschichte der Krankheit laut werden lassen, so muss man an die bedeutsame Entdeckung J. Breuer's anknüpfen, **dass die Symptome der Hysterie (die Stigmata bei Seite) ihre Determinirung von gewissen traumatisch wirksamen Erlebnissen des Kranken herleiten, als deren Erinnerungssymbole sie im psychischen Leben desselben reproducirt werden.** Man muss sein Verfahren — oder ein im Wesen gleichartiges — anwenden, um die Aufmerksamkeit des Kranken vom Symptom aus auf die Scene zurückzuleiten, in welcher und durch welche das Symptom entstanden ist, und man beseitigt nach seiner Anweisung dieses Symptom, indem man bei der Reproduction der traumatischen Scene eine nachträgliche Correctur des damaligen psychischen Ablaufes durchsetzt.

Es liegt heute meiner Absicht völlig ferne, die schwierige Technik dieses therapeutischen Verfahrens oder die dabei gewonnenen psychologischen Aufklärungen zu behandeln. Ich musste nur an dieser Stelle anknüpfen, weil die nach Breuer vorgenommenen Analysen gleichzeitig den Zugang zu den Ursachen der Hysterie zu eröffnen scheinen. Wenn wir eine grössere Reihe von Symptomen bei zahlreichen Personen dieser Analyse unterziehen, so werden wir ja zur Kenntniss einer entsprechend grossen Reihe von traumatisch wirksamen Scenen geleitet werden. In diesen Erlebnissen sind die wirksamen Ursachen der Hysterie zur Geltung gekommen; wir dürfen also hoffen, aus dem Studium der traumatischen Scenen zu erfahren, welche Einflüsse hysterische Symptome erzeugen und auf welche Weise.

Diese Erwartung trifft zu, nothwendigerweise, da ja die Sätze von Breuer sich bei der Prüfung an zahlreicheren Fällen als richtig erweisen. Aber der Weg von den Symptomen der Hysterie zu deren Aetiologie ist langwieriger und führt über andere Verbindungen, als man sich vorgestellt hätte.

Wir wollen uns nämlich klar machen, dass die Zurückführung eines hysterischen Symptoms auf eine traumatische Scene nur dann einen Gewinn für unser Verständniss mit sich bringt, wenn diese Scene zweien Bedingungen genügt, wenn sie die betreffende determinirende Eignung besitzt, und wenn ihr die nöthige traumatische Kraft zuerkannt werden muss. Ein Beispiel anstatt jeder Worterklärung! Es handle sich um das Symptom des hysterischen Erbrechens; dann glauben wir dessen Verursachung (bis auf einen gewissen Rest) durchschaut zu haben, wenn die Analyse das Symptom auf ein Erlebniss zurückführt, welches berechtigterweise ein hohes Maass von Ekel erzeugt hat, wie etwa der Anblick eines verwesenden menschlichen Leichnams. Ergibt die Analyse anstatt dessen, dass das Erbrechen von einem grossen Schreck, z. B. bei einem Eisenbahnunfall, herrührt, so wird man sich unbefriedigt fragen müssen, wieso denn der Schreck gerade zum Erbrechen geführt hat. Es fehlt dieser Ableitung an der Eignung zur Determinirung. Ein anderer Fall von ungenügender Aufklärung liegt vor, wenn das Erbrechen etwa von dem Genuss einer Frucht herrühren soll, die eine faule Stelle zeigte. Dann ist zwar das Erbrechen durch den Ekel gut determinirt, aber man versteht nicht, wieso der Ekel in diesem Falle so mächtig werden konnte, sich durch ein hysterisches Symptom zu verewigen; es mangelt diesem Erlebniss an traumatischer **Kraft.**

Sehen wir nun nach, inwieweit die durch die Analyse aufgedeckten traumatischen Scenen der Hysterie bei einer grösseren Anzahl von Symptomen und Fällen den beiden erwähnten Ansprüchen genügen. Hier stossen wir auf die erste grosse Enttäuschung! Es trifft zwar einige Male zu, dass die traumatische Scene, in welcher das Symptom entstanden ist, wirklich Beides, die determinirende Eignung und die traumatische Kraft besitzt, deren wir zum Verständniss des Symptoms bedürfen. Aber weit häufiger, unvergleichlich häufiger, finden wir eine der drei übrigen Möglichkeiten verwirklicht, die dem Verständniss so ungünstig sind: Die Scene, auf welche wir durch die Analyse geleitet werden, in welcher das Symptom zuerst aufgetreten ist, erscheint uns entweder ungeeignet zur Determinirung des Symptoms, indem ihr Inhalt zur Beschaffenheit des Symptoms keine Beziehung zeigt; oder das angeblich traumatische Erlebniss, dem es an traumatischer Kraft fehlt, erweist sich als ein normalerweise harmloser, für gewöhnlich wirkungsunfähiger Eindruck; oder endlich die «traumatische Scene» macht uns nach beiden Richtungen irre; sie erscheint ebenso harmlos wie ohne Beziehung zur Eigenart des hysterischen Symptoms.

(Ich bemerke hier nebenbei, dass Breuer's Auffassung von der Entstehung hysterischer Symptome durch die Auffindung traumatischer Scenen, die an sich bedeutungslosen Erlebnissen entsprechen, nicht gestört worden ist. Breuer nahm nämlich — im Anschlusse an Charcot — an, dass auch ein harmloses Erlebniss zum Trauma erhoben werden und determinirende Kraft entfalten kann, wenn es die Person in einer besonderen psychischen Verfassung, im sogenannten hypnoiden Zustand, betrifft. Allein ich finde, dass zur Voraussetzung solcher hypnoider Zustände oftmals jeder Anhalt fehlt. Entscheidend bleibt, dass die Lehre von den hypnoiden Zuständen nichts zur Lösung der anderen Schwierigkeit trägt, dass nämlich den traumatischen Scenen so häufig die determinirende Eignung abgeht.)

Fügen Sie hinzu, meine Herren, dass diese erste Enttäuschung beim Verfolg der Breuer'schen Methode unmittelbar durch eine andere eingeholt wird, die man besonders als Arzt schmerzlich empfinden muss. Zurückführungen solcher Art, wie wir sie geschildert haben, unserem Verständniss betreffs der Determinirung der traumatischen Wirksamkeit nicht genügen, bringen auch keinen therapeutischen Gewinn; der Kranke hat seine Symptome ungeändert behalten trotz der ersten Ergebnisse, welche die Analyse geliefert hat. Sie mögen verstehen, wie gross dann die Versuchung wird, auf eine Fortsetzung der ohnedies mühseligen Arbeit zu verzichten.

Vielleicht aber bedarf es nur eines neuen Einfalles, um uns aus der Klemme zu helfen und zu werthvollen Resultaten zu führen! Der Einfall ist folgender: Wir wissen ja durch Breuer, dass die hysterischen Symptome zu lösen sind, wenn wir von ihnen aus den Weg zur Erinnerung eines traumatischen Erlebnisses finden können. Wenn nun die aufgefundene Erinnerung unseren Erwartungen nicht entspricht, vielleicht ist derselbe Weg ein Stück weiter zu verfolgen, vielleicht verbirgt sich hinter der ersten traumatischen Scene die Erinnerung an eine zweite, die unseren Ansprüchen besser genügt, und deren Reproduction mehr therapeutische Wirkung entfaltet, so dass die erstgefundene Scene nur die Bedeutung eines Bindegliedes in der Associationsverkettung hat? Und vielleicht wiederholt sich dieses Verhältniss, die Einschiebung unwirksamer Scenen als nothwendiger Uebergänge bei der Reproduction mehrmals, bis man vom hysterischen Symptom aus endlich zur eigentlich traumatisch wirksamen, in jeder Hinsicht, therapeutisch wie analytisch, befriedigenden Scene gelangt? Nun, meine Herren, diese Vermuthung ist richtig. Wo die erstaufgefundene Scene unbefriedigend ist, sagen wir dem Kranken, dieses Erlebniss erkläre nichts, es müsse aber hinter ihm ein bedeutungsvolleres, früheres Erlebniss verborgen, und lenken seine Aufmerksamkeit mit derselben Technik auf den Associationsfaden, welcher beide Erinnerungen, die aufgefundene und die aufzufindende verknüpft.*) Die Fortsetzung der Analyse führt dann jedesmal zur Reproduction neuer Scenen von den erwarteten Charakteren. Wenn ich z. B. den vorhin ausgewählten Fall von hysterischem Erbrechen wieder aufnehme, den die Analyse zunächst auf einen Schreck bei einem Eisenbahnunfall zurückgeführt hat, welcher der determinirenden Eignung entbehrt, so erfahre ich aus weitergehender Analyse, dass dieser Unfall die Erinnerung an einen anderen, früher vorgekommenen, geweckt hat, den der Kranke zwar nicht selbst erlebte, der ihm aber Gelegenheit zu dem Grauen . Ekel erregenden Anblick eines Leichnams bot. Es ist, als ob das Zusammenwirken beider Scenen die Erfüllung unserer Postulate ermöglichte, indem das eine Erlebniss durch den Schreck die traumatische Kraft, das andere durch seinen Inhalt die determinirende Wirkung beistellte. Der andere Fall, dass das Erbrechen auf den Genuss eines Apfels zurückgeführt wird, an dem sich eine faule Stelle findet, wird durch die Analyse etwa in folgender Weise ergänzt: Der faulende Apfel erinnert an ein früheres Erlebniss, an das Sammeln abgefallener Aepfel in einem Garten, wobei der Kranke zufällig auf einen ekelhaften Thiercadaver stiess.

Ich will auf diese Beispiele nicht mehr zurückkommen, denn ich muss das Geständniss ablegen, dass sie keinem Fall meiner Erfahrung entstammen, dass sie von mir erfunden sind; höchstwahrscheinlich sind sie auch schlecht erfunden; derartige Auflösungen hysterischer Symptome halte ich selbst für unmöglich. Aber der Zwang, Beispiele zu fingiren, erwächst mir aus mehreren Momenten, von denen ich eines unmittelbar anführen kann. Die wirklichen Beispiele sind alle unvergleichlich complicirter; eine einzige ausführliche Mittheilung würde diese Vortragsstunde ausfüllen. Die Associationskette besteht immer aus mehr als zwei Gliedern, die traumatischen Scenen bilden nicht etwa einfache, perlschnurartige Reihen, sondern verzweigte, stammbaumartige Zusammenhänge, indem bei einem neuen Erlebniss zwei und mehr frühere als Erinnerungen zur Wirkung kommen; kurz, die Auflösung eines einzelnen Symptoms mittheilen, fällt eigentlich zusammen mit der Aufgabe, eine Krankengeschichte vollständig darzustellen.

(Fortsetzung folgt.)

Die Prognose der Tuberculose des Auges.

Von

Prof. Dr. L. v. Wecker in Paris.**)

Wenn man die verschiedenen Publicationen über die Symptome der Augentuberculose aufmerksam verfolgt, so ergibt sich, dass in dem Maasse, als die Zahl der Beobachtungen wuchs und die Thatsachen genauer studirt wurden, die Häufigkeit der tuberculösen Augenaffectionen mehr und mehr evident wurde. Ich brauche wohl nicht darauf hinzuweisen, dass es kaum 30 Jahre her sind, dass man die Iris für ungeeignet zum Sitz einer tuberculösen Erkrankung hielt und die Chorioidealtuberkel als Raritäten betrachtete.

Die Tuberculose der Cornea wurde durch den Nachweis der Koch'schen Bacillen erst vor 11 Jahren auf meiner Klinik zum ersten Male beschrieben (Compte rendu de la société de Biologie, 3 juillet 1885).

Daraus muss man folgern, dass eine Reihe von thatsächlich tuberculösen Augenerkrankungen anderen Ursachen, und zwar besonders der Syphilis zugeschoben wurde und dass die Symptome dieser Erkrankungen nicht wesentlich von jener differirten, welche durch luetische Infection entstanden waren und so selbst Forschern wie Arlt, Graefe, Desmarres,

---

*) Es bleibt dabei absichtlich unentschieden, von welchem Rang die Association der beiden Erinnerungen ist, (ob durch Gleichzeitigkeit, causalen Art, nach inhaltlicher Aehnlichkeit u. s. w.), und auf welche psychologische Charakteristik die einzelnen «Erinnerungen» (bewusste oder unbewusste) Anspruch haben.

**) Das Manuscript wurde uns am 24. Mai 1896 vom Autor übersendet. Die Redaction.

Sichel u. v. A. entgehen konnten. Die Häufigkeit der Tuberculose des Auges im Vergleich zu dem Lieblingssitz der Krankheit, den Lungen, ist nicht grösser, als die der Localisation in anderen Organen; wir wissen heute, dass zahlreiche Gelenks- und Knochenerkrankungen, Eiteransammlungen, die man früher als kalte Abscesse bezeichnete, nichts Anderes sind, als unzweifelhafte Aeusserungen der Tuberculose. Oftmals heilten derartige tuberculöse Localprocesse ohne Infection des Gesammtorganismus aus, so Mancher hat die Erhaltung einer Gliedmasse nur dem Umstande zu verdanken, dass man die Natur des Leidens nicht erkannte.

In dem Maasse, als man die Häufigkeit der extrapulmonalen Tuberculose erkannte, hat man auch von ihrer Heilbarkeit Kenntniss erlangt. Auch wurde die Prognose der Tuberculose für weniger ungünstig angesehen und der chirurgische Eingriff wurde weniger durch die Furcht vor Autoinfection, als zum Zwecke der Abkürzung des Krankheitsverlaufes gerechtfertigt. Uebrigens weiss man ja, dass selbst circumscripte Lungenherde 50—60 Jahre lang von einem robusten Individuum schadlos getragen werden können.

Herr Bouchard erzählte mir von einem Manne, mit 18 Jahren von seiner Geliebten tuberculös inficirt wurde und erst im Alter von 72 Jahren der Ausbreitung der Krankheit erlag.

Ich habe schon früher behauptet, dass die Enucleation tuberculöser Augen aus drei Gründen verwerflich sei:

1. Weil die Tuberculose des Auges, welche Leber für eine verschärfte Form ansieht, zweifellos local erlöschen kann.

2. Weil man durch nichts berechtigt ist, die intraoculare Tuberculose, deshalb weil sie in einem geschlossenen Organ entsteht, als primär anzusehen, sondern vielmehr alles dafür spricht, dass es sich um eine Infection handle, die von einem entfernten Theile des Körpers ausgeht; auch ist in solchem Falle die Entfernung des Auges, um den Organismus vor Infection zu bewahren, durchaus illusorisch.

3. Weil es sich meist um junge Menschen handelt, bei welchen die Enucleation eines Auges eine schwere Verstümmelung bedeutet, während die Erhaltung eines selbst in geringem Grade phthisischen Auges noch immer eine Garantie bietet für die Erhaltung der Symmetrie des Gesichtsskelettes.

Auf meiner Klinik befindet sich ein vierjähriger Knabe, der an Tuberculosis corneae leidet und bei welchem nach Zerstörung fast der ganzen Hornhaut ein fungöses Granulom von der Grösse einer Haselnuss aus der exulcerirten Cornealwunde herauswuchs. Das Kind war so leidend und herabgekommen, dass wir an eine Complication mit tuberculöser Meningitis dachten. Die ausserordentliche Schwäche des Kindes sein oftmals comatöser Zustand hielten mich davon zurück, die Enucleation zu machen, um seinem Leiden abzukürzen, und Herr Masselon machte eine einfache Sklerotomia posterior. Zu unserer grossen Ueberraschung hörte nun jeder Schmerz auf; das Kind, welches innerlich Jodoform bekam, genas rasch, nahm am Gewicht zu und hat jetzt einen vernarbten, leicht phthisischen Bulbus.

Wenn man neben Behandlungsmethoden mit balsamischen Mitteln hier ihre gerechtfertigte Anwendung finden können, so verweise ich doch anderseits darauf, dass selbst die nur theilweise Entfernung eines tuberculösen Herdes, wenn man die erkrankte Partie erreichen kann, wie bei der Tuberculose der Iris, die Dauer des Leidens wesentlich abzukürzen und das Auge in seiner Function zu erhalten in der Lage ist. Eine gleiche Erfahrung wurde von meinem Freunde, Herrn Terson sen. gemacht. Ich erwähne auch den Vorbehalt von Coppez sen., der meinte, dass die Heilung auch ohne Operation erfolgt wäre; aber mit welchem Resultat bezüglich der Sehschärfe, das wissen wir nicht!

Ich habe bei einem fünfjährigen Knaben einen grossen tuberculösen Knoten der Iris entfernt und bei der Operation constatiren können, dass auch die angrenzenden Theile des Corpus ciliare tuberculös inficirt waren. Die Krankheit heilte mit Erhaltung der vollen Sehschärfe.

WIENER KLINISCHE RUNDSCHAU.

Organ für die gesammte praktische Heilkunde

sowie für die

Interessen des ärztlichen Standes

unter Mitwirkung der Professoren

Baccelli (Rom), **Bassini** (Padua), **Bernheim** (Nancy), **Buchanan** (Glasgow), **Crocq** (Brüssel), **Fraser** (Edinburgh), **de Giovanni** (Padua), **Heryng** (Warschau), Docent **Heymann** (Berlin), **Huchard** (Paris), **Ladame** (Genf), **Leichtenstern** (Köln), **Morselli** (Genua), **Murri** (Bologna), **Oertel** (München), **Rosenbach** (Breslau), **Thiry** (Brüssel)

redigirt von

Privatdocent Dr. HEINRICH PASCHKIS.

Verlagseigenthum von ALFRED HÖLDER, k. u. k. Hof- und Universitäts-Buchhändler in Wien, I., Rothenthurmstrasse 15.

X. Jahrgang.   **Wien, 7. Juni 1896.**   **Nr. 23.**

INHALT: Originalartikel, Berichte aus Kliniken und Spitälern. Zur Aetiologie der Hysterie. Von Dr. Sigm. Freud. (Fortsetzung.) — Ueber den Werth der Serumtherapie bei Diphtheritis. Von Dr. Sigmund v. Gerlóczy. (Fortsetzung.) — Die Staarkrankheit, ihre Ursache und Verhütung. Von Dr. Wilhelm Schoen. (Fortsetzung.) — Aus der k. k. böhmischen chirurgischen Klinik des Prof. Dr. Maydl in Prag. Casuistischer Beitrag zur Magenchirurgie. Von Dr. O. Kukula. (Fortsetzung.) — **Verhandlungen wissenschaftlicher Vereine.** Oesterreichische otologische Gesellschaft. — XIV. Congress für innere Medicin in Wiesbaden. — Société de biologie in Paris. — **Kritische Besprechungen und literarische Anzeigen.** Hamarsten: Lehrbuch der physiologischen Chemie. — Frey: Einfluss des Alkohols auf die Muskelermüdung. — Zemanek: Repetitorium der Militärhygiene. — Siegrist: Ophthalmoskopische Studien. — **Zeitungsschau.** Groedel: Acuter Gelenkrheumatismus. — Drüer: «Diphtherie». — Gaule: Resorption des Eisens. — Gottstein: Einige endemische Krankheiten. — Ponfick: Abdominale Fettnekrose. — Casper: Tuberculose des Harntractus. — Friedrich: Wirkung des Harnstoffes. — Strauss: Bacterielle Eiweisszersetzung. — Ruge: Pruritus vulvae. — Düms: Spontanfracturen. — Börger: Bromvergiftungen. — v. Hoesslin: Multiple Gehirnnervenlähmung. — Bulling: Lungentuberculose einer Ziege. — Hahnemann: Puerperale Eklampsie. — Lauenstein: Sanduhrmagen. — Heddaeus: Acute Strumitis. — Vulpius: Angeborener Klumpfuss. — Sudeck: Ovarialcyste. — Laubenburg: Aetzende Säuren. — Wolfe: Somalose. — Köster: Trional — Fusari: Hyaliner Knorpel. — Tansini: Neue explorative Operation. — Bozzolo: Thrombose der Herzohren. — Lannois: Spartelnpinselungen. — Mamma. — **Tagesnachrichten und Notizen.**

Originalartikel, Berichte aus Kliniken und Spitälern.

Zur Aetiologie der Hysterie.

Von

Dr. Sigm. Freud.

(Fortsetzung.*)

Wir wollen es nun aber nicht versäumen, den einen Satz nachdrücklich hervorzuheben, den die analytische Arbeit längs dieser Erinnerungsketten unerwarteter Weise ergeben hat. Wir haben erfahren, dass kein hysterisches Symptom aus einem realen Erlebniss allein hervorgehen kann, sondern dass alle Male die associativ geweckte Erinnerung an frühere Erlebnisse zur Verursachung des Symptomes mitwirkt. Wenn dieser Satz — wie ich meine — ohne Ausnahme richtig ist, so bezeichnet er uns aber auch das Fundament, auf dem eine psychologische Theorie der Hysterie aufzubauen ist.

Sie könnten meinen, in solchen Fällen, in welchen die Analyse das Symptom sofort auf eine traumatische Scene von guter determinirender Eignung und traumatischer Kraft zurückführt und es durch solche Zurückführung gleichzeitig wegschafft, wie dies in Breuer's Krankengeschichte der Anna O. geschildert wird, seien doch mächtige Einwände gegen die allgemeine Geltung des eben aufgestellten Satzes. Das sieht in der That so aus; allein ich muss Sie versichern, ich habe die triftigsten Gründe anzunehmen, dass selbst in diesen Fällen eine Verkettung wirksamer Erinnerungen vorliegt, die weit hinter die erste traumatische Scene zurückreicht, wenngleich die Reproduction der letzteren allein die Aufhebung des Symptoms zur Folge haben kann.

Ich meine, es ist wirklich überraschend, dass hysterische Symptome nur unter Mitwirkung von Erinnerungen entstehen

*) Siehe Wiener klinische Rundschau 1896, Nr. 22.

können, zumal wenn man erwägt, dass diese Erinnerungen nach allen Aussagen der Kranken ihnen im Moment, da das Symptom zuerst auftrat, nicht zum Bewusstsein gekommen waren. Hier ist Stoff für sehr viel Nachdenken gegeben, aber diese Probleme sollen uns für jetzt nicht verlocken, unsere Richtung nach der Aetiologie der Hysterie zu verlassen. Wir müssen uns vielmehr fragen: Wohin gelangen wir, wenn wir den Ketten associirter Erinnerungen folgen, welche die Analyse uns aufdeckt? Wie weit reichen sie; haben sie irgendwo ein natürliches Ende; führen sie uns etwa zu Erlebnissen, die irgendwie gleichartig sind, dem Inhalt oder der Lebenszeit nach, so dass wir in diesen überall gleichartigen Factoren die gesuchte Aetiologie der Hysterie erblicken könnten?

Meine bisherige Erfahrung gestattet mir bereits, diese Fragen zu beantworten. Wenn man von einem Falle ausgeht, der mehrere Symptome bietet, so gelangt man mittelst der Analyse von jedem Symptom aus zu einer Reihe von Erlebnissen, deren Erinnerungen in der Association miteinander verkettet sind. Die einzelnen Erinnerungsketten verlaufen zunächst distinct von einander nach rückwärts, sind aber, wie bereits erwähnt, verzweigt; von einer Scene aus sind gleichzeitig zwei oder mehr Erinnerungen erreicht, von denen jede ihre Seitenketten ausgehen, deren einzelne Glieder wieder mit Gliedern der Hauptkette associativ verknüpft sein mögen. Der Vergleich mit dem Stammbaum einer Familie, deren Mitglieder auch untereinander geheiratet haben, passt hier wirklich nicht übel. Andere Complicationen der Verkettung ergeben sich daraus, dass eine einzelne Scene in derselben Kette mehrmals erweckt werden kann, so dass sie zu einer späteren Scene mehrfache Beziehungen hat, eine directe Verknüpfung mit ihr aufweist und eine durch Mittelglieder hergestellte. Kurz, der Zusammenhang ist keineswegs ein einfacher und die Aufdeckung der Scenen in umgekehrter chronologischer Folge (die eben den Vergleich mit der Aufgrabung eines geschichteten Trümmerfeldes rechtfertigt) trägt zum rascheren Verständniss des Herganges gewiss nichts bei.

Neue Verwicklungen ergeben sich, wenn man die Analyse weiter fortsetzt. Die Associationsketten für die einzelnen Symptome beginnen dann in Beziehung zu einander zu treten; die Stammbäume verflechten sich. Bei einem gewissen Erlebniss der Erinnerungskette z. B. für das Erbrechen ist ausser den rückläufigen Gliedern dieser Kette eine Erinnerung aus einer anderen Kette erweckt worden, die ein anderes Symptom, etwa Kopfschmerz, begründet. Jenes Erlebniss gehört darum beiden Reihen an, es stellt einen K n o t e n p u n k t dar, wie deren in jeder Analyse mehrere aufzufinden sind. Sein klinisches Correlat mag etwa sein, dass von einer gewissen Zeit an die beiden Symptome zusammen auftreten, symbiotisch, eigentlich ohne innere Abhängigkeit von einander. K n o t e n p u n k t e anderer Art findet man noch weiter rückwärts. Dort convergiren die einzelnen Associationsketten; es finden sich Erlebnisse, von denen zwei oder mehrere Symptome ausgegangen sind. An das eine Detail der Scene hat die eine Kette, an ein anderes Detail die zweite Kette angeknüpft.

Das wichtigste Ergebniss aber, auf welches man bei solcher consequenten Verfolgung der Analyse stösst, ist dieses: Von welchem Fall und von welchem Symptom immer man seinen Ausgang genommen hat, e n d l i c h g e l a n g t m a n u n f e h l b a r a u f d a s G e b i e t d e s s e x u e l l e n E r l e b e n s. Hiemit wäre also zuerst eine ätiologische Bedingung hysterischer Symptome aufgedeckt.

Ich kann nach früheren Erfahrungen voraussehen, dass gerade gegen diesen Satz oder gegen die Allgemeingiltigkeit dieses Satzes Ihr Widerspruch, meine Herren, gerichtet sein wird. Ich sage vielleicht besser: Ihre Widerspruchsneigung, denn es stehen wohl noch keinem von Ihnen Untersuchungen zu Gebote, die mit demselben Verfahren angestellt, ein anderes Resultat ergeben hätten. Zur Streitsache selbst will ich nur bemerken, dass die Auszeichnung des sexuellen Momentes in der Aetiologie der Hysterie bei mir mindestens keiner vorgefassten Meinung entstammt. Die beiden Forscher, als deren Zögling ich meine Arbeiten über Hysterie begonnen habe, C h a r c o t wie B r e u e r, standen einer derartigen Voraussetzung ferne, ja brachten ihr eine persönliche Abneigung entgegen, von der ich anfangs meinen Antheil übernahm. Erst die mühseligsten Detailuntersuchungen haben mich, und zwar langsam genug, zu der Meinung bekehrt, die ich heute vertrete. Wenn Sie meine Behauptung, dass die Aetiologie auch der Hysterie läge im Sexualleben, der strengsten Prüfung unterziehen, so erweist sie sich als vertretbar durch die Angabe, dass ich in etwa 18 Fällen von Hysterie diesen Zusammenhang für jedes einzelne Symptom erkennen und, wo es die Verhältnisse gestatteten, durch den therapeutischen Erfolg bekräftigen konnte. Sie können mir dann freilich einwenden, die 19. und die 20. Analyse werden vielleicht eine Ableitung hysterischer Symptome auch aus anderen Quellen kennen lehren und damit die Giltigkeit der sexuellen Aetiologie von der Allgemeinheit auf 80%, einschränken. Wir wollen es gerne abwarten, aber da jene 18 Fälle gleichzeitig a l l e sind, an denen ich der Arbeit der Analyse unternehmen konnte, und da niemand diese Fälle mir zum Gefallen ausgesucht hat, werden Sie es begreiflich finden, dass ich keine Erwartung nicht theile, sondern bereit bin, mit meinem Glauben über die Beweiskraft meiner bisherigen Erfahrungen hinauszugehen. Dazu bewegt mich übrigens noch ein anderes Motiv von einstweilen blos subjectiver Geltung. In dem einzigen Erklärungsversuch der physiologischen und psychischen Mechanismus der Hysterie, der mir zur Zusammenfassung meiner Beobachtungen gestalten konnte, ist mir die Einmengung sexueller Triebkräfte zur unentbehrlichen Voraussetzung geworden.

Also man gelangt endlich, nachdem die Erinnerungsketten convergirt haben, auf sexuelles Gebiet und zu einigen wenigen Erlebnissen, die zumeist in die nämliche Lebensperiode, in das Alter der Pubertät fallen. Aus diesen Erlebnissen soll man die Aetiologie der Hysterie entnehmen und durch sie die Entstehung hysterischer Symptome verstehen lernen. Hier erlebt man aber eine neue und schwerwiegende Enttäuschung! Die mit soviel Mühe aufgefundenen, aus allem Erinnerungsmaterial extrahirten, anscheinend letzten traumatischen Erlebnisse haben zwar die beiden Charaktere: Sexualität und Pubertätszeit gemein, sind aber sonst so sehr disparat und u n g l e i c h w e r t h i g. In einigen Fällen handelt es sich wohl um Erlebnisse, die wir als schwere Traumen anerkennen müssen, um einen Versuch der Vergewaltigung, der dem unreifen Mädchen mit einem Schlage die ganze Brutalität der Geschlechtslust enthüllt, um eine unfreiwillige Zeugenschaft bei sexuellen Acten der Eltern, und das kindliche wie das moralische Gefühl aufdeckt; in anderen Fällen sind diese Erlebnisse von erstaunlicher Geringfügigkeit. Eine meiner Patientinnen zeigte es vor Allem ihrer Neurose das Erlebniss, dass ein ihr befreundeter Knabe zärtlich ihre Hand streichelte und ein andermal seinen Unterschenkel an ihr Kleid drängte, während sie nebeneinander bei Tische sassen, wobei noch seine Miene sie errathen liess, es handle sich um etwas Unerlaubtes. Bei einer anderen jungen Dame hatte gar das Anhören einer Scherzfrage, die eine obscöne Beantwortung ahnen liess, hingereicht, den ersten Angstanfall hervorzurufen und damit die Erkrankung zu eröffnen. Solche Ergebnisse sind offenbar einem Verständniss für die Verursachung hysterischer Symptome nicht günstig. Wenn es eben sowohl schwere wie geringfügige Erlebnisse, eben sowohl Erfahrungen am eigenen Leib wie visuelle Eindrücke und durch das Gehör empfangene Mittheilungen sind, die sich als die letzten Traumen der Hysterie erkennen lassen, so kann man etwa die Deutung versuchen, die Hysterischen seien besonders geartete Menschenkinder, — wahrscheinlich infolge erblicher Veranlagung oder degenerativer Verkümmerung — bei denen die Scheu vor der Sexualität, die im Pubertätsalter normaler Weise eine gewisse Rolle spielt, in's Pathologische gesteigert und dauernd festgehalten wird; gewissermassen Personen, die den Anforderungen der Sexualität psychisch nicht Genüge leisten können. Man vernachlässigt bei dieser Aufstellung allerdings die Hysterie der Männer; aber auch wenn es derartige grobe Einwände nicht gäbe, wäre die Versuchung kaum sehr gross, bei dieser Lösung stehen zu bleiben. Man verspürt hier nur zu deutlich die intellectuelle Empfindung des Halbverstandenen, Unklaren und Unzureichenden.

Zum Glück für unsere Aufklärung zeigen einzelne der sexuellen Pubertätserlebnisse eine weitere Unzulänglichkeit, die geeignet ist, zur Fortsetzung der analytischen Arbeit anzuregen. Es kommt nämlich vor, dass auch diese Erlebnisse der determinirenden Eignung entbehren, wenngleich dies hier viel seltener ist als bei den traumatischen Scenen aus späterer Lebenszeit. So z. B. hatten sich bei den beiden Patientinnen, die ich vorhin als Fälle mit eigentlich harmlosen Pubertätserlebnissen angeführt habe, im Gefolge dieser Erlebnisse eigenthümliche schmerzhafte Empfindungen an den Genitalien eingestellt, die sich als Hauptsymptome der Neurose fortgesetzt hatten, deren Determinirung weder aus den Pubertätsscenen noch aus normalen Organempfindungen oder zu den Zeichen sexueller Aufregung gehörten. Wie nahe lag es nun, sich hier zu sagen, man müsse die Determinirung dieser Symptome in noch anderen, noch weiter zurückreichenden Erlebnissen suchen, man müsse hier zum zweiten Male jenem rettenden Einfall folgen, der uns vorhin von den ersten traumatischen Scenen zu den Erinnerungsketten hinter ihnen geleitet? Man kommt damit freilich in die Zeit der ersten Kindheit, die Zeit vor der Entwicklung des sexuellen Lebens, womit ein Verzicht auf die sexuelle Aetiologie verbunden scheint. Aber hat man dann nicht ein Recht anzunehmen, dass auch dem Kindesalter an leisen sexuellen Erregungen nicht gebricht, ja dass vielleicht die spätere sexuelle Entwicklung durch Kindererlebnisse in entscheidender Weise beeinflusst wird? Schädigungen, die die unausgebildete Organ, die in Entwicklung begriffene Function, treffen, verursachen ja so häufig schwerere und nachhaltigere Wirkungen, als sie im reiferen Alter entfalten könnten. Vielleicht liegen der abnormen Reaction gegen sexuelle Eindrücke, durch welche uns die Hysterischen in der Pubertätszeit überraschen, ganz allgemein solche sexuelle Erlebnisse der Kindheit zu Grunde, die dann von gleichförmiger und bedeutsamer Art sein müssten? Man gewänne so eine Aussicht, als frühzeitig erworben aufzuklären, was man bisher einer durch die Hereditat doch nicht verständlichen Prädisposition zur Last legen musste. Und da infantile Erlebnisse sexuellen Inhalts doch nur durch ihre Erinnerungsspuren eine psychische Wirkung äussern könnten, wäre dies nicht eine willkommene Ergänzung zu jenem Ergebniss der Analyse, dass hysterische Symptome immer nur unter der Mitwirkung von Erinnerungen entstehen?

(Fortsetzung folgt.)

Ueber den Werth der Serumtherapie bei Diphtheritis.

Von

Dr. Sigmund v. Gerlóczy,
Primararzt am St. Ladislaus-Spitale in Budapest.

(Fortsetzung.*)

Betrachten wir nun, welchen Einfluss das Heilserum auf die diphtheritischen Auflagerungen ausübt. Hier muss ich ausdrücklich bemerken, dass ich während der Application des Serums jeden therapeutischen Eingriff vermied, welcher den Verlauf der Diphtherie irgendwie beeinflussen hätte können. So z. B. erhielten die Kranken ausser Cognac nur dann etwaige Stimulantien, wenn solche wegen geschwächter Herzthätigkeit indicirt waren. Ich vermied jeden localen Eingriff, sowie Touchiren, Ausspritzung des Rachens etc. Die einfachsten Gargarismen kamen nicht in Anwendung.

Meine Erfahrungen am Krankenbette überzeugten mich davon, dass die diphtheritischen Auflagerungen sich schon an dem der Injection folgenden Tage scharf demarkiren, ohne sich weiter auszubreiten und es machte auf mich entschieden den Eindruck, dass der Rachen von den diphtheritischen Auflagerungen in bei weitem kürzerer Zeit frei wurde, als vorher trotz jeder Localtherapie.

Um diese meine subjective Impression auch mit Daten zu unterstützen, berechnete ich sowohl bei den mit Serum, als auch bei den auf andere Weise Behandelten, an welchem Tage der Behandlung der Rachen rein wurde.

Mit Serum Behandelt:	Auf andere Weise Behandelt:
Der Rachen reinigte sich an dem der Behandlung folgenden	
3. Tage bei: 12·0%	0·1%
4. » » 16·7%	0·9%
5. » » 15·1%	14·2%
6. » » 0·9%	0·7%
7. » » 10·2%	14·2%
14—21. » » 0·9%	0·9%

Mit Hilfe dieser Daten lässt sich leicht constatiren, dass die Serumtherapie die schnelle Reinigung der Rachenhöhle direct bewirkt; auffallend ist der Unterschied bei denjenigen Fällen, wo der Rachen schon am 3. oder 4. Tage nach Beginn der Behandlung frei wurde.

Gestatten Sie, dass ich an dieser Stelle zwei Diphtheriefälle erwähne, beide höchsten Grades erwähne, bei denen es im Verlaufe der Krankheit zu bedeutenden Blutungen kam.

Der eine, welcher letal endete, betraf ein 3 Jahre altes Kind, namens Karl Kettinger, welches am 14. April 1895 mit folgendem Status präsens auf unsere Abtheilung aufgenommen wurde:

*) Siehe Wiener klinische Rundschau 1896, Nr. 21 und 22.

Patient ist seit 3 Tagen krank, kann den Mund nicht öffnen; zu beiden Seiten des Halses Drüsenschwellungen, im Rachen confluirende Auflagerungen, Nasendiphtherie; Sopor. Puls frequent, leicht unterdrückbar, 180 in der Minute. Viel Eiweiss im Harne. Temperatur bei der Aufnahme 37·8° C.; erhielt 1600 Antitoxin-Einheiten (Roux).

15. April: Drüsenschwellungen etwas kleiner, Puls voller, 156 in der Minute. Rachen unverändert; erhielt 1600 Antitoxin-Einheiten (Roux).

16. April: Gaumenlähmung.

17. April: Im Pharynx noch immer ausgebreitete dicke Auflagerungen. Nasendiphtherie besteht noch immer fort. Puls kleinwellig. 156 in der Minute. Drüsenschwellung rechts rückgebildet, links bedeutend kleiner.

19. April: Belag überall dünner, von der linken Tonsille beinahe ganz geschwunden. Foetor ex ore. Puls 162 in der Minute. Viel Eiweiss im Harn.

20. April: Belag überall in Abstossung begriffen.

21. April: Morgens um 8 Uhr Erbrechen eines halben Liter Blutes; 1/4 Stunde darauf Exitus letalis.

Section:

Die Section ergab hochgradige Geschwürsprocesse. So fanden wir an der hinteren Wand des linksseitigen Sinus pyriformis, 4 cm von der Medianlinie entfernt, einen 1 1/2 cm langen, 1/2 cm weit klaffenden, spindelförmigen Substanzverlust, dessen obere Spitze bis an das grosse linke Horn des os hyoides reichte. Der Defect hatte scharfe, steilansteigende Ränder, welche von einer Pyogenmembran überzogen sind. Als Fortsetzung des Substanzverlustes sahen wir in unmittelbarer Nähe und längs der linken Carotis communis sich hinziehend einen 8 1/2 cm langen, 5 cm im grössten Umfange messenden Hohlgang, dessen Wand durch einzelne prominirende Leisten unregelmässig netzförmig erschien und dessen Innenfläche mit einer 1—2 mm dicken, graugelblichen Pyogenmembran versehen war. In der hinteren Wand des Hohlganges lag die Carotis communis zu 2/4 Theilen ihres Umfanges blossgelegt. Ausserdem ergab noch die Section eine fine Tuberculosis'acuta pulmonum.

Der zweite Fall mit günstigem Ausgange betraf ein 6 Jahre alten Knaben, namens Ludwig Jelenfi, der am 1. Juli 1895 auf unsere Abtheilung aufgenommen wurde. Patient ist seit drei Tagen krank; Tonsillen bedeutend grösser, an denselben, wie auch der Uvula, am weichen und harten Gaumen weissliche, graugelbe Auflagerungen. Hochgradige submaxilläre Drüseninfiltration. Nasendiphtherie mit blutig-eitriger Secretion. Puls 136 in der Minute, entsprechend voll. Kein Eiweiss im Harn. Erhielt eine Injection von 3200 Antitoxin-Einheiten (Roux). Körpertemperatur bei der Aufnahme 38·4° C.

3. Juli: Belag etwas vermindert. Nachmittags um 3 Uhr Nasenbluten, bei welcher Gelegenheit Patient beiläufig 200 cm³ Blut verlor. Tamponade der Nase mittelst Belloque; bei der Tamponade wurde die Nase eine grosse, 4 mm dicke, 7 mm lange Pseudomembran entfernt, welche den genauen Abguss des Nasenganges zeigt.

4. Juli: Entfernung des Tampons. Demarkation des Belages; Puls entsprechend voll, gleich arhythmisch.

6. Juli: Bedeutende Ablösung des Belages. Drüsenschwellungen kleiner. Im Harn mittlerer Eiweissgehalt, grosse Schwäche. Gaumenlähmung.

8. Juli: Urin sparsam, Quantität 200 cm³. Hydrops univers. Puls arhythmisch, 78 in der Minute.

10. Juli: Pharynx frei.

Rückbildung des Hydrops in 16 Tagen, auch die Erscheinungen der Gaumenlähmung verschwinden bis zum 8. August, so dass Patient das Spital am 13. August geheilt verlassen konnte.

Ausser der schnellen Demarcation der diphtheritischen Auflagerungen und der schnellen Reinigung der Rachenhöhle erregte noch unsere Aufmerksamkeit die rasche Rückbildung der Drüseninfiltrationen. Unzählige Male hatten wir Gelegenheit, nussgrosse, ja sogar noch grössere sehr geschwellte Halsdrüsen innerhalb weniger Tage sich rückbilden zu sehen.

WIENER KLINISCHE RUNDSCHAU.

Organ für die gesammte praktische Heilkunde
sowie für die
Interessen des ärztlichen Standes

unter Mitwirkung der Professoren

Baccelli (Rom), Bassini (Padua), Beraheim (Nancy), Buchanan (Glasgow), Crocq (Brüssel), Fraser (Edinburgh), de Giovanni (Padua), Heryng (Warschau), Docent Heymann (Berlin), Huchard (Paris), Ladame (Genf), Leichtenstern (Köln), Morselli (Genua), Murri (Bologna), Oertel (München), Rosenbach (Breslau), Thiry (Brüssel)

redigirt von

Privatdocent Dr. HEINRICH PASCHKIS.

Verlagseigenthum von ALFRED HÖLDER, k. u. k. Hof- und Universitäts-Buchhändler in Wien, I., Rothenthurmstrasse 15.

X. Jahrgang.   Wien, 14. Juni 1896.   Nr. 24.

INHALT: Originalartikel, Berichte aus Kliniken und Spitälern. Zur Aetiologie der Hysterie. Von Dr. Sigm. Freud. (Fortsetzung.) — Ueber den Werth der Serumtherapie bei Diphtheritis. Von Dr. Sigmund v. Gerlóczy. (Schluss.) — Die Staarkrankheit, ihre Ursache und Verhütung. Von Dr. Wilhelm Schoen. (Fortsetzung.) — Aus der k. k. böhmischen chirurgischen Klinik des Prof. Dr. Maydl in Prag. Casuistischer Beitrag zur Magenchirurgie. Von Dr. O. Kukula. (Fortsetzung.)
Verhandlungen wissenschaftlicher Vereine. K. k. Gesellschaft der Aerzte. — Wiener medicinischer Club. — XIV. Congress für innere Medicin in Wiesbaden.
Kritische Besprechungen und literarische Anzeigen. Schauta: Lehrbuch der gesammten Gynäkologie.

Zeitungsschau. Simmonds: Ueber Nierenveränderungen bei atrophischen Säuglingen. — Haferkorn: Ein Fall von Lymphangiektasie und Lymphorrhagie. — v. Maximowitsch: Zur Innervation der Gefässe in den unteren Extremitäten. — Sokolowski: Ueber die idiopathische fibrinöse Bronchitis. — Gumprecht: Ueber Herzpercussion in vornübergebeugter Körperhaltung. — Marschner: Casuistische Beiträge zur Lehre von der chronischen recidivirenden Tetanie, mit Beobachtungen über die Schilddrüsen-Fütterung bei derselben. — Lanz: Ueber den Stickstoff-, beziehungsweise Eiweissgehalt der Sputa bei verschiedenen Lungenerkrankungen und dem dadurch bedingten Stickstoffverlust für den Organismus. — Meier: Aristol in der Chirurgie.
XXV. Versammlung der deutschen Gesellschaft für Chirurgie in Berlin.
Tagesnachrichten und Notizen.

Originalartikel, Berichte aus Kliniken und Spitälern.

Zur Aetiologie der Hysterie.
Von
Dr. Sigm. Freud.
(Fortsetzung.*)

II.

Sie errathen es wohl, meine Herren, dass ich jenen letzten Gedankengang nicht so weit ausgesponnen hätte, wenn ich Sie nicht darauf vorbereiten wollte, dass er allein es ist, der uns nach so vielen Verzögerungen zum Ziele führen wird. Wir stehen nämlich wirklich am Ende unserer langwierigen und beschwerlichen analytischen Arbeit und finden hier alle bisher festgehaltenen Ansprüche und Erwartungen erfüllt. Wenn wir die Ausdauer haben, mit der Analyse bis in die frühe Kindheit vorzudringen, so weit zurück nur das Erinnerungsvermögen eines Menschen reichen kann, so veranlassen wir in allen Fällen den Kranken zur Reproduction von Erlebnissen, die infolge ihrer Besonderheiten sowie ihrer Beziehungen zu den späteren Krankheitssymptomen als die gesuchte Aetiologie der Neurose betrachtet werden müssen. Diese infantilen Erlebnisse sind wiederum sexuellen Inhalts, aber wiel gleichförmigerer Art, als die letztgefundenen Pubertätsscenen; es handelt sich bei ihnen nicht mehr um die Gegenstände des sexuellen Themas nach einem beliebigen Sinneseindruck, sondern um sexuelle Erfahrungen am eigenen Leib, um geschlechtlichen Verkehr (im weitern Sinne). Sie gestehen mir zu, dass die Bedeutsamkeit solcher Scenen keiner weiteren Begründung bedarf; fügen Sie nun noch hinzu, dass Sie in den Details derselben jedesmal die determinirenden Momente auffinden können, die Sie etwa in den anderen, später erfolgten und früher reproducirten, Scenen noch vermisst hätten.

*) Siehe Wiener klinische Rundschau 1896, Nr. 22 und 23.

Ich stelle also die Behauptung auf, zu Grunde jedes Falles von Hysterie befinden sich — durch die analytische Arbeit reproducirbar, trotz des Decennien umfassenden Zeitintervalles, — ein oder mehrere Erlebnisse von vorzeitiger sexueller Erfahrung, die der frühesten Jugend angehören. Ich halte dies für eine wichtige Enthüllung, für die Auffindung eines caput Nili der Neuropathologie, aber ich weiss kaum wo anzuknüpfen, um die Erörterung dieser Verhältnisse fortzuführen. Soll ich mein an Analysen gewonnenes thatsächliches Material vor Ihnen ausbreiten, oder soll ich nicht lieber vorerst der Masse von Einwänden und Zweifeln zu begegnen suchen, die jetzt von Ihrer Aufmerksamkeit Besitz ergriffen haben, wie ich wohl mit Recht vermuthen darf? Ich wähle das letztere; vielleicht können wir dann umso ruhiger beim Thatsächlichen verweilen.

a) Wer der psychologischen Auffassung der Hysterie überhaupt feindlich entgegensteht, die Hoffnung nicht aufgeben möchte, dass es einst gelingen wird, ihre Symptome auf «feinere anatomische Veränderungen» zurückzuführen, und die Einsicht abgewiesen hat, dass die materiellen Grundlagen der hysterischen Veränderungen nicht anders als gleichartig sein können mit jenen unserer normalen Seelenvorgänge, der wird selbstverständlich für die Ergebnisse unserer Analysen kein Vertrauen übrig haben; die principielle Verschiedenheit seiner Voraussetzungen von den unserigen entbindet uns aber auch der Verpflichtung, ihn in einer Einzelfrage zu überzeugen.

Aber auch ein Anderer, der sich minder abweisend gegen die psychologischen Theorien der Hysterie verhält, angesichts unserer analytischen Ergebnisse die Frage aufzuwerfen versucht sein, welche Sicherheit die Anwendung der Psychoanalyse mit sich bringt, ob es denn nicht sehr wohl möglich sei, dass entweder der Arzt solche Scenen als angebliche Erinnerung dem gefälligen Kranken aufdrängt, oder dass der Kranke ihm absichtliche Erfindungen und freie Phantasien vorträgt, die jener für echt annimmt. Nun, ich habe darauf zu erwiedern, die allgemeinen Bedenken gegen die Verlässlichkeit der psycho-analytischen Methode können erst gewürdigt und beseitigt werden, wenn eine vollständige Darstellung ihrer Technik und ihrer Resultate vorliegen wird; die Bedenken gegen die Echtheit der infantilen Sexualscenen aber kann man bereits heute durch mehr als ein Argument entkräften. Zunächst ist das Benehmen der Kranken, während sie diese infantilen Erlebnisse reproduciren, nach allen Richtungen hin unvereinbar mit der Annahme, die Scenen seien etwas anderes als peinlich empfundene und höchst ungern erinnerte Realität. Die Kranken wissen vor Anwendung der Analyse nichts von diesen Scenen, sie pflegen sich zu empören, wenn man ihnen etwa das Auftauchen derselben ankündigt; sie können nur durch den stärksten Zwang der Behandlung bewogen werden, sich in deren Reproduction einzulassen, sie leiden unter den heftigsten Sensationen, deren sie sich schämen und die sie zu verbergen trachten, während sie selbst diese infantilen Erlebnisse in's Bewusstsein rufen, und noch, nachdem sie dieselben in so überzeugender Weise wieder durchgemacht haben, versuchen sie es, ihnen den Glauben zu versagen, indem sie betonen, dass sich hiefür nicht wie bei anderem Vergessenem ein Erinnerungsgefühl eingestellt hat.

Letzteres Verhalten scheint nun absolut beweiskräftig zu sein. Wozu sollten die Kranken mich so entschieden ihres Unglaubens versichern, wenn sie aus irgend einem Motiv die Dinge, die sie entwerthen wollen, selbst erfunden haben?

Dass der Arzt dem Kranken derartige Reminiscenzen aufdränge, ihn zu ihrer Vorstellung und Wiedergabe suggerire, ist weniger bequem zu widerlegen, erscheint mir aber ebenso unhaltbar. Mir ist es noch nie gelungen, einem Kranken eine Scene, die ich erwarte, derart aufzudrängen, dass er sie mit allen zu ihr gehörigen Empfindungen zu durchleben schien; vielleicht treffen es Andere besser.

Es gibt aber noch eine ganze Reihe anderer Bürgschaften für die Realität der infantilen Sexualscenen. Zunächst deren Uniformität in gewissen Einzelheiten, wie sie sich aus den gleichartig wiederkehrenden Voraussetzungen dieser Erlebnisse ergeben muss, während man sonst geheime Verabredungen zwischen den einzelnen Kranken für glaubhaft halten müsste. Sodann, dass die Kranken gelegentlich wie harmlos Vorgänge beschreiben, deren Bedeutung sie offenbar nicht verstehen, weil sie sonst entsetzt sein müssten, oder dass sie, ohne Werth darauf zu legen, Einzelheiten berühren, die nur ein Lebenserfahrener kennt und als feine Charakterzüge des Realen zu schätzen versteht.

Verstärken solche Vorkommnisse den Eindruck, dass die Kranken wirklich erlebt haben müssen, was sie unter dem Zwange der Analyse als Scene aus der Kindheit reproduciren, so entspringt ein anderer und mächtigerer Beweis hiefür aus der Beziehung der Infantilscenen zum Inhalt der ganzen übrigen Krankengeschichte. Wie bei den Zusammenlegbildern der Kinder sich nach mancherlei Probiren schliesslich eine absolute Sicherheit herausstellt, welches Stück in die freigelassene Lücke gehört — weil nur dieses eine gleichzeitig das Bild ergänzt und sich mit seinen unregelmässigen Zacken zwischen die Zacken der anderen so einpassen lässt, dass kein freier Raum bleibt und kein Ueberreinanderschieben nothwendig wird — so erweisen sich die Infantilscenen inhaltlich als unabweisbare Ergänzungen für das associative und logische Gefüge der Neurose, nach deren Einfügung erst der Hergang verständlich — man möchte oftmals sagen: selbstverständlich — wird.

Dass auch der therapeutische Beweis für die Echtheit der Infantilscenen in einer Reihe von Fällen zu erbringen ist, füge ich hinzu, ohne diesen in den Vordergrund drängen zu wollen. Es gibt Fälle, in denen ein vollständiger oder partieller Heilerfolg zu erreichen ist, ohne dass man bis zu den Infantilerlebnissen herabsteigen muss; andere, in welchen jeder Erfolg ausbleibt, ehe die Analyse ihr natürliches Ende mit der Aufdeckung der frühesten Traumen gefunden hat. Ich meine, im ersteren Fall sei man vor Recidiven nicht gesichert; ich erwarte, dass eine vollständige Psychoanalyse die radicale Heilung einer Hysterie bedeutet. Indess, greifen wir hier den Lehren der Erfahrung nicht vor!

Es gäbe noch einen, einen wirklich unantastbaren Beweis für die Echtheit der infantilen Kindererlebnisse, wenn nämlich die Angaben der einen Person in der Analyse durch die Mittheilung einer anderen Person in oder ausserhalb einer Behandlung bestätigt würden. Diese beiden Personen müssten in ihrer Kindheit an demselben Erlebniss Antheil genommen haben, etwa in einem sexuellen Verhältniss zu einander gestanden sein. Solche Kinderverhältnisse sind, wie Sie gleich hören werden, gar nicht selten; es kommt auch häufig genug vor, dass beide Betheiligte später an Neurosen erkranken, und doch, meine ich, ist es mir in Glücksfall, dass mir eine solche objective Bestätigung unter 18 Fällen zweimal gelungen ist. Einmal war es der gesund gebliebene Bruder, der mir unaufgefordert zwar nicht die frühesten Sexualerlebnisse mit seiner kranken Schwester, aber wenigstens solche Scenen aus ihrer späteren Kindheit und die Thatsache von weiter zurückreichenden sexuellen Beziehungen bekräftigte. Ein andermal traf es sich, dass zwei in Behandlung stehende Frauen als Kinder mit der nämlichen männlichen Person sexuell verkehrt hatten, wobei einzelne Scenen à trois zustande gekommen waren. Ein gewisses Symptom, das sich von diesen Kindererlebnissen ableitete, war, als Zeuge dieser Gemeinschaft, in beiden Fällen, zur Ausbildung gelangt.

b) Sexuelle Erfahrungen der Kindheit, die in Reizungen der Genitalien, coitusähnlichen Handlungen u. s. w. bestehen, sollen also in letzter Analyse als jene Traumen anerkannt werden, von denen die hysterische Reaction gegen Pubertätserlebnisse und die Entwicklung hysterischer Symptome ausgeht. Gegen diesen Ausspruch werden sicherlich von verschiedenen Seiten zwei zu einander gegensätzliche Einwendungen erhoben werden. Die Einen werden sagen, derartige sexuelle Missbräuche, an Kindern verübt oder von Kindern unter einander, kämen so selten vor, als dass man mit ihnen die Bedingtheit einer so häufigen Neurose wie der Hysterie decken könnte; Andere werden vielleicht geltend machen, dergleichen Erlebnisse seien im Gegentheil sehr häufig, allzu häufig, als dass man ihrer Feststellung eine ätiologische Bedeutung zusprechen könnte. Sie werden ferner anführen, sich an Scenen von sexueller Verführung und sexuellem Missbrauch in ihren Kinderjahren erinnern, und die doch niemals hysterisch gewesen sind. Endlich werden wir als schwerwiegendes Argument zu hören bekommen, dass in den niederen Schichten der Bevölkerung die Hysterie gewiss nicht häufiger vorkommt als in den höchsten, während doch alles dafür spricht, dass das Gebot der Kindesschonung des Kindesalters an den Proletarierkindern ungleich häufiger übertreten wird.

Beginnen wir unsere Vertheidigung mit dem leichteren Theil der Aufgabe. Es scheint mir sicher, dass unsere Kinder weit häufiger sexuellen Angriffen ausgesetzt sind, als man nach der geringen, von Eltern hierauf verwendeten, Fürsorge erwarten sollte. Bei den ersten Erkundigungen, was über dieses Thema bekannt sei, erfuhr ich von Collegen, dass mehrere Publicationen von Kinderärzten vorliegen, welche die Häufigkeit sexueller Praktiken selbst an Säuglingen von Seiten der Ammen und Kinderfrauen anklagen, und aus den letzten Wochen ist mir eine von Dr. Stekel in Wien herrührende Studie in die Hand gerathen, welche sich mit dem «Coitus im Kindesalter» beschäftigt (Wiener medic. Blätter, 18. April 1896). Ich habe nicht Zeit gehabt, andere literarische Zeugnisse zu sammeln, aber selbst wenn diese nur vereinzelt fänden, dürfte man erwarten, dass mit der Steigerung der Aufmerksamkeit für dieses Thema sehr bald die grosse Häufigkeit von sexuellen Erlebnissen und sexueller Bethätigung im Kindesalter bestätigt werden wird.

Schliesslich sind die Ergebnisse meiner Analysen im Stande, für sich selbst zu sprechen. In sämmtlichen 18 Fällen (von reiner Hysterie und Hysterie mit Zwangsvorstellungen combinirt, 6 Männer und 12 Frauen) bin ich, wie erwähnt, zur Kenntniss solcher sexueller Erlebnisse des Kindesalters gelangt. Ich kann meine Fälle in 3 Gruppen bringen, je nach der Herkunft der sexuellen Reizung. In der ersten Gruppe handelt es sich um Attentate, einmaligen oder doch vereinzelten Missbrauch meist weiblicher Kinder von Seiten erwachsener, fremder Individuen (die dabei groben, mechanischen Insult zu vermeiden verstanden), wobei die Einwilligung der Kinder nicht in Frage kam und als nächste Folge des Erlebnisses der Schreck überwog. Eine zweite Gruppe bilden jene weit zahlreicheren Fälle, in denen eine das Kind wartende erwachsene Person, — Kindermädchen, Kindsfrau, Gouvernante, Lehrer, leider auch allzuhäufig ein naher Verwandter — das Kind in den sexuellen Verkehr einführte und ein — auch nach der seelischen Richtung ausgebildetes — förmliches Liebesverhältniss, oft durch Jahre, mit ihm unterhielt. In die dritte Gruppe endlich gehören die eigentlichen Kinderverhältnisse, sexuelle Beziehungen zwischen zwei Kindern verschiedenen Geschlechts, zumeist zwischen Geschwistern, die oft über die Pubertät hinaus fortgesetzt werden und die nachhaltigsten Folgen für die betreffende Paar mit sich bringen. In den meisten meiner Fälle ergab sich combinirte Wirkung von zwei oder mehreren solcher Aetiologien; in einzelnen war die Häufung der sexuellen Erlebnisse von verschiedenen Seiten her geradezu erstaunlich. Sie verstehen aber diese Eigenthümlichkeit meiner Beobachtungen leicht, wenn Sie in Betracht ziehen, dass ich durchwegs Fälle von schwerer neurotischer Erkrankung, die mit Existenzunfähigkeit drohte, zu behandeln hatte.

(Fortsetzung folgt.)

Ueber den Werth der Serumtherapie bei Diphtheritis.

Von

Dr. Sigmund v. Gerlóczy,
Primararzt am St. Ladislaus-Spitale in Budapest.

(Schluss.*)

Zu meinem grössten Leidwesen verfüge ich nicht über ähnliche Notizen aus früheren Jahren; ich bin daher nicht in der Lage, meine jetzige Meinung mittelst vergleichender Daten zu unterstützen.

An dieser Stelle sei es mir gestattet, über einen Fall zu referiren, bei dem nach wesentlicher Besserung, ja beinahe nach vollständiger Abheilung des Rachenprocesses am 15. Tage der Krankheit oder aber am 11. Tage seines Aufenthaltes im Spitale der Tod unter urämischen Erscheinungen erfolgt war.

Der Fall betrifft ein 2½ Jahre altes Kind, namens Josef Radankovics, welches am 9. Jänner 1895 auf unsere Abtheilung aufgenommen wurde. Seit 4 Tagen hatte Symptome schwerer Rachendiphtherie; Puls klein, frequent, 140 in der Minute. Viel Eiweiss im Harn. Körpertemperatur bei der Aufnahme 39·4° C. Injection von 1000 Antitoxin-Einheiten (Behring). Tags darauf 2 Injectionen à 600 Antitoxin-Einheiten.

11. Jänner: Belag etwas aufgelockert.
12. Jänner: Injection von 600 Antitoxin-Einheiten.
13. Jänner: Ueberall bedeutende Ablösung des Belages. Puls voller, 120 in der Minute.
17. Jänner: Rachen beinahe ganz frei. Hydrops univers., Puls genügend voll, 144 in der Minute. Tagesmenge des Harnes 300 cm³, viel Albumen darin.
Am 20. Jänner starb die Kranke nach beinahe vollständiger Abheilung des Rachenprocesses unter urämischen Erscheinungen.

. *) Siehe Wiener klinische Rundschau 1896, Nr. 21 22, und 23.

Folgender Fall von Nephritis verlief günstiger:
Gisela Adam, 8 Jahre alt, kam am 16. Mai 1895 unter schweren Symptomen von Nasen- und Rachendiphtherie auf unsere Abtheilung.
Schon am ersten Tage war im Urin Eiweiss nachweisbar. Puls klein, 180 in der Minute.
Injection von 1600 Antitoxin-Einheiten (Roux), am anderen Tage wieder Injection von 1600 Antitoxin-Einheiten.
18. Mai: Belag in Ablösung begriffen; Puls noch immer klein.
20. Mai: Hochgradige Drüsenschwellungen.
26. Mai: Hochgradige Gaumenlähmung.
4. Juni: Nur noch an der linken Tonsille einige Plaques.
7. Juni: Rachen frei, Puls besser.
8. Juni: Gesicht etwas geschwollen, geringgradige Ascites, anasarca. Puls arrhythmisch, 150 in der Minute, Tagesmenge des Harnes 300 cm³.
10. Juni: Tagesmenge des Harnes 1000 cm³.
14. Juni: Tagesmenge des Harnes 1800 cm³.
21. Juni: Albumen im Urin nur in Spuren nachweisbar; Rückbildung der Gaumenlähmung. Puls voll. Patient verlässt geheilt das Spital.

Oben referirte ich schon über Larynxcroup und Croupdiphtherie, die Resultate mit Daten vergleichend, und betonte zugleich, dass der Erfolg des Serums sich namentlich bei der letzteren geltend mache.

Bei Larynxcroup lautete die Statistik folgendermassen:
1893: geheilt 35·5%, gestorben 64·5%
1894: » 37·5%, » 62·5%
1895: » 56·9%, » 43·1%

Bei diphtheritischem Croup jedoch lautete dieselbe günstiger:
1893: geheilt 19·0%, gestorben 81·0%
1894: » 20·4%, » 79·6%
1895: » 65·9%, » 34·1%

Um diese interessanten Daten genauer beurtheilen zu können, müssen wir auch die Zahl der Intubirten in Betracht nehmen und zugleich auch das Resultat anführen, welches wir bei denselben erreichen konnten.

a) Reine Laryngitis crouposa.

1893: Von den 31 mit reiner Laryngitis crouposa behafteten Fällen wurden 26 (83·9%) intubirt; davon heilten 7 (i. e. 26·9% der Intubirten), 19 sind gestorben (i. e. 73·1%. der Intubirten).

1894: Von den 32 mit reiner Laryngitis crouposa behafteten Fällen wurden 23 (71·9%) intubirt, 4 von ihnen wurden gesund (i. e. 17·4% der Intubirten) und 19 starben (i. e. 82·6% der Intubirten).

Bei der Anwendung des Heilserums wurden von 72 mit reiner Laryngitis crouposa behafteten Fällen 55 (76·4%) intubirt; davon heilten 27 (i. e. 51% der Intubirten) und starben 28 (i. e. 51%).

b) Croupdiphtherie.

1893: Von 42 mit diphtheritischem Croup behafteten Fällen wurden 27 intubirt (64·3%); davon heilten 3 (i. e. 11·1% der Intubirten), 24 starben (i. e. 88·9% der Intubirten).

1894: Von 54 mit diphtheritischem Croup behafteten Fällen wurden 28 intubirt (51·8%); davon heilten 2 (i. e. 7·1% der Intubirten), 26 starben (i. e. 92·9% der Intubirten).

Bei der Anwendung des Heilserums wurden von 113 mit diphtheritischem Croup behafteten Fällen 82 intubirt (72·5%); davon heilten 39 (i. e. 47·5% der Intubirten), 43 starben (i. e. 52·5% der Intubirten).

Diese Daten geben das schönste Zeugniss über den Werth des Heilserums.

Bei reinem Croup steht gegenüber dem Heilungsprocent von 49% der mit Serum behandelten und intubirten Kranken das Heilungsprocent von 26·9%, respective 17·4% der ohne Serum Behandelten.

und Trübungen. Später wird die Kapsel längs des Aequators erst in kleinen transversalen Falten, die aber allmälig zu einer zusammenfliessen, abgelöst und nach hinten gezerrt. Dabei verlieren die jüngsten Krystallfasern ihren Fusspunkt auf der Kapsel und atrophiren.

Atrophische Fasern dieser Art bilden das Substrat der tiefer gelegenen Trübungen. Die Kapselverzerrungen sowie die davon abhängigen Umlagerungen des Epithelsaumes und die pathologisch-anatomischen Veränderungen der Zellen selbst sind ausführlich beschrieben und abgebildet in meinen Functionskrankheiten.[19]) Auch bezüglich der Art und Weise, wie die Accommodation die Zerrung an den Zonulafasern bewirkt, muss darauf verwiesen werden.

Wie der Zahn- und Haarschwund das Schlussergebniss der, das ganze Leben hindurch auf Zahn und Haar einstürmenden Schädlichkeiten ist, so ist die Kapselablösung die Folge der während des Lebens geleisteten Accommodationsarbeit. Je grösser die Accommodations-Anforderungen sind, desto früher treten die ersten Ablösungserscheinungen auf. Daher werden besonders hypermetropische und astigmatische Augen vom Staar betroffen.

(Fortsetzung folgt.)

Zur Aetiologie der Hysterie.
Von
Dr. Sigm. Freud.
(Fortsetzung.*)

Wo ein Verhältniss zwischen zwei Kindern vorlag, gelang nun einige Male der Nachweis, dass der Knabe — der auch hier die aggressive Rolle spielt — vorher von einer erwachsenen weiblichen Person verführt worden war, und dass er dann unter dem Drucke seiner vorzeitig geweckten Libido und infolge der Erinnerungszwanges an dem kleinen Mädchen genau die nämlichen Praktiken zu wiederholen suchte, die er bei der Erwachsenen gelernt hatte, ohne dass er selbstständig eine Modification in der Art der sexuellen Bethätigung vorgenommen hätte.

Ich bin daher geneigt anzunehmen, dass ohne vorherige Verführung Kinder den Weg zu Akten sexueller Aggression nicht zu finden vermögen. Der Grund zur Neurose würde demnach im Kindesalter immer von Seiten Erwachsener gelegt, und die Kinder selbst übertragen einander die Disposition, später an Hysterie zu erkranken. Ich bitte, verweilen Sie noch einen Moment bei der besonderen Häufigkeit sexueller Beziehungen im Kindesalter gerade zwischen Geschwistern und Vettern infolge der Gelegenheit zu häufigem Beisammensein, stellen Sie sich vor, dass 10 oder 15 Jahre später in dieser Familie mehrere Individuen der jungen Generation krank gefunden werden, und fragen Sie sich, ob dieses familiäre Auftreten der Neurose nicht geeignet ist, zur Annahme einer erblichen Disposition zu verleiten, wo doch nur eine Pseudoheredität vorliegt, und in Wirklichkeit eine Uebertragung, eine Infection, in der Kindheit stattgefunden hat.

Nun wenden wir uns zu dem anderen Einwand, welcher gerade auf der zugestandenen Häufigkeit infantiler Sexualerlebnisse und auf der Erfahrung fusst, dass viele Personen sich an solche Scenen erinnern, die nicht hysterisch geworden sind. Dagegen sagen wir zunächst, dass die übergrosse Häufigkeit eines ätiologischen Momentes unmöglich zum Einwurf gegen dessen ätiologische Bedeutung verwendet werden kann. Ist der Tuberkelbacillus nicht allgegenwärtig und wird von weit mehr Menschen eingeathmet, als sich an Tuberculose erkrankt zeigen? Und wird seine ätiologische Bedeutung durch die Thatsache geschädigt, dass er offenbar der Mitwirkung anderer Factoren bedarf, um die Tuberculose, seinen specifischen Effect, hervorzurufen? Es reicht für seine Würdigung als specifische Aetiologie aus, dass Tuberculose nicht möglich ist ohne seine Mitwirkung. Das Gleiche gilt wohl auch für unser Problem. Es stört nicht, wenn viele Menschen infantile Sexualscenen erleben ohne hysterisch zu werden; wenn nur alle, die hysterisch werden, solche Scenen erlebt haben. Der Kreis des Vorkommens eines ätiologischen Factors darf gerne ausgedehnter sein als der seines Effectes, nur nicht enger. Es erkranken nicht alle an Blattern, die einen Blatternkranken berühren oder ihm nahe kommen, und doch ist Uebertragung von einem Blatternkranken fast die einzige uns bekannte Aetiologie der Erkrankung.

Freilich, wenn infantile Bethätigung der Sexualität ein fast allgemeines Vorkommniss wäre, dann fiele auf deren Nachweis in allen Fällen kein Gewicht. Aber erstens wäre eine derartige Behauptung sicherlich eine arge Uebertreibung, und zweitens ruht der ätiologische Anspruch der infantilen Scenen nicht allein auf der Bestandigkeit ihres Vorkommens in der Anamnese der Hysterischen, sondern vor Allem auf dem Nachweis der associativen und logischen Bande zwischen ihnen und den hysterischen Symptomen, der Ihnen aus einer vollständig mitgetheilten Krankengeschichte sonnenklar einleuchten würde.

Welches mögen die anderen Momente sein, deren die «specifische Aetiologie» der Hysterie noch bedarf, um die Neurose wirklich zu produciren? Dies, meine Herren, ist eigentlich ein Thema für sich, das ich zu behandeln nicht vorhabe; ich brauche heute blos die Contactstelle aufzuzeigen, an welcher die beiden Theilstücke des Themas — specifische und Hilfsätiologie — in einander greifen. Es wird wohl eine ziemliche Anzahl von Factoren in Betracht kommen, die erbliche und persönliche Constitution, die innere Bedeutsamkeit der infantilen Sexualerlebnisse, vor allem deren Häufung; ein kurzes Verhältniss mit einem fremden, später gleichgiltigen Knaben wird an Wirksamkeit zurückstehen gegen mehrjährige, innige, sexuelle Beziehungen zum eigenen Bruder. Es sind in der Aetiologie der Neurosen quantitative Bedingungen ebensowohl bedeutsam wie qualitative; es sind Schwellenwerthe zu überschreiten, wenn die Krankheit manifest werden soll. Ich halte die obige ätiologische Reihe übrigens selbst nicht für vollzählig und das Räthsel, warum die Hysterie in den niederen Ständen so nicht häufiger ist, durch sie noch nicht erledigt. (Erinnern Sie sich übrigens, welche überraschend grosse Verbreitung Charcot für die männliche Hysterie des Arbeiterstandes behauptete.) Ich darf Sie aber auch daran mahnen, dass ich selbst vor wenigen Jahren auf ein bisher wenig gewürdigtes Moment hingewiesen habe, für welches ich die Hauptrolle in der Hervorrufung der Hysterie nach der Pubertät in Anspruch nehme. Ich habe damals ausgeführt, dass sich den Ausbruch der Hysterie fast regelmässig auf einen psychischen Conflict zurückführen lässt, indem eine unverträgliche Vorstellung die Abwehr des Ich rege mache und zur Verdrängung auffordere. Unter welchen Verhältnissen dieses Abwehrbestreben den pathologischen Effect hat, die den Ich peinliche Erinnerung wirklich in's Unbewusste zu drängen an die Statt ein hysterisches Symptom zu schaffen, das konnte ich damals nicht angeben. Ich ergänze es heute: Die Abwehr erreicht dann ihre Absicht, die unverträgliche Vorstellung aus dem Bewusstsein zu drängen, wenn bei der betreffenden, bis dahin gesunden Person infantile Sexualscenen als unbewusste Erinnerungen vorhanden sind, und wenn die zu verdrängende Vorstellung in logischen oder associativen Zusammenhang mit einem solchen infantilen Erlebniss gebracht werden kann.

Da das Abwehrbestreben des Ich von der gesammten moralischen und intellectuellen Ausbildung der Person abhängt, wird nun nicht mehr ohne jedes Verständniss für die Thatsache, dass die Hysterie beim niederen Volk so viel seltener ist, als ihre specifische Aetiologie gestatten würde.

---

[19]) Wiesbaden, Bergmann, 1893.
*) Siehe Wiener klinische Rundschau 1896, Nr. 22, 23 und 24.

Meine Herren, kehren wir noch einmal zurück zu jener letzten Gruppe von Einwänden, deren Beantwortung uns so weit geführt hat. Wir haben gehört und anerkannt, dass es zahlreiche Personen gibt, die infantile Sexualerlebnisse sehr deutlich erinnern, und die doch nicht hysterisch sind. Dieser Einwand ist ganz ohne Gewicht, er wird uns aber Anlass zu einer werthvollen Bemerkung bieten. Personen dieser Art **dürfen** nach unserem Verständniss der Neurose gar nicht hysterisch sein, oder wenigstens nicht hysterisch in Folge der Scenen, die sie bewusst erinnern. Bei unseren Kranken sind diese Erinnerungen niemals bewusst, wir heilen sie aber von ihrer Hysterie, indem wir ihnen die unbewussten Erinnerungen der Infantilscenen in bewusste verwandeln. An der Thatsache, dass sie solche Erlebnisse gehabt haben, konnten und brauchten wir nichts zu ändern. Sie ersehen daraus, dass es auf die Existenz der infantilen Sexualerlebnisse allein nicht ankommt, sondern, dass eine psychologische Bedingung noch dabei ist. Diese Scenen müssen als **unbewusste Erinnerungen** vorhanden sein; nur so lange und insoferne sie unbewusst sind, können sie hysterische Symptome erzeugen und unterhalten. Wovon es aber abhängt, ob diese Erlebnisse bewusste oder unbewusste Erinnerungen ergeben, ob die Bedingung hiefür im Inhalt der Erlebnisse, in der Zeit, zu der sie vorfallen, oder in späteren Einflüssen liegt, dies ist ein neues Problem, dem wir behutsam aus dem Wege gehen wollen. Lassen Sie sich blos daran mahnen, dass uns die Analyse als erstes Resultat den Satz gebracht hat: **Die hysterischen Symptome sind Abkömmlinge unbewusst wirkender Erinnerungen.**

c) Wenn wir daran festhalten, infantile Sexualerlebnisse seien die Grundbedingung, sozusagen die Disposition der Hysterie, sie erzeugen die hysterischen Symptome aber nicht unmittelbar, bleiben sondern zunächst wirkungslos, und wirken pathogen erst später, wenn sie im Alter nach der Pubertät als unbewusste Erinnerungen geweckt werden, so haben wir uns mit den zahlreichen Beobachtungen auseinanderzusetzen, welche das Auftreten hysterischer Erkrankung bereits im Kindesalter vor der Pubertät erweisen. Indess löst sich die Schwierigkeit wieder, wenn wir die aus den Analysen gewonnenen Daten über die zeitlichen Umstände der infantilen Sexualerlebnisse näher betrachten. Man erfährt dann, dass in unseren schweren Fällen die Bildung hysterischer Symptome nicht etwa ausnahmsweise, sondern eher regelmässig mit dem 8. Jahr beginnt, und dass die Sexualerlebnisse, die keine unmittelbare Wirkung äussern, jedesmal weiter zurückreichen, in's 3., 4., selbst in's 2. Lebensjahr. Da in keinem einzigen Fall die Kette der wirksamen Erlebnisse mit dem 8. Jahr abbricht, muss ich annehmen, dass diese Lebensperiode, in welcher der Wachsthumsschub der zweiten Dentition erfolgt, für die Hysterie eine Grenze bildet, vor welcher an ihre Verursachung unmöglich wird. Wer nicht frühere Sexualerlebnisse hat, kann von da an nicht mehr zur Hysterie disponirt werden; wer solche hat, kann nun bereits hysterische Symptome entwickeln. Das vereinzelte Vorkommen von Hysterie auch jenseits dieser Altersgrenze (vor 8 Jahren) liesse sich noch als Erscheinung der Frühreife deuten. Die Existenz dieser Grenze hängt sehr wahrscheinlich mit Entwicklungsvorgängen im Sexualleben zusammen. Verfrühung der somatischen Sexualentwicklung kommt häufig zur Beobachtung, und es ist selbst denkbar, dass sie durch vorzeitige sexuelle Reizung befördert werden kann.

Man gewinnt so einen Hinweis darauf, dass ein gewisser infantiler Zustand der psychischen Functionen wie des Sexualsystems erforderlich ist, damit eine in diese Periode fallende sexuelle Erfahrung als Erinnerung pathogene Wirkung entfalte. Ich getraue mich indess noch nicht, über die Natur dieses psychischen Infantilismus und über seine zeitliche Begrenzung Näheres auszusagen.

d) Eine weitere Einwendung könnte etwa daran Anstoss nehmen, dass die Erinnerung der infantilen Sexualerlebnisse so grossartige pathogene Wirkungen äussern soll, während das Erleben derselben selbst wirkungslos geblieben ist. Wir sind ja in der That nicht daran gewöhnt, dass von einem Erinnerungsbild Kräfte ausgehen, welche dem realen Eindruck gefehlt haben. Sie bemerken hier übrigens, mit welcher Consequenz bei der Hysterie der Satz durchgeführt ist, dass Symptome nur aus Erinnerungen hervorgehen können. Alle die späteren Scenen, bei denen die Symptome entstehen, sind nicht die wirksamen, und die eigentlich wirksamen Erlebnisse erzeugen zunächst keinen Effect. Wir stehen aber hier vor einem Problem, welches wir mit gutem Recht von unserem Thema sondern können. Man fühlt sich freilich zu einer Synthese aufgefordert, wenn man die Reihe von auffälligen Bedingungen überdenkt, zu deren Kenntniss wir gelangt sind: Dass, um ein hysterisches Symptom zu bilden, ein Abwehrbestreben gegen eine peinliche Vorstellung vorhanden sein muss; dass diese eine logische oder associative Verknüpfung aufweisen muss mit einer unbewussten Erinnerung durch zahlreiche oder wenige Mittelglieder, die in diesem Moment gleichfalls unbewusst bleiben; diese jene unbewusste Erinnerung nur sexuellen Inhalts sein kann; dass sie ein Erlebniss zum Inhalt hat, welches sich in einer gewissen infantilen Lebensperiode zugetragen hat; und. man kann nicht umhin, sich zu fragen, wie es zugeht, dass diese Erinnerung an ein seinerzeit harmloses Erlebniss posthum die abnorme Wirkung äussert, einen psychischen Vorgang wie das Abwehren zu einem pathologischen Resultat zu leiten, während sie selbst dabei unbewusst bleibt?

Man wird sich aber sagen müssen, dies sei ein rein psychologisches Problem, dessen Lösung vielleicht bestimmte Annahmen über die normalen psychischen Vorgänge und über die Rolle des Bewusstseins dabei nothwendig macht, das aber einstweilen ungelöst bleiben kann, ohne unsere bisher gewonnene Einsicht in die Aetiologie der hysterischen Phänomene zu entwerthen.

(Schluss folgt.)

Feuilleton.

Schriften über Medicin in Bibel und Talmud und über jüdische Aerzte.

Von

Moritz Steinschneider in Berlin.

Seit ich von den mir noch medicinischen Historikern wiederholt über Einzelnes befragt worden, das etwa in hebräischen oder arabischen Quellen behandelt wurde (s. z. B. L. Waldenburg, Die Tuberculose, Berlin 1869, S. 24). Bei der Erforschung älterer Quellen vermisste ich eine fachliche Anleitung und wurde veranlasst, die Schriften auf diesem Gebiete zunächst für eigenen Gebrauch zusammenzustellen, während meine Studien auf dem Gebiete der jüdischen Literatur- und Culturgeschichte mich zu den Schriften über jüdische Aerzte und ihren Leistungen führten (vgl. mein Jewish Literature, London 1857, p. 276). Wie das nachfolgende, chronologisch geordnete Verzeichniss zeigt, sind diese Gegenstände in dem letzten Vierteljahrhundert von verschiedenen Seiten und in verschiedener Weise behandelt, wobei mir wahrscheinlich einzelne Artikel in periodischen und Sammelschriften entgangen sind*) — und es werden von den zahlreichen Schriften über das **Schlachten**, das ja auch medicinisch beleuchtet wird, und der **Beschneidung**s literatur, deren Bibliographie bei Dr. M. Harsu («Circumcizia la Evrei, studiu criticu» in rumänischen «Anuar pentru israeliti», redigirt von M. Schwarzfeld, XIV, 1891, p. 16—50, die Literatur p. 46 ff.), 144 Nummern, theils Monographien, alphabetisch ordnet, und deren Berichtigung und Ergänzung ich Anderen überlasse, schon aus dem Grunde, weil der hygienische Ursprung des Beschneidungsgesetzes oder vielmehr des Gebrauches nichts weniger als erwiesen ist. Herr Harsu führt

---

*) Sehr unbedeutend ist die Literatur (1588—1724) bei Morwitz, Gesch. d. Med., Leipzig 1848 (Moser's Encyklop. II, 3).

augen. Seit Mackenzie erfährt dies Symptom regelmässige Beachtung, ohne aber als Hauptsymptom zu gelten.

Vor Ruete und Stellwag scheint die Abflachung der vorderen Kammer nicht erwähnt zu sein. Ersterer führt sie auf Vordrängen der Linse durch vis a tergo beziehendlich auf Schwellung der Linse selbst zurück, letzterer leitet sie dagegen von verminderter Kammerwasser-Absonderung her. Epochemachend waren ferner, die Entdeckung der Excavation und endlich ist als wichtige Erscheinung noch die Gesichtsfeldbeschränkung zu erwähnen.

(Fortsetzung folgt.)

Zur Aetiologie der Hysterie.
Von
Dr. Sigm. Freud.
(Schluss.*)

III.

Meine Herren, das Problem, dessen Ansätze ich soeben formulirt habe, betrifft den Mechanismus der hysterischen Symptombildung. Wir sind aber genöthigt, die Verursachung dieser Symptome darzustellen, ohne diesen Mechanismus in Betracht zu ziehen, was eine unvermeidliche Einbusse an Abrundung und Durchsichtigkeit unserer Erörterung mit sich bringt. Kehren wir zur Rolle der infantilen Sexualscenen zurück. Ich fürchte, ich könnte Sie zur Ueberschätzung von deren symptomenbildender Kraft verleitet haben. Ich betone darum nochmals, dass jeder Fall von Hysterie Symptome aufweist, deren Determinirung nicht aus infantilen, sondern aus späteren, oft aus recenten Erlebnissen herstammt. Ein anderer Antheil der Symptome geht freilich auf die allerfrühesten Erlebnisse zurück, ist gleichsam vom ältesten Adel. Dahin gehören vor Allem die so zahlreichen und mannigfaltigen Sensationen und Parästhesien an den Genitalien und anderen Körperstellen, die einfach dem Empfindungsinhalt der Infantilscenen in hallucinatorischer Reproduction, oft auch in schmerzhafter Verstärkung, entsprechen.

Eine andere Reihe überaus gemeiner hysterischer Phänomene, der schmerzhafte Harndrang, die Sensationen bei der Defäcation, Störungen der Darmthätigkeit, das Würgen und Erbrechen, Magenbeschwerden und Speise-Ekel gab sich in meinen Analysen gleichfalls — und zwar mit überraschender Regelmässigkeit — als Derivat derselben Kindererlebnisse zu erkennen und erklärte sich mühelos aus constanten Eigenthümlichkeiten derselben. Die infantilen Sexualscenen sind nämlich arge Zumuthungen für das Gefühl eines sexuell normalen Menschen, sie enthalten alle Ausschreitungen, die von Wüstlingen und Impotenten bekannt sind, bei denen Mundhöhle und Darmausgang missbräuchlich zur sexuellen Verwendung gelangen. Die Verwunderung hierüber weicht beim Arzte alsbald einem völligen Verständniss. Von Personen, die kein Bedenken tragen, ihre sexuellen Bedürfnisse an Kindern zu befriedigen, kann man nicht erwarten, dass sie an Nuancen in der Weise dieser Befriedigung Anstoss nehmen, und die dem Kindesalter anhaftende sexuelle Impotenz drängt unausbleiblich zu denselben Surrogathandlungen, zu denen sich der Erwachsene im Falle erworbener Impotenz erniedrigt. Alle die seltsamen Bedingungen, unter denen das ungleiche Paar sein Liebesverhältniss fortführt; — der Erwachsene, der sich seinem Antheil an der gegenseitigen Abhängigkeit nicht entziehen kann, wie sie aus einer sexuellen Beziehung nothwendig hervorgeht, der dabei doch mit aller Autorität und dem Rechte der Züchtigung ausgerüstet ist, und die zur ungehemmten Befriedigung seiner Launen die eine Rolle mit der anderen vertauscht; das Kind dieser Willkür in seiner Hilflosigkeit preisgegeben, vorzeitig zu allen Empfindlichkeiten erweckt und allen Enttäuschungen ausgesetzt, häufig in der Ausübung der ihm zugewiesenen sexuellen Leistungen durch seine unvollkommene Beherrschung der natürlichen Bedürfnisse unterbrochen; alle diese grotesken und doch tragischen Missverhältnisse prägen sich in der ferneren Entwicklung des Individuums und seiner Neurose in einer Unzahl von Dauereffecten aus, die der eingehendsten Verfolgung würdig wären. Wo sich das Verhältniss zwischen zwei Kindern abspielt, bleibt der Charakter der Sexualscenen doch der nämliche abstossende, da ja jedes Kinderverhältniss eine vorausgegangene Verführung des einen Kindes durch einen Erwachsenen postulirt. Die psychischen Folgen eines solchen Kinderverhältnisses sind ganz ausserordentlich tiefgreifende; die beiden Personen bleiben für ihre ganze Lebenszeit durch ein unsichtbares Band miteinander verknüpft.

Gelegentlich sind es Nebenumstände dieser infantilen Sexualscenen, welche in späteren Jahren zu determinirender Macht für die Symptome der Neurose gelangen. So hat in einem meiner Fälle der Umstand, dass das Kind abgerichtet wurde, mit seinem Fuss die Genitalien der Erwachsenen zu erregen, hingereicht, um Jahre hindurch die neurotische Aufmerksamkeit auf die Beine und endlich eine hysterische Paraplegie zu erzeugen. In einem anderen Falle wäre es räthselhaft geblieben, warum die Kranke in ihren Angstanfällen, die gewisse Tagesstunden bevorzugten, gerade eine einzige von ihren zahlreichen Schwestern zu ihrer Beruhigung nicht von ihrer Seite lassen wollte, wenn die Analyse nicht ergeben hätte, dass der Attentäter seinerzeit bei jedem dieser Besuche erkundigt hatte, ob diese Schwester zu Hause sei, von der er eine Störung befürchten musste.

Es kommt vor, dass die determinirende Kraft der Infantilscenen sich so sehr verbirgt, dass sie bei oberflächlicher Analyse übersehen werden muss. Man vermeint dann, man habe die Erklärung eines gewissen Symptoms im Inhalt einer der späteren Scenen gefunden, und stösst im Verlaufe der Arbeit auf denselben Inhalt in einer der Infantilscenen, so dass man sich schliesslich sagen muss, die spätere Scene verdanke ihre Kraft, Symptome zu determiniren, doch nur ihrer Uebereinstimmung mit der früheren. Ich will darum die spätere Scene nicht als bedeutungslos hinstellen; wenn ich die Aufgabe hätte, die Regeln der hysterischen Symptombildung vor Ihnen zu erörtern, würde ich als eine dieser Regeln anerkennen müssen, dass zum Symptom jene Vorstellung auserwählt wird, zu deren Hebung mehrere Momente zusammenwirken, von verschiedenen Seiten her gleichzeitig geweckt wird, was ich an anderer Stelle durch den Satz auszudrücken versucht habe: Die hysterischen Symptome seien überdeterminirt.

Noch eines, meine Herren; ich habe zwar vorhin das Verhältniss der recenten Aetiologie zur infantilen als ein besonderes Thema bei Seite gerückt; aber ich kann doch den Gegenstand nicht verlassen, ohne über diesen Vorsatz durch wenigstens eine Bemerkung zu übertreten. Sie gestehen mir zu, es ist vor Allem eine Thatsache, die uns am psychologischen Verständniss der hysterischen Phänomene irre werden lässt, die uns zur warnen scheint, psychische Acte bei Hysterischen und bei Normalen mit gleichem Maass zu messen. Es ist dies das Missverhältniss zwischen psychisch erregendem Reiz und psychischer Reaction, das wir bei den Hysterischen antreffen, welches wir durch die Annahme einer allgemeinen abnormen Reizbarkeit zu decken suchen und häufig physiologisch zu erklären bemüht sind, als ob gewisse, der Uebertragung dienende Hirnorgane sich bei den Kranken in einem besonderen chemischen Zustande befänden, etwa wie die Spinalcentren des Strychninfrosches, oder sich dem Einflusse höherer hemmender Centren entzogen hätten, wie im vivisectorischen Thierexperiment. Beide Auffassungen mögen hier und dort zur Erklärung der hysterischen Phänomene vollberechtigt sein. Das stelle ich nicht in Abrede; aber der Hauptantheil des Phänomens, der abnormen, übergrossen, hysterischen Reaction auf psychische Reize lässt eine andere Erklärung zu, die durch zahllose Beispiele aus den Analysen

*) Siehe Wiener klinische Rundschau 1896, Nr. 22—25.

gestützt wird. Und diese Erklärung lautet: Die Reaction der Hysterischen ist eine nur scheinbar übertriebene; sie muss uns so erscheinen, weil wir nur einen kleinen Theil der Motive kennen, aus denen sie erfolgt.

In Wirklichkeit ist diese Reaction proportional dem erregenden Reiz, also normal und psychologisch verständlich. Wir sehen dies sofort ein, wenn die Analyse zu den manifesten, dem Kranken bewussten Motiven jene anderen Motive hinzugefügt hat, die gewirkt haben, ohne dass der Kranke um sie wusste, die er uns also nicht mittheilen konnte.

Ich könnte Stunden damit ausfüllen, Ihnen diesen wichtigen Satz für den ganzen Umfang der psychischen Thätigkeit bei Hysterischen zu erweisen, muss mich aber hier auf wenige Beispiele beschränken. Sie erinnern sich an die so häufige seelische «Empfindlichkeit» der Hysterischen, die sie auf die leiseste Andeutung einer Geringschätzung reagiren lässt, als seien sie tödtlich beleidigt worden. Was würden Sie nun denken, wenn Sie eine solche hochgradige Verletzbarkeit bei geringfügigen Anlässen zwischen zwei gesunden Menschen, etwa Ehegatten, beobachten würden? Sie würden gewiss den Schluss ziehen, die eheliche Scene, der Sie beigewohnt, sei nicht allein das Ergebniss des letzten kleinlichen Anlasses, sondern da habe sich durch lange Zeit Zündstoff angehäuft, der nun in seiner ganzen Masse durch den letzten Anstoss zur Explosion gebracht worden sei.

Bitte, übertragen Sie denselben Gedankengang auf die Hysterischen. Nicht die letzte an sich minimale Kränkung ist es, die den Weinkrampf, den Ausbruch von Verzweiflung, den Selbstmordversuch erzeugt, mit Missachtung des Satzes von der Proportionalität des Effects und der Ursache, sondern diese kleine actuelle Kränkung hat die Erinnerungen so vieler und intensiverer, früherer Kränkungen geweckt, und ihre Wirkung gebracht, hinter denen allen noch die Erinnerung an eine schwere, nie verwundene Kränkung steckt. Oder: wenn ein junges Mädchen sich die ehtsetzlichsten Vorwürfe macht, weil sie geduldet, dass ein Knabe zärtlich im Geheimen über ihre Hand gestrichen und von da ab der Neurose verfällt, so können Sie zwar dem Räthsel mit dem Urtheil begegnen, das sei eine abnorme, excentrisch angelegte, hypersensitive Person; aber Sie werden anders denken, wenn Ihnen die Analyse zeigt, dass jene Berührung an eine andere ähnliche erinnerte, die in sehr früher Jugend vorfiel und die ein Stück aus einem minder harmlosen Ganzen war, so dass eigentlich die Vorwürfe jenem alten Anlass gelten. Schliesslich ist das Räthsel der hysterogenen Punkte auch kein anderes; wenn Sie eine ausgezeichnete Stelle berühren, thun Sie etwas, was sie nicht beabsichtigt haben; Sie wecken eine Erinnerung auf, die einen Krampfanfall auszulösen vermag, und da Sie von diesem psychischen Mittelglied nichts wissen, beziehen Sie den Anfall als Wirkung direct auf Ihre Berührung als Ursache. Die Kranken befinden sich in derselben Unwissenheit und verfallen darum in ähnliche Irrthümer, sie stellen beständig «falsche Verknüpfungen» her zwischen dem letztbewussten Anlass und dem von so viel Mittelglieder abhängigen Effect. Ist es dem Arzte aber möglich geworden, zur Erklärung einer hysterischen Reaction die bewussten und die unbewussten Motive zusammenzufassen, so muss er diese scheinbar übermässige Reaction fast immer als eine angemessene, nur in der Form abnorme anerkennen.

Sie werden nun gegen diese Rechtfertigung der hysterischen Reaction auf psychische Reize mit Recht einwenden, sie sei doch keine normale, denn warum benehmen die Gesunden sich anders; warum wirken bei ihnen nicht alle längst verflossenen Erregungen neuerdings mit, wenn eine neue Erregung actuell ist? Es macht ja den Eindruck, als blieben bei den Hysterischen alle alten Erlebnisse wirkungskräftig, und die schon so oft und zwar in stürmischer Weise reagirt wurde, als seien diese Personen unfähig, psychische Reize zu erledigen. Richtig, meine Herren, etwas Derartiges muss man thatsächlich als wahr annehmen. Vergessen Sie nicht, dass die alten Erlebnisse der Hysterischen bei einem actuellen Anlasse als unbewusste Erinnerungen ihre Wirkung äussern. Es scheint, als ob die Schwierigkeit der Erledigung, die Unmöglichkeit, einen actuellen Eindruck in eine machtlose Erinnerung zu verwandeln, gerade an dem Charakter des psychischen Unbewussten hinge. Sie sehen, der Rest des Problems ist wiederum Psychologie, und zwar Psychologie von einer Art, für welche uns die Philosophen wenig Vorarbeit geleistet haben.

Auf diese Psychologie, die für unsere Bedürfnisse erst zu erschaffen ist — auf die zukünftige Neurosenpsychologie — muss ich Sie auch verweisen, wenn ich Ihnen zum Schlusse die Mittheilung mache, dass zunächst eine Störung unseres beginnenden Verständnisses für die Aetiologie der Hysterie besorgen werden. Ich muss es nämlich aussprechen, dass die ätiologische Rolle der infantilen Sexualerlebnisse nicht auf das Gebiet der Hysterie eingeschränkt ist, sondern in gleicher Weise für die merkwürdige Neurose der Zwangsvorstellungen, ja vielleicht auch für Formen der chronischen Paranoia und andere functionelle Psychosen Geltung hat. Ich drücke mich hierbei minder bestimmt aus, weil die Anzahl meiner Analysen von Zwangsneurose noch weit hinter der von Hysterien zurücksteht; von Paranoia habe ich gar nur eine einzige ausreichende und einige fragmentarische Analysen zur Verfügung. Aber was ich da gefunden, schien mir verlässlich und hat mich mit sicheren Erwartungen für andere Fälle erfüllt. Sie erinnern sich vielleicht, dass ich für die Zusammenfassung von Hysterie und Zwangsvorstellungen unter dem Titel «Abwehrneurosen» bereits früher eingetreten bin, ehe mir noch die Gemeinsamkeit der infantilen Aetiologie bekannt war. Nun muss ich hinzufügen — was man freilich nicht allgemein zu erwarten braucht —, dass meine Fälle von Zwangsvorstellung sämmtlich einen Untergrund von hysterischen Symptomen, meist Sensationen und Schmerzen, erkennen liessen, die sich gerade auf die ältesten Kindererlebnisse zurückleiteten. Worin liegt nun die Entscheidung, ob das unbewusst gebliebene infantile Sexualscenen später Hysterie oder Zwangsneurose oder Paranoia hervorgerufen soll, an welcher pathogenen Momente hinzugesellt haben? Diese Vermehrung unserer Erkenntnisse scheint ja dem ätiologischen Werth dieser Scenen Eintrag zu thun, indem sie die Specifität der ätiologischen Relation aufhebt.

Ich bin noch nicht in der Lage, meine Herren, eine verlässliche Antwort auf diese Frage zu geben. Die Anzahl meiner analysirten Fälle, die Mannigfaltigkeit der Bedingungen in ihnen, ist nicht gross genug hiefür. Ich merke bis jetzt, dass die Zwangsvorstellungen bei der Analyse regelmässig als verkappte und verwandelte Vorwürfe wegen sexueller Aggressionen im Kindesalter zu entlarven sind, dass sie darum bei Männern gefunden werden als bei Frauen, und häufiger bei ihnen sich entwickeln als Hysterie. Ich könnte daraus schliessen, dass die Factoren der Infantilscenen, ob sie mit Lust oder nur passiv erlebt werden, einen bestimmenden Einfluss auf die Auswahl der späteren Neurose hat, aber nicht möchte auch den Einfluss des Alters, in dem diese Kinderactionen vorfallen, und anderer Momente nicht unterschätzen. Hierüber muss erst die Discussion weiterer Analysen Aufschluss geben; wenn es aber klar sein wird, welche Momente die Entscheidung zwischen den möglichen Formen der Abwehrneurosen beherrschen, wird es wiederum ein rein psychologisches Problem sein, kraft welches Mechanismus die einzelne Form gestaltet wird.

Ich bin nun zu Ende meiner heutigen Erörterungen gelangt. Auf Widerspruch und Unglauben gesasst, möchte ich meiner Sache noch eine Befürwortung mit auf den Weg geben. Wie immer Sie meine Resultate aufnehmen mögen, ich darf wie bitten, dieselben nicht für die Frucht wohlfeiler Speculation zu halten. Sie ruhen auf mühseliger Einzelerforschung der Kranken, die bei den meisten Fällen hundert Arbeitsstunden und darüber verweilt hat. Wichtiger noch als

Ihre Würdigung der Ergebnisse ist mir Ihre Aufmerksamkeit für das Verfahren, dessen ich mich bedient habe, das neuartig, schwierig zu handhaben und doch unersetzlich für wissenschaftliche und therapeutische Zwecke ist. Sie sehen wohl ein, man kann den Ergebnissen, zu denen diese modificirte Breuer'sche Methode führt, nicht gut widersprechen, wenn man die Methode bei Seite lässt und sich nur der gewohnten Weise des Krankenexamens bedient. Es wäre ähnlich, als wollte man die Funde der histologischen Technik mit der Berufung auf die makroskopische Untersuchung widerlegen. Indem die neue Forschungsmethode den Zugang zu einem neuen Element des psychischen Geschehens, zu den unbewusst gebliebenen, nach Breuer's Ausdruck «bewusstseinsunfähigen» Denkvorgängen breit eröffnet, winkt sie uns mit der Hoffnung eines neuen, besseren Verständnisses aller functionellen psychischen Störungen. Ich kann es nicht glauben, dass die Psychiatrie es noch lange aufschieben wird, sich dieses neuen Weges zur Erkenntniss zu bedienen.

Feuilleton.

Schriften über Medicin in Bibel und Talmud und über jüdische Aerzte.

Von

Moritz Steinschneider in Berlin.

(Schluss.*)

41. Lilienthal, Samuel, Die jüdischen Aerzte, eine histor. Skizze, eine Inaugural-Abhandlung. München 1838, 8°.
[Mir nur aus Carmoly und Fürst II, 250 bekannt.]

42. Eliasberg, Jeh. Bez., Maamar Temim Deot, 5 Abhandl. über Zauberei etc. nebst Anhang zur Gesch. der Heilkunde, hebräisch. Wilna 1842, 4° (146 S.).
[Lehrreiche Compilation aus alten Quellen; vgl. Der Orient, 1851, S. 485.]

43. Brüg, J., De Medicis illustr. Jud. qui inter Arabes vixerunt, Halle 1843, 8° (Dissert.).
[Unkritische Compilation aus Wüstenfeld, Gesch. d. arab. Aerzte, und Carmoly.]

44. Carmoly, E., Histoire des Médecins juifs anciens et modernes, Tome I (nicht mehr erschienen), Bruxelles 1844 (272 S.).
[Abdruck aus «Revue Orientale», Brux. 1841—1843. — History of the Jewish Physicians from the French by John Dunbar, Baltimore 1844, hat ihm I. theil deutsch von C. Schmidt in «Jahrbücher der in- und ausländischen Gesammtmedicin»...?
Vgl. die Angaben in Revue orient. III, 5. — Das durch seine Fülle von (theils plagiatorischen) Material bestechende Buch enthält so viele Ausschmückungen, Erfindungen, Fälschungen, Missverständnisse und Unrichtigkeiten, dass man es nur mit grösster Vorsicht benutzen darf. Die historischen Notizen eines Grossvaters «Carmoly» (der Verfasser selbst adoptirte diesen Familiennamen für Getz!), worauf hingewiesen wird, existiren nicht.]
Derselbe, De la littérature médicale des Juifs (in seiner «Revue orientale» vol. III, Bruxelles 1843/44, 8°, p. 256—258).
[Enthält Schriften von Juden in lebenden Sprachen aus den Jahren 1742—1838 ohne eine sichtbare Ordnung; die versprochene Fortsetzung folgte nicht.]

45. Goldmann, Heinr. v., De rebus medicis veteris Testamenti, dissert. inaug. Vratisl. 1845, 8°.
[Im Litbl. d. Orient VII, 193 und bei Fürst, B. J. I., 338 (wo 1846) fehlt der Vorname.]

46. Isenbiehl, Abr. Hartog, Dissertatio historico-medica exhibens Collectanea gynaecologica ex Talmude Babylonico, Groningen 1845, 8° (192 S.).
[Fürst II, 154: «Tentamen» etc. Man findet auch «Leyden» oder «Gron. und Leeuwarden», aber mit demselben Titel. — Die Schrift wird geschätzt. Verfasser starb als Professor der Geschichte der Medicin in Amsterdam 1883.]
Desselben Beiträge zur Talmudischen Medicin im «Janus» II, Breslau 1847, S. 330.

*) Siehe Wiener klinische Rundschau 1896, Nr. 25.

47. Cohn, Sigism., De Medicina Talmud, Diss. inaug. Vratisl. 1846, 8° (28 S. und Vita).
[Die kleine, aber gute Schrift giebt eine gedrängte Uebersicht des im Talmud vorkommenden medicinischen Stoffes mit Angabe der betreffenden Stelle.]

48. Brecher, Gideon Dr., Israel. Spitalarzt in Prossnitz (Mähren, gest. 12. Mai 1873), Das Transcendentale, Magie und magische Heilarten im Talmud. Wien 1850, 8° (233 S. und 1 Bl. Errata).
[Vgl. Zeitschr. der Deutschen Morgenl. Gesellsch. V, 274. — Das Buch sollte der Vorläufer einer Darstellung der Medicin im Talmud sein; die Excerpte aus der Quelle sind mir (einem Neffen des Verfassers) aus dem Nachlasse geschenkt worden.]

48 b. Steinschneider, Moritz (Artikel Jüdische Literatur § 22 u. § 30, 2 medicinische Lit., in Ersch und Gruber, Realencyklopädie, IId. 27, Leipzig 1850, 4°), englisch (von W. Spottiswoode, London, 1857) längst vergriffen; dazu Index der Autoren und Personen, Frankf. a. M. 1893, 8° (47 S.).
[Verschiedene Artikel über jüdische Aerzte unter den Arabern (mit Benutzung arabischer unedirter Quellen) in Zeitschr. der Deutschen Morgenl. Gesellsch. IX, 838, XXV, 502 f., XXXI, 758 und in Hebr. Bibliogr. XII, 129 f., XIII, 61, XV, 129 f., XVI, 9.
Die Namen aus ibn abi Useibia finden sich in meiner Anzeige von J. Müller's Ausgabe im Literatur-Blatt für oriental. Philologie, Bd. II, Leipzig 1884/85, S. 400.]

49. Wunderbar, Reuben J., Biblisch-talmudische Medicin oder pragmatische Darstellung der Arzneikunde der alten Israeliten, sowohl in theoretischer als praktischer Hinsicht: Von Abraham bis zum Abschlusse des babyl. Talmuds (2000 v.—500 n. Chr.). Mit Einschluss der Staatsarzneikunde und mit besonderer Berücksichtigung der Theologie. Nach den Quellen in gedrängtester Kürze bearbeitet. I. Allgemeine Einleitung mit Einschluss der Geschichte und Literatur der isr. Heilkunde. Materia medica und Pharmakologie der alten Israeliten. Riga 1850. II. Macrobiotik und Diätetik der alten Israeliten, 1851, 8°. III. Pathologie und Chirurgie der alten Hebräer, 1852. IV. Therapie und Sympathie der alten Israeliten, 1853, 8°. — Neue Folge I, Bd. I. Staatsarzneikunde und gerichtliche Medicin und medicinische Polizei der alten Israeliten, 1860. IV. Forts. 1860, 8°.
[Vgl. Orient 1851, S. 499; Fürst III, 537. Der Verfasser, ein Laie in der Medicin, starb in Riga am 19. August 1868.]

50. Böttger, Gustav, Ueber die Arzneikunde der Hebräer, bibl.-histor. Abhandl. (Jubelschr.) Dresd. 1851, 8°.

50b. Maydorn, Robert, Zur biblischen Lehre vom Schädlichkeitsbegriff. Ein Anhang zu dessen Schrift: Der Giftbegriff oder Alkoholgiftgegner, biblisch-theologisch entwickelt. Breslau 1853, 8°.

51. Trusen, J. C., Darstellung der biblischen Krankheiten und der auf die Medicin bezüglichen Stellen der heiligen Schrift. Posen 1843, 8°.
Desselben, Die Sitten, Gebräuche und Krankheiten der alten Hebräer, historisch und kritisch dargestellt. 2. Auflage. Breslau 1853, 8°.
[Vgl. Fürst III, 449.]

52. Kayserling, M., Jüdische Aerzte in Frankel's Monatsschrift für Geschichte und Wissenschaft des Judenthums Bd. VII, VIII, Breslau 1858, 1859, auch Bd. XVIII, 1868 ff.)
53. (Anonymus?) Ueber Judenärzte, in ZGORh. 1867, S. 23.
54. Fürst, Livius, Beiträge zur Geschichte der jüd. Aerzte in Italien. Mit besond. Berücksichtigung im 16. Jahrh. zusammengestellt. (Im Jahrbuch für die Gesch. d. Juden II. Bd. Leipzig 1861, S. 325—374. — Vgl. Hebr. Bibliogr. IV, 85, no. 223. — S. auch F. Epstein, hier n. 55.)

55. Epstein, J. E., Toledot... (hebr.), Geschichte der jüdischen Aerzte in Italien im 16.—17. Jahrh. (in ha-Sharon, Beiblatt zu ha-Carmel II (1861/62), S. 336 ff.)
[Ist Übersetzt aus Fürst, s. Hebr. Bibliogr. VI, 48.]

55 b. Draper, Dr. John W., Jewish Physicians in the middle ages (aus einem Vortrage über den Einfluss der Medicin, gehalten in der Akademie zu New-York, im Jewish Chronicle London 1869, p. 489).
[Enthält nichts Besonderes.]

55 c. Wolf, Dr. G., Zur Geschichte der jüdischen Aerzte in Oesterreich (in Monatsschrift für die Gesch. und Wissenschaft des Judenthums, Breslau 1864, S. 194 ff.).
[Betrifft nur die neueste Zeit. — Dr. Gerson Wolf, Religionslehrer in Wien, starb im October 1892.]

56. Borchard, Marc, L'Hygiene publique chez les Juifs, son importance etc. Paris, chez l'auteur, 1865 (80 pp.).

56 b. Fein, M., Die Stellung der Aerzte im jüdischen Mittelalter (in Ben Horwitz, M., Jüdische Aerzte in Frankfurt a. M. Frankf. 1866, 8°.
[Ist mir nur aus einem Katalog bekannt, ob Sonderabdruck?]

57. Wiesner, S. Alexander, und Feitl, Ueber talmudische Anatomie und Physiologie (in der Zeitschrift Ben Chananja 1866, S. 50, 64).

Autoren

Dipl. Psych. Nikolaus Becker, Jahrgang 1936. Studium der Psychologie an der Universität Hamburg, Klinisch-psychologische und psychotherapeutische Tätigkeit. 1974 Abschluß der Psychoanalytischen Weiterbildung (DPV/ DGPT). Seit 1978 niedergelassener Psychoanalytiker. Veröffentlichungen zu Themen aus den Bereichen Sexualität und Forensik.

Dipl. Psych. Sophinette Becker, Jahrgang 1950. Jura und Psychologie Studium in Berlin und Frankfurt. Psychotherapeutin am Institut für Sexualwissenschaft der Universität Frankfurt am Main. Veröffentlichungen zu klinischen und sozialpsychologischen Themen.

Prof. Dr. Wolfgang Berner, Jahrgang 1944. Studium der Medizin an der Universität Wien. 1972–1982 Assistenzarzt an der Psychiatrischen Universitätsklinik Wien. 1986 Habilitation mit einer Arbeit zu Langzeitverläufen bei Sexualdelinquenz. Therapeutischer Leiter einer Justiz-Sonderanstalt für Sexualstraftäter in Wien. Psychoanalytische Ausbildung in der Wiener Psychoanalytischen Vereinigung, deren Präsident 1985–1993. Seit 1995 Direktor der Abteilung für Sexualforschung der Klinik für Psychiatrie und Psychotherapie des Universitätskrankenhauses Hamburg-Eppendorf. Empirische Veröffentlichungen zur Sexualdelinquenz und Psychoanalytische Arbeiten zu Pädophilie, Sadismus und Borderline-Persönlichkeitsstörungen.

Prof. Dr. Wilfried Biebl, Jahrgang 1944. Studium der Medizin an der Universität Wien. 1976 Facharzt für Psychiatrie, 1975 Abschluß der Weiterbildung zum individual-psychologischen Psychotherapeuten. Seit 1977 Aufbau der Psychosomatischen Abteilung an der Psychiatrischen Universitätsklinik in Innsbruck. 1986 Habilitation. Seit 1993 Leiter der Abteilung für Psychosomatik und Psychosoziale Psychiatrie. Veröffentlichungen zu Eßstörungen, Persönlichkeitsstörungen und Opfern von Gewalt und sexuellem Mißbrauch.

Dr. Romuald Brunner, Jahrgang 1959. Studium der Psychologie/Philosophie an der Universität Bielefeld. Studium der Humanmedizin an der Universität Hamburg. Ärztliche Weiterbildungen an den Universitäten Wien und Göttingen. Seit 1999 Oberarzt an der Abteilung für Kinder- und Jugendpsychiatrie der Universität Heidelberg. Veröffentlichungen zu sexuellem Mißbrauch, dissoziativen Störungen und Eßstörungen

Dipl. Psych. Martin Ehlert-Balzer, Jahrgang 1955. Studium der Philosophie und Psychologie mit Schwerpunkt Psychoanalyse. Seit 1986 niedergelassen in psychotherapeutischer Praxis. Psychoanalytische Ausbildung am psychoanalytischen Institut in Frankfurt. Veröffentlichungen zu sexueller Traumatisierung und sexuellem Mißbrauch in der Psychotherapie.

Dr. lic. phil. Dagmar Hoffmann-Axthelm, Studium der Musikwissenschaften in Freiburg/Br. und der Psychologie an der Universität Zürich. Dozentin und wissenschaftliche Mitarbeiterin an der Musikakademie Basel und Psychotherapeutin in eigener Praxis. Veröffentlichungen zu körperorientierter Psychotherapie, zur Musikgeschichte und zu Zusammenhängen zwischen tiefenpsychologischen Prozessen und musikalischer Gestaltung bei Bach, Mozart, Schumann u.a.

Prof. Dr. Johann F. Kinzl, Jahrgang 1948. Studium der Medizin. 1976–1979 Ausbildung zum Arzt für Allgemeinmedizin. 1984 Facharzt für Psychiatrie und Neurologie. 1985 Abschluß der psychotherapeutischen Weiterbildung in Verhaltenstherapie. Supervisor für Verhaltenstherapie (AVM, ÖGVT). Seit 1986 Leiter der Psychosomatischen Ambulanz der Psychiatrischen Universitätsklinik in Innsbruck. 1994 Habilitation über die Bedeutung früher negativer Erfahrungen für psychische Störungen. Veröffentlichungen zu Eßstörungen, sexuellem Mißbrauch und funktionellen Störungen.

Dipl. Psych. Ruth Ladendorf, Jahrgang 1965. Studium der Psychologie an der Universität Hamburg. Mitarbeiterin des von der Deutschen Forschungsgemeinschaft geförderten Forschungsprojekts zu Sexuellen Traumatisierungen und körperlichen Mißhandlungen in der Kindheit aus der Sicht junger Erwachsener (Leitung: H. Richter-Appelt). Seit 1994 wissenschaftliche Angestellte der Klinik für Psychiatrie und Psychotherapie des Universitätskrankenhauses Hamburg-Eppendorf. Veröffentlichung zur Eltern-Kind-Beziehung und sexuellem Mißbrauch.

Dipl. Psych. Anja Lauschke, Studium an der Universität Hamburg, zur Zeit im Erziehungsurlaub.

Prof. Dr. Dr. A. E. Meyer, 1925–1995. Ehem. Direktor der Abteilung für Psychosomatik und Psychotherapie des Universitätskrankenhauses Hamburg-Eppendorf.

Dr. Dipl. Psych. Bernd Nitzschke, Jahrgang 1944. Studium der Psychologie in Marburg, Promotion in Bremen. Während und nach der Studienzeit Verlagslektor und Publizist. 1979–1987 wissenschaftlicher Mitarbeiter am Klinischen Institut für Psychosomatische Medizin und Psychotherapie der Universität Düsseldorf. Seit 1988 Psychoanalytiker (DGPT) in eigener Praxis. Veröffentlichungen zur Geschichte und Theorie der Psychoanalyse; zuletzt: Das Ich als Experiment. Essays über Sigmund Freud und die Psychoanalyse im 20. Jahrhundert, Göttingen 2000.

Prof. Dr. Hertha Richter-Appelt, Jahrgang 1949. Studium der Psychologie und Statistik an der Universität Wien. 1973–1975 Stipendiatin an der Psychiatrischen Poliklinik und wissenschaftliche Mitarbeiterin für quantitative Methodik am Psychologischen Institut der Universität Bern. 1975/76 Weiterbildung in Verhaltenstherapie am Middlessex Hospital, Medical School, London. 1976–1978 wissenschaftliche Angestellte für Klinische Psychologie an der Universität Konstanz. Seit 1979 wissenschaftliche Angestellte der Abteilung für Sexualforschung der Klinik für Psychiatrie und Psychotherapie des Universitätskrankenhauses Hamburg-Eppendorf. 1989 Habilitation in Klinischer Psychologie zur Psychoendokrinologischen Gynäkologie. Psychoanalytikerin (DPV). Veröffentlichungen zur Psychologischen Diagnostik, Psychotherapie, Psychoendokrinologie und zu sexuellen Traumatisierungen.

Dr. Dipl. Psych. Jutta Tiefensee, Jahrgang 1967. Studium der Psychologie an der Universität Konstanz. 1994 wissenschaftliche Mitarbeiterin des von der Deutschen Forschungsgemeinschaft geförderten Forschungsprojekts zu sexuellen Traumatisierungen und körperlichen Mißhandlungen aus der Sicht junger Erwachsener (Leitung H. Richter-Appelt). Seit 1994 wissenschaftliche Mitarbeiterin der Abteilung für Medizinische Psychologie des Universitätskrankenhauses Hamburg-Eppendorf. Veröffentlichungen zu sexuellen Traumatisierungen, Qualitätssicherung in der Rehabilitation.

Dipl. Psych. Gisela Worm, Jahrgang 1937. Psychoanalytische Ausbildung und wissenschaftliche Mitarbeit am Sigmund Freud Institut Frankfurt 1962–1968. Seitdem in privater Praxis. Interessenschwerpunkt: Integration körpertherapeutischer und psychoanalytischer Interventionsweisen. Veröffentlichungen zu verschiedenen Teilaspekten dieser Thematik: Stellenwert der therapeutischen Beziehung, Umgang mit Übertragung, Abstinenz, Berührung.

Sachwortverzeichnis

Abbruch einer sexuellen Beziehung in
   der Psychotherapie 128
Abgrenzungsfähigkeit 86
Abgrenzungsstrategien, aggressive 87
Abhängigkeitsbeziehung 130
Abspaltung 18, 44, 74
Abstinenz 23, 47, 53
-gebot 54
-definitionen 56, 65
– nach Ende der Psychotherapie 134
– Handlungs-, körperliche 54
– als Haltung 65
– und Persönlichkeitsmodell 54
– als Verhalten 65
-verletzung 51
Abwehr
– von Abhängigkeitsbedürfnissen 99
– agierende 43
– von Neid 139
– projektive 22
– sexualisierende 65
Abwehrfunktionen 17
Abwehrmechanismen 73
Abwehrneurose 27, 36
Abwehrschwäche 34
Adult Attachment Interview (AAI von
   Main et al. 1985) 167
Ärger 166
Affektintegration 17
Affektkonstellation
Agieren
– in der Beziehung 39
– in der Übertragung 49, 63
Aggression 85, 166
– sexuelle 184

Aggressive Energien 85
Alkoholkonsum 175
Alkoholmißbrauch 177
Alter bei Mißbrauchsbeginn 115
Altersdifferenz zwischen Täter und
   Opfer 186
Ambivalenz
– in Folgetherapien 138
– gesunde 87
Analverkehr 110
Angst 51, 166
– abgewehrte 56
-bewältigung 56, 63
– vor Liebesverlust 42, 64
-potential 56
– Trennungs- 166
– vernichtet zu werden 79
-zustände 116, 118
Anorgasmie 184
Anpassung
-sdruck 56
-slösungen 56
Antidepressiva 157
Anti-Testosteron 157
Antisoziale Persönlichkeit 151
Arbeitsbündnis 83, 137
Arbeitsmodelle, innere 165
Atemwege, blockierte 75
Atmosphäre
– sexualisierende 80
– sexualisierte 47
Atmung, tiefe 51, 74
Aufdeckung eines Mißbrauchs 225
Augenkontakt 52, 57
Autoaggression 209

251

Autonomiegewährung
– durch die Mutter 213
– durch den Vater 213
Aversionstherapie 153

Battered child syndrome nach Kempe 162
Bedürfnisse
– Grund- 58
– infantile 53
– körperliche 75
Befindlichkeit, körperliche 74
Befriedigung
-sdefizite 66
– narzißtische 134
– primärprozeßhafte 53
-sleistung 82
– Verzicht auf 56
Begehren 40
– inzestuöses 148
Belastungsbedingungen 167
Belohnung, materielle
– durch die Mutter 211
– durch den Vater 208
Belohnungsverhalten der Eltern 208
Berührung
-sangebote 225
-sängste 51
-sbedürfnisse 52
– als Beziehungsausdruck 52
– gute 221
– Heilkraft der 89
– heilsame 69
– zur Einleitung der Hypnose 52
– als Intervention in der Therapie 55
-skontakt 53
– körperliche 69, 78
– kräftige 52
– Nicht- 65
– psychische 78
– als regressives Verschmelzungsgeschehen 58
– schlechte 221
-ssucht 59

– Tabuisierung der 53
-stabu 52, 54
– als illusionäre Wunscherfüllung 55
– zum richtigen Zeitpunkt 79
Beschäftigtsein mit sexuellen Themen, zwanghaftes 150
Beschwerden nach dem 12. Lebensjahr 207
Bestrafung
– demütigende 208
– körperliche 176
-sintensität 212
-sverhalten der Eltern 208
Betasten der Genitalien 110
Bewältigungsversuche 16, 18, 43
Beziehung
-sangebot 72
– Entsexualisierung der 65
-sfähigkeit als Therapieziel 157
– sexuelle zwischen Therapeut und Patientin 126
-sstörungen mit Erwachsenen 151
– therapeutische 88
Beziehungserfahrungen
– außerfamiliäre 181
– mit den Eltern 174
– innerfamiliäre 179, 181
Bezugsperson, uneinfühlsame 76
Bindung bzw. Bindungsstil
– ablehnende 164
– desorganisierte 164
– sicher-autonome 167
– spezifische 165
– unsicher-ambivalente 165
– unsicher-distanzierte 167
– unsicher-vermeidende 165
– unsichere 164
– unverarbeitete/traumatisierte 168
– vermeidende 164
Bindungs
-forschung 163
-klassifikationen 167
-muster 175
-person 165
-qualität 167

252

-repräsentanz 167
-system 165
-theorie 161
-verhalten 165
Biographisches Inventar zur Erfassung von Verhalensstörungen (BIV von Jäger et al. 1976) 175
Borderline-Persönlichkeit 43
Borderline-Therapie 146
Bulimie 118

Cyproteronacetat 157

Degenerationstheorie 34
Depersonalisations-Erscheinungen 79
Depression 79
Derealisation 18
Depressive Symptome, Verstimmungen 116
Desorganisation, gedankliche 168
Desorientierung 168
Deutungen 22
Diagnosen von Analysanden 120
Diagnostic and Statical Manual of Mental Disorders IV (DSM-IV) 147, 177
Disposition 17
Dissoziative Störungen 168
Dissoziiertheit, emotionale 79
Distanzbedürfnis 81
Distanzierungsmöglichkeit 52
Drangzustände, sexuelle 148

Eating Disorder Invenory (EDI von Garner et al. 1983) 176
Einnässen 116
Einsamkeit 87
Elterliches Verhalte, nicht-supportives 216
Eltern (-figuren)
-arbeit 227
– kompensierende Potentiale der 204
– mißhandelnde 164

– Partnerbeziehung der 207
– sicher-autonome 168
– unsicher-distanzierte 168
– unsicher-vermeidende 168
– unsicher-verwickelte 168
Elterliche Umgang mit dem Kind 204
Eltern-Kind-Beziehung 207
Elternbeziehung, Instabilität der 152
Elternteil, nicht-mißbrauchende 216
Emotionale Prozesse 89
Empathie 74
-training 156
Empathisches Handeln 88
Entwertung 73
– mütterliche 81
– vernichtende 62
Entwicklung, sexuelle 56
Ephebophilie 149
Epidemiologische Studien 114
Ereignis, traumatisches 94
Erfahrung
– sexuelle 192
– vorzeitige sexuelle 26, 91
– wiederbelebte 94
Ergänzungsobjekt
– narzißtisches 63
– sexualisiertes 63
Erinnerungen
– dissoziative 168
– realistische 28
– schambesetzte 31
– schuldbesetzte 31
– unbewußte 27
– zugeschriebene 94
Erkundungsverhalten 166
Erleben
– körperliches 75
– seelisches 75
Erlebnis, traumatisches 16
Erotik 39
Erotisierung
– der therapeutischen Beziehung 43
– als Traumabewältigung 43
Erregbarkeit
– Abweichung der sexuellen 151

253

– Reduktion der sexuellen 178
Ersatzbefriedigung 56, 63, 88
– infantiler Wünsche 54
– Symptome als 59
– als therapeutische Motivation 140
Ersatzpartnerschaft 56, 60
– sexuelle 199
Erwachsener
– real mißbrauchender 93
– sexuelle Begierde des 30
– verführerische erlebter 94
Erziehung
– institutionelle 152
-sverhalten der Eltern 177
Eßstörungen 116
Eßverhalten 175, 178, 207

Familiäre Situation 179
Familiärer Hintergrund, dysfunktionaler 174
Familienalbum 224
Familienklima
– defizitäres 177
– inzestoides 110
– pornographisches 115
Feindseligkeit 166
Feministische Kritik der Psychoanalyse 93
Fixierungen 46
– infantile 17
Folgen von sexuellem Mißbrauch
– in der Kindheit 187
– in der Psychotherapie 137
Folgetherapie nach sexuellem Mißbrauch in einer Psychotherapie 130, 137
Folter 16
Fortbildung zum Thema sexueller Mißbrauch 226, 230
Frauen
– fremd-mißbrauchte 206
– Heterosexuelle Erfahrungen von 191
– Homosexuelle Erfahrungen von 193
– intrafamiliär mißbrauchte 206

– Sexualität, Bewertung der 195, 197
Fremdbilder 31
Fremde(n)-Situation der Bindungstheorie 166
Fremd-Repräsentanzen 156
Früh gestörte Patienten (Klienten) 88
Fürsorgeverhalten der Mutter 211

Gedächtnis 27
– mentales 75
– Körper- 75
– Sprach- 75
Gegenübertragung 22
– ablehnende 62
– Abwehr der 48
– in der Therapie mit Sexualtätern 157
-sliebe 46
Geheimnisse
– Offenbarung von 227
– Umgang mit 221
Genitalverkehr 110
Geschlechtsidentitätsstörung 185
Gewalt 39
– inzestuöse 110
– körperliche 174
– sexuelle 14
Gleichgewichtssinn 75
Grenzen 52
– Ich- 63
– Objekt- 63
Grenzsetzung 84
Grenzverstärkung, körperliche 58
Grundbedürfnisse, sexuelle Überlagerung der 63

Handlung
– Aufforderung zu sexuellen 184
– koitusähnliche 26
– kriminelle 174
– sexuelle 14
Haßausbruch 86
Heterosexuelle Erfahrungen 189
Hilflosigkeit 164

Sachwortverzeichnis

Holocaust 15
Homosexuelle Erfahrungen 173, 192
Hypnose 52
Hysterie
– Ätiologie der 26
– Ätiologische Formel der 25
– Pathogenese der 122
Hysterische Symptomatik 91

Ich
– Entwicklung 17
– Schwäche 43
– Spaltung 44
– Überwältigung des 18
Idealisierung 73
– des mißbrauchenden Therapeuten 47, 138
– mißglückte 43
Identifikation
– mit dem Angreifer (Agressor) 43, 168
– introjektive 48
– projektive 23, 48, 73
Identität
– funktionelle 75
– geschlechtsspezifische 70
– männliche 71
– sexuelle 72
– weibliche 71
-sentwicklung 41
Identitätsbildung, traumatische 21
Impulsivität 151
Inkorporation 22
Instinkt (Instinct) 34
Integration 44
Integrität
– körperliche 80
– psychische 80
Interaktion
– einverständlich sexuelle 127
– zwischen Elternteil und Kind 177
– zwischen Mißbrauch und Beziehungsverhalten (statistische) 211, 213
– zwischen Mutter und Kind 166, 169

Internal- working- models (innere Arbeitsmodelle) der Bindungstheorie 165
– Veränderungen der 168
Introjekt 22, 77
– negatives 84
– väterliches 77
Introjektion 22
Isolierung 19, 57
Inzest 203, 140, 96
-tabu 59

Kastration, medikamentöse 157
Katharsis 83
Kernfamilie
– biologische 114
– soziale 114
Kind(er)
– asexuelle 32
– desorganisierte 168
– desorientierte 168
– frustrierte 169
– mißhandelte 187
– narzißtisch mißbrauchte 30
– sexuelles Verhalten von 34
– sicher gebundene 167
– triebfreie 31
– unschuldige 31
– unsicher-ambivalente 167
– unsicher-vermeidende 167
– vorpubertäre 148
Kindesmißhandlung 163
Körper 75
-besetzung 62
– Bestimmungsrecht über den eigenen 129
-gedächtnis 75, 88
-gefühl 64
-idealisierung 59
-kräfte 84
-sprache 39, 88
-verletzung 187
Körperliche Umgangsformen 187
Körperlichkeit 81

255

Körperorientiertes Handeln 88
Körpertherapie 69
– funktionale 52
Körpertherapeutische Interventionen 70
Koitus (Coitus) 191
– im Kindesalter 33, 34
Kommunikation 177
– sexualisierte 110
Komorbidität, psychopathologische 118
Kompromißlösung 56
Konflikt 12
narzistischer 122
– ödipaler 44
– prä-ödipaler 44
Konfliktmodell
– der Psychoanalyse 54
– der Humanistischen Psychologie 54
Kontakt
– Augen- 110
– Genital- 110
– körperlicher 70, 110, 199
– unsexualisierter Körper- 87
– Vaginal- 110
Konzentrationslager (KZ) 16, 17

Lebendigkeit 74, 85
Lebensgeschichte des Mißbrauchenden 151
Lehrerinnen und Lehrer 225
Liebe 39
– mütterliche 42
– oedipale 41
– unsexualisierte 72
Liebesaffäre in der therapeutischen Beziehung 40, 126
Liebesbeziehung
– frühe 42
– langjährige 26
Liebesentzug 71
Liebesobjekt 40
Liebeswahn 43
Lust

-prinzip 54
– am Verletzen 151

Machtthematik 62
Machtlosigkeit 150
Manipulation 88
Männer
– Heterosexuelle Erfahrungen der 191
– Homosexuelle Erfahrungen der 193
– Mißbrauch bei 187
– Masturbation bei 190
– Sexualität, Bewertung der 195, 197
Männlichkeit 71
Mangel an Einfühlung 151
Masturbation
– in Anwesenheit anderer 184
-serfahrungen 189
– bei Frauen 189
– im Kindesalter 29, 34
– bei Männern 190
Mißbrauch
– außerfamiliärer 243
– Definition von 163
-sereignis, reales 28
-erfahrung, erste 115
-serfahrungen 91, 152
– Folgen von 117
– früher 72
– Geschlechtsverteilung von 113
– Häufigkeit des 113
-shandlung 96
– innerfamiliärer 109
– Mehrfach- 115
– Operationalisierung von 205
– Risikofaktor für 199
– Schweregrad des 112, 119
– sexueller (s. sexueller Mißbrauch)
-sspezifische Faktoren 174
-strauma 70
– Vermutungen von 110, 225
– in der Vorgeschichte 150
– Vorkommen von 225
Mißhandlungen, Formen der 163
Moral 150

256

Moralische Frage 30
Mutter 217
– Feinfühligkeit der 165
– grenzwertig mißhandelnde 169
– hinreichend gute 21
– kontrollierende 169
– mißhandelnde 168
– präpsychotische 79
– symbiotische 48
– vernachlässigende 168

Nachträglichkeit 27
Nähe
– Erhalten 165
– in der Psychotherapie 70
– Sehnsucht nach 71
– Wünsche nach symbiotischer 56
Narzißmus, therapeutischer 134
Naszißtische Bestätigung 56
Neid des Therapeuten 138
Neugier, sexuelle 34
Neurasthenie 25
Neurose
– Ätiologie der 12
– hysterische 92
– traumatische 11
– Ursache der 29
Neurotiker
– Kriegs- 14
– Zwangs- 117
Neurotisches Syndrom 178
Neurotizismus 117
Normsystem der Familie 55

Objekt
-beziehungen 17
-beziehungs-Theorie 20
– verfolgendes 63
Oedipal fixiert 46
Ohnmacht
Oedipus
-komplex 96
-theorie 30

Omnipotenz, narzißtische 53
Oralverkehr 110
Orientierung, sexuelle 148
Opfer
– KZ- 17
– Folter- 16
– sexuellen Mißbrauchs 31, 43
Orgasmus
-erleben 184
– physiologische Aspekte 184
– psychologische Aspekte 184
– Störungen des 178

Pädophilia Erotica 147
Pädophilie
– Alters- 149
– Erscheinungsformen der 148
– fixierte 149
– gegengeschlechtliche 148
– gleichgeschlechtliche 148
– regredierte 149
Panik 73
Parallelität emotionaler und körperlicher Prozesse 74
Persönlichkeits
-entwicklung, gestörte 150
-modell 54
Phantasie
-bildung, infantile 29, 39
– Fusions- 47
– Größen- des Therapeuten 22
– nicht realitätsgerecht 81
– Rettungsphantasie 48, 134
– sexuelle 47
– unbewußte 53, 96
Pharmakotherapie bei Sexualstraftätern 157
Polymorph pervers 35
Pornographisches Material 110
Posttraumatische Belastungsstörung (Posttraumatic stress disorder PTSD) 11
Prävalenzrate von sexuellem Mißbrauch 112

Prävention
– von sexuellem Mißbrauch 221
-smaterialien, deutschsprachige 222
-sprogramme, schulische 221
Präventionsmaßnahmen
– Bekanntheit von 228
– Einsatz von 228
Präventionssarbeit
– Auswirkungen der 227
– mit Eltern 227
– mit Kindern 227
– mit Lehrern 226
Primärprozeß 54
Promiskuität 183
Prostitution 183
Psychoanalyse, Geschichte der 52
Psychoanalytische Langzeitbehandlungen 108
Psychoanalytische Diagnose 120
Psychoneurosen 30, 36
– Ätiologie der 25
Psychoneurotische Störungen 26
Psychopathologische Auffälligkeiten von Analysanden 117
Psychosexuelle Entwicklung 183

Realereignis 29
Realität 95
– Anerkennung der 23, 94
– äußere 12, 16, 95
– innere 16, 94
– psychische 16
– des sexuellen Kindesmißbrauchs 32
-sprüfung 43
– soziale 15
– traumatisierende 15
– der Verführung 32
-verkennung 96
-szeichen 29
Rechtliche Situation bei sexuellem Mißbrauch in der Therapie 127
Regression
– induzierte 131
– in der Psychotherapie 130

– logistische (statistische) 210
Reinszenierung 21, 45
Reizungen der Genitalien 26
Reizschutz 17
Rekonstruktionen 95
– des Mißbrauchs durch Therapeuten 110
– negative 89
Rentenansprüche 14
Repräsentanzen 156
Retraumatisierung 15
Rettungsphantasien von Therapeuten 47, 134
Rückfälle von Sexualstraftätern
– Quoten 154
– Relapse-Prevention-Program 156
– verhindernde Strategien 155

Schamgefühle 31, 104
Schuld 30
Schuldgefühl 31
– bewußt 71
– latent 71
Schutzmechanismus 73
Seele 75
Sehnsucht 51, 70, 76
Selbst 75
-bilder 31
-entwertung 72
-entwicklung 17
– falsches 19
-gefühl 19
– körperliches 84
– psychisches 84
– wahres 19
-wahrnehmung 51
Selbstbestimmungsrecht, sexuelles
– von Kindern 129
– von Patientinnen 127
Selbstmassage 84
Selbstmordgedanken 131, 212
Selbstmordversuche 215
Selbstverletzungen 210
Sexualisierung 136, 189

SACHWORTVERZEICHNIS

– grenzüberschreitende 61, 82
Sexualität
– abgespaltene 44
– Bewertung der 195
– infantile 30, 47
– junger Erwachsener 191
– ödipale 47
– unerdrückte 43
– zerstörte 43
Sexualkundeunterricht 224
Sexualobjekt 29
Sexualtäter
– jugendliche 150
– Katamnese bei 153
Sexualverhalten 175
Sexuelle Angriffe 29
Sexuelle Funktionsstörungen
  nach sexuellem Mißbrauch 117, 173, 178, 186
Sexueller Mißbrauch (s. a. Mißbrauch)
– Definitionskriterien von 109, 147, 176, 205
– in Psychoanalysen 126
– in Psychotherapien 126
– als Vulnerabilitätsfaktor 173
Sexuelles Verlangen 178
Signalangst 18
Signale, kindliche 163
Sozialbeziehung zwischen Täter und Opfer 114, 204
Soziale Kompetenz 175
Sprache
– affektbesetzte 52
– der Berührung 75
Sprachgedächtnis 75
Stimulierung 94
– aggressive 151
– sexuelle 151
Stimulus, sexueller 94
Strafverhalten 163
– demütigendes 215
Strukurniveau 17
Suchterkrankungen 118
Suizidalität 79
Suizidverhalten 173

Symbole 77
Symbolebene der Sprache 54
Symbolischer Ausdruck 54
Symbolischer Raum, Zerstörung des 137
Symbolisierungen 43, 57, 96
– geistig-psychische 83

Täter von sexuellem Mißbrauch 31, 114
– bekannt/verwandt 114
– pseudo-erwachsene 71
Täterin von sexuellen Mißbrauch 71, 114
Therapeuten
– narzißtisch gestörte 48, 130
– Persönlichkeit des 135
Therapie
-berichte, psychoanalytische 108
– außerhalb des Gefängnisses 153
– innerhalb des Gefängnisses 153
– -erfolg bei Sexualstraftätern 152
Therapist-Patient Sex Syndrom 131
Traum 87
Trauma 11
-bearbeitung 21
– benignes 19
– Ergänzungsreihe des 17
– frühes 21
– infantiles 15
– Kulturabhängigkeit des 21
– kumulatives 20
– Modelle 14, 20
– psychisches 12
– reales 13
– sexuelles 13
– wachstumsförderndes 13
– Wiederholung im Traum 18
Traumatheorie, psychoanalytische 13
Traumatisierende Vergangenheit 83
Traumatisierung
– Extrem- 16
– fühe 19, 49, 75
– sequentielle 15
– sexuelle 13, 93, 173, 185
Trennungssituation 166

259

Sachwortverzeichnis

Triebe 34
Triebaufschub 57
Triebbedürfnisse 54
Triebkräfte, sexuelle 33
Triebtheorie, psychoanalytische 54
Triebwelt 53
Triebwünsche, infantile 31

Übergriff 51, 70
– sexueller 198
– der Umwelt 19
Übertragung 22
– erotische 41, 46
– erotisierte 43, 49
-sheilung, neurotische 62
– idealisierende 77
-sliebe 40, 125
-muster 55
– Mutter- 64
– negative 77, 136
-ssplitting 74, 77
– traumatische 22
– traumatisierende 22
Umfeld 110
– soziales 15
Umwelt
– hinreichend gute 19
– soziale 15
Unschuld 31
Unterricht, schulischer 226
– Sexualkunde- 227
-sstunden zu sexuellem Mißbrauch 227
– zum Thema sexueller Mißbrauch 227

Vaginalverkehr 110
Vaginismus nach sexuellem Mißbrauch 185
Vater 217
-komplex von Freud 40
– ödipaler 42
– symbolisierter 78
Verantwortung 70
Verarbeitung 15, 17, 118

Verdrängen 93
Verdrängtes 39
Vereinigung
– ödipale 53
– sexuelle 53
Vereinnahmung 80
– körperliche 72, 79
– psychische 72, 79
Vereinsamung 79
Verführung 39
-sphantasie 28
– tatsächliche 29, 91
Verführungstheorie 92
– Aufgabe der 28
– Widerruf der 28, 92
Verhalten
– ablehnendes 166
– Annäherungs- 166
– aggressives 166
– inadäquates 203
– reziprokes 169
– selbstschädigendes 174
– trauriges 166
– überkontrollierendes 212
– Vermeidungs- 166
Verletzung 51, 78
Vernachlässigung
– emotionale 174
– körperliche 198
Versagung 19
Verschmelzung 53, 58
Vertrauen
-sarbeit 133
-sebene 78
– in der therapeutischen Beziehung 133
– Verlust von 133
Vietnamkrieg 17
Viktimisiert, sexuell 150

Wahnideen 79
Weiblichkeit 71, 199
Weitergabe von mißhandelndem Verhalten 168

Welt
– als Chaos 76
– innere 95
– gegenwärtige 49
– präverbal gestörte 88
– reale 49
Widerrufsbrief von Freud 29, 92
Wiedergutmachung 14
– in der Therapie 53, 55
Wiederholung 152, 168
-szwang 57, 70
Wünsche
– abgewehrte 56
– übertragungsneurotische 56
Wunscherfüllung, illusionäre 138

Zärtlichkeit 70, 89
Ziel der Behandlung 55
Zufriedenheit mit der gegenwärtigen
    Sexualität 195
Zuwendung
– körperliche durch die Eltern 195
– positive 189
– lebensnotwendige 88
– durch sexuelle Handlungen 184

2002 · 216 Seiten
Broschur
EUR (D) 24,90 · SFr 44,50
ISBN 3-89806-137-X

Die Autoren begeben sich schonungslos, vorurteilsfrei und respektvoll auf einen hochbrisanten Streifzug durch die Geschichte der Psychoanalyse, auf den Spuren der Übertragungs- und Gegenübertragungsliebe und den daraus resultierenden Verstrickungen zwischen Psychoanalytikern und Patienten.
»Nicht die Beschreitung ›triebgereinigter‹ oder ›triebentleerter‹ Therapiewege hilft, sondern das Anerkennen der eigenen Gefährdung und Gefährlichkeit. Krutzenbichler/Essers: ›Anerkennen heißt für den Analytiker, sich darin zu erkennen zu geben, daß die Analysandin ihn berührt, er für sie verführbar ist, sie sein Begehren wecken kann. Und er muß zeigen können, daß er sich vor seinem eigenen Begehren nicht fürchtet, er der Versuchung nicht nachgibt und beide sich deshalb sicher sein können, daß es keine Verletzung des Inzesttabus geben wird.‹ Ein kluges und klares Statement, das einer längst fälligen Diskussion um die ›Verführung auf der Couch‹-Thematik zum Start verhelfen könnte.«
Eva-Maria Alves in Frankfurter Rundschau

P🕮V
Psychosozial-Verlag

Jannik Brauckmann
Die Wirklichkeit transsexueller Männer
Mannwerden und heterosexuelle Partnerschaften von Frau-zu-Mann-Transsexuellen

PSYCHOSOZIAL-VERLAG

Juli 2002 · ca. 558 Seiten
Broschur
EUR (D) 25,90 · SFr 43,90
ISBN 3-89806-135-3

Transsexuelle erlangen zunehmend öffentliche Aufmerksamkeit. Zwei wesentliche Bereiche aber wurden bisher kaum beleuchtet: die Partnerschaften von Transsexuellen und ihr Verständnis von Mannsein und Frausein. Diese beiden Lücken schließt diese Studie. Gerade Frau-zu-Mann-Transsexuelle führen oft dauerhafte, überwiegend heterosexuelle Beziehungen, die oft schon vor den geschlechtsangleichenden Eingriffen aufgenommen wurden. So sind die Partnerinnen meist die ersten, die das Mannsein des Transsexuellen akzeptieren und sich dabei nicht auf körperliche Beweise angewiesen fühlen. In vertrauensvollen Gesprächen geben elf Paare Auskunft über ihre Partnerschaften und sein Mannsein. Die betroffenen Männer beschreiben, was sie so sicher macht, Mann zu sein, wie sie sich mit ihren weiblichen Seiten und ihrem Körper arrangieren. Und ihre Partnerinnen erzählen, wie sie sein Mannsein erleben, wie seinen Körper und die sexuelle Begegnung. Die dokumentierten Gespräche eröffnen neue Sichtweisen auf diese Partnerschaften und decken Zusammenhänge auf zwischen geschlechtlicher Identität, Geschlecht des Körpers, sexueller Orientierung und sozialem Mannsein.

P V
Psychosozial-Verlag

www.ingramcontent.com/pod-product-compliance
Ingram Content Group UK Ltd.
Pitfield, Milton Keynes, MK11 3LW, UK
UKHW041947230426
12048UKWH00008B/178